Les organisations

Etat des savoirs

Ouvrages parus chez le même éditeur

Les Sciences humaines. Panorama des connaissances, Jean-François Dortier, 1998.

L'Histoire aujourd'hui, Jean-Claude Ruano-Borbalan (coord.), 1999.

Philosophies de notre temps, Jean-François Dortier (coord.), 2000.

L'Economie repensée, Philippe Cabin (coord.), 2000.

La Sociologie : histoire et idées, Philippe Cabin et Jean-François Dortier (coord.), 2000.

Eduquer et Former. Les connaissances et les débats en éducation et en formation, Jean-Claude Ruano-Borbalan (coord.), 2001 (2e éd. refondue et actualisée).

Le Langage : nature, histoire et usage, Jean-François Dortier (coord.), 2001.

Le Pouvoir : des rapports individuels aux relations internationales, Bruno Choc et Jean-Claude Ruano-Borbalan (coord.), 2002.

Familles : permanence et métamorphoses, Jean-François Dortier (coord.), 2002.

La Culture : de l'universel au particulier, Nicolas Journet (coord.), 2002.

Le Cerveau et la Pensée. La révolution des sciences cognitives, Jean-François Dortier (coord.), 2003 (2e éd. actualisée et augmentée).

L'Homme, cet étrange animal... Aux origines du langage, de la culture et de la pensée, Jean-François Dortier, 2004.

Le Moi : du normal au pathologique, Gaëtane Chapelle (coord.), 2004.

Identité(s) : l'individu, le groupe, la société, Catherine Halpern et Jean-Claude Ruano-Borbalan (coord.), 2004.

Le Dictionnaire des sciences humaines, Jean-François Dortier (dir.), 2004.

Les Mutations de l'école : le regard des sociologues, Martine Fournier et Vincent Troger (coord.), 2005.

La Communication : état des savoirs, Philippe Cabin et Jean-François Dortier (coord.), 2005 (2e édition actualisée).

Si vous désirez être informé (e) des parutions de
Sciences Humaines Éditions
et de la revue mensuelle Sciences Humaines :
Sciences Humaines, 38, rue Rantheaume,
BP 256, 89004 Auxerre Cedex.
Tél. : 03 86 72 07 00/Fax : 03 86 52 53 26.
www.scienceshumaines.com

Les organisations

Etat des savoirs

2e édition actualisée

Coordonné par

Philippe Cabin et Bruno Choc

Éditions Sciences Humaines

Réalisation et diffusion de l'ouvrage

Cet ouvrage reprend des articles parus dans le mensuel *Sciences Humaines*, enrichis et actualisés, ainsi que des textes inédits. L'appareillage pédagogique (bibliographie, mots clés, encadrés) a été également actualisé.

Conception : Philippe Cabin et Bruno Choc

Coordination : Bruno Choc

Conception maquette, mise en pages intérieures,
réalisation de la couverture : PolyPAO

Relecture : Marie-Agnès Jassionnesse

Conception de la couverture : Gilbert Franchi

Fabrication : Natacha Reverre

Secrétariat : Laurence Blanc

Diffusion : Nadia Latreche-Leal

Diffusion Presses universitaires de France

38, rue Rantheaume,
BP 256, 89004 Auxerre Cedex

ISBN 2-912601-33-9

Philippe Cabin*

LES SCIENCES DE L'ORGANISATION : ENTRE THÉORIE ET PRATIQUE**

Les réflexions sur le fonctionnement des organisations sont indissociables des pratiques des acteurs. Quelques concepts clés (rationalité, stratégie, motivation, changement…) permettent de s'orienter dans le dédale des théories organisationnelles et managériales.

Pouvons-nous échapper aux organisations ? Durant toute notre existence, de la maternité jusqu'aux pompes funèbres, en passant par l'école, l'université, l'entreprise, l'administration, la police… nous sommes confrontés ou intégrés à des organisations de toutes sortes. Ces ensembles vastes et complexes constituent un rouage essentiel des sociétés modernes. L'intelligence des logiques et des mécanismes à l'œuvre en leur sein est donc un enjeu décisif.

Les premières tentatives d'une réflexion scientifique sur l'organisation sont issues de l'essor des bureaucraties administratives et des grandes firmes industrielles. L'entreprise sera dès lors constamment demandeuse de solutions et d'outils. D'où le lien étroit entre les sciences de l'organisation et le management.

Peter Drucker, figure de proue de la pensée managériale américaine, considère le management comme *« un événement*

---

* Journaliste scientifique. Il a publié *L'Economie repensée*, Sciences Humaines Editions, 2000.

** Texte publié dans *Les Organisations : états des savoirs*, 1re édition, 1999.

Le facteur X, ou le sens de l'organisation

Le concept d'organisation peut se définir à deux niveaux :

• Dans le premier cas, l'organisation correspond à une entité. Par exemple : un club de sport, une entreprise, un hôpital, un parti politique. Elle est, selon la définition du *Petit Robert*, une *« association qui se propose des buts déterminés »*.

Cette première caractérisation doit cependant être précisée : une organisation doit être relativement durable (un attroupement n'est pas une organisation, même quand il a un but précis), présenter une certaine division des tâches (qui différera selon la taille et le type d'organisation) et des règles de fonctionnement.

Ajoutons que la plupart du temps, les organisations ne pourraient exister sans le support d'une structure, d'un certain nombre d'actifs physiques (des bureaux, des ordinateurs, des usines...) et d'un système de gestion et de pilotage. Yves-Frédéric Livian distingue ainsi quatre composantes de l'organisation :

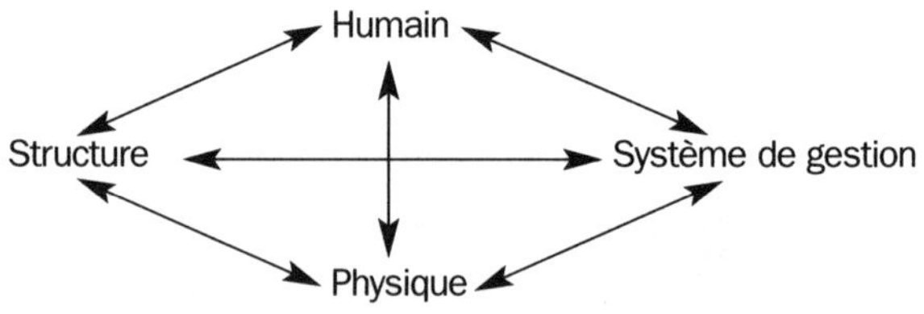

Les composantes d'une organisation

Source : Y.-F. Livian, *Organisation : théories et pratiques*, Dunod, 2005 (3e éd.).

• Il est une autre façon d'envisager le concept d'organisation. Elle désigne, pour reprendre le *Petit Robert*, la *« façon dont un ensemble est constitué en vue de son fonctionnement »*. C'est en ce sens que l'on dit de quelqu'un qu'il a « le sens de l'organisation ».

Sur le plan théorique, on doit à Harvey Liebenstein d'avoir formalisé dans les années 70 cette conception, en lui donnant le nom de « facteur X ». Cet économiste américain s'interrogeait sur le fait que des entreprises de caractéristiques équivalentes (en termes de taille, de main-d'œuvre, de technologie) obtenaient des résultats très inégaux. Pour H. Liebenstein, ce qui fait la différence, c'est la qualité de l'organisation. « L'efficience X » est illustrée par les performances des entreprises japonaises, qui passent par leur capacité à agencer la circulation de l'information, la coopération au travail, etc.

central de l'histoire sociale qui, en tant qu'organe de la société spécialement chargé de rendre les ressources productives, reflète l'esprit des temps modernes» (1). De nos jours en effet, le discours et les concepts organisationnels et managériaux dépassent largement le champ de la gestion des entreprises. Dans l'administration, dans les hôpitaux, dans les lycées, les responsables on fait désormais de larges emprunts à la terminologie, voire aux outils managériaux. Au point que certains dénoncent une hégémonie du «managérialisme», c'est-à-dire le système d'explication et d'interprétation du monde à partir des catégories de la gestion (2).
Avec les recompositions des structures organisationnelles, avec également la succession rapide des modes managériales (et leur disparition tout aussi prompte), l'idée de méthodes standards (le *«one best way»* de Taylor) serait selon certains observateurs en déclin (3). On préférerait désormais des solutions adaptées au cas par cas. D'où un intérêt croissant pour les sciences de l'organisation. Ajoutons que la part croissante des composantes humaine, interelationnelle, cognitive, coopérative, communicative, entraîne une exigence de savoirs issus des sciences sociales.
Le présent ouvrage n'est pas un guide de management. Il n'est pas non plus un ouvrage de prospective sur le devenir des organisations modernes. Il a pour ambition de dresser un inventaire, raisonné et le plus complet possible, des connaissances accumulées depuis un siècle sur le fonctionnement des organisations.

Entre théorie et boîte à outils

La première particularité des sciences des organisations tient à l'étroite affinité entre d'un côté des connaissances théoriques et empiriques (les travaux des sociologues, psychologues, économistes, etc.) et de l'autre des usages sociaux et des pratiques formalisées sous forme de règles, de procédures, d'outils, c'est-à-dire ce qui définit le management. Les frontières entre ces deux domaines sont incertaines et mouvantes. Le modèle d'Henry Mintzberg (4), par exemple, est une vaste synthèse théorique

1. P. Drucker, *The Practice of Management*, Harper & Row, 1954, cité dans J.-F. Chanlat, *Sciences sociales et management*, Presses de l'Université de Laval et Eska, 1998.
2. J.-F. Chanlat, *Idem*.
3. P. Charpentier, «La gestion du changement dans les organisations», *Cahiers français*, n° 287, juillet/septembre 1998.
4. Voir la présentation de ce modèle pp. 74-75.

bâtie sur un énorme travail d'observation. Mais il est aussi un véritable outil, propre à assister un responsable d'entreprise, d'association ou d'hôpital, dans un projet de réorganisation.
Les sciences de l'organisation ont émergé pour répondre à une demande sociale, dans un contexte historique et économique particulier, celui de la bureaucratisation et de l'industrialisation ; une demande qui correspond en premier lieu au souci de rationaliser, d'ordonner et de contrôler. Ce besoin de rationalisation va se manifester à travers une vision mécaniste d'ingénieur, avec les travaux fondateurs de Frederick Taylor, Max Weber et Henri Fayol (5). Il s'exprimera aussi dans une seconde étape, avec le courant des relations humaines et ses dérivés, par une volonté de comprendre, de canaliser et tirer parti des comportements et des motivations humaines.
Ainsi, si l'on examine la succession des courants théoriques, leurs évolutions, leur postérité, on constate qu'ils expriment les exigences des organisations de leur temps. Prenons deux exemples contemporains :
– la question du «faire ou faire faire», autrement dit la logique de l'externalisation et la sous-traitance, est au cœur des préoccupations actuelles des entreprises : les nouvelles théories de la firme (coûts de transaction, théorie de l'agence) (6), traitent de ce problème ;
– l'internationalisation des échanges confronte les responsables d'organisation à la communication entre des personnes aux référents culturels différents : l'approche culturelle des organisations connaît un essor important (7).
Un autre indice témoigne de cette relation étroite entre action et réflexion : les allers et retours entre le statut de théoricien et celui d'acteur en organisation sont courants. Frederick Taylor, Alfred Sloan, Chester Barnard sont d'anciens dirigeants ou ingénieurs ayant voulu conceptualiser et formaliser leur expérience. Aux Etats-Unis particulièrement, les universitaires et chercheurs en management exercent très régulièrement des activités de consultants. En France, si de tels parcours individuels sont moins fréquents, le modèle du chercheur-intervenant gagne du terrain. De plus, les grilles de lecture mises au point par la recherche sont abondamment «digérées» et mises en application par les cabinets de conseil en organisation, voire

5. Voir l'article de J.-F. Dortier , «Un continent éclaté», qui suit ce texte.
6. Voir le chapitre I.
7. Voir l'article de P. d'Iribarne chapitre VI.

par les organisations elles-mêmes. L'analyse stratégique en est l'exemple le plus évident.

Le puzzle des théories organisationnelles

En dépit de la logique de leur développement, les sciences de l'organisation offrent un ensemble vaste et disparate. Cette hétérogénéité prend sens dès lors que l'on se penche sur les différents critères qui la fondent. Elle tient à plusieurs facteurs :
– le premier critère de différenciation est la nature de ces constructions intellectuelles. Il s'agit pour certaines d'entre elles de théories « pures », même si elles sont fondées sur des observations empiriques : par exemple le concept de rationalité limitée mis en évidence par Herbert Simon ou la théorie générale des systèmes. D'autres relèvent plutôt de la grille de lecture fondée sur un aspect des comportements humains : c'est le cas de l'apprentissage organisationnel (Chris Argyris), de la pyramide des motivations de Abraham Maslow, de l'approche en terme de culture et d'identité (Renaud Sainsaulieu, Gert Hosftede), ou de l'approche communicationnelle (Alex Mucchielli). Les typologies et les modélisations constituent un autre moyen de décrypter le fonctionnement des organisations : citons celle de H. Mintzberg, qui distingue sept types de structures organisationnelles, ou la distinction entre Firme A (américaine et hiérarchique) et firme J (japonaise et horizontale) établie par Masahiko Aoki. Enfin, le vaste ensemble des techniques et outils tient une place éminente, en vertu de leur propriété opératoire si chère aux responsables des organisations. Cela va des techniques d'aide à la décision à des systèmes plus normatifs, comme l'analyse institutionnelle (8), le management par projet, la qualité totale, la direction par objectifs (9), etc. ;
– deuxième clivage : celui des approches disciplinaires. Chacune des sciences humaines et sociales (sans oublier les sciences de l'ingénieur) offre une vision qui lui est propre. Si la sociologie des organisations et la psychologie occupent une place de choix, d'autres disciplines ont investi le champ de l'analyse des organisations : les sciences cognitives, l'économie, l'histoire, les sciences de la communication… ;
– troisième niveau de distinction : celui des échelles d'analyse, qui peut aller de l'individu jusqu'aux modèles macroécono-

8. Voir l'article de R. Hess chapitre VII.
9. Voir mots clés en fin d'ouvrage.

miques. On peut étudier les phénomènes identitaires et culturels comme l'émanation de modèles nationaux, mais aussi de cultures d'établissements ou de métiers. De la même manière, dans le vaste ensemble des théories que l'on dénommera ici « managériales », certains s'intéressent aux macrostructures (les types d'organisations en fonction de divers critères) alors que d'autres étudient les microstructures : la coopération dans l'atelier ou le bureau, ou la définition des postes (l'approche sociotechnique par exemple) (10). Toujours dans cet ensemble, certains travaux portent sur les relations interorganisationnelles (réseaux d'organisation), et à une échelle encore plus large, sur le concept de modèle productif (on parle de modèle taylorien, fordien, toyotiste) ;

– derrière ces différentes approches se trouvent enfin des représentations. Gareth Morgan propose ainsi de classer les différentes théories en sept « images » de l'organisation : la machine, l'organisme, le cerveau, la culture, le système politique, la prison mentale, l'instrument de domination (11).

Les concepts clés de l'organisation

Vouloir donner une carte exhaustive et détaillée de cette forêt de connaissances peut sembler une entreprise insurmontable. Il est néanmoins possible de se repérer en s'orientant autour des quelques notions clés, qui jalonnent les préoccupations des responsables d'organisation comme les analyses des scientifiques.

• **Bureaucratie :** avant de devenir un terme péjoratif, la bureaucratie est un modèle d'organisation, formalisé par Max Weber. Si l'idéal-type bureaucratique est illustré par la grande administration, ses principes constituent, encore aujourd'hui, une des pierres angulaires du fonctionnement de nombre d'entreprises, d'associations, etc. Les bureaucraties ont été analysées de façon empirique par l'école fonctionnaliste américaine (Robert K. Merton, Alvin W. Gouldner, Philip Selznick, Peter Blau). Michel Crozier quant à lui, tout en insistant sur les dysfonctionnements bureaucratiques, mettra en évidence l'existence d'un modèle français.

• **Rationalité :** elle est un principe de base de la pensée managériale. La doctrine des pères fondateurs est entièrement fondée sur l'existence d'une allocation optimale des ressources

10. Sur ce point, voir Y.-F. Livian, *Organisation. Théories et pratiques*, Dunod, 1998 (chapitre VI).
11. Voir l'article de J.-F. Dortier, « Un continent éclaté », qui suit ce texte.

(le *« one best way »*) et sur la volonté de rationalisation, que ce soit par le haut (Fayol), ou par le bas (Taylor). Cette conception sera renouvelée par Herbert Simon, qui montrera qu'en réalité notre façon de raisonner est procédurale (et limitée) et non pas substantive (12). La vision de Simon influencera profondément les façons de voir les comportements des acteurs en organisation. Elle contribuera indirectement à accréditer l'idée qu'il existe plusieurs formes de rationalités : à côté du souci de l'efficacité interviennent d'autres logiques, comme le pouvoir, l'estime de soi, l'imaginaire et les symboles, les normes culturelles, les routines. Il reste que l'« esprit ingénieur » (13), au sens de la croyance en une rationalité pure, imprègne encore le milieu professionnel du management (*voir encadré sur les quatre mythes du management page suivante*).

• **Décision :** selon H. Simon, l'élément essentiel de l'organisation n'est pas la hiérarchie mais la prise de décision (14). Ne parle-t-on pas de « décideurs » pour évoquer le groupe professionnel des dirigeants ? La problématique de la décision est évidemment liée à celle de la rationalité : l'analyse montre que les processus de décisions en organisation résultent d'une « fabrication » très complexe. Quand les dirigeants du Crédit Lyonnais se lancent dans diverses opérations d'acquisitions, il est clair que les considérations purement économiques ne sont pas les seuls déterminants, mais qu'entrent en compte beaucoup d'autres facteurs : la logique de l'organisation elle-même, la personnalité et les ambitions du ou des chefs, des rapports de pouvoir, des acteurs et des mécanismes politiques, etc. On pourrait faire une remarque analogue à propose de la construction de la Bibliothèque nationale de France. L'image idyllique du patron clairvoyant, avisé et déterminé ne résiste donc pas à l'examen de la réalité (15).

• **Pouvoir et leadership :** les jeux de pouvoir sont souvent considérés comme néfastes au fonctionnement de l'organisation. Les relations de pouvoir sont pourtant une réalité centrale de l'organisation, et à cet égard Machiavel peut être considéré comme un des pionniers de l'analyse organisationnelle. Qu'est-ce qu'un organigramme sinon une représentation graphique de rapports de force ? Pour les tenants de la théorie économique

12. Sur cette opposition, voir les mots clés en fin d'ouvrage.
13. M. Villette, *Le Manager jetable*, La Découverte, 1996.
14. Cité par Y.-F. Livian, *op. cit.*
15. Voir le chapitre III, « Le pouvoir et la décision ».

Les quatre mythes du management selon James G. March

James G. March, professeur à l'Université de Stanford, est un des théoriciens majeurs des organisations (1). Il distingue quatre mythes majeurs, qui modèlent la façon de penser et la conduite des managers :

– **le mythe de la rationalité :** selon ce mythe, l'esprit humain (et bien sûr d'abord celui du manager) pourrait trouver un optimum, choisir entre diverses actions évaluées en fonction d'une analyse et d'une comparaison de leurs conséquences. A cette vision s'oppose le concept fondamental de rationalité limitée (2) ;

– **le mythe de la hiérarchie :** il correspond à l'idée que les problèmes peuvent être décomposés en éléments eux-mêmes constitués de sous-problèmes, de telle manière que leur traitement peut être organisé au sein d'un agencement hiérarchique. Selon J.G. March, l'idée qu'il est possible de décomposer les choses est trompeuse, et la hiérarchie crée des illusions de contrôle et de responsabilité, notamment à travers les représentations des structures et la distribution des sanctions et des récompenses ;

– **le mythe de l'importance du leader individuel :** le développement des organisations serait le résultat des capacités et des actions exceptionnelles d'individus leaders ;

– **le mythe de l'efficience historique :** il repose sur l'idée darwinienne de l'existence d'un optimum historique. Autrement dit, l'histoire suivrait un sentier de développement tracé par la compétition économique, et les organisations s'adapteraient de façon adéquate aux conditions de leur époque. On retrouve ici l'idée d'un équilibre naturel du marché, chère aux économistes classiques.

1. Il est l'auteur de plusieurs ouvrages de référence. Ont été traduits : *Les Organisations* (avec H. Simon), Dunod, 1964 ; *Décisions et organisations*, Editions d'Organisation, 1991.
2. Voir mots clés en fin d'ouvrage.

Source : « Mythes, organisations et changement », entretien avec J.G. March (propos recueillis par G. Garel et E. Godelier), *Revue française de gestion*, n° 120, septembre/octobre 1998.

des coûts de transaction, il en est même un des traits distinctifs. En effet, estiment-ils, s'il y a des organisations, c'est parce qu'il est plus pratique et moins coûteux de fonctionner dans un cadre de commandement et de hiérarchie, que dans un espace de transactions comme le marché.

Par ailleurs, les responsables d'organisation soucieux d'efficacité ont cherché à connaître les propriétés et les qualités du bon leader. Comme le souligne Guy Pelletier (16), la capacité du dirigeant à mobiliser la participation et l'adhésion des autres, constitue une compétence précieuse : d'où les nombreuses recherches autour de la notion de leadership.

• **Stratégie :** la notion de stratégie est omniprésente dans le vocabulaire managérial. Elle évoque en premier lieu la figure du chef-stratège, sa capacité à anticiper et à préparer l'avenir de l'organisation, armé d'un arsenal d'outils et de méthodes sophistiqués (17). Mais la stratégie, comme ensemble d'actions coordonnées en vue d'un ou de plusieurs objectifs, n'est pas l'apanage des dirigeants. C'est un des apports principaux de l'analyse stratégique promue par Michel Crozier et Erhard Friedberg que d'avoir montré comment, dans toutes les organisations et à tous les niveaux, les individus se comportent en stratèges : ils utilisent les marges de liberté dont ils disposent, ils jouent (et trichent) avec les règles, ils élaborent des plans, passent des alliances, etc. Cette approche a profondément renouvelé la façon de penser les comportements en organisation.

• **Motivation :** comment inciter les gens à s'investir, à être plus efficaces et à se sentir mieux dans leur travail ? Les premiers penseurs de l'organisation estimaient qu'il suffisait de les « intéresser » pécuniairement. Dans la lignée des travaux fondateurs d'Elton Mayo, les recherches en psychosociologie ont montré que l'on ne travaille pas que pour l'argent, loin de là. La reconnaissance, l'identification (à l'organisation, au produit, au métier), le contenu des tâches, l'ambiance de travail, l'image de soi, l'imaginaire... sont autant de composantes de la motivation au travail. Toutes ces conclusions ont très largement inspiré les pratiques de gestion des ressources humaines (management participatif, système de rétribution...) (18).

• **Culture :** le comportement d'un individu ne résulte pas seulement de sa volonté et de sa personnalité. Il est aussi façonné par un cadre symbolique et culturel. Les Japonais n'ont pas le même rapport à la hiérarchie ou la même façon de communiquer que les Américains, les Français ou les Italiens. Des sociologues ont montré l'importance des cultures

16. Voir le chapitre III, « Le pouvoir et la décision ».
17. Voir l'article d'Hervé Laroche chapitre III.
18. Sur ces questions, voir les articles de S. Bellier-Michel et C. Lévy-Leboyer dans le chapitre VI de cet ouvrage.

nationales. Mais il existe aussi toute une échelle de sous-cultures : culture d'entreprise (on peut parler de culture Michelin, ou de culture Apple), culture de métier ou de groupe social (fonctionnaire, cheminot, journaliste, ingénieur...), voire des micro-cultures au niveau d'un atelier, d'un bureau, etc. Le succès, dans les années 80, des notions de culture d'entreprise ou de management interculturel témoigne de la prise en compte, dans les pratiques de gestion, de cette dimension.

• **Coopération :** pour qu'une organisation fonctionne, il faut que les individus qui la composent agissent en commun. Comment favoriser la coopération ? La problématique est au cœur des préoccupations des gestionnaires comme des chercheurs (dès les travaux d'E. Mayo). Les articles de Jean-Claude Moisdon et Benoît Weil, et d'Alex Mucchielli dans cet ouvrage montrent bien, dans deux univers très différents (l'atelier de conception d'une automobile et le milieu hospitalier), la complexité des facteurs qui contribuent à faire qu'au bout du compte, et au prix de nombreuses difficultés, la coopération fonctionne (bien ou mal).

• **Coordination et régulation :** pour que les gens coopèrent, il faut en préalable que soit instauré un mode de coordination. Selon H. Mintzberg, la coordination est le principal déterminant de la structure de l'organisation (19). La coordination repose sur un certain nombre de conventions, de règles et de routines, dont beaucoup ne sont ni figées, ni imposées par le haut. Elles sont construites, interprétées, manipulées par les acteurs. Jean-Daniel Reynaud insiste sur cette activité de régulation, sans laquelle il n'est pas d'action collective (20). Les règles informelles sont tout aussi importantes que les normes édictées et formalisées. Derrière l'organigramme et les règlements, tout un ensemble d'accords tacites et d'activités clandestines régulent l'activité des individus.

• **Structure :** quelle est la structure la plus adaptée pour réaliser l'activité de telle ou telle organisation ? Un premier constat s'impose, tant au regard de l'histoire que des résultats des recherches : la structure idéale n'existe pas. On peut très sommairement classer les analyses en deux catégories (21). Certaines ont cherché à mettre en évidence les déterminants de la structure : la stratégie (Alfred Chandler), la taille, la tech-

19. Voir p. 74.
20. Voir l'entretien avec J.-D. Reynaud chapitre III.
21. P. Charpentier, « L'entreprise et ses structures », *Cahiers français*, n° 287, juillet 1998.

nologie (Joan Woodward), l'environnement (Paul Lawrence et Jay Lorsch). D'autres ont construit des typologies des formes structurelles (notamment H. Mintzberg).
Cette question de la structure est d'autant plus brûlante, que l'on observe aujourd'hui une remise en cause des modèles traditionnels, notamment celui de la grande entreprise industrielle intégrée, et qu'apparaissent des formes structurelles tout à fait inédites.

Nouvelles organisations...

Nous assistons en effet, selon de nombreux spécialistes, à de très profonds bouleversements. Plus que jamais, la croyance en une forme d'organisation unique et idéale est à jeter aux oubliettes. Nous assistons même, selon M. Crozier, à une véritable révolution : c'est l'ensemble de nos représentations de la production, de l'organisation, et du management, que nous devons corriger (22). Notre conception de l'économie était fondée sur la rationalisation, la quantité, la standardisation et la production matérielle. Nous serions en train de passer à une civilisation de l'innovation, de la qualité, du sur-mesure, et de l'immatériel. Une mutation qui, par son ampleur, ne touche pas que les entreprises, mais bien l'ensemble des formes d'organisations.
A la base de ce diagnostic, un double constat. Tout d'abord des changements dans les modes de production et dans l'environnement économique et financier. Certes l'internationalisation du commerce et de la finance, la pression accrue de la concurrence poussent les organisations à adopter de nouveaux profils. Mais surtout, l'activité des organisations change de nature. Elle se dématérialise : on vend et on manipule aujourd'hui beaucoup plus de service et de savoirs que de production physique. Cette mutation trouve un puissant levier avec les nouvelles technologies de l'information et de la communication. La composante « réseau » et « système de connaissance » de l'organisation devient déterminante. Selon Patrick Besson, la logique informationnelle prend désormais le pas sur la logique manufacturière (23).
Deuxième constat, le développement de formes originales d'organisation, d'outils de management : organisations en

22. M. Crozier, « La société, les organisations et le management à l'épreuve du temps », dans *Le Management aujourd'hui*. DEMOS, 1999.
23. P. Besson (dir.), *Dedans, dehors*. Vuibert, Collection « Entreprendre », 1997.

réseaux, organisations virtuelles, *joint-venture*, districts industriels... Ces nouvelles structures reflètent effectivement des logiques de réseau, de service, de projet, de transversalité.

... nouvelles interrogations ?

De nouvelles thématiques apparaissent depuis deux décennies dans le champ scientifique et managérial, aux premiers rangs desquels les notions de changement, de savoirs, d'apprentissage, de transversalité.

• **Changement :** cette problématique a émergé à la faveur de la critique des rigidités et des pesanteurs observées dans les administrations et les grandes structures, et de la nécessité de s'adapter aux mutations de l'environnement (notamment à partir des années 80 avec les politiques de modernisation et l'impératif d'innovation). Les méthodes de pilotage du changement vont se multiplier, avec plus ou moins de succès. L'analyse du changement organisationnel révèle les difficultés d'une telle entreprise (24). Norbert Alter montre dans sa contribution au présent ouvrage les contradictions entre la logique de l'innovation et celle de l'organisation. D'autres approches insistent sur les conséquences de certaines méthodes managériales fondées sur le changement permanent et sur l'adhésion totale des salariés (25).

• **Compétence, apprentissage, savoirs :** avec la société de l'immatériel et du service, les compétences et les connaissances apparaissent comme la ressource la plus précieuse de l'organisation. Une organisation peut-elle apprendre et à quelles conditions ? Comment faire en sorte que les gens acquièrent des connaissances dans l'organisation et en fassent profiter cette dernière ? Comment conserver, capitaliser, faire circuler les connaissances ? Ces interrogations donnent lieu à une production pléthorique de recherches, de théories et de méthodes. Nous en donnerons trois illustrations. En premier lieu, notons que des théories font des compétences l'essence de l'organisation : c'est le cas de la théorie évolutionniste qui définit la firme comme un système de compétences (26), ou de C.K. Prahalad et G. Hamel qui affirment que le développe-

24. *Revue française de gestion*, dossier « Les organisations face au changement », n° 120, septembre/octobre 1998.
25. Voir le chapitre IV, « Comprendre et gérer le changement ».
26. S. Winter, R. Nelson, *An Evolutionary Theory of Economic Change*, Harvard University Press, 1982.

ment de l'entreprise dépend de la qualité des compétences qu'elle détient (27). Deuxièmement, la question du management des connaissances et des compétences suscite d'innombrables travaux (28). Ces réflexions trouvent un prolongement avec le concept d'apprentissage organisationnel, dont Chris Argyris est le père fondateur.

• **Transversalité, horizontalité :** la mode n'est plus aux organisations verticales, hiérarchiques, divisées. Elle est aux ensembles transversaux, fluides, flexibles. Dans la pratique, la mise en place de ces structures se révèle extrêmement complexe. Elle est cependant une réalité, que l'on observe à travers des méthodes et des techniques managériales : *reengineering*, démarche qualité, gestion par projets, gestion par les processus, etc. (29).

• **Faire ou faire faire :** est-il plus rentable pour une organisation, d'intégrer le maximum des facteurs de production, ou faut-il au contraire sous-traiter certains services ? Faut-il par exemple embaucher des standardistes, ou bien confier l'accueil téléphonique à une société spécialisée ? Cette problématique est au cœur des stratégies actuelles des organisations. Elle est fondamentale, car poussée à son terme, elle remet en cause les frontières de l'organisation, voire le concept même d'organisation. On assiste en effet à une croissance des pratiques de sous-traitance et d'externalisation, qui vont dans certains cas jusqu'à donner des organisations quasiment virtuelles. Cette pratique soulève également la question des formes de partenariats, des relations interorganisationnelles et de leurs modalités contractuelles.

La théorie économique des coûts de transaction, en la formalisant et en poussant très loin l'analyse des avantages et des inconvénients de l'intégration et de l'externalisation, a grandement contribué à l'émergence de cette problématique dans le champ managérial (30).

• **Nouveaux outils de gestion :** les responsables d'organisation ont toujours eu besoin d'outils et d'indicateurs. Aujourd'hui la question de la validité des outils managériaux est posée. En effet, le capital intangible pèse d'un poids croissant

27. C.K. Prahalad, G. Hamel, *La Conquête du futur*, Dunod, 1999.
28. Voir le chapitre V, « Communication, savoirs et compétences ».
29. Sur ces méthodes, voir notamment J.-C. Tarondeau, « La gestion par les processus », *Cahiers français*, n° 287, juillet/septembre 1998.
30. Voir l'entretien avec O.E. Williamson dans le chapitre I.

dans ce que produisent les organisations. Les compétences humaines, les marques, la formation, l'image de l'organisation, l'ambiance de travail, la rapidité de réponse au téléphone sont autant de composantes de ce capital immatériel. Mais on ne sait pas mesurer la valeur de ce capital. D'où la recherche et l'expérimentation de nouveaux outils de gestion : une enquête menée aux Etats-Unis montrait que 64 % des contrôleurs financiers étaient en phase active d'expérimentation de nouvelles mesures des performances (31).
Cette situation est à l'origine de nombreuses recherches et expérimentations. Certains travaux montrent comment les outils de gestion (par exemple un système de rémunération, un logiciel d'attribution de prêt, un système de recueil d'information sur la circulation des bus) structurent les comportements et façonnent les raisonnements des individus (32).
• **Gouvernement d'entreprise :** cette expression désigne la question du contrôle des dirigeants, étudiée par certaines des nouvelles théories de l'organisation (la théorie de l'agence notamment). Elle a émergé récemment avec le « retour de l'actionnaire ». La multiplication des montages financiers, et les scandales (le Crédit Lyonnais par exemple, mais on pourrait faire la même remarque avec les dysfonctionnements d'organismes administratifs ou associatifs : l'ARC, le CNTS et l'affaire du sang contaminé, le CIO, la Commission européenne, etc.) n'ont fait que renforcer cette volonté de surveiller le travail des dirigeants et de mieux tenir compte des intérêts des partenaires de l'organisation. Aujourd'hui, les recherches sur ce thème s'intéressent aux mécanismes de décisions des dirigeants, à leurs relations avec les actionnaires, banquiers, clients, alliés, etc. (33).

De vieilles boissons dans de nouvelles bouteilles ?

Pour les besoins de l'exposé, nous avons insisté, dans cette dernière partie, sur les traits les plus caractéristiques des mutations en cours. Cette description ne doit cependant pas faire méconnaître les limites et les contradictions de ces évolutions. Notons par exemple qu'alors que l'on parle d'éclatement des

31. L. Edvinsson, M. Malone, *Le Capital immatériel de l'entreprise*, Maxima du Mesnil, 1999.
32. J.-C. Moisdon (dir.), *Du mode d'existence des outils de gestion. Les instruments de gestion à l'épreuve de l'organisation*, Seli Arslan, 1997.
33. Voir G. Charreaux (dir.), *Le Gouvernement des entreprises*, Economica, 1997.

organisations, de dissolution des frontières, d'organisations virtuelles, on assiste à de gigantesques opérations de fusions et à la constitution de géants organisationnels : en témoignent les opérations récentes dans les secteurs de l'automobile, de la banque, des médias, etc. La grande entreprise n'est pas morte, même si elle change d'apparence.

Par ailleurs, l'évolution vers une civilisation de la qualité, du sur-mesure, du service et de la disparition des activités d'exécution, ne s'accomplit-elle pas au prix de formes nouvelles de taylorisme (34), et d'une « exportation » vers des pays périphériques d'activités d'exécutions qui s'opèrent selon les méthodes du taylorisme le plus classique ?

Il est vrai que les formes d'organisation se complexifient : la différence de fonctionnement entre organisations publiques et privées tend par exemple à diminuer. En outre, les théories de l'organisation restent celles des grands ensembles. L'analyse des petites structures reste minoritaire. Or, comme le montre dans cet ouvrage Michel Bauer, le fonctionnement d'une PME obéit à des logiques radicalement différentes de celle d'une organisation de grande taille.

Les théories classiques sont-elles pour autant obsolètes ? Rien n'est moins sûr. Tout d'abord parce qu'elles explorent des phénomènes humains qui dépassent la contingence structurelle et économique : la coopération, le pouvoir, la culture, la rationalité, l'apprentissage... existeront toujours. Ensuite parce que souvent, pour reprendre une expression d'H. Mintzberg, les méthodes managériales ne sont que de *« vieilles boissons dans de nouvelles bouteilles »*. Frédéric Fréry souligne d'ailleurs que la configuration « transactionnelle » de l'entreprise Benetton rappelle le schéma des marchands italiens de la Renaissance.

Les sciences des organisations ont donc devant elles d'énormes chantiers. Elles seront d'autant plus sollicitées que les organisations et les gens qui vivent en leur sein ont plus que jamais besoin d'éclairages. Cet ouvrage, en proposant au lecteur un état des connaissances en la matière, vise à y contribuer.

34. D. Linhart, « Le taylorisme n'est pas mort », *Sciences Humaines*, n° 38, avril 1994.

Jean-François Dortier*

UN CONTINENT ÉCLATÉ**

Depuis plus d'un siècle, plusieurs grands modèles ont marqué l'étude des organisations, les objets de recherche se sont diversifiés et beaucoup de nouvelles approches ont enrichi l'analyse des entreprises.

Un hôpital, un parti politique, une école, un corps d'armée, un syndicat, une banque, un ministère, une entreprise, etc., quels sont les caractères communs de ces groupes humains qu'on appelle « organisation » ? Le premier trait de l'organisation est l'existence d'une mission explicite à accomplir : soigner, éduquer, produire, défendre un idéal, etc. ; le second trait est la division des tâches en fonctions spécialisées ; le troisième est la présence d'une hiérarchie et de règles formelles de fonctionnement. De cette ossature commune découlent des logiques de fonctionnement, des schémas de comportement, des mécanismes généraux assez communs. Voilà pourquoi les organisations se ressemblent toutes un peu. Du collège à l'entreprise, du club sportif à l'ONG, on y trouve des dirigeants craints et/ou respectés, des subordonnés qui ont souvent le sentiment de ne pas être compris ou reconnus, des inégalités de

---

* Rédacteur en chef du magazine *Sciences Humaines.*

** Ce texte est extrait de « Organisation », dans J.-F. Dortier (dir.), *Le Dictionnaire des sciences humaines*, Sciences Humaines Editions, 2004.

statuts, des règlements formels et des petits arrangements invisibles, une culture commune et des conflits personnels, des problèmes de communication, des désirs de changement et des forces d'inertie, des choix mûrement calculés et des décisions à l'emporte-pièce, etc.

L'organisation comme machine

Le besoin de comprendre et de mettre au jour la logique des organisations s'est affirmé avec l'essor des grandes entreprises industrielles et des grandes administrations au passage du XIXe au XXe siècle.

Trois auteurs ont jeté les fondements de la science des organisations. Le plus connu est Frederick W. Taylor (1856-1915), fondateur de l'organisation scientifique du travail (OST). Dans *La Direction scientifique des entreprises*, publié en 1911, il prône l'organisation scientifique des tâches, fondée sur une stricte division du travail : division horizontale (chacun est affecté à une tâche précise et unique) et verticale (la direction planifie les activités de chacun, les ouvriers se contentent d'exécuter). Dans une volonté similaire de rationalité du travail, l'ingénieur français Henri Fayol (1841-1925) conçoit la *« fonction administration »* des entreprises autour des tâches de planification, d'organisation, de commandement, de coordination et de contrôle de l'activité. Le troisième « père fondateur » de la science des organisations est le sociologue Max Weber, avec sa théorie de la bureaucratie (1).

Cette première phase de réflexion sur l'organisation est donc dominée par une vision de l'organisation comme une machine bien huilée et régie par des règles d'organisation rationnelles.

L'organisation comme être vivant

A partir des années 30, la vision de l'organisation change de perspective. Le courant dit des « relations humaines » (dont Elton Mayo fut l'un des fondateurs) se préoccupe, comme son nom l'indique, des dimensions humaines de l'organisation. De 1927 à 1932, les expériences menées aux usines de la Western Electric situées à Hawthorne tendent

1. Voir la présentation de cette théorie dans l'article de P. Bernoux, « Sociologie des organisations : les nouvelles approches », dans le chapitre I de cet ouvrage.

à montrer que la productivité des salariés dépend plus des bonnes relations humaines dans le travail (ambiance et motivation des salariés, coopération) que d'une organisation rationnelle décidée uniquement « en haut ».

Le courant des relations humaines, qui prend en compte les « besoins humains fondamentaux » que sont les motivations et les besoins d'accomplissement de soi, se développe dans les années 50-60 autour des recherches d'Abraham Maslow et de Douglas McGregor. Il va s'enrichir de la dynamique des groupes initiée par Kurt Lewin : étude des formes de leadership (2), des champs de forces au sein du groupe.

L'organisation comme système politique

En 1958, James G. March et Herbert A. Simon publient *Les Organisations*, ouvrage qui marque un tournant dans l'étude des organisations (3). Ce livre part d'une analyse critique de ce qu'il nomme la théorie classique (F.W. Taylor, H. Fayol) de l'organisation. Les défauts de cette théorie sont mis en avant : l'absence de prise en compte des conflits et des motivations, l'impossibilité de la rationalité... Les auteurs vont, eux, prendre en compte les conflits d'intérêt ou de projets. L'apport principal de J.G. March et H.A. Simon sera d'introduire la notion de rationalité limitée. Contre les visions économistes de la décision qui pensent que l'on peut rationaliser une organisation à partir de critères scientifiques et rigoureux, les auteurs avancent l'idée que les décideurs agissent en fonction d'une information partielle et de possibilités d'investigation limitées.

Dans le prolongement de J.G. March et H.A. Simon, les sociologues français Michel Crozier et Erhard Friedberg (4) vont développer une *« analyse stratégique »*. Dans toute organisation, les acteurs (dirigeants, salariés, individus) développent des stratégies personnelles qui ne s'accordent pas toujours spontanément entre elles et avec les objectifs

2. Voir l'encadré « Les trois styles de leadership de Kurt Lewin », dans l'article de G. Pelletier, « les formes du leadership : approches américaines », dans le chapitre III de cet ouvrage.
3. J.G. March, H.A. Simon, *Les Organisations. Problèmes psychosociologiques*, Dunod, 1999 [1958]. Voir aussi J.G. March, *Handbook of Organizations*, Rand McNally, 1965, et l'entretien avec J.G. March dans le chapitre I de cet ouvrage.
4. M. Crozier, E. Friedberg, *L'Acteur et le Système*, Seuil, 1992 [1977]. Voir aussi les entretiens avec M. Crozier et E. Friedberg dans les chapitres I et III de cet ouvrage.

généraux de l'organisation. D'où la nécessité d'analyser ces stratégies d'acteurs pour comprendre les relations de pouvoir, les blocages, les conditions de changement. De plus, chacun possède une plus ou moins grande marge de manœuvre, cherche à protéger son autonomie, à maîtriser une zone de compétences et à faire prévaloir ses options. De là découlent des conflits (plus ou moins ouverts), des stratégies de replis, des négociations implicites sur les règles du jeu. La composition de ces stratégies aboutit à la constitution de *« systèmes d'actions »*.

L'organisation comme famille

L'organisation peut encore être vue sous l'angle des passions : amour, haine, pulsions de vie et de mort, mécanisme de défense et névrose de groupe. La psychanalyse des organisations fut développée à partir des années 60 en Angleterre au sein du Tavistock Institut par Wilfred R. Bion et Elliott Jaques (5). Ils ont étudié les mécanismes de défense d'un groupe face à ses angoisses et ses fantasmes. W.R. Bion s'est notamment intéressé à la réaction d'*« attaque-fuite »* où le groupe projette ses peurs sur un ennemi extérieur. Une autre réaction, mise en évidence par E. Jaques, réside dans le phénomène de bouc émissaire. Dans les relations de travail, certaines fonctions sont systématiquement dénigrées, blâmées et tenues pour responsables de tous les maux. Cette dérivation sur un « mauvais sujet » permet de se départir de ses propres responsabilités, de soulager les tensions, de donner libre cours à certaines tendances sadiques et de souder une partie du groupe.

L'organisation comme communauté

Dans les années 80, des sociologues comme Renaud Sainsaulieu (6) vont renouveler l'approche des organisations en mettant au jour la notion d'identité et de culture des organisations. La culture d'organisation est une idéologie globale avec une histoire, des mythes, des rites et des valeurs fondatrices. Dans *La Logique de l'honneur* (7),

5. A ce propos, voir l'entretien avec E. Enriquez dans le chapitre VII de cet ouvrage.
6. *L'Identité au travail*, Presses de Sciences-po, 1993 [1977]. Voir aussi son article dans le chapitre VI de cet ouvrage.
7. P. d'Iribarne, *La Logique de l'honneur*, Seuil, 1993 [1989]. Voir aussi les deux entretiens avec P. d'Iribarne dans cet ouvrage, chapitres VI et VII.

Philippe d'Iribarne montre que les relations de travail obéissent à des codes de valeurs différents en France, aux Etats-Unis et en Hollande . La culture d'entreprise peut être vue aussi comme un ensemble de connaissances partagées, de savoirs et savoir-faire formalisés, ou encore comme la cristallisation de règles et de conventions, plus ou moins explicites (8). Au sein d'une grande organisation, chaque communauté de travail peut développer aussi sa propre sous-culture.

Un continent éclaté

Avec un siècle de recul, l'étude des organisations est devenue un immense corpus de recherches, de théories et de grilles d'analyse, dont il est bien difficile de cerner les grands axes. Après la grande époque de l'approche systémique (années 60-80) qui concevait l'organisation comme un dispositif complexe formé de sous-systèmes, de mécanismes de régulation, de *feed-back* et autres cercles vicieux, l'analyse des organisations s'est vue enrichie d'approches institutionnalistes (qui mettent en avant l'apprentissage organisationnel), néo-évolutionnistes (qui mettent en évidence les arrangements institutionnels internes et les dynamiques d'évolution) et cognitives.

La science des organisations se présente aujourd'hui comme une arborescence aux multiples ramifications. Les objets d'études se sont diversifiés : motivation, pouvoir, stratégie, décision, changement, innovation, culture, apprentissage, communication, etc. Chacune de ces questions a été explorée par une horde de sociologues, de psychologues, de gestionnaires et de consultants.

Pour permettre de s'y retrouver aisément dans le dédale des théories, un spécialiste canadien des sciences de l'organisation, Gareth Morgan, a conçu une ingénieuse grille d'analyse (9). Il a regroupé l'essentiel des grilles de lecture en autant d'« images » qui dévoilent chacune une facette de la vie des organisations. L'organisation peut être regardée tour à tour comme une machine (modèle taylorien et webérien), un organisme vivant (courant des relations humaines), un système

8. Concernant la culture d'entreprise, voir Points de repère : Les approches culturelles des organisations, dans le chapitre I de cet ouvrage

9. G. Morgan, *Images de l'organisation*, De Boeck, 1999 [1989].

politique (approches systémique et stratégique), une famille (approche psychanalytique), un instrument de domination…
Le rôle de ces métaphores est double : pédagogiques, elles sont faciles à mémoriser ; heuristiques, elles fournissent un outil d'analyse pratique pour l'étude et l'intervention.
Ces regards sur l'organisation n'épuisent pas le champ des interprétations. D'autres métaphores sont possibles. Selon G. Morgan, il est inutile de chercher à trancher entre ces différentes approches. Chacune souligne une facette de la réalité et en chasse d'autres. Comme les humains, les organisations sont des êtres ambivalents et contradictoires. Elles peuvent être à la fois asservissantes et libératrices, nécessaires et parasitaires, exaltantes et repoussantes, stimulantes et paralysantes, communautaires et conflictuelles. *« La réalité sociale, parce qu'elle est humaine, est équivoque et inépuisable »* (Raymond Aron).

Chapitre I

Les sciences de l'organisation : théories et modèles

POINTS DE REPÈRE
THÉORIES ET PENSEURS DE L'ORGANISATION

L'organisation e

LES FONDATEURS : UNE APPROCHE RATIONNELLE ET MÉCANISTE DE L'ORGANISATION

Max Weber (1864-1920), penseur de la rationalisation et de la bureaucratie ; **Frederick W. Taylor** (1856-1915), inventeur de l'organisation scientifique du travail ; **Henri Fayol** (1841-1925), qui a formalisé les opérations à mener dans une organisation.

LES SOCIOLOGIES DE L'ORGANISATION

L'approche fonctionnaliste de la bureaucratie

Les Américains **Robert K. Merton**, puis **Alvin W. Gouldner** et **Philip Selznick** se sont intéressés au fonctionnement des bureaucraties. **Peter Blau** montrera que les agents savent contourner les règles pour coopérer.

L'analyse stratégique

Michel Crozier et **Erhard Friedberg** analysent l'organisation comme un système politique, résultant du jeu des acteurs *(voir les entretiens chapitres I et IV).*

L'approche par les règles

Pour **Jean-Daniel Reynaud**, l'organisation est un système de règles (conjonction de deux sortes de règles : autonomes et de contrôle) *(voir l'entretien chapitre III).*

Sociologie de l'identité et de la culture

L'organisation est vue comme un lieu d'appartenance et de socialisation. Principale figure : **Renaud Sainsaulieu** *(voir son article chapitre VI).*

L'analyse de l'influence des cultures nationales

Avec l'internationalisation, les organisations sont confrontées à la diversité des cultures (management interculturel). Principaux auteurs : **Philippe d'Iribarne**, **Edward T. Hall**, **Gert Hofstede**.

Pouvoir et contrôle

Amitai Etzioni, sociologue américain, distingue les organisations selon le type de pouvoir, de contrôle et de participation.

Nouvelles approches

- **La théorie de l'innovation et de la traduction**
  Principales figures : **Michel Callon** et **Bruno Latour**. Elle met l'accent sur la « traduction » des différentes rationalités et la mise en réseau des acteurs.
- **La théorie des conventions**
  Principales figures : **Laurent Thévenot** et **Luc Boltanski**. L'organisation est vue à travers les principes et valeurs par lesquels les personnes justifient leurs actes.

Aujourd'hui éclatées, les théories de l'organisation se sont construites autour de deux grands pôles : l'analyse du fonctionnement de l'organisation et l'étude du comportement des individus.

on fonctionnement

LES THÉORIES DE LA FIRME (APPROCHE ÉCONOMIQUE)

Elles cherchent à comprendre le fonctionnement des entreprises en intégrant des variables nouvelles comme le comportement des acteurs, les compétences, les structures juridiques… *(voir l'article de P. Cabin dans le chapitre I sur « Les nouvelles théories économiques de l'entreprise »).*

La théorie de l'agence ou l'entreprise comme « nœud de contrats »

E. Fama et **M. Jensen**.

La théorie des coûts de transaction

Ronald H. Coase et **Oliver E. Williamson** *(voir l'entretien avec O.E. Williamson dans le chapitre I).*

Les organisations sont considérées comme des institutions (le marché, l'entreprise, le contrat). La volonté d'économiser les coûts de transaction détermine leur fonctionnement.

La théorie évolutionniste ou l'entreprise comme système de compétences

S. Winter et **R. Nelson**.

Firme A (américaine et hiérarchique) et firme J (japonaise et horizontale)

Masahiko Aoki.

LES APPROCHES QUANTITATIVES ET SYSTÉMIQUES

Elles se caractérisent par un souci de formalisation.

Le mouvement mathématique et la recherche opérationnelle

Techniques quantitatives de gestion. En France : les travaux de **Bernard Roy** et du **LAMSADE** (université Paris-Dauphine).

La théorie générale des systèmes

Et son application aux organisations : à la suite des travaux des fondateurs comme **Ludwig Von Bertalanffy**, l'analyse systémique a connu un développement important. Principaux représentants actuels en France : **Jacques Mélèse**, créateur de l'« analyse modulaire de système », et **Jean-Louis Le Moigne**.

L'APPROCHE SOCIOTECHNIQUE

L'organisation est considérée comme un système d'interactions entre deux sous-systèmes : social et technique. Les fondateurs en sont **Frederick E. Emery** et **Eric L. Trist**, du Tavistock Institute de Londres.

LES APPROCHES MANAGÉRIALES

Les théories managériales

Elles se distinguent par leur objet (la coordination des activités) et par leur vocation pratique. Parmi les principales figures : **Alfred P. Sloan** (1875-1906), **Chester Barnard** (1886-1961), **Mary Parker Follett** (1868-1933), **Hyacinthe Dubreuil** (1883-1971), **Henry Mintzberg** *(voir l'entretien dans le chapitre IV).*

L'école néo-classique des organisations

Récente, elle se place dans la lignée des « classiques » (approche rationnelle) en intégrant d'autres apports (notamment psychosociologiques). Principales théories : l'excellence (**Tom Peters** et **Robert H. Waterman**), la Direction par objectifs (**Peter Drucker**, **Octave Gélinier**).

L'histoire des entreprises

Alfred D. Chandler a démontré l'influence de la stratégie (la « main visible des managers ») sur la structure de l'organisation. L'histoire des entreprises connaît un déve-

L'individu da

L'ÉCOLE DES RELATIONS HUMAINES

Cette approche, dont le fondateur est **Elton Mayo** (1880-1949), met l'accent sur l'importance du facteur humain.

LES APPROCHES PSYCHOSOCIOLOGIQUES

Elles s'inscrivent directement dans la filiation de l'école des relations humaines.

Les théories des besoins et de la motivation

Douglas McGregor (1906-1964) oppose au management rationnel et autoritaire (« Théorie X »), le management participatif (« Théorie Y »), fondé sur l'autonomie et la créativité des salariés. Il s'appuie sur les recherches d'**Abraham Maslow** (1908-1970). **Frederick Herzberg** a inventé le concept d'« enrichissement du travail ».

Dynamique des groupes et leadership

Kurt Lewin (1890-1947), initiateur de la dynamique des groupes et fondateur de la psychologie. **Rensis Likert** a élaboré une théorie fondée sur la nature des interactions entre responsables et subordonnés.

LES APPROCHES PSYCHANALYTIQUES

Elles cherchent à révéler les dimensions cachées que sont les affects, les mythes, les conflits psychiques.

Wilfried R. Bion (1897-1979) analyse les « névroses de l'organisation ».

Elliot Jaques, Canadien, membre du Tavistock Institute, est considéré comme le père de la socio-analyse.

Des chercheurs français contemporains comme **Eugène Enriquez** *(voir l'entretien et l'article dans les chapitres VI et VII)*, **Max Pagès**, **Vincent de Gaulejac**... peuvent être classés dans cette mouvance.

L'analyse institutionnelle

Cette méthode décrit comment les organisations s'auto-institutionnalisent *(voir l'article de R. Hess chapitre VII).*

loppement significatif en France. Principales figures : **Patrick Fridenson**, **François Caron**...

Les théories de la contingence

Pour les tenants de ce courant, c'est par l'influence de l'environnement que l'on doit analyser le fonctionnement des organisations.

• **Influence de la technique**
Pour **Joan Woodward** (1916-1971), la technologie de production est le principal facteur déterminant les structures organisationnelles.

• **L'instabilité de l'environnement**
Paul R. Lawrence et **Jay W. Lorsch** analysent le rôle du degré d'instabilité et d'incertitude de l'environnement dans la structure de l'organisation.

• **Plus récemment,** de nombreux travaux se penchent sur les conséquences de l'informatisation et de l'automatisation.

La psychodynamique du travail

Elle analyse les processus psychiques (peur, risque, fierté...) mobilisés par les salariés.

LES APPROCHES COGNITIVES

L'organisation comme lieu de décision, d'apprentissage et comme système de compétences.

Herbert A. Simon et la théorie de la rationalité limitée

Elle montre que les individus ne prennent pas des décisions « optimales » (rationalité substantive). Ils sont mal informés, et agissent en fonction de valeurs, d'opportunités, de la situation. Ils adoptent donc des solutions « satisfaisantes » (rationalité procédurale, ou limitée).

Richard M. Cyert et **James G. March** ont proposé une théorie de l'organisation conçue comme une coalition d'individus ayant des objectifs différents.

Le modèle de la poubelle

J.G. March, **J.-P. Olsen**, **M.D. Cohen** montrent que dans les organisations il y a des solutions toutes faites qui attendent l'occasion d'être utilisées, et qui le sont *(voir l'encadré dans l'article de N. Adler dans le chapitre IV).*

Chris Argyris et l'apprentissage organisationnel

Les travaux sur les liens entre organisation, travail et apprentissage connaissent un fort développement en France avec des chercheurs comme **Armand Hatchuel**, **Christophe Midler**, **Philippe Zarifian**...

L'ETHNOGRAPHIE DES ORGANISATIONS

Elle met l'accent sur les phénomènes symboliques (pouvoir, territoire, culture), les rituels, les interactions quotidiennes...

Philippe Bernoux*

SOCIOLOGIE DES ORGANISATIONS**

LES NOUVELLES APPROCHES

La sociologie des organisations s'est enrichie récemment de nouvelles approches (théorie des conventions, théorie de la traduction) qui mettent chacune en lumière une dimension particulière des organisations.

Depuis le début des années 80, le succès de la sociologie des organisations ne se dément pas en France, plus sans doute dans le grand public que dans le milieu scientifique qui semble encore s'interroger sur la place de cette sous-discipline dans le monde savant. Ouvrages et articles sur le thème se sont multipliés. Les applications «utilitaires» dans le monde de l'entreprise d'abord, puis dans celui de tout ensemble organisé (hôpitaux, système éducatif, service social, associations, etc.), ont créé ce succès et cette distance.

Cette sociologie des organisations, déjà riche d'un solide corpus théorique qui a mis des décennies à s'élaborer, est aujourd'hui en plein renouvellement. Nous qualifions les plus récentes approches de «nouvelles» car elles viennent d'émerger, mais les questions auxquelles elles répondent ont toujours été présentes dans les organisations (1). Chaque époque valorise des théories parce qu'elles entrent en résonance avec les préoccupations de l'actualité. Avant de présenter les approches nouvelles, il convient donc de présenter rapidement quelques-unes des grandes grilles d'ana-

* Directeur de recherche honoraire, Groupe lyonnais de sociologie industrielle, Glysi. CNRS université Lyon-II. Il a publié notamment : *La Sociologie des entreprises*, Seuil, 1995 ; *Les Nouvelles Approches sociologiques des organisations*, Seuil, 2005 (3e éd.), en collaboration avec H. Amblard, G. Herreros, Y.-F. Livian, *Sociologie du changement dans les entreprises et les organisations*, Seeuil, 2004.

** *Sciences Humaines*, n° 64, août/septembre 1996. Texte revu et corrigé par l'auteur en mars 2005.

1. L'ouvrage de H. Amblard, P. Bernoux, G. Herreros, Y.-F. Livian, *op. cit.*, Seuil, développe l'ensemble des thèmes de cet article.

lyses devenues « classiques » dans le domaine.

Les approches classiques (2)

• Le modèle bureaucratique. Max Weber, avec sa théorie de la bureaucratie, a jeté les premières bases de la sociologie des organisations. Lorsqu'il définit comme une « bureaucratie » la forme d'organisation – capitaliste – de l'entreprise, M. Weber veut mettre l'accent sur un modèle de rationalité universelle qui se traduit par une comptabilité rationnelle et une organisation rationnelle du travail. La bureaucratie, modèle d'efficacité pour M. Weber, inclut une hiérarchie fondée sur la compétence et sur les règles non sur l'arbitraire. Le critère rationnel prime sur celui de l'autorité traditionnelle. M. Weber (1864-1920) est le contemporain de Frederick W. Taylor (1856-1915) qui, au même moment, cherche à imposer une organisation scientifique du travail fondée sur la division extrême des tâches et sur la prise en charge de l'organisation du travail dans les ateliers par des bureaux spécialisés.

• Le modèle fonctionnaliste. Mais les sociologues vont prendre conscience qu'il n'existe pas une procédure universelle et méthodique pour définir l'organisation du travail. Les formes d'organisation dépendent aussi de l'environnement – les technologies, la structure du marché – comme le montreront les théoriciens de la contingence (3). Henry Mintzberg (4) introduira un facteur supplémentaire : les buts que se proposent les dirigeants. Il y a, selon lui, un ajustement entre la firme et son environnement (stable ou incertain), une cohérence entre les structures internes et les objectifs des dirigeants (conception des postes de travail, organisation par marché ou fonctions, taille des unités, rôle des chefs, relations aux clients, etc.). La principale critique adressée à cet ensemble théorique est qu'il postule une adaptation quasi automatique à l'environnement.

Ces deux ensembles théoriques font une grande place à l'idée de rationalité universelle, aux contraintes de l'environnement et à l'adaptation.

• L'analyse stratégique. C'est en réaction à ces idées que vont se développer l'analyse stratégique, puis celle en termes d'identité, tandis que l'analyse culturelle constituera une constante dans les approches des organisations. La sociologie des organisations, focalisant le regard sur leur fonctionnement interne, se diffuse à la fin des années 70 et durant la décennie 80, essentiellement à travers l'ouvrage de Michel Crozier et Erhard Friedberg, *L'Acteur et le Système. Les contraintes de l'action collective* (5). Elle prend le nom d'analyse stratégique. Puis, en 1993, E. Friedberg publie *Le Pouvoir et la Règle. Dynamiques de l'action organisée* (6).

L'analyse stratégique dévelopée par

2. Pour une présentation plus détaillée des approches classiques, on pourra se reporter notamment à : D. Segrestin, *Sociologie de l'entreprise*, Armand Colin, 1996 ; et P. Bernoux, *La Sociologie des entreprises*, Seuil, 1995.

3. Voir J. Woodwoard, *Industrial Organization. Theory and Practice*, Oxford University Press, Tavistock, 1965 ; P.R. Lawrence et J.W. Lorsch, *Adapter les structures de l'organisation*, Editions d'Organisation, 1973 (1967).

4. *Structure et dynamique des organisations*, Editions d'Organisation, 1998 [1982].

5. Seuil, 1977. *Cf.* aussi M. Crozier, *Le Phénomène bureaucratique*, Seuil, 1963.

6. Seuil, 1993.

M. Crozier et E. Friedberg rejette l'idée d'un modèle universel de l'organisation. Leur théorie repose sur quatre principes.
a) L'idée que l'acteur en organisation est un stratège, disposant d'une marge d'action (zone d'autonomie) grâce à la maîtrise d'une zone d'incertitude.
b) Cet acteur a un comportement rationnel, mais cette rationalité est toujours «limitée».
c) Le pouvoir est une relation d'échange qui se négocie.
d) L'interaction entre les acteurs aboutit à la constitution d'un système d'action, plus ou moins stable que l'analyse stratégique a pour but de mettre au jour. Ces modèles d'organisations sont toujours contingents.

Comme l'a bien montré M. Crozier dans *Le Phénomène bureaucratique* (7), derrière l'organisation formelle des grandes entreprises bureaucratiques qui semblent avoir tout prévu (embauches, promotions, tâches à accomplir...), il existe en fait une grande incertitude qui laisse une marge de manœuvre aux acteurs, au jeu des négociations informelles. Sans doute, cette idée du rôle central de l'incertitude dans les organisations est-elle, non la découverte, mais la valorisation la plus pénétrante de l'analyse stratégique.

Le concept de pouvoir est une notion centrale pour l'analyse stratégique. E. Friedberg insiste sur ce point dans *Le Pouvoir et la Règle*. Le pouvoir n'est pas défini seulement comme une capacité à faire faire, il structure des relations dans l'organisation et, en particulier, il est créateur de règles. L'action collective, objet de l'organisation, est toujours soumise à une masse d'incertitudes, donc de décisions à prendre qui structurent les coopérations et sont sources de conflits. Le pouvoir stabilise les interactions, permettant l'action dans la durée.

• Identité et culture. L'analyse en termes d'identité développée par Renaud Sainsaulieu dans *L'Identité au travail* (8) renvoie à un mode de structuration de l'organisation où l'expérience de la socialisation joue un rôle central. La socialisation rend compte de la création des règles (9) par intériorisation des situations de travail, des relations quotidiennes de pouvoir et d'expériences introduisant d'autres apprentissages collectifs. Les attitudes collectives des groupes permettent de définir des modèles relationnels et de comprendre leurs réactions.

R. Sainsaulieu identifie ainsi plusieurs types de ces conduites : la fusion, la négociation, les affinités, le retrait. Ces conduites tirent leur force de la volonté des acteurs de se faire reconnaître.

L'approche culturelle s'intéresse quant à elle aux formes du travail caractéristiques d'un pays, d'une tradition. La culture désigne à la fois un cadre de pensée et un système de valeurs d'une société, et un système de règles régissant les relations dans les groupes.

L'école des conventions

Ce rapide survol des principaux courants de la sociologie des organisations montre la variété des grilles de lecture

7. Seuil, 1963.
8. FNSP, 1977. Voir aussi R. Sainsaulieu, *L'Entreprise, une affaire de société*, PFNSP, 1990.
9. J.-D. Reynaud, *Les Règles du jeu*, Armand Colin, 1989.

possibles. Leur diversité est due au fait qu'ils mettent en lumière chacun une dimension importante des organisations. Organisées de manière rationnelle (du moins, le veulent-elles), les structures des organisations sont influencées par l'environnement, elles sont composées d'acteurs stratégiques, qui y définissent leur identité, elles produisent et sont produites par des cultures, etc. Ces multiples regards ne suffisent pourtant pas à épuiser l'analyse. Des problèmes importants en sont absents. Ils ont été repérés par deux nouvelles approches : « L'école des conventions », d'une part, et celle de la « traduction », d'autre part.

L'école française « des conventions » est née à la fin des années 80. Elle regroupe des sociologues et économistes (Luc Boltanski, Laurent Thévenot, André Orléan, Robert Salais) qui proposent un modèle général des relations sociales qui cherche à répondre à la question de la *« coordination des actions individuelles afin de comprendre comment se constitue une logique collective et quelles ressources elle doit mobiliser pour se stabiliser »* (10). Sur quelles bases peut se constituer un accord collectif lorsque les acteurs justifient leur action par des principes différents ? Par exemple, dans une entreprise, il existe plusieurs légitimités qui s'affrontent : la qualité du travail, l'efficacité et la rentabilité, l'amélioration des conditions de travail, le poids des traditions professionnelles... autant de principes hétérogènes qui se juxtaposent et forment un tissu de normes et de « conventions ».

Les théoriciens de l'école des conventions rejettent l'opposition entre les explications par l'individuel et celles par le collectif qui sont au cœur de la sociologie et de l'économie. Ils cherchent les voies de construction du social dans le choix de la règle d'accord. Il s'agit, pour les protagonistes, de trouver la référence à une forme universelle dépassant les particularités des personnes. La régularité des conduites, notamment les conduites collectives ou intéressées, se ramène pour eux à une contrainte d'accord.

• Le principe des six natures. L. Boltanski et L. Thévenot ont identifié plusieurs grands principes de légitimité qui président à la justification d'une action (11). Ces principes, appelés « natures », « cités » ou « mondes » sont au nombre de six : la cité inspirée renvoie au principe de créativité (mon action est guidée par un principe supérieur d'innovation, de nouveauté) ; la cité domestique renvoie à l'art des relations familiales, de la tradition (mon action est guidée par le respect et l'attachement aux règles du groupe) ; la cité du renom vise à la reconnaissance sociale (relations publiques, vedettariat, opinion) ; la cité civique justifie une action en fonction de la recherche de l'intérêt général ; la cité marchande justifie une action par le marché, le prix et le contrat commercial ; la cité industrielle, enfin, est celle de l'impératif d'efficacité et de productivité. Lorsque les « natures » ou « cités » sont en contradiction, il est nécessaire, pour assurer la cohésion d'un groupe de

---

10. A. Orléan (dir.), *Analyse économique des conventions*, Puf, 1994.
11. L. Boltanski, L. Thévenot, « Les Economies de la grandeur », *Cahiers du Centre d'étude de l'emploi*, n° 31, Puf, 1987.

trouver des accords fondés sur des compromis. Ainsi, le conflit potentiel entre la légitimité industrielle (celle de l'efficacité) et la légitimité civique (celle de l'intérêt des salariés défendu par les syndicats), peut se résoudre à travers des dispositifs écrits comme les accords d'entreprise, les conventions collectives, la négociation contractuelle, les concessions, la politique sociale, les réunions paritaires, etc.

La convention occupe une grande place dans cette théorie au point de lui avoir donné son nom. *« Une convention, c'est un ensemble d'éléments qui, à tout instant, pour les participants à la convention, vont ensemble et sur lesquels, par conséquent, ils partagent un commun accord… Une convention est un système d'attentes réciproques sur les compétences et les comportements, conçus comme allant de soi et pour aller de soi. C'est par là même qu'une convention est efficace. »* (12)

« Les comportements attendus n'ont pas besoin d'être conçus à l'avance, écrits, puis ordonnés pour être obtenus. » (13) Cette définition de la convention est proche de celle des rôles dans les termes classiques de la sociologie. Il s'agit bien de comportements attendus auxquels se conforment les individus. Le terme « convention » vient de « convenir », venir ensemble, être d'accord ; le terme « contrat », de « contrahere », resserrer, borner et mettre à leur place. *« La convention (…) permet de coordonner des intérêts contradictoires qui relèvent de logiques opposées, mais qui ont besoin d'être ensemble pour pouvoir être satisfaits. »* (14) La vie sociale repose sur des accords implicites de ce type. La relation entre entreprises donneurs d'ordre et entreprises sous-traitantes, à propos du partenariat et de la qualité, illustre une manière de résoudre l'incertitude dans les relations des entreprises (15). Par exemple, traditionnellement, le rapport de sous-traitance s'organisait autour d'une mise en concurrence par le donneur d'ordre. On était dans un modèle de coordination-convention par le marché. Or les donneurs d'ordre connaissent aujourd'hui une industrialisation poussée des modes opératoires, dans une logique industrielle, tandis que les sous-traitants ont des structures plus légères, répondant à leur nature marchande. La qualité y repose sur la valeur de la main-d'œuvre et non sur la standardisation à grande échelle.

Il y a donc difficulté à harmoniser ces deux modèles de coordination. Là-dessus se greffe le problème des procédures d'assurance qualité. Dans le modèle du marché, une différence de qualité est traduisible en termes de prix. Mais si le produit est un élément d'une chaîne de fabrication, la compensation marchande est alors inadéquate : le sous-traitant ne peut payer la faute sur toute une chaîne. Que fait le donneur d'ordre ? Il assure la qualité par d'autres formes de coordination, comme les procédures liées à l'assurance qualité et comme le partenariat. La vérification des équipements du sous-traitant, de la fiabilité

12. R. Salais, « Economie des conventions », *Revue économique*, n° 2, mars 1989.
13. *Idem.*
14. *Idem.*
15. F. Eymard-Duvernay, « Economie des conventions », *op. cit.*

de son organisation, de la confiance que l'on peut lui accorder, se substituent à l'évaluation des produits. On est en présence d'une harmonisation des formes de coordination, le marché ne jouant plus le rôle central qu'il avait lors des procédures d'appels d'offres.

On voit l'intérêt de cette nouvelle construction théorique. A l'intérieur de chaque nature, les justifications permettent de faire apparaître et d'objectiver les désaccords puis de comprendre comment s'élaborent les compromis. Les « natures » ou « cités » sont des construits sociaux, et en ce sens les conventionnalistes s'inscrivent dans une ligne de réflexion déjà rencontrée dans les théories de l'acteur. Mais ils focalisent l'observation sur les compromis et leur contenu parce que ceux-ci disent l'essentiel de ce sur quoi tient une entreprise comme une société. Il est tout à fait instructif pour comprendre l'évolution des relations dans les entreprises aujourd'hui de voir comment sont justifiés les nouveaux compromis sociaux (16).

La théorie de la traduction

La théorie des conventions renouvelle le regard porté sur l'organisation, entreprise ou non. Elle met au centre de l'analyse, non les acteurs et leurs conflits, mais « ce qui fait tenir », les coordinations. Les controverses sont une expression des « natures », non des stratégies. Les conventions permettent de comprendre comment et sur quelles bases se créent les compromis. La théorie de la traduction, initiée par Bruno Latour et Michel Callon, est issue des recherches en sociologie des sciences et de l'innovation technique avant de devenir une référence incontournable pour la sociologie de l'organisation (17). On est passé d'un champ à un autre – de la science à l'organisation – parce que la manière dont les auteurs ont traité la question de l'innovation scientifique répondait à un problème central dans l'organisation, celui des relations entre services aux logiques différentes et celui de la création des réseaux. Elle apparaît aujourd'hui particulièrement pertinente lors de l'implantation d'innovations et dans les situations de changement.

Pour plus de clarté, on présentera le cas célèbre des coquilles Saint-Jacques, en précisant les étapes de constitution d'une méthodologie.

Au début des années 70, on s'aperçoit d'un phénomène nouveau, celui de la raréfaction des coquilles Saint-Jacques (CSJ – Pectem Maximus) dans la baie de Saint-Brieuc. Elles ont déjà en partie disparu des côtes bretonnes de Saint-Malo. Les marins-pêcheurs subissent cette raréfaction comme une fatalité. Au cours de la

16. Pour aller plus loin sur la théorie des conventions, on pourra se reporter aux travaux suivants : L. Boltanski, L. Thévenot et al., « Justesse et justice dans le travail », *Cahiers du Centre d'études de l'emploi*, n° 33, Puf, 1989 ; L. Thévenot, « Les investissements de forme », Conventions économiques, *Cahiers du centre d'études de l'emploi*, Puf, n° 29, 1985 ; L. Thévenot, « Les entreprises entre plusieurs formes de coordination », dans J.-D. Reynaud et al. (dir.), *Les Systèmes de relations professionnelles*, Editions du CNRS, 1990.

17. Voir M. Callon, B. Latour, « Comment suivre les innovations ? Clef pour l'analyse socio-technique », *Prospective et Santé publique*, numéro spécial sur l'innovation, 1978 ; M. Callon (dir.), *La Science et ses réseaux. Genèse et circulation des faits scientifiques*, La Découverte, 1989 ; B. Latour, *Aramis ou l'amour des techniques*, La Découverte, 1992.

même période, des chercheurs d'un laboratoire public situé à Brest commencent à s'intéresser aux CSJ. De leur côté, les pouvoirs publics locaux s'émeuvent, se sentant obligés de faire quelque chose, mais ils ne savent pas trop quoi. Quant aux consommateurs, ils veulent continuer à manger la précieuse CSJ, d'où qu'elle vienne, avec cependant une préférence pour la française lorsqu'elle est coraillée. Quant aux coquilles, on ne sait pas très bien quelles sont leurs mœurs, en particulier comment elles se reproduisent et se développent.

Les pouvoirs publics décident d'organiser un colloque. Mais les pêcheurs traînent les pieds, craignant d'avoir à changer leurs pratiques et redoutant un contingentement et une réglementation de leur pêche. Les chercheurs n'ont guère de connaissances sur le sujet (les seuls CSJ à avoir été sérieusement étudiées étant japonaises, qui sont différentes des françaises), les consommateurs ne veulent pas réduire leur consommation, et dans ces conditions les larves de CSJ risquent de continuer à disparaître. La situation n'est pas brillante... Pourtant, elle va être renversée en une dizaine d'années et, à partir de 1986, les CSJ de la baie de Saint-Brieuc sont de nouveau présentes sur les tables.

Dans la première phase de l'analyse, celle de la contextualisation, il s'agit de recenser les acteurs et leurs enjeux, comme dans une analyse stratégique classique.

Dans la deuxième phase, dite de la problématisation, les chercheurs se mettent au travail en impliquant les différents acteurs. Les connaissances produites n'existeront qu'avec la participation, voire avec l'aide de ces acteurs. Comment donc relier les pêcheurs, les CSJ, les chercheurs, les pouvoirs publics et les consommateurs ? Il faut trouver un point de passage obligé et mettre en place un dispositif d'intéressement où tout le monde se retrouve. La question des conditions à réunir pour que la CSJ se fixe dans la baie de Saint-Brieuc est celle à laquelle on doit finir par donner une réponse. Elle est cependant trop globale. Il faudra arriver à poser une question intermédiaire, plus opérationnelle et qui rassemble les intérêts de tous les acteurs : quels moyens mettre en œuvre pour observer le processus de croissance et de développement ?

Cette question doit aboutir à définir un bien commun provisoire entre tous les acteurs, donc à constituer un réseau. Chacun se sentira concerné s'il se voit confier un rôle dans la recherche de la réponse. Il sera enrôlé au sens propre du terme. On ne cherche pas à motiver les acteurs mais, en leur donnant un rôle, on les implique et les fait agir. Chaque acteur, représenté par un porte-parole reconnu légitime par ses pairs, sera concrètement associé à la recherche de solutions.

La troisième phase est celle de la création d'un dispositif commun d'intéressement. Ce sera un laboratoire, espace découpé en mer, où tous les acteurs ont une mission et qui est le bien commun de tous. Les marins-pêcheurs auront mission d'observer les mouvements des CSJ, surtout des larves, et de prélever des échantillons. Ils doivent aussi contrôler que personne ne vienne

pêcher dans ce secteur. L'engagement sera respecté car ce sont les marins-pêcheurs eux-mêmes, par l'intermédiaire de leurs porte-parole, qui se sont engagés. Les autres acteurs qui ne participent pas au recueil d'informations devront y être intéressés.
L'existence d'un dispositif matériel ouvert à tous les acteurs, le laboratoire, travaillant dans la transparence, ne suffit pas. Il faut faire un travail de diffusion, appuyé sur des supports matériels (textes, mais aussi rencontres), produisant et diffusant les informations. Cette quatrième étape est celle de la solidification du réseau. Partagées par les acteurs qui finissent par constituer un collectif, les informations lient les membres et les font participer à la production de connaissances. Le réseau s'étant constitué dans les étapes précédentes, il faut le consolider, le rendre irréversible, l'étendre à des acteurs influents qui ont pour mission de le solidifier. Ici par exemple, le ministère de la Recherche, celui du Commerce extérieur, les pouvoirs publics régionaux, etc.
A ce stade, la légitimité des acteurs et la solidité des réseaux sont suffisantes pour qu'il y ait accord sur la recherche du système de reproduction des CSJ. Suffisamment d'éléments d'observation ont été obtenus pour comprendre leur système de reproduction, les défendre, et finalement passer à une autre pratique de la pêche. Le rôle des marins se trouve redéfini : chercheurs durant le temps de la recherche, ils deviendront éleveurs, limitant leurs sorties de pêche, ciblant certaines zones, coordonnant leur activité.
A ce dernier stade, un modèle de traduction, impliquant tous les acteurs dans leur propre logique, a été créé, dans un langage que chacun peut comprendre et s'approprier.
L'innovation est présentée habituellement dans le modèle de la diffusion de l'innovateur au récepteur auquel M. Callon oppose celui de la traduction. Le premier correspond à l'idée selon laquelle des objets techniques achevés et complets n'auraient plus qu'à se trouver des clients. On est dans une vision linéaire qui part du chercheur, passe à l'ingénieur, aux services de développement, aux services de marketing et finalement à la fabrication. Le client, lui, n'a plus qu'à s'adapter, qu'il soit à l'extérieur de l'organisation ou qu'il en fasse partie. Ce modèle est proche de ce que l'on entend en théorie de la communication : une « bonne » information est reçue si le canal est « bon ».
Toute la réalité du fonctionnement des organisations et des entreprises démontre le contraire : le message est reçu, pas seulement en fonction de ses qualités intrinsèques mais des stratégies des récepteurs. Si le message n'a pas été traduit, c'est-à-dire s'il n'est pas devenu un enjeu pour les récepteurs, il n'a aucune chance de réception. On sait aujourd'hui que le dynamisme des organisations est lié à cette capacité de « traduction ». C'est le cloisonnement entre services qui fait perdre du temps, le fait que celui qui reçoit un projet élaboré en amont commence par le refaire à sa manière, ou le renvoyer, car sa rationalité n'a pas été prise en compte. Les gains de temps sur la production

sont toujours liés à la capacité de traduction entre services. Toute l'approche actuelle en termes de « management par projet » se fait sur le modèle de la traduction. Il s'agit de faire comprendre aux membres de chaque service le langage des autres, leur en faire admettre la légitimité. La performance des organisations en dépend.
Le modèle de traduction « offre une vision tourbillonnaire » de l'innovation. L'image proposée est celle du jeu de scrabble. L'innovateur va du tableau au jeu, aux lettres, aux coups des concurrents. Impossible de dire à l'avance où sera l'essentiel de l'innovation, dans la découverte fondamentale, dans l'application technique, dans la généralisation, dans l'usage à d'autres fins que celles prévues, etc. Ce modèle suppose une dynamique permanente de modifications et de changements. On ignore si les groupes concernés seront ouverts ou fermés à l'innovation ou, dans la durée, ouverts un moment donné à une partie de cette innovation, fermés à d'autres, etc.
Le cœur de la théorie de la traduction est constitué par l'idée qu'un fait n'a pas d'intérêt intrinsèque, qu'il ne porte de force que dans la mesure où il est mis en chaîne ou en réseau avec un ensemble, des acteurs, seuls capables de lui donner vie. L'essentiel est la relation entre ces actants. Réciproquement, on ne peut comprendre la solidité d'une idée qu'en prenant en compte tous les actants qu'elle concerne et qu'elle met en chaîne. Par exemple, aucune machine ne porte évidence en elle-même. Elle a un caractère contingent et n'existera que lorsque le réseau la portera.

Les logiques d'action : une position heuristique

Les deux grands courants que l'on vient de présenter, ainsi que les approches que nous avons nommées « classiques », constituent une manière de regarder les faits pour tenter d'en rendre compte, de les expliquer dans un cadre cohérent. Comprendre pourquoi des services communiquent mal permet ensuite d'agir. Cette situation peut s'expliquer en se référant à chacune de ces théories, à la rationalité de chaque service, au poids de l'environnement, aux conflits de pouvoir et aux jeux d'acteur, à l'opposition des natures, des cités ou des mondes, à l'absence de traduction. Chacune de ces interprétations rend compte d'une partie des faits, cohérente à l'intérieur de son cadre théorique.
Le paradigme des logiques d'action a été créé pour rendre compte de la diversité des interprétations possible de phénomènes observés (18). C'est une posture heuristique où le chercheur se donne le droit d'utiliser des éléments issus de plusieurs modèles théoriques (et qui s'excluent habituellement). De plus, les logiques d'action sont une manière de définir le sens qu'un acteur donne à son action. Les conflits, la construction des règles, puis les compromis, la reconstruction des identités, des cultures, les comportements d'ajustement ou de non-ajustement résultent de la manière dont les acteurs interprètent leur place et

18. P. Bernoux, G. Herreros, « Le changement dans les organisations : entre compromis et pouvoir », *Gestion 2000*, n° 6, 1993.

leur rôle dans les organisations, à la lumière et de leurs parcours antérieurs et de la situation d'action dans laquelle ils sont placés. Une logique d'action naît donc du sens que l'individu donne à l'action qu'il entreprend, lié à la situation d'action dans laquelle il est placé. Ce sens n'est pas dépendant seulement de la situation, mais a été créé à travers les représentations, images actives que les individus se sont forgées avant d'être en situation. Il permet d'expliquer le type de raisonnement emprunté avant de nouer une relation stratégique ou un compromis.

La production du social, ce dont il faut rendre compte, passe par les processus de composition des actions individuelles en situation et des règles produites. Dans ce processus interviennent le passé des acteurs et la manière dont ils l'ont intériorisé. Cet ensemble contribue à la construction de l'action. L'acteur n'agit pas qu'en fonction de la situation, mais aussi de ses expériences. Il intègre son histoire personnelle et en fait un guide d'action quotidienne. Un homme de production, un agent des méthodes, un informaticien, etc., ont des réactions « typées ». Ils mettent en pratique une logique d'action née de leur passé et de l'exercice concret de leur métier dans telle organisation, tel service. Cette logique les amène à avoir des regards différents sur des objets apparemment identiques. Ces regards sont reliés à la situation dans laquelle ils se trouvent. Le concept de logiques d'action permet de casser la prégnance des logiques technologiques, économiques ou gestionnaires omniprésentes dans les organisations. Trouver un outil simple pour faire comprendre que l'affrontement des acteurs naît de perceptions différentes des contraintes et des situations, n'est pas une mince affaire. Il s'agit de substituer à ces logiques fortes une autre présentation des logiques animant les acteurs. L'interprétation en termes de logiques d'action permet de comprendre la manière dont chaque acteur se situe face à un problème, non seulement en fonction de l'action dans laquelle il est plongé, de ses jeux de pouvoir, de ses cités, mais aussi de son passé qui a forgé ses représentations. C'est une manière de lire concrètement les situations engendrées par les organisations.

Ce concept est proche de celui d'*habitus* de Pierre Bourdieu, qui est un système de schèmes cognitifs, sauf qu'il n'est ni hérité ni commun à des groupes. L'acteur dispose d'une certaine autonomie pour se resituer dans les situations d'action, laissant ainsi ouvertes les possibilités d'introduire des changements.

Parmi les courants récents, on peut retenir celui de la société de projet et celui de l'encastrement. Le premier est issu de l'école des conventions. Selon Luc Boltansky et Eve Chiapello (19), les changements de la place des salariés dans l'entreprise, essentiellement des cadres, leur désarroi face à la transformation du système capitaliste (conditions de travail et chômage), conduisent à un nouveau modèle. Il n'y a pas de rejet du système capitaliste mais

19. L. Boltanski, E. Chiapello, *Le Nouvel Esprit du capitalisme*, Gallimard, 1999.

désinvestissement dans l'entreprise et effacement de la séparation radicale vie privée/vie professionnelle. Le cadre n'est plus un salarié à plein temps dans une grande entreprise, mais un contributeur intermittent, où la morale du travail et de l'ascétisme rationnel a cédé la place à une valorisation de l'activité. Le cadre devient un nomade dans une société qui n'est plus une société de production de masse, mais une société connexionniste ou de projet qui pousse à repenser les règles traditionnelles de l'organisation. L'entreprise s'est voulue flexible, ses cadres l'ont prise au mot et leurs projets se font en dehors d'elle.

L'autre courant est celui de l'encastrement (« *embededness* »). Selon Mark Granovetter (20), il est impossible d'analyser les phénomènes économiques à partir de la seule logique marchande, car le marché est encastré dans des phénomènes sociaux. L'ambition est d'associer le social et l'économique, de montrer que les marchés sont encastrés dans des réseaux et des institutions. L'auteur insiste sur ce concept, qu'il voit comme un construit social, dépendant de contingences historiques et d'histoires humaines. Les relations marchandes sont socialisées, c'est-à-dire que les objectifs des dirigeants n'obéissent pas qu'à la seule rationalité économique, qu'ils sont une combinaison de facteurs non économiques. Le monde est tout autant mené par des passions que par des intérêts, et les systèmes des relations entre acteurs ont une place importante et n'obéissent pas uniquement à des logiques économiques. C'est à une reconsidération de notre regard sur le monde économique que nous convie M. Granovetter.

20. M. Granovetter, *Le Marché autrement. Les réseaux dans l'économie*, Desclée de Brouwer, 2000.

LA DYNAMIQUE DE L'ACTION ORGANISÉE

Entretien avec Erhard Friedberg*

La notion d'action organisée permet de saisir les processus de coopération et d'ajustement à l'œuvre dans les organisations.

***Sciences Humaines :* Vous êtes, avec Michel Crozier, un des chefs de file de la sociologie des organisations en France. Pourtant, dans la première partie de votre ouvrage *Le Pouvoir et la Règle*, vous vous attachez à démonter la notion d'organisation au profit de celle d'action organisée. Qu'entendez-vous par là ?**

Erhard Friedberg : Le terme organisation désigne à la fois un état et une dynamique. L'état renvoie à un objet social, à savoir les organisations sous toutes leurs formes : les entreprises, les administrations, les associations, etc. La dynamique renvoie aux processus par lesquels les individus ajustent leurs comportements et coordonnent leurs conduites dans la poursuite d'une action collective. C'est dans les organisations « classiques » que les mécanismes à l'œuvre sont les plus visibles et donc les plus faciles à étudier. Mais ceux-ci dépassent les organisations. C'est pourquoi je préfère parler d'action organisée : celle-ci existe au sein comme en dehors des organisations, dans une grève ou dans une bande informelle de jeunes d'une cité de banlieue tout autant que dans une entreprise ou dans un service administratif. Bref, partout où l'interdépendance oblige les hommes à s'organiser et à se coordonner pour réussir leur coopération.

* *Directeur du Centre de sociologie des organisations et professeur à l'Institut d'études politiques de Paris. Il a publié :* Le Pouvoir et la Règle, *Seuil, 1993; avec G. de Terssac (dirs),* Coopération et Conception, *Octarès, 2002.*

***SH :* C'était déjà la perspective que vous aviez développée, Michel Crozier et vous, dans *L'Acteur et le Système* ?**

E.F. : Oui, et je n'ai naturellement pas changé d'orientation. Il me semble simplement que j'ai décentré et, en quelque sorte, radicalisé la perspective. L'organisation n'est pas ici au centre de la démarche. Elle n'est plus qu'un des points d'arrivée d'une réflexion sur les conditions et les mécanismes de la régulation de l'action d'un ensemble d'acteurs interdépendants, mais aussi relativement autonomes. Les notions centrales sont alors celles de contexte d'action, de négociation et d'échange politique, et surtout celle d'ordre local, par lequel est introduit un minimum de régularité et de stabilité dans les négociations et les échanges politiques entre les intéressés. Au fond, l'approche organisationnelle de l'action sociale n'est rien d'autre que l'étude de la nature et des caractéristiques de ces « ordres locaux » chaque fois spécifiques et contingents. Ou, pour reprendre le titre de mon livre, c'est l'étude de la genèse des règles qui viennent stabiliser et discipliner les relations de pouvoir qui finissent par changer ces règles. Le pouvoir et la règle constituent bien les deux pôles de toute réflexion sur l'action organisée.

***SH :* Qu'entendez-vous par échange politique ?**

E.F. : En simplifiant, on peut dire qu'il y a deux sortes d'échanges. D'un côté, il y a ce qu'on pourrait appeler l'échange économique, dont on accepte les termes sans remise en cause ou négociation. La plupart des achats sur un marché ou dans un magasin tombent dans cette catégorie. Et de l'autre côté, il y a ce qu'avec d'autres j'appelle l'échange politique. Ici, les termes mêmes de l'échange, c'est-à-dire les contreparties que j'accepte de donner pour obtenir quelque chose, ne sont pas intangibles, mais font au contraire partie de la transaction : implicitement ou explicitement, il y a négociation. Bien entendu, les frontières entre les deux types d'échange ne sont pas claires, et l'expérience ou plutôt l'analyse montre qu'on passe très facilement du premier au second. Car l'échange politique est le mécanisme de base, et en quelque sorte, celui qui est le plus « naturel ». Les difficultés qu'éprouvent les pays postsocialistes à établir des transactions purement économiques le montrent bien. Et le paradoxe dans l'affaire, c'est que les ordres sociaux émergent de ces échanges politiques en même temps qu'ils sont constamment remis en question par eux. Cela constitue précisément l'objet de l'étude de l'action organisée.

***SH :* Une organisation n'est alors plus pour vous qu'une modalité particulière d'un tel « ordre local » ?**

E.F. : Tout à fait. Entendons-nous bien. Les organisations existent, elles sont même plus omniprésentes que jamais. Soutenir le contraire serait ridicule. Mais pour comprendre les dynamiques de leur fonctionnement, il faut les démonter. C'est-à-dire qu'il faut s'interroger sur la logique des conduites des acteurs qui leur donnent vie et pour lesquels elles ne constituent jamais qu'un cadre plus ou moins contraignant. Et quand on les démonte de la sorte, que voit-on ?

Des conflits de rationalités, des oppositions et des alliances entre individus et groupes, des processus de pouvoir, c'est-à-dire d'échange politique, et des mécanismes de régulation. Or, tous ces phénomènes ne sont absolument pas spécifiques aux organisations. Ils se retrouvent dans les champs d'action les plus divers. En d'autres termes, il faut arrêter de raisonner de façon dichotomique, en faisant comme si tout ce qui n'était pas une organisation était inorganisé. En réalité, les organisations ont un fonctionnement beaucoup plus désordonné qu'il n'y paraît, alors que des champs apparemment moins structurés sont beaucoup plus ordonnés que ne le voudrait une vision théorique. Démonter la notion d'organisation, cela sert à attirer l'attention sur la continuité de problèmes de coordination posés par l'action sociale.

***SH :* Est-ce que vous pourriez nous donner un ou deux exemples ?**

E.F. : Prenons d'abord un exemple du côté des organisations « classiques » : le fonctionnement d'une usine automobile. Avec les nouvelles méthodes de sous-traitance, les fournisseurs sont dans l'usine et le donneur d'ordre est présent chez son fournisseur. Entre les deux, l'interpénétration va croissant. Dans cette situation, on ne sait plus très bien où tracer la frontière de l'entreprise. Mais les relations entre cette usine et ses sous-traitants ne sont pas pour autant complètement désordonnées, bien au contraire. Il y a un ordre local qui se cache derrière l'ensemble des interactions. Ses caractéristiques, qu'il faut mettre en évidence pour comprendre les conduites des acteurs concernés, ne sont pas simplement déductibles des contrats qui lient les partenaires.

Prenons maintenant un exemple dans un champ plus flou, soit le secteur des services sociaux d'une ville ou, pour reprendre un cas récemment étudié par un de mes étudiants, le dispositif institutionnel chargé de la prise en charge des toxicomanes dans un département. Il n'y a pas d'organisation unique qui couvre ce problème, mais une multiplicité d'acteurs institutionnels relativement autonomes. Les responsables de ce champ se plaignent même du manque de coordination entre l'ensemble des intervenants. Mais à y regarder de plus près, les initiatives apparemment désordonnées de ceux-ci obéissent en fait à des régularités profondes, qui correspondent à des équilibres de pouvoir, des chasses gardées, des rapports de concurrence, des partages implicites de rôles, etc.

Pour comprendre les conduites ou stratégies des uns et des autres, il faut connaître cet «ordre local» et les structures et les règles du jeu implicites sur lesquelles il repose.

***SH :* Dans votre livre, vous dites que le comportement des acteurs est rationnel, c'est-à-dire s'explique par des caractéristiques de leur situation et par leurs calculs. On a l'impression que pour vous les acteurs sont interchangeables : ils ne sont pas marqués par leur culture, ils n'ont pas d'histoire, leur personnalité ne compte pas.**

E.F. : Ce n'est pas tout à fait ce que je dis. La rationalité dont il est question dans le livre intègre toutes les limitations cognitives, affectives, culturelles, idéologiques, etc., que les travaux sur les choix rationnels ont mises en évidence depuis longtemps. Elle dépasse donc l'opposition un peu surannée qu'on s'obstine à construire entre d'un côté le monde froid de la performance, de l'intérêt et du calcul, et de l'autre le monde chaud de l'affectivité, des sentiments et du don. Dans la mesure où elle est limitée, la rationalité d'une personne est toujours contextuelle et culturelle. Mais elle est aussi toujours intéressée : le don est aussi sous-tendu par une rationalité. Celle-ci est, bien entendu, différente de celle qui prédomine dans nos sociétés modernes, mais elle n'en correspond pas moins à un calcul et à des intérêts. La rationalité d'une personne renvoie donc à deux dimensions : d'une part, au passé de cette personne, c'est-à-dire à son histoire personnelle et à sa «socialisation», lesquelles conditionnent ses préférences, ses envies, ses objectifs ainsi que la manière dont elle perçoit les situations et s'y ajuste. La rationalité renvoie, d'autre part, aux contraintes et opportunités du présent, c'est-à-dire à la situation d'interaction dans laquelle la personne se trouve. Et ce présent, pour peu qu'il dure, est à son tour source de socialisation : il transforme alors l'identité des individus. Si l'on admet que la rationalité des choix d'une personne puise dans ces deux sources, il devient possible de considérer les comportements comme symptômes du contexte d'action, et donc comme outils pour mettre en évidence la structure et les règles du jeu particulières de ce contexte. Il «suffit» pour cela d'une simple hypothèse qui consiste à mettre entre parenthèses le passé des personnes durant le temps de l'analyse et à considérer leur comportement comme le seul produit de leur calcul présent.

***SH :* On pourrait rapprocher cette hypothèse du raisonnement qu'ont introduit des psychiatres dans les années 50 quand ils ont traité la folie, non seulement comme le produit d'une prédisposition individuelle, mais comme le produit d'un « choix » dans une situation perçue par le sujet comme invivable. La folie devenait ainsi un symptôme d'un système de relations (ici celui de la famille) qu'il fallait traiter au même titre que la prédisposition individuelle. Acceptez-vous cette analogie ?**

E.F. : J'ai moi-même été frappé quand j'ai lu les travaux de Ronald Laing. L'utilitarisme qui est souvent reproché à l'approche organisationnelle est, en effet, purement méthodologique. Il ne nie pas le poids de l'histoire et de la socialisation, ni l'importance des sentiments dans les comportements des individus. Son intérêt principal est d'inciter à une « hygiène mentale » et de focaliser l'attention sur la situation, c'est-à-dire sur un ensemble de relations plutôt que sur des personnes. Si les particularités des individus sont délibérément mises entre parenthèses, c'est pour mieux découvrir les caractéristiques spécifiques d'un contexte d'action, sa structure, ses enjeux et ses règles du jeu. Quitte à revenir aux caractéristiques individuelles et à les réintroduire dans la réflexion quand l'analyse du contexte d'action est faite.

***SH :* Vous insistez beaucoup sur la spécificité des situations : pour vous, aucun contexte d'action n'est identique à un autre. Et pourtant, on aurait envie de dire que rien ne ressemble plus, par exemple, à un collège qu'un autre collège. Comment concilier ces deux points de vue ?**

E.F. : D'abord, en rappelant la réalité. Vus de Paris, tous les collèges français se ressemblent peut-être. Vus du terrain, sûrement pas. Toutes les études concordent sur ce point : malgré les contraintes très lourdes qui poussent à l'uniformité, les fonctionnements réels des collèges, et donc les ordres locaux qui régulent les comportements des acteurs, sont très différents.

Un collège n'en vaut pas un autre, et toute analyse comparative sérieuse fera apparaître des spécificités importantes dans les fonctionnements : ainsi, le premier sera dominé par les représentants syndicaux et leurs exigences, dans le deuxième le directeur aura pu constituer autour de lui une vraie équipe d'enseignants, dans le troisième les petits dealers du quartier feront la loi. Et on ne pourra découvrir ces différences que si l'on met en doute (méthodologique !) l'apparente uniformité des collèges ; si, en d'autres termes, on les démonte en reconstruisant les logiques d'action de leurs membres et les caractéristiques de l'ordre local qui les tient ensemble.

***SH :* C'est également pour des raisons méthodologiques que vous insistez sur les spécificités des contextes d'action ?**

E.F. : Je pense qu'on peut dire cela. D'un point de vue méthodologique, il est toujours plus fécond de considérer tout système d'acteurs empiriques comme un cas spécifique. Mais la méthode clinique que j'utilise demande donc toujours à être insérée dans une démarche comparative. Comme j'essaie de le montrer dans mon livre, seule une telle démarche comparative permet de faire la part des choses entre ce qui est la contingence locale et ce qui relève de régularités plus profondes et plus vastes.

***SH :* Quelle est alors l'utilité de ces analyses pour l'action ?**

E.F. : L'approche organisationnelle n'apporte directement ni diagnostic ni solution. Elle met simplement en évidence la structure de coopération entre un ensemble d'acteurs et la logique de fonctionnement qui en découle. L'impact de cette connaissance dépend de ce que les intéressés en font, c'est-à-dire en dernière analyse de sa capacité à déclencher chez eux un autre raisonnement sur le champ d'action, ce qui revient à renouveler leur vision des problèmes, des contraintes et des opportunités. Il est donc inséparable d'un processus de communication des résultats de l'analyse qui permette d'initier et accompagner un apprentissage de ce raisonnement.
A travers le cas de l'entreprise Motavion dans la dernière partie du livre, j'ai cherché à montrer les conditions dans lesquelles peut-être réussie l'organisation d'un tel transfert de l'analyse et les résultats spectaculaires qu'on pouvait attendre du cycle d'apprentissage ainsi déclenché. On pourrait multiplier les exemples.

Propos recueillis par
ALEXANDRINE CIVARD-RACINAIS et
JEAN-FRANÇOIS DORTIER
(*Sciences Humaines*, n° 30, juillet 1993)

POINTS DE REPÈRE

LES APPROCHES CULTURELLES DES ORGANISATIONS

Le succès de l'idée de « culture d'entreprise » est contemporain d'une réapparition progressive de la thématique culturelle chez les sociologues des organisations.

GENÈSE D'UNE NOTION

L'origine de la formule « culture d'entreprise » est souvent attribuée à Elliot Jaques, fondateur du Tavistock Institute à Londres. En 1952, il définit la culture d'une entreprise comme « son mode de pensée et d'action habituel », « plus ou moins partagé » et « qui doit être appris et accepté ». L'idée est que dans le fonctionnement normal des rapports de travail en entreprise, il entre une part d'habitudes plus ou moins rationnelles et conscientes, dont l'origine n'est pas précisée.

Puis, dans les années 50 et 60, les études américaines de management comparé s'intéressent aux variations dans le mode de gestion des entreprises dans des pays différents. Elles mettent en valeur la notion de facteur culturel : au Japon, en particulier, le succès des industries modernes semble fondé sur la transplantation de valeurs traditionnelles de solidarité, d'abnégation et de respect de la hiérarchie dans l'entreprise.

L'exemple japonais inspire fortement le sens que l'on donnera désormais à la notion de « *corporate culture* », traduite en France par « culture d'entreprise » ou encore « culture organisationnelle ». Elle a connu un grand développement, en particulier en matière de gestion des ressources humaines, pendant les années 80, et a justifié une profusion d'expériences de management : groupes d'expression, cercles de qualité, projets d'entreprise, histoire des entreprises... Elle est aujourd'hui remise en cause par divers facteurs : réduction des bénéfices des entreprises, instabilité des emplois, usure de la notion, superficialité de ses usages managériaux.

LES DÉFINITIONS

La notion de culture d'entreprise a connu un grand succès dans le domaine managérial dans les années 80. Les définitions varient selon les écoles et les tendances, mais elles partent toutes du principe que l'entreprise est une entité sociale capable de sécréter des règles, des coutumes, des préférences et des croyances qui lui sont propres. Dans la mesure où elles sont partagées par ses membres, dirigeants et employés, elles sont le « ciment » de l'organisation et la condition de son bon fonctionnement.

Les expressions concrètes de la culture d'entreprise sont, selon les auteurs, assez variées : certains mettent l'accent sur les valeurs et comportements, d'autres sur les symboles, représentations et compétences communes. Isabelle Francfort,

POINTS DE REPÈRE

Florence Osty, Renaud Sainsaulieu et Marc Uhalde (*Les Mondes sociaux de l'entreprise*, Desclée de Brouwer, 1995) distinguent trois grandes composantes :
– les rites, symboles, codes vestimentaires et linguistiques ;
– la mémoire collective, résultant d'une histoire vécue ou mythique ;
– les attitudes partagées.

D'autres auteurs insistent sur le contenu des connaissances communes sur lequel repose la culture de la firme industrielle. En réalité, tout ce qui fait partie des habitudes communes peut être versé au compte de la culture d'entreprise, à ceci près que certaines d'entre elles peuvent aussi renvoyer à d'autres niveaux d'organisation (la profession, la culture régionale, la culture nationale).

Les interprétations varient également selon les degrés d'incidence et d'autonomie accordés à la culture « corporate ». Certains (voir Charles Handy, *L'Olympe des managers*, Editions d'Organisation, 1986, et Desmond Graves, *Corporate Culture*, 1986) y voient surtout un instrument d'adaptation à l'environnement social et économique. D'autres font de la culture le fondement même de l'organisation, et son principal facteur de réussite : c'est le cas de William G. Ouchi, qui défend l'entreprise-clan, ou de Gareth Morgan, qui souligne l'importance du symbolique et des représentations comme supports de valeurs communes.

Traduites en termes d'action, ces recherches ont donné lieu à deux types de pratiques spécifiques :
– la production *ex nihilo* de « signes, symboles et valeurs » incarnant l'identité de l'entreprise, auxquels ses membres sont invités à adhérer. Ils ont pour fonction de mobiliser les énergies et de représenter des buts communs ;
– la recherche de traditions et de récits fondateurs propres à la firme industrielle, faisant appel à l'histoire de l'entreprise, dont les éléments sont utilisés de la même manière que les précédents (voir Joël Broustail, « Les entreprises ont-elles besoin d'une histoire ? », *Entreprises et Histoire*, n° 1, 1992).

LA « CONTINGENCE CULTURELLE »

On désigne par là toutes les études consacrées aux contraintes culturelles externes qui influent sur la vie des organisations. Il peut s'agir de facteurs historiques, professionnels, régionaux, nationaux, ou encore liés aux systèmes éducatifs.

Exemples : l'enquête menée en 1980 par G. Hofstede dans les filiales d'une multinationale de 120 000 employés fait apparaître des « mentalités » différentes selon les pays en matière de prise de risque, de distance au pouvoir, d'attitudes face aux différences de sexes. A sa suite, on parlera de modèles nationaux comme le scandinave, l'américain ou le japonais.

Avec une profondeur historique plus grande, Philippe d'Iribarne, en 1989 (*La Logique de l'honneur*), souligne la prégnance dans l'entreprise française de traditions professionnelles : héritées de l'Ancien Régime, elles perpétuent une répartition des tâches en nobles et moins nobles.

L'APPROCHE SOCIÉTALE

Version un peu plus complexe des études sur la contingence, le modèle sociétal de Marc Maurice, François Sellier et Jean-Jacques Silvestre (*Politique d'éducation et organisation industrielle en France et en Allemagne*, Puf, 1982) attribue une place déterminante aux effets conjoints des structures d'éducation, des pratiques syndicales, des représentations du personnel et des structures politiques sur les rapports de travail dans l'entreprise. Il en résulte des différences qui ne caractérisent pas des « cultures nationales », mais bien des styles d'entreprises liés à la société environnante.

SOCIOLOGIE DES GROUPES DE TRAVAIL ET DES PROFESSIONS

Un autre type d'études consacrées à des groupes de métier, ou à des communautés de travail plus restreintes (ateliers, bureaux), a fait apparaître des cultures professionnelles, voire des microcultures locales, facteurs de solidarités spécifiques.

Exemples : Georges Ribeill, sur les cheminots (*Les Cheminots,* avec Maurice Lemaire et Anna Malan, Syros, 1984), ou Michel Liu, sur des ateliers de métallurgie (*Approche sociotechnique des organisations,* Editions d'Organisation, 1982).

CULTURE OUVRIÈRE ET ENTREPRISE

Certaines études de sociologie industrielle ont mis l'accent sur le fait que la culture ouvrière n'est pas structurée seulement autour de la défense des intérêts catégoriels, mais aussi autour de l'entreprise.

Exemple : Maryse Tripier (« Culture ouvrière et culture d'entreprise », *Sociologie du travail,* n° 3, 1986) a montré comment, lors d'un conflit dans une PME, l'identité de l'entreprise pouvait l'emporter sur d'autres considérations, notamment d'unité syndicale.

L'APPROCHE INSTITUTIONNELLE

Développée par Renaud Sainsaulieu et Denis Segrestin, l'approche institutionnelle part de l'idée que l'entreprise est, en tant que structure, productrice de sociabilités, d'identités et de valeurs capables d'agir non seulement sur ses membres, mais aussi sur la société environnante. Toutefois, la dimension culturelle de l'entreprise ne se réduit pas à la symbolique fusionnelle ; il existe différents niveaux d'identification : l'équipe, l'établissement, la profession... (R. Sainsaulieu, D. Segrestin, « Vers une théorie sociologique de l'entreprise », *Sociologie du travail,* n° 3, 1986).

Jean-François Dortier*

LES DIMENSIONS CACHÉES DES ORGANISATIONS**

La sociologie clinique est une approche de « l'inconscient » des organisations. Elle permet de révéler ces dimensions cachées que sont les investissements affectifs, les mythes, les interdits, les névroses collectives, les conflits psychiques qui règlent ou dérèglent la vie des groupes.

Deux psychanalystes chez les moines cisterciens, tel pourrait être le titre de l'histoire rocambolesque que nous raconte Eugène Enriquez, un des pionniers français de l'approche psychanalytique des organisations dans son livre *L'Organisation en analyse* (1). L'histoire se passe en 1967, le père supérieur Martin vient de faire appel à des psychanalystes pour intervenir dans sa communauté cistercienne de Provence. C'est un personnage pour le moins original. Cet ancien militaire officier d'active, devenu moine, dirige sa communauté en véritable chef d'entreprise. Il a installé, dans le superbe château du XVIIIe siècle où vit la communauté, un atelier d'électrolyse très prospère : plusieurs millions de francs de chiffre d'affaires en 1967, à l'époque de l'intervention. Lorsque les deux intervenants arrivent dans la communauté, ils sont accueillis dans le vaste bureau du supérieur *« Bureau imposant, s'il en est, bureau de P-DG et non de père supérieur, assurément. Table de travail d'acajou foncé, plusieurs téléphones, un interphone, des armoires métalliques, des classeurs, pas de livres, pas d'ouvrages religieux. Tout est parfaitement fonctionnel. »* Après l'accueil et la visite des ateliers, vient l'heure du repas. A côté de la grande table où s'installent les moines en silence, l'un

* Rédacteur en chef du magazine *Sciences Humaines*. Auteur de *Les Sciences Humaines. Panorama des connaissances*, Sciences Humaines Editions, 1998.

** *Sciences Humaines*, n° 3, juillet 1993.

1. *L'Organisation en analyse*, Puf, 2003 (4e éd.).

d'entre eux monte sur une chaire surélevée et s'apprête sans doute à lire l'épisode de la vie d'un saint. Stupéfaction des invités : dans le silence recueilli, alors que les plats sont en train d'être servis, le récitant se met à lire à voix haute un manuel d'économie ! *« Le père Martin, voulant donner à ses religieux l'esprit d'entreprise, les ouvrir au monde moderne, n'avait rien trouvé de mieux que de mêler à la lecture des ouvrages d'édification celle de livres traitant de sujets économiques ou politiques. »*

Patron moderniste, le père supérieur Martin se pique aussi de psychanalyse et de psychosociologie, il suit un cycle de formation à la conduite des groupes à l'Arip (Association pour la recherche et l'intervention psychosociologique). Ayant perçu des problèmes de communication, de conflits internes, au sein de sa « communauté-entreprise », il fait appel à deux psychosociologues de l'Arip, pour tenter de les dénouer.

Le père Martin a lui-même une idée précise des raisons pour lesquelles le groupe fonctionne mal. Le manque de dialogue entre les membres de la communauté, les résistances aux changements proviennent selon lui des problèmes personnels des religieux : *« Ces religieux ont un psychisme perturbé, (...) ils ont une valeur humaine médiocre, ils constituent une masse lourde à faire évoluer. »*

Les deux intervenants s'aperçoivent vite que le comportement autocratique du père supérieur, sa volonté de bouleverser les règles traditionnelles de la communauté ne sont pas étrangers aux malaises et blocages qui existent dans le groupe. Ils acceptent d'intervenir à la seule condition que le père Martin lui-même, ses méthodes de direction, ses conceptions soient également inclus dans l'intervention. Bien qu'il accepte formellement cette remise en cause, le moine psychologue cherche à en maîtriser totalement le processus d'intervention. Il propose alors de renforcer l'équipe d'intervenants en y intégrant une femme, Mme Bordier, consultante et psychothérapeute, au motif qu'une présence féminine dans une communauté masculine contribuerait à casser les règles du jeu habituelles ! En réalité, le père Martin ne donnera pas suite à l'action. Quelques années plus tard, Eugène Enriquez apprendra que le père supérieur a quitté l'Eglise, est devenu psychosociologue et a épousé Mme Bordier ! L'analyse de cette courte et originale intervention donne néanmoins l'occasion à E. Enriquez d'exposer quelques-uns des principes d'une « sociologie clinique » appliquée aux organisations.

L'organisation, produit d'une culture et d'un imaginaire

Dans l'optique de la « sociologie clinique », une organisation n'est pas seulement un ensemble d'individus guidés par des intérêts, des contraintes et des jeux de pouvoir. C'est aussi un *« système culturel, symbolique et imaginaire »*. L'approche psychanalytique des organisations consiste à déceler ces dimensions cachées que sont les investissements affectifs, les mythes fondateurs, les névroses collectives, les tabous, les refoulements, les interdits qui règlent ou dérèglent la vie des groupes.

Pour éviter les analogies superficielles entre psychisme individuel et psychisme de groupe, E. Enriquez prend soin de distinguer plusieurs niveaux d'analyse où l'approche psychanalytique semble transposable au groupe. Sept « instances » sont ainsi dégagées : ce sont les instances mythique, sociale-historique, institutionnelle, organisationnelle, groupale, individuelle et pulsionnelle. Dans le cas de la communauté cistercienne, les niveaux mythique et social-historique semblaient particulièrement importants. L'instance mythique existe dans toutes les grandes institutions (armée, Eglises, Etats, entreprises) qui ont besoin de mythes fondateurs. Ceux-ci donnent sens à l'institution, la légitiment et la valorisent ; ils fixent des normes de conduite, des valeurs, des rites. Ils font l'objet d'investissements amoureux, d'identification. Ils assurent l'unité de l'organisation en lui donnant un caractère sacré. Dans le cas présent, il était impossible de séparer les conflits à l'intérieur du groupe du caractère sacré et mythique qu'accordaient certains moines à la règle de saint Benoît. Certains seulement. L'un d'entre eux n'avait-il pas confié un exemplaire des écrits de saint Benoît à E. Enriquez avant l'heure du coucher en précisant que *« ce n'est pas pour que vous l'étudiez, mais lisez-en quand même une page ou deux ; c'est le meilleur soporifique qui soit »*.

Un groupe de moines traditionalistes continuait cependant à tenir ces normes pour paroles d'évangile (et pour cause !). Ces conflits latents ne pouvaient pas s'exprimer ouvertement. Ils seraient entrés en conflit avec les règles d'humilité et de soumission qu'exigeait l'application stricte des normes monacales. Une deuxième instance « sociale historique » devait être prise en compte dans l'interprétation de l'organisation. Aux prises avec l'histoire, toute organisation est confrontée aux changements sociaux. Pour survivre au temps, elle doit s'adapter aux grandes mutations de la société tout en maintenant son unité. De ce point de vue, l'étonnante évolution de la communauté initiée par le père Martin s'inscrivait dans un contexte historico-social très précis. Les années 60 furent pour l'Eglise une époque de réforme. Au lendemain de Vatican II (2), l'institution catholique veut s'ouvrir au monde moderne ; elle fait place à des expériences novatrices. C'est dans ce cadre que le père Martin voulait rénover sa communauté : ouverture sur le plan économique par une activité industrielle et ouverture sur le plan des relations sociales en substituant à un ordre « traditionnel et hiérarchique » une « communauté affective et démocratique ». C'était là une source de conflit importante dans la communauté de Provence.

A un troisième niveau d'analyse, celui de l'organisation, les deux intervenants avaient repéré trois groupes informels. Un groupe de moines traditionalistes, représenté par le frère E., voyait dans cette réforme un risque de désagrégation, de perte d'unité et de cohésion de la communauté. Il s'arc-boutait sur le respect de l'ordre originel. Le psychanalyste a interprété ses réactions comme

2. Vatican II : concile œcuménique réuni par Jean XXIII en 1962 et achevé par Paul VI en 1965. Il statua notamment sur l'ouverture de l'Eglise au monde contemporain.

des *« peurs de morcellement et d'éclatement »*. Parmi les modernistes, tous ne suivaient pas le père Martin. Un second groupe était en connivence avec le frère N. qui acceptait les réformes sans pour autant suivre ce que l'on jugeait être les excès du père Martin. Le frère N., personnalité plus attachante et moins autoritaire que le supérieur, rencontrait la faveur des jeunes novices qui s'identifiaient à lui. Homme de culture et de spiritualité, il acceptait le tournant moderniste de l'Eglise mais s'opposait à sa version « matérialiste » imposée par l'entreprise d'électrolyse. Il exprimait un *« pôle paternel, séducteur, affectif, et communautaire »*. Enfin, le père Martin regroupait autour de lui quatre frères qui adhéraient à ses conceptions par suivisme plus que par enthousiasme. La succession prévue du père supérieur faisait donc l'objet de luttes d'influence entre les deux groupes d'opposants, ceux du frère N. et du frère E. Une analyse stratégique, en termes de stratégies d'acteur et de jeux de pouvoir, pouvait parfaitement être réalisée. A plusieurs moments, l'interprétation d'E. Enriquez en est proche. Cependant, la démarche clinique adoptée se veut plus large. Elle veut intégrer les dimensions historiques, institutionnelles, pulsionnelles.

« La sociologie clinique d'inspiration psychanalytique (…) *tient compte aussi bien du rôle du sujet humain que de celui des groupes sociaux et de la complexité de leurs rôles. Si l'individu (comme la société et les groupes organisés) se définit d'abord par la clôture, par l'instauration d'une membrane protectrice, il est capable de s'ouvrir à lui-même, à autrui et au monde. Il peut aimer la servitude volontaire comme vouloir être "créateur d'histoire". L'être humain comme les groupes sociaux sont considérés à la fois dans leurs aspects de rationalité élargie, de sagesse, de réflexion, de réflexivité, de folie autodestructrice et de folie créatrice, de jeu, de mouvement. L'être humain doit donc être considéré à la fois comme* sapiens, demens, ludens. *L'approche clinique prend en compte ces différents aspects, leurs dimensions, et leurs combinaisons. »*

Le management comme système psychique

La démarche de la « sociologie clinique » des organisations est également adoptée dans une optique voisine par Nicole Aubert et Vincent de Gaulejac, tous deux chercheurs, consultants et professeurs en sciences humaines. Par sociologie « clinique », les auteurs entendent en fait une psychanalyse des organisations qui se préoccupe de l'articulation entre la structure type d'organisation et la personnalité de ses membres. Dans *Le Coût de l'excellence* (3), ils ont sondé les dimensions psychiques et les troubles associés à un « système psychique organisationnel » particulier : celui du management moderne. Le management est souvent vu sous l'angle de l'aménagement du travail, de la distribution du pouvoir et des pratiques de gestion. N. Aubert et V. de Gaulejac soulignent qu'il comporte aussi deux autres aspects : c'est un ensemble de représentations (des images, des valeurs, une culture d'entreprise, une éthique, une philosophie

3. Seuil, 1991.

PRINCIPALES CARACTÉRISTIQUES DU SYSTÈME PSYCHIQUE MANAGÉRIAL		
Processus majeurs	**Registre individuel**	**Registre organisationnel**
Mettre les individus en tension sur le plan narcissique	• Contrat narcissique • Quête de l'absolu • Sentiment d'être le meilleur • Besoin de réussir • Peur de l'échec • Renforcement positif	• Forte sélectivité de l'embauche • Politique active de gratifications • Image de toute-puissance • Ambiance élitiste • Système individualisé de promotion/sélection • Fortes primes, salaires élevés
Utiliser les mécanismes de défense contre l'angoisse pour renforcer l'investissement au travail	• Activisme incessant pour lutter contre le risque de dépression • Crainte d'être mal jugé • Besoin de reconnaissance et de réassurance • Gratitude à l'égard de l'entreprise qui protège par sa puissance	• Pression du travail • Mobilité permanente et flexibilité des structures • Emplois du temps très chargés • Résolution des problèmes dans l'urgence • Forts avantages et prise en charge de l'extraprofessionnel • Survalorisation de l'action
Canaliser l'énergie libidinale sur des objectifs productifs	• Culpabilité de ne pouvoir en faire assez • Plaisir de la conquête et du challenge • Goût des problèmes complexes • Valorisation de l'agressivité : « être un battant » • Pression du travail comme drogue	• Possibilité de promotions rapides • Mise en concurrence en interne et externe • Exigence du toujours plus • Domination des exigences commerciales • Management par objectifs
Produire et encourager l'adhésion	• Captation de l'idéal du moi par les idéaux organisationnels • Encouragement et canalisation du besoin de croire • Intériorisation des valeurs	• Qualité totale • Excellence • Image de perfection • Culture d'entreprise • Politique de formation • Manuels de management proposant des valeurs et une éthique
Favoriser l'identification et la prise en charge psychologique des exigences de l'entreprise	• « Je travaille pour moi » • Autonomie : « Je suis mon propre patron » • Intériorisation des objectifs fixés par l'entreprise	• Entretien de carrière • Individualisation des performances • Autonomie dans l'organisation du travail • Direction par objectifs • Auto-actionnariat

Source : N. Aubert et V. de Gaulejac, *Le Coût de l'excellence*, Seuil, 1991.

basée sur un idéal commun) et un modèle de personnalité (fondé sur le désir de réussite, d'aimer la compétition et le challenge, la réalisation de soi dans le travail, l'accomplissement personnel, le goût de la communication).
N. Aubert et V. de Gaulejac ont baptisé « système managinaire » (management + imaginaire) ce management « moderne » ou « participatif ». qui se fonde sur l'idée de la « mobilisation des ressources humaines » et fait de l'implication des hommes le facteur essentiel de l'efficacité de l'entreprise et de la réalisation des personnes. Dès lors, les dimensions proprement psychiques du management prennent une importance particulière. Vanté par les best-sellers du management, diffusé dans les grandes entreprises américaines comme IBM ou Hewlett-Packard, le management participatif a gagné tout l'encadrement américain et européen dans les années 80. Le management moderne suppose de la part des personnes une forte implication psychique dans l'organisation, une « adhésion personnelle » et une forme d'identification à l'entreprise. Les auteurs les analysent comme des processus « d'incorporation-identification », d'« investissement amoureux ». Témoins ces propos d'un cadre de Hewlett Packard : « *HP est une boîte où on respire cet esprit de communication, cet esprit relationnel très fort, où on va vers l'autre. C'est une relation affective… quand vous avez la communication, l'autonomie dans le travail, l'urban space, le tutoiement, les pauses café telles qu'elles se passent ici* (…) ; *tout cela ne peut pas laisser indifférent, c'est une manière de concevoir l'entreprise* (…). *C'est une manière de vivre en convivialité. En plus, c'est une boîte qui est dans le top, qui a une bonne image avec son chiffre d'affaires et sa croissance, et puis il y a la possibilité d'acheter des actions* (…). *On est informé en permanence ; on gagne du fric, mais il y a aussi les autres principes, la qualité, la satisfaction du client. Tout ça donne un état d'esprit, que j'apprécie profondément et auquel j'adhère complètement.* »
Ce type d'adhésion-identification affective dans une organisation, ici la « famille Hewlett-Packard », pourrait se retrouver dans d'autres organisations : un parti politique ou une communauté religieuse. Il ne faut pas interpréter ce processus fusionnel comme une manipulation des personnes. Les auteurs soulignent que dans toute organisation, il se noue une relation interactive entre structure psychique et structure organisationnelle. Le système managinaire suppose une adéquation entre le profil psychique de l'organisation et la personnalité des salariés (cadres notamment) qui y participent. « *Les organisations ont un mode de fonctionnement dominant qui sollicite un certain type de personnalité et un mode de fonctionnement psychique particulier. On peut dire que les organisations cherchent à produire un certain type d'individu, à le façonner à leur image, à l'adapter à leurs exigences* (…). *Mais cette production n'est pas à sens unique. Les individus investissent les organisations à partir et en fonction de leur propre fonctionnement psychique. Ils cherchent à adapter les entreprises à leur propre désir. Ils contribuent à produire des organisations qui satisfassent leurs exigences conscientes et inconscientes. Ils inventent des règles, des*

procédures, des dispositifs (...), *autant d'expressions institutionnalisées de leur investissement psychologique.* »
Cette capacité d'intervenir dans la production de l'organisation dépend, bien évidemment, de la position occupée ; les dirigeants et cadres ont plus de possibilités d'intervention, de capacités d'agir sur la structure que les employés. Le « système socio-mental » du management moderne, le principe de la course à l'excellence, l'implication totale des individus, le dépassement de soi dans un travail se payent cependant d'un fort coût humain. Les bénéfices psychologiques (accomplissement personnel, narcissisme, plaisir, créativité, satisfaction morale et symbolique, etc.) sont contrebalancés par ces « brûlures psychiques » que sont le stress, la dépression et parfois une désillusion proche du dépit amoureux.
Faut-il parler d'un « inconscient des organisations » pour aborder les relations complexes qui se nouent entre psychisme individuel et structure organisationnelle ? V. de Gaulejac ne le pense pas et préfère parler de systèmes socio-mentaux : « *L'organisation n'est ni une personne, ni un sujet. Elle n'a pas d'inconscient.* (...) *Mais, en tant que production sociale, elle est l'objet d'investissements individuels et collectifs, c'est une surface de projection, d'idéalisation qui mobilise et canalise les pulsions, le désir et influence le fonctionnement psychique des individus qui la composent.* »
La démarche de la sociologie clinique adoptée par E. Enriquez et V. de Gaulejac s'inscrit en tout cas dans une lignée très riche, celle de la psychanalyse des organisations (*voir l'entretien avec E. Enriquez dans le chapitre VII*). Après Freud, Elliot Jacques et Wilfried R. Bion furent les premiers à s'engager dans cette voie après la guerre. En France, cette approche est poursuivie par des chercheurs comme Didier Anzieu, Max Pagès ou Gérard Mendel. Autant d'explorateurs d'un programme de recherche très fertile : celui des liens complexes qui se nouent entre psychisme individuel et logique des organisations.

PHILIPPE CABIN*

COMMUNICATION ET ORGANISATION**

La communication en organisation constitue un champ de recherche peu structuré et éclaté en approches très diverses : communication interpersonnelle, dynamique des groupes, sociologie des organisations, management, sémiologie, sociolinguistique... Les travaux les plus récents tentent de fournir une analyse pluraliste et systémique des phénomènes de communication en organisation.

LES RECHERCHES menées en entreprise sur le travail des cadres montrent que ces derniers passent l'essentiel de leur temps à communiquer. Henry Mintzberg considère la communication comme un des trois domaines fondamentaux du travail du dirigeant (1). Rien d'étonnant à cela : aucun système technique et humain ne peut fonctionner sans communication. Toute l'activité d'une entreprise (ou de toute autre organisation) n'est qu'un enchaînement de processus d'interactions et de communications : ceux-là sont l'huile qui permet aux rouages organisationnels de fonctionner (2).

Les mutations récentes des modes de fabrication et d'organisation ont encore accru l'importance de l'échange et de la gestion d'informations dans les activités de production. L'organisation taylorienne du travail visait à limiter au minimum les informations et les interactions nécessaires au travail : la prescription très formalisée des tâches n'exigeait en effet que peu de communication entre les agents. Les nouvelles formes d'organisation qui apparaissent aujourd'hui ne sont pas seulement consécutives à l'essor des technologies de l'« information et de la communication ». Elles

---

* Journaliste scientifique. Il a publié *L'Economie repensée*, Sciences Humaines Editions, 2000.

** Ce texte est paru dans *La Communication : état des savoirs*, coordonné par P. Cabin et J.-F. Dortier, Sciences Humaines Editions, 2005 [1998].

1. H. Mintzberg, *Le Manager au quotidien*, Editions d'Organisation, 2002 (10e éd.). Voir aussi l'entretien avec H. Mintzberg dans cet ouvrage, chapitre IV.

2. Selon l'expression de Sandra Michel, « La communication interpersonnelle », dans N. Aubert, J.-P. Gruere, J. Jabes, H. Laroche et S. Michel, *Le Management, aspects humains et organisationnels*, Puf, 1991.

résultent du développement de nouvelles rationalités, qui bouleversent les contextes professionnels : autonomie, organisation transversale, équipes-projets, participation... Ces principes ont une répercussion essentielle : celle d'une coordination accrue et complexifiée. La communication apparaît comme un processus décisif de cette coordination (3).

Les illusions de la communication organisationnelle

Le pourquoi de l'importance de la communication dans l'organisation étant acquis, il reste à en préciser le comment. Dans le monde de l'entreprise en effet, la communication est très souvent vue à la fois comme la cause de tous les maux, et le remède susceptible d'apporter une solution à tout problème : il est devenu courant (et commode) de ramener tout dysfonctionnement organisationnel à « un problème de communication ». Ce constat est révélateur des illusions qui persistent, au sein des organisations, quant aux caractéristiques et aux vertus supposées de l'acte de communiquer.

Parmi ces illusions, on peut en distinguer trois, particulièrement fréquentes et trompeuses (4). La première consiste à penser qu'il est facile de communiquer, puisqu'il suffit d'énoncer un message. La deuxième amène à penser que dès lors que l'on est parvenu à expliciter ce message, il est évident qu'il sera compris par le récepteur de la même manière que l'émetteur. Dernière illusion majeure : il n'existerait qu'une forme de communication pertinente, celle selon laquelle le message a été émis. Or on sait que la communication est multiple et multiforme.

Les sciences humaines ont très largement contribué à révéler ces idées fausses et à éclairer les logiques à l'œuvre dans les processus de communication en organisation. Ce champ de recherche reste pourtant peu structuré. Il existe en effet beaucoup de travaux sur la communication interpersonnelle et dans les groupes : par exemple la dynamique des groupes de Kurt Lewin, l'analyse transactionnelle, l'analyse de la structure affective des groupes (Jacob Lévy Moreno), etc. Mais ces approches offrent une vision de la communication essentiellement psychologique, qui conduit à sous-estimer le rôle que joue la structure organisationnelle. D'autre part, les sciences de l'organisation et du management, en dépit de l'étendue de leur champ d'investigation, se sont peu intéressées aux fonctions de la communication. Il est clair par exemple que dans les analyses de Michel Crozier, la part de la communication dans les stratégies et les comportements des acteurs est essentielle. Selon cette approche en effet, les acteurs en organisation ont une marge d'autonomie et développent des stratégies. Le pouvoir est une relation d'échange qui se négocie : au cœur de cette relation se trouve la maîtrise de zones d'incertitudes, et par conséquent celle de l'information et de la communication. Cette dernière est donc considérée comme une composante et une res-

3. J.-Y. Capul, « Les communications dans les organisations », *Les Cahiers français*, n° 258, 1992.
4. S. Michel, *op. cit.*

source capitales du fonctionnement de l'organisation, mais elle n'y est pas étudiée en tant que telle.
Une des raisons à cette situation est la difficulté à cerner avec rigueur la notion de communication en organisation, tant il est vrai que celle-ci renvoie sur le terrain à des réalités et des domaines d'actions radicalement différents. On peut sommairement les classer en quatre catégories :
– les rapports interpersonnels à l'intérieur de l'organisation : cela va des problèmes de recrutement, motivation..., aux rapports quotidiens entre un cadre et sa secrétaire, à l'organisation spatiale des lieux de travail... ;
– la distribution, la circulation et le partage de l'information, autrement dit l'entreprise comme système d'information : consignes, formalisation des procédés, diffusion de l'information interne... ;
– ce qui relève du management et de la communication entre direction et salariés : gestion des ressources humaines, journaux internes... ;
– ce qui relève de la communication vers le client et vers l'extérieur, qu'elle soit axée sur le produit (publicité, marketing, modes d'emploi...), ou sur l'organisation elle-même, ce que l'on appelle la communication institutionnelle (voir les publicités d'EDF, La Poste, Vivendi... les campagnes publicitaires lors des opérations de privatisation ou les opérations de mécénat).

Communication externe et interne

La dernière catégorie relève de ce qu'on appelle usuellement la communication externe. Les problématiques relèvent alors moins de l'analyse organisationnelle que de celle des mécanismes d'influence et d'argumentation. Des sémiologues ont également cherché à comprendre et à améliorer l'efficacité des messages publicitaires, des sociolinguistes à étudier la pertinence de la formulation des modes d'emploi des produits (5).
L'analyse de l'organisation comme espace et comme système de communication renvoie davantage aux préoccupations de la communication dite interne. Les recherches sur la communication interpersonnelle ont pour vertu de montrer la complexité des processus de communication. Elles constituent ainsi un antidote aux illusions citées plus haut : il suffit de parler pour être compris, la communication c'est simple, etc. L'analyse de la communication dans les groupes permet pour sa part de mettre au jour les phénomènes d'influence, de leadership, de construction de réseaux, de structuration qui ont cours dans les ensembles humains de toutes natures. Des expériences en psychologie sociale ont mis l'accent sur des facteurs « organisationnels » : Claude Flament a étudié l'influence du degré de centralisation du groupe sur l'efficacité de la communication, Claude Faucheux et Serge Moscovici ont montré pour leur part comment les groupes tendent à se donner une structure en accord avec les contraintes spécifiques de la tâche à accomplir (6). Dans le même ordre

5. Voir D. Boullier, « Modes d'emploi : mode d'emploi », *Sciences Humaines*, n° 76, octobre 1997.
6. Pour une présentation développée de ces travaux, voir G. Amado et A. Guittet, *Dynamique des communications dans les groupes*, Armand Colin, 2003 (4e éd.).

d'idée, des linguistes cherchent à comprendre les logiques des communications langagières dans les situations de travail (7).

A la recherche de la communication efficace

Dès lors qu'une organisation a des objectifs d'efficacité, et dès lors que la communication est perçue comme une ressource fondamentale, il va de soi que nombre de travaux sur la communication n'ont pas pour seul objet de comprendre les processus en cours. Ils visent aussi à les améliorer. Ils se manifestent soit par l'élaboration de «techniques» de la communication, soit par des recherches qui visent à mettre en évidence les facteurs et conditions d'une bonne communication. Ainsi, M.-R. Chartier avance sept principes nécessaires à la bonne compréhension d'un message (8) : le principe de pertinence (atteindre le cadre de référence psychologique du récepteur), le principe de simplicité, le principe de définition (définir avant de développer), le principe de structure (organiser le message en une série d'étapes successives), le principe de répétition (répéter les éléments clés du message), le principe de comparaison et de contraste (procéder par association d'idées), et le principe de l'appui sélectif (attirer l'attention sur les aspects les plus importants). Dans une perspective voisine, certains chercheurs analysent les attitudes de communication : Lyman W. Porter a construit une échelle de six attitudes, de la plus contraignante à la plus «libre» (9) : le conseil ou ordre, l'évaluation ou jugement, l'aide ou soutien, l'enquête ou interrogation, l'interprétation, la compréhension. Chacune de ces attitudes est plus ou moins adaptée selon le contexte et les objectifs de la communication.

Les dimensions symboliques et culturelles

Des travaux cherchent à analyser le rôle du contexte social et institutionnel. Ils montrent tout particulièrement l'influence des communications informelles et de la dimension symbolique (prestige, statut, pouvoir, rites...) des relations au sein d'une organisation. C'est pourquoi nombre de tentatives de réorganisation et de changement se heurtent à la défense des individus qui n'acceptent ces transformations que par rapport à la signification qu'ils leur accordent (10). L'existence d'un ensemble commun de référents identitaires et culturels est un autre ingrédient d'une communication efficace : la notion de culture d'entreprise a connu un succès considérable dans le milieu managérial, succès d'ailleurs éphémère, parce que le plus souvent fondé sur une vision superficielle et instrumentale.

Il importe également de prendre en compte la diversité des types de communications qui se déroulent au sein d'une organisation. La communication

7. Voir par exemple D. Faita, «Interaction verbale et gestion des variables du travail», Colloque international Analyse des interactions, Aix-en-Provence, 1991.

8. M.-R. Chartier, «Clarity of expression in interpersonal communication», dans J.W. Pfeiffer et J.E. Jones, *The 1976 Annual Handbook for Group Facilitators*, University Associates Inc, 1976, cité dans N. Côté, H. Abravanel, J. Jacques et L. Belanger, *Individu, groupe et organisation*, Gaëtan Morin, 1986.

9. L.W. Porter, «Job attitudes in management», *J. Appl. Psychol.*, n° 46, 1962, cité par S. Michel, *op. cit.*

10. Voir G. Amado et A. Guittet, *op. cit.*

informelle a bien souvent un rôle plus important que les consignes écrites ou les journaux d'entreprise. De même la communication verticale (ascendante ou descendante) possède des logiques et des contraintes qui diffèrent de celles de la communication horizontale entre personnes d'un même service ou d'un même niveau hiérarchique. Dans chaque cas, les questions de statut, de culture, d'identité, de pouvoir vont opérer différemment.
Un autre niveau important de la définition d'une communication efficace est celui des supports et de l'environnement physique de la communication. La conception et le fonctionnement du système de circulation de l'information, l'agencement et les caractéristiques physiques des lieux de travail (*voir l'article de François Lautier dans cet ouvrage, chapitre IV*), leur éloignement, l'utilisation de telle ou telle technologie... Tous ces facteurs participent du processus de communication, et font l'objet de très nombreux travaux.

Vers de nouveaux paradigmes

D'autres approches auraient pu être développées. Cette brève présentation témoigne du caractère éclaté des travaux sur la communication en organisation, qui au final offrent des visions parcellisées. Or nous l'avons vu, la communication en organisation est le fruit d'un système complexe et dynamique de facteurs, qui mêle : la compétence et la stratégie communicationnelles des acteurs, les identités et les histoires individuelles, l'existence d'une culture et de codes de communications communs, de supports et des canaux appropriés, un contexte (économique, social, hiérarchique, matériel et physique...), une situation particulière, etc.
Les sciences de l'information et de la communication construisent aujourd'hui des modèles et des paradigmes nouveaux qui intègrent pleinement ce constat. C'est le cas par exemple, de la théorie des processus de communication d'Alex Mucchielli et de son équipe (11). L'idée qui préside à cette approche est assez simple. Pour interpréter le comportement des individus en situation de communication, il faut chercher à comprendre le «sens» que ces derniers donnent à leur action. Ce sens est le fruit d'une interaction entre l'acte de communiquer et l'ensemble des éléments qui en constituent le contexte, ce dernier étant entendu ici dans une acception large. Il résulte de divers paramètres : l'organisation de l'espace, l'environnement physique et sensoriel, les données temporelles, les processus de positionnement des individus, la nécessité de la «qualité de la relation», les normes, les processus d'expression identitaire. C'est à travers la combinaison complexe de tous ces «processus de communication», qui forment un système, que l'individu va donner sens à sa façon d'agir et de communiquer.
L'enjeu fondamental est «la construction du sens partagé», et l'organisation est ici partie intégrante de cette construction. Le travail du chercheur va consister à reconstituer et à comprendre l'ensemble des facteurs qui dirigent la construction par les acteurs, de leur

11. A. Mucchielli, J.A. Corbalan et V. Ferrandez, *Théorie des processus de la communication*, Armand Colin, 1998.

communication (*voir encadré ci-contre*) Cette approche constructiviste (l'action résulte de la construction du sens par les individus) et systémique (l'ensemble des éléments de la situation de communication forme un système) témoigne des potentialités des sciences de la communication pour fournir des grilles d'interprétation des phénomènes de communication en organisation.

Quand le service au client perturbe le système de la communication interne

Dans une société informatique de développement de logiciels de gestion, les commerciaux doivent souvent, au contact de leurs clients, répondre aux questions techniques de ces derniers. Ils ne peuvent pas toujours répondre eux-mêmes, et pour satisfaire leurs clients appellent régulièrement les spécialistes concepteurs des programmes informatiques. Or, les lignes téléphoniques de ces derniers sont souvent occupées. Par ailleurs, ils s'estiment trop souvent perturbés dans leur travail par ces appels incessants.

Il est donc décidé de mettre en place une messagerie électronique (BAL, pour « boîte aux lettres ») dans laquelle les commerciaux poseront les questions de leurs clients, questions dont les programmeurs prendront connaissance à des moments qu'ils maîtriseront. Les réponses seront ensuite transmises aux clients par les commerciaux, qui garderont ainsi le contact avec ceux-là.

Or, ce dispositif s'avère être un fiasco : il n'est pas utilisé. L'analyse communicationnelle (ici, celle des processus de structuration des relations) montre que l'outil, s'il avait été utilisé, aurait amené une modification des relations de travail à laquelle personne n'avait vraiment intérêt. En effet, les programmeurs auraient été tenus, avec la BAL, de répondre à toutes les demandes, alors qu'ils pouvaient y échapper avec le système du téléphone occupé. Le système BAL leur donne aussi l'impression d'être « sous la coupe » des commerciaux, alors que ceux-ci étaient obligés, avant, de « prendre des gants » puisqu'ils pouvaient être en situation de les déranger. Il y a là un problème de positionnement réciproque des deux groupes professionnels. D'autre part, la BAL permettait un listage des demandes, et par conséquent un contrôle possible des dysfonctionnements et des réponses apportées. Pour leur part, les commerciaux étaient désormais dans l'impossibilité de donner des réponses immédiates à leurs clients.

Comme le souligne Alex Mucchielli, cette analyse montre que les acteurs n'ont pas voulu d'une nouvelle structuration des relations de travail qui leur faisait perdre des avantages de positionnement obtenus au prix d'une négociation permanente. D'autre part, la lecture de la situation montre que l'échec n'est pas attribué à des individus en particulier. Les acteurs sont en interaction au sein d'un système total. La causalité est circulaire :

les commerciaux n'utilisent pas leur BAL, comme les programmeurs n'ouvrent pas la leur, les deux actions se renforçant l'une l'autre. Ainsi, l'existence de systèmes de pertinence très différents des acteurs de l'entreprise, sur lesquels la communication interne de l'entreprise n'a pas eu de prise, a empêché l'émergence d'une définition nouvelle et commune de la situation « pour un meilleur service aux clients ».

P.C.

Source : A. Mucchielli, J.A. Corbalan et V. Ferrandez, *Théorie des processus de la communication*, Armand Colin, 1998.

« *TECHNOLOGIE DE LA DÉRAISON* » ET ÉLOGE DE LA LENTEUR

ENTRETIEN AVEC JAMES G. MARCH*

James G. March a impulsé l'analyse des organisations. Il a fait de ce sujet un vaste objet de recherche qui va de l'exploration des processus de décision à l'apprentissage organisationnel, en passant par le leadership.

Sciences Humaines : **Au début de votre carrière, vous vous êtes intéressé au comportement individuel dans les organisations. Ainsi, vous avez développé avec Herbert A. Simon le concept de rationalité limitée. Pouvez-vous expliquer ce que cela signifie ?**

James March : Ce concept prend pour point de départ l'hypothèse de rationalité adoptée par les économistes : un individu rationnel, face à un choix, considère toutes les alternatives possibles, évalue leurs conséquences, leurs coûts et leurs avantages, et opte pour celle qui maximise son utilité. L'idée de rationalité limitée consiste à dire qu'un tel calcul est tout simplement impossible. Si l'on cherche à cerner comment les individus prennent des décisions, il faut adopter une description plus réaliste. Or, tous les choix, toutes les conséquences ne peuvent être appréhendés en même temps par un individu. Comment choisira-t-il alors ? Tout d'abord, ses préférences vont se révéler dans l'action. Contrairement au modèle de la rationalité substantielle des économistes, l'individu ne connaît pas *a priori* ses préférences. Ce sont nos actes qui nous font découvrir nos préférences. Ensuite, l'individu évalue les différents objectifs séquentiellement et non simultanément. Enfin, il cherchera une solution satisfaisante et non optimale. Au lieu d'opter pour le meilleur choix possible, l'individu va préférer celui qu'il juge assez bon au regard de ses contraintes et de son niveau d'aspiration. Donc, la rationalité limitée repose sur l'idée que les individus simplifient les problèmes parce qu'ils ne peuvent pas faire autrement. Mais, lorsque l'on adopte cette optique, cela soulève de nouvelles questions portant sur la façon dont les individus traitent l'information, et comment ils gèrent l'incertitude et la complexité… Si l'on s'intéresse à la prise de décision dans les organisations, on constate

* Voir sa présentation page suivante.

Un théoricien des organisations

James G. March est un précurseur. En compagnie d'Herbert A. Simon, il a ouvert la boîte noire de l'entreprise. Elle était jusqu'alors assimilée à un agent économique rationnel avec un objectif unique, le profit et un comportement maximisateur. J.G March et H.A. Simon ont jeté aux orties cette conception simpliste, en montrant que les organisations sont traversées par des objectifs multiples et que la rationalité de leurs membres est limitée notamment par le manque d'information, l'incertitude et la connaissance imparfaite de leurs préférences. La théorie des organisations venait de naître sous leur plume dans l'ouvrage *Organizations* (publié en 1958 et traduit chez Dunod en 1969).

Pendant plus de trente ans, J. March va continuer son inlassable travail de défrichement, s'intéressant notamment au processus de décision, à la prise de risque et à l'apprentissage au sein des organisations. Ses outils pour poursuivre ces recherches sont variés. Il est aussi à l'aise dans l'utilisation de méthodes de modélisation poussées pour analyser, par exemple, la fixation des prix dans un grand magasin, que dans la réalisation de monographies fouillées pour étudier la prise de décision de présidents d'université.

Dans ses derniers travaux, J. March a levé le voile sur les mythes dont se nourrit le management, comme celui de l'importance du leader dans la réussite d'une entreprise. Dans son *Invitation à la lecture de James March* (Ecole des mines, 2000), Thierry Weil prévient les lecteurs : les « *amateurs de certitudes rassurantes* » devront passer leur chemin.

Pour pénétrer une œuvre abondante, souvent non traduite et parfois ardue, on pourra suivre deux guides :

- P. Romelaer, « L'apport de James March à la théorie des organisations», *Revue française de gestion*, n° 98, 1994.
- T. Weil, *Invitation à la lecture de James March*, Ecole des mines, 2000.

alors que les membres ne se comportent guère en maximisateurs. Aussi, pour comprendre leurs choix, il faut étudier les processus de décision. C'est la tâche à laquelle nous nous sommes attelés avec Herbert Simon dans l'ouvrage *Organizations* (1). J'ai poursuivi ces travaux dans les années 60 avec Richard Cyert dans *A Behavioral Theory of Firm* (2), puis dans les années 70 avec le modèle dit de la poubelle.

***SH :* En effet, avec Michael Cohen et Johan Olsen, vous avez élaboré le fameux modèle du «*garbage can*». En quoi consiste-t-il ?**

J.M. : Il y a deux concepts-clés pour comprendre ce modèle qui rend compte des processus de prise de décision dans ce que nous avons appelé, avec J. Olsen, les *«anarchies organisées»*. Le premier point consiste à se dire : il y a de l'ordre dans le monde, mais cet ordre ne correspond pas à celui que l'on attend. Quand une organisation met en relation des problèmes et des solutions, ce n'est pas pour des raisons fonctionnelles, c'est plus prosaïquement parce qu'ils se sont présentés au même moment. Il y a des solutions qui sont à la recherche de problèmes qu'elles peuvent résoudre et les choses s'assemblent en fonction du hasard plus que d'une planification. On peut considérer chaque occasion de choix comme une poubelle dans laquelle différentes sortes de problèmes et de solutions sont jetées par les participants au fur et à mesure de leur apparition. Ensuite, c'est le second point, on constate que les individus dans les organisations font énormément de choses simultanément, donc ils ne peuvent pas s'occuper de tout. En conséquence, les décisions prises dépendent beaucoup des flux d'arrivée des problèmes, des solutions... et des participants. Ce sont les conditions locales qui importent : là où le choix s'est fait, quand il s'est fait et qui l'a fait. Pour reprendre l'image de la poubelle, le mélange des papiers dépend des poubelles qui se trouvent être là, de la nature des papiers qui arrivent et du rythme auquel les poubelles sont vidées. En résumé, dans les anarchies organisées, les objectifs sont mal définis (il y a une grande variété de préférences), la technologie est ambiguë (les mécanismes de l'organisation ne sont pas explicites) et la participation est fluide (les individus entrent et sortent du processus de décision au gré de la nature des problèmes à résoudre). Mais je constate que la plupart des gens qui se sont emparés du modèle de la poubelle l'ont fait d'une façon métaphorique. Ils ont mis l'accent sur l'aspect anarchique plus que sur la cohérence, y voyant là une bonne illustration de toutes sortes d'organisations désorganisées. Il faut rappeler que le modèle du *garbage can*, à l'origine, était organisé. Avec M. Cohen et J. Olsen, nous avions utilisé un modèle mathématique complexe qui a ensuite été appliqué au rôle des présidents d'université (3).

***SH :* Votre expérience en tant que dirigeant (vous avez été doyen de l'université d'Irvine en Californie), vous a-t-elle servi dans l'élaboration de votre réflexion sur le fonctionnement des organisations ?**

J.M. : C'est vrai, j'ai été doyen de l'université d'Irvine, mais il s'agit d'une brève période dans ma carrière (six ans) et, qui plus est, le climat était très particulier. Nous étions à la fin des années 60, l'effervescence dans les universités était à son comble. Les étudiants s'étaient révoltés. Par deux fois, des étudiants sont venus poser un pistolet automatique sur mon bureau et ils m'ont dit : « Qu'allez-vous faire pour nous, maintenant ? » C'était une situation exceptionnelle. J'ai mis en place une commune (construction de bâtiments collectifs pour les étudiants) sur le campus d'Irvine. J'ai beaucoup appris sur le fonctionnement des universités et sur celui des organisations, en général. Ce sont des systèmes complexes. Nous surestimons leur cohérence, leur intégration. Il est très difficile de saisir leur mode de fonctionnement si l'on ne les regarde pas comme des systèmes adaptatifs décentralisés. Pour les diriger, vous devez faire œuvre de jardinier plus que de chef de bataillon. Vous plantez quelques graines, vous arrosez un peu. Si la météo est clémente, vous pouvez espérer voir pousser quelques fleurs. Manager, ce n'est pas commander. Souvent, les manageurs les plus efficaces ne sont pas les plus visibles.

***SH :* Nous abordons ici un sujet qui a aussi retenu votre attention : le leadership. Qu'est-ce qu'un leader ? Quelles sont ses motivations ? Votre façon de répondre à ces questions s'est avérée assez originale. Pouvez-vous nous expliquer en quoi ?**

J.M. : Les recherches sur le leadership sont plutôt décevantes. Je pense que la plupart de nos croyances sur le leadership sont fausses. Nous croyons que les héros sont différents du commun des mortels et, par analogie, nous croyons que les leaders sont, eux aussi, différents. Nous leur attribuons des caractéristiques spéciales. Nous croyons un tas de choses totalement fantaisistes sur le leadership. Pour ma part, je ne suis pas loin de penser que le succès est bien plus le fruit du hasard. Or, cela va à l'encontre de nos mythes. Aussi, préférons-nous imaginer que le succès est corrélé à certains traits de caractère des leaders. Nous croyons notamment qu'ils sont d'éminents calculateurs, des anticipateurs de génie. En d'autres termes, nous leur attribuons une rationalité fort proche du modèle de l'*Homo œconomicus* cher aux économistes. Cela ne m'apparaît pas pertinent. Il me semble plus intéressant de regarder comment la vie privée et la vie professionnelle des leaders sont reliées. Qu'est-ce

qui justifie leurs investissements conséquents en temps et en énergie dans leur vie professionnelle ? Des questions de ce genre méritent d'être posées. Même si elles n'épuisent pas le sujet, elles m'apparaissent fondamentales pour mieux pénétrer les arcanes du leadership.
Dans cette perspective, comment comprendre les leaders ? Pour ce faire, je me suis penché sur la littérature car elle fourmille de héros qui ont beaucoup à nous apprendre sur le comportement des dirigeants. Prenons l'exemple de Don Quichotte. Ce personnage a une vision de la vie très singulière. Du point de vue de l'amour, Don Quichotte entretient une merveilleuse relation avec Dulcinée. Contre vents et marées, il affirme que Dulcinée est la plus belle femme du monde. Un jour, il croise un groupe de marchands, en route pour Tolède. Il les arrête et les somme de dire que Dulcinée est, bel et bien, une superbe femme. Les marchands, avec une certaine réticence, acceptent de s'exécuter mais à la condition que Don Quichotte leur montre Dulcinée et qu'ils jugent de visu. Mais Don Quichotte s'exclame alors : *« Est-il utile de vérifier la beauté de Dulcinée pour en certifier ? La beauté que l'on voit est celle que renvoient notre cœur et notre esprit. En fait, elle n'est pas visible. »* Cet épisode que je relatais dans mon cours sur le leadership à Stanford ébranlait souvent mes étudiants. Pourquoi ? Parce que si je leur demandais : « Pourquoi aimez-vous X ou Y ? », ils répondaient le plus souvent que ce X ou Y leur apportait telle et telle chose parce qu'il était généreux, compréhensif, etc. Don Quichotte s'érige contre cette conception de l'amour. Il dit que si l'on aime quelqu'un pour ce qu'il rapporte, ce n'est pas de l'amour, c'est de l'économie ! Autrement dit, il nous signale que nos comportements ne sont pas uniquement guidés par les conséquences de nos actes. Nous aimons parce que cela nous rassure, par exemple ; nous apprenons parce que cela nous permet d'obtenir un bon emploi ; nous sommes des chefs d'entreprise parce que cela rapporte de l'argent, etc. Cette conception du comportement individuel est complètement réductrice. Don Quichotte agit en fonction de ce qu'il est. *« Yo sé quien soy »* est sa devise. Il ne pense pas que les actions déterminantes soient celles qui ont les conséquences les plus notables. Les actions les plus « payantes », *a posteriori*, ne sont pas nécessairement celles dont les leaders ont perçu la justification, *a priori*. Si l'on pousse le raisonnement, on va

jusqu'à prendre de la distance avec le dogme de la préexistence des buts et l'on considère alors que les individus (y compris les leaders) doivent trouver des moyens pour faire des choses sans bonne raison. Il faut agir avant de penser… C'est la même chose pour les organisations et j'ai appelé cela la *« technologie de la déraison »*. Bref, on a beaucoup à découvrir sur le leadership en lisant les classiques de la littérature, car les héros dépeints sont plus complexes, ils ont plus d'épaisseur. Ils peuvent être tiraillés entre des aspirations contradictoires, ce que ne laissent guère voir les lisses autobiographies de chefs d'entreprise qui, après coup, surestiment la cohérence et la rationalité de leurs choix.

***SH :* Le knowledge management est une notion en vogue aujourd'hui. Or, on oublie que vous êtes l'un des pionniers de la recherche sur l'apprentissage organisationnel. Qu'avez-vous découvert ?**

J.M. : J'ai cherché à savoir comment les organisations apprennent. Plus particulièrement, comment elles apprennent de leurs propres expériences et de l'expérience des autres. Du premier point de vue, je me suis intéressé à la façon qu'elles ont de choisir entre ce que j'ai appelé dans un article de 1991 l'« exploration » et l'« exploitation » (4). L'exploration, c'est trouver de la nouveauté, des choses que l'on ne connaissait pas. On explore de nouvelles pistes. L'exploitation consiste à utiliser et à développer des choses que l'on connaît déjà. On se sert de compétences déjà accumulées. N'importe quel système, qu'il soit organisationnel ou sociétal, doit trouver le bon dosage entre trouver mieux à faire (l'exploration) et faire mieux ce que l'on fait (l'exploitation). Et c'est très difficile. Une organisation qui ne se consacre qu'à l'exploitation se perfectionnera sans cesse dans une technique de plus en plus obsolète. Une organisation qui ne fait qu'explorer se lamentera probablement de ne jamais recueillir les fruits de ses découvertes. J'ai aussi souligné autre chose : l'apprentissage à grande vitesse n'est pas sûr. Contrairement à ce que l'on pense communément, l'élève le plus lent ne sera pas le plus mauvais. Les consultants ont trop souvent tendance à l'oublier. Selon eux, les organisations devraient s'adapter le plus rapidement possible, apprendre le plus rapidement possible. Cela ne me paraît pas être un conseil très avisé. Dans un modèle, j'ai constaté qu'il est intéressant pour une organisation de maintenir en son sein quelques membres apprenant lentement car, dans un environnement instable, leur comportement sera peut-être, un jour, le plus approprié à la situation. Les organisations qui s'adaptent lentement ont souvent de meilleurs résultats à long terme. Venons-en maintenant au second point de vue : apprendre des autres, soit le transfert de savoir. Je me suis plus particulièrement penché sur la diffusion du savoir en utilisant un modèle épidémiologique. Imaginons qu'une maladie se transmette d'une personne à une autre. La transmission de la maladie ne transforme pas la maladie elle-même. Elle garde ses caractéristiques. Dans le cas de la transmission du savoir, la configuration est sensiblement différente. Quand on transfère du savoir, il se transforme, il change. Notre modèle prend en compte ce phénomène : les connaissances évoluent lorsqu'elles sont transmises. Ce qui est frappant dans les organisations, c'est que le transfert de technologie ou la diffusion des compétences transforme leur contenu.

***SH :* En conclusion, n'avez-vous pas l'impression que la théorie des organisations ressemble à une soupe composée d'un soupçon de sciences politiques, d'une cuillère de psychologie et d'une pincée d'économie ? N'est-il pas difficile, dans ces conditions, de construire une théorie qui soit cohérente ?**

J.M. : La notion qui m'apparaît centrale dans le champ des organisations est celle de l'exploration et de l'exploitation. Elle est très générale et elle s'applique aussi bien à la rationalité qu'à l'apprentissage. Mais on ne peut pas parler de théorie des organisations. Il s'agit davantage d'un champ que d'une théorie. Ce champ se compose de modèles interprétatifs à moyenne portée (ou *middle range theories* selon la terminologie de Robert K. Merton). Il n'y a pas de théorie générale. Doit-on le regretter ? Certains de mes collègues le pensent, mais je ne partage pas leur opinion.

Propos recueillis par
Evelyne Jardin
(*Sciences Humaines* n° 123, janvier 2002)

1. J.G. March, H.A. Simon, *Les Organisations. Problèmes psychosociologiques*, Dunod, 1999 [1958].
2. Prentice Hall, 1963.
3. Dans l'ouvrage *Leadership and Ambiguity : The American College President*, McGraw-Hill, 1974.
4. « Exploration and Exploitation in Organizational Learning », *Organization Sciences*, 2 (1), 1991.

Le modèle de Mintzberg

Les tâches à accomplir

Henry Mintzberg distingue cinq composantes fondamentales, que l'on retrouve dans les organisations (en fonction de leur taille) :
– **le centre opérationnel** (ouvriers, vendeurs, expéditeurs...) : à la base de toute organisation, il y a les personnes qui concourent directement à la production et à la vente des biens et services produits ;
– **le sommet stratégique** (P-DG et équipe dirigeante) : l'existence de ce centre opérationnel justifie la présence d'un responsable investi des missions de direction, de stratégie, d'allocation des ressources, de relation avec l'extérieur, de contrôle ;
– **la ligne hiérarchique** (encadrement, directeurs d'usine, responsables marketing, chefs d'atelier...) : quand l'organisation se développe, il faut un encadrement qui joue le rôle d'intermédiaire entre le sommet et la base opérationnelle ;
– **la technostructure** (experts, ingénieurs et cadres des fonctions comptabilité, planification, méthodes, formation...), constituée d'analystes, qui ne font pas partie de l'encadrement, et qui ont pour rôle de standardiser, de planifier, de contrôler ;
– **la fonction de support logistique** (conseil juridique, relations humaines, recherche, développement, réception, restauration d'entreprise...) : procure aux membres de l'organisation les services nécessaires à leur activité.
H. Mintzberg souligne également le rôle de l'idéologie (la culture) de l'organisation.

La coordination

La coordination entre les membres de l'organisation est pour H. Mintzberg sa principale caractéristique et son principe fonctionnel. Il identifie cinq modes de coordination :
– **l'ajustement informel** consiste à s'accorder par une communication informelle (en discutant, par gestes...) : par exemple, deux artisans dans un atelier ;
– **la supervision directe,** par laquelle un responsable hiérarchique (un chef d'atelier par exemple) donne des instructions à des subordonnés et contrôle leur travail ;
– **la standardisation des procédés :** les méthodes de travail, les procédures sont consignées par avance. L'exécutant suit la programmation, sans le concours d'une tierce personne ;
– **la standardisation des résultats :** au lieu de spécifier les procédés, on fixe les objectifs à atteindre. Par exemple un VRP qui doit réaliser tel chiffre de vente dans tel délai, sans que soit spécifiée la méthode permettant d'y parvenir ;
– **la standardisation des qualifications :** cette méthode est utilisée lorsque le travail nécessite une large autonomie et qu'il est difficile de définir à l'avance les résultats ou les méthodes. La coordination se fait alors par la spécification de la formation requise pour exécuter la tâche.

une anatomie des organisations

Sept formes d'organisation

A partir de ce cadre conceptuel, en intégrant d'autres éléments de configuration (taille, système technique, nature du marché et de l'environnement...), et sur la base de nombreux travaux empiriques, H. Mintzberg a construit une typologie des formes d'organisation :
– **l'organisation entrepreneuriale ou structure simple :** elle se limite à une unité composée de un ou plusieurs dirigeants et d'un groupe de salariés. Elle fonctionne sur le mode de la supervision directe. On la rencontre dans les entreprises jeunes et les PME;
– **l'organisation mécaniste ou bureaucratie industrielle :** la coordination passe par la standardisation des procédés et par des postes spécialisés d'un niveau de compétence faible. Par exemple, La Poste, une prison, un constructeur automobile;
– **la bureaucratie professionnelle :** la coordination est assurée par la normalisation des compétences et non des procédés. Elle a recours à des opérationnels dûment formés et leur laisse une grande latitude. C'est la structure qu'adoptent souvent les hôpitaux, les universités, les cabinets comptables, les services d'action sociale;
– **l'organisation divisionnelle :** elle est constituée d'unités définies sur la base des produits ou du marché, contrôlées par une direction générale. Cette configuration concerne les grandes entreprises industrielles ou de service de type conglomérat : Du Pont de Nemours, General Motors sont des exemples de structures divisionnelles;
– **l'adhocratie ou organisation innovatrice :** il s'agit d'une structure fluide où la coordination s'opère par ajustement mutuel au moyen de communication informelle. Elle concerne des activités tournées vers l'innovation avec des personnels hautement qualifiés. On la trouve dans des secteurs comme l'industrie aérospatiale, la pétrochimie, le conseil, l'informatique...

Dans une seconde étape, H. Mintzberg ajoutera deux configurations :
– **l'organisation missionnaire :** elle est centrée sur l'idéologie de l'organisation. La coordination est fondée sur la standardisation des normes et des croyances. Elle concerne des entreprises à forte culture (par exemple, Toyota, Hewlett Packard) ou des organisations du type ONG, kibboutz, etc.;
– **l'organisation politique :** elle est centrée sur les conflits de pouvoir. Il est à noter que H. Mintzberg a une vision pathologique de cette configuration, considérant que l'irruption de la politique tend à parasiter et à effacer les modes « normaux » de coordination. Il cite comme exemples une situation conflictuelle née d'une OPA, et l'orchestre du film de F. Fellini : *Prova d'Orchestra.*

PHILIPPE CABIN

Philippe Cabin*

LES NOUVELLES THÉORIES ÉCONOMIQUES DE L'ENTREPRISE**

Pendant longtemps, les économistes n'ont eu de l'entreprise qu'une vision sommaire : celle d'un agent unique et universel à la recherche du meilleur profit. Les développements récents de « l'économie de la firme » ouvrent la « boîte noire » des organisations et en donnent une image à la fois plus complexe et plus proche de la réalité.

Fusions-acquisitions, déconcentration, diversification, externalisation des tâches, *joint-ventures*... : les structures et les frontières de l'entreprise sont de plus en plus mouvantes et multiformes. Quoi de commun entre les structures de Benetton, celles de Bouygues ou celles de Nestlé ?

Longtemps, la science économique n'a disposé, pour penser le comportement des entreprises, que d'un modèle unique : celui d'une sorte d'automate uniforme mû par une seule logique : la maximisation des profits, c'est-à-dire l'utilisation optimale des machines et des hommes pour en tirer le meilleur bénéfice. C'est le modèle largement utilisé par l'approche dite « néoclassique ». Ce modèle simple et uniforme peut difficilement rendre compte de certaines conduites plus complexes. Une des caractéristiques principales de l'entreprise moderne réside dans la séparation entre actionnaires et managers, ce qui peut entraîner des conflits d'intérêts entre ces deux parties (1). William J. Baumol, économiste américain, affirme en 1959 que l'objectif poursuivi par les managers sera souvent de maximiser non pas le profit mais le chiffre d'affaire global de l'entreprise, dès lors que leur revenu et leur prestige sont davantage

* Journaliste scientifique. Il a publié *L'Economie repensée*, Sciences Humaines Editions, 2000.

** *Sciences Humaines*, n° 57, janvier 1996.

1. Les effets de cette disjonction avaient été soulignés dès 1776 par Adam Smith, père de la pensée économique libérale, comme le rappelle G. Charreaux, dans G. Charreaux et al., *De Nouvelles théories pour gérer l'entreprise*, Economica, 1998.

dépendants de cette dernière valeur. Pour interpréter ce type de phénomènes, les sciences économiques ont, depuis les années 80, développé des modèles théoriques qui offrent des visions diversifiées et plus réalistes de l'entreprise. Celle-ci est ainsi, selon les cas, « nœud de contrats », système de compétences, système d'information… Dans *Les Nouvelles Théories de l'entreprise*, Benjamin Coriat et Olivier Weinstein, professeurs d'économie à l'université Paris-Nord (2) présentent un aperçu de ces théories.

Ouvrir la « boîte noire » du modèle néoclassique

La remise en cause du modèle microéconomique dominant de l'entreprise – sorte d'atome impersonnel mû par la seule recherche du profit immédiat – s'est faite en deux temps. Dès les années 60, des tentatives on été faites pour ouvrir la « boîte noire » de l'entreprise. Mais ces remaniements sont restés marginaux. C'est surtout depuis les années 80 que les nouvelles théories de l'entreprise émergent. Les premières réinterprétations de l'entreprise peuvent être résumées autour de cinq approches (3).

• Une première démarche, présentée plus haut, a consisté à prendre en compte le décalage possible des intérêts entre les actionnaires et les managers de la firme. Même si les validations empiriques de cette proposition furent controversées, cette approche a démontré que l'hypothèse de maximisation du profit ne saurait être la seule opérante. L'entreprise poursuit un ensemble d'objectifs, pécuniaires ou non pécuniaires (carrière des salariés, pouvoir et prestige des managers…) et est ainsi amenée à organiser des arbitrages.

• Seconde rupture majeure dans l'approche théorique de la firme : les travaux de Herbert A. Simon, prix Nobel d'économie en 1978, et un des fondateurs des sciences de la décision. Celui-ci remet en cause le fondement même du modèle néoclassique : pour lui, l'entrepreneur n'agit pas selon une rationalité « substantive » (ou optimale) mais selon une rationalité « procédurale » ou (limitée). Par exemple, lorsqu'il réorganise un service ou recrute du personnel, le responsable n'a ni le temps, ni les moyens d'envisager toutes les configurations possibles. Il trouve en général une solution « satisfaisante » qui n'est pas forcément la meilleure en théorie. Le principe de la « rationalité limitée » aura une influence considérable sur les futures théories de la firme.

• Dans le prolongement de cette démarche, le courant dit « béhavioriste » dont le livre de Richard M. Cyert and James G. March *A Behavioral Theory of the Firm* (1963) est le livre fondateur, décrit l'entreprise comme une coalition de groupes (les dirigeants, les commerciaux, les financiers, les industriels…) eux-mêmes saisis dans des structures internes (départements, divisions, sites…) et poursuivant des objectifs propres.

• Les travaux de l'économiste américain Harvey Liebenstein sur les types d'efficience constituent une étape supplémentaire. Cet auteur constate que la théorie économique n'envisage pour

2. B. Coriat, O. Weinstein, *Les Nouvelles Théories de l'entreprise*, LGF Livre de poche, 1995.

3. Nous nous inspirons pour ce passage de la présentation faite par B. Coriat et O. Weinstein, *op. cit.*

l'entreprise qu'une seule manière d'utiliser les «facteurs de production» que sont le capital et le travail, les machines et les hommes. Or, les études empiriques montrent que des entreprises identiques et utilisant les mêmes facteurs de production, parviennent à des résultats très différents. Selon H. Liebenstein, ces différences s'expliquent par la qualité de l'organisation mise en œuvre. Ce facteur organisationnel, non pris en compte par la théorie économique, il l'appelle le *«facteur d'efficience X»*. C'est lui qui permet d'obtenir la plus grande intensité d'utilisation des facteurs et par là de faire la différence. Ces analyses déboucheront sur une exploration des incitations (salaires, contrats de travail...).

• L'histoire de l'entreprise, notamment à travers les travaux d'Alfred Chandler, professeur à Harvard, a également contribué à enrichir la théorie économique de la firme (4). A.Chandler souligne que la compréhension de l'entreprise renvoie aux évolutions des structures productives, et particulièrement aux innovations technologiques et organisationnelles. Surtout, il décrit l'entreprise comme une institution économique dont la logique est différente de celle du marché. La firme s'oppose au marché, en substituant la «coordination administrative» à la «coordination marchande», et en instituant un système hiérarchique et centralisé.

L'entreprise « nœud de contrats »

C'est sur ce substrat d'analyses alternatives que sont apparues dans les années 80 des théories qui renouvellent la vision économique de l'entreprise. Ces nouveaux modèles ont pour nom : théorie des contrats (théorie de l'agence et des droits de propriétés), théorie des coûts de transaction, théories « évolutionnistes », théories de l'entreprise japonaise.

Les théories du contrat cherchent à combler les insuffisances du modèle néoclassique tout en s'inscrivant dans son prolongement.

Les théoriciens des «droits de propriété» s'attachent à démontrer que la forme de l'entreprise capitaliste est plus efficiente que les autres formes d'organisation (coopératives et mutualistes, entreprises publiques, autogérées), en raison du système des droits de propriété. Alain Couret donne une illustration intéressante de cette théorie, à travers l'exemple des Caisses d'épargne (5). Pendant longtemps ces entreprises étaient dotées d'un statut juridique incertain qui, selon l'auteur, *«excluait l'existence de tout droit de propriété bien défini»* et qui, par la multiplicité et la confusion des agents et des systèmes de contrôle, nuisait à l'efficacité. Une réforme mise en place à partir de 1983 a donc consisté à clarifier le système des droits de propriété afin d'inciter à mettre au clair les intérêts de chacun.

La définition des formes organisationnelles dépend donc de la manière dont sont délimités et affectés les droits de propriété. Or, l'entreprise capitaliste fonctionne comme un ensemble

4. Principaux ouvrages d'A.D. Chandler traduits en français : *Stratégies et Structures de l'entreprise*, Editions d'Organisation, 1994 [1962] ; *La Main visible des managers*, Economica, 1988 [1975].
5. A. Couret, dans G. Charreaux et al., *op cit.*

d'« équipes » au sein desquelles il est impossible de mesurer la contribution individuelle de chacun. D'où la question qui préoccupe les théoriciens des droits de propriété : comment identifier et éliminer les « tire-au-flanc » ? La solution prônée est la spécialisation d'un agent ou « moniteur » dans le contrôle des autres… Celui-ci étant très directement intéressé, par le biais du système des droits de propriété, aux résultats de l'entreprise.

Dans la « théorie de l'agence », voisine de celle des droits de propriété, la notion même d'entreprise se dilue, au profit d'un ensemble d'individus qui sont en relations contractuelles. La théorie de l'agence définit les organisations comme des « nœuds de contrats » entre un mandant (ou « principal ») qui confie la gestion de ses biens à un mandataire (ou « agent »). Mais le principal n'a pas les moyens de contrôler la loyauté de son mandataire. C'est le cas du dirigeant d'entreprise qui envoie à l'étranger un cadre afin de négocier un contrat. Il n'a aucune assurance sur la qualité de la prestation de son employé. Il va donc devoir mettre en œuvre un système d'incitation et de surveillance. Ce système a un coût. Il s'agit donc de déterminer quel est le dispositif contractuel qui minimise ce coût.

Les théoriciens de l'agence vont, à partir de ces postulats, ériger un système explicatif de l'ensemble des formes organisationnelles. E. Fama et M. Jensen proposent ainsi une typologie basée sur le degré de séparation entre fonction de décision (management) et fonction d'assomption des risques (actionnariat). A l'extrémité du spectre se trouvent les grandes sociétés, avec un capital très dispersé et une séparation fonctionnelle entre actionnariat et management. Des dispositifs (hiérarchie, surveillance, droit de vote des actionnaires, conseil d'administration, systèmes d'intéressement) permettent de contrôler la loyauté des mandataires.

Les coûts de ce système sont à comparer avec les gains qu'ils occasionnent et conduisent à déterminer la taille et la structure optimale de l'organisation. Au contraire, dans l'entreprise individuelle les fonctions sont concentrées et les coûts de contrôle sont très limités. La théorie de l'agence a attiré des critiques. Elles tiennent en premier lieu à l'hypothèse de rationalité pure des individus, héritée du modèle néoclassique. On notera d'ailleurs le zèle affiché, tant par les théoriciens des droits de propriété que par ceux de la relation d'agence, à traquer les « tire-au-flanc », les *free riders* (passagers clandestins) et à brandir le bâton et la carotte. Une telle obsession révèle une occultation des phénomènes de hiérarchie, de confiance, la référence à des valeurs ou à des systèmes identitaires qui existent dans les organisations.

L'entreprise contre le marché

Le second courant dominant dans les nouvelles théories de la firme est celui des « coûts de transaction ». Le point de départ est un article de 1937, écrit par un jeune économiste anglais, Ronald H. Coase, *The Nature of the Firm* (6).

6. Traduction : R.H. Coase, « La nature de la firme », *Revue française d'économie*, 1987.

Théorie de l'agence : l'exemple de Bull

Un des postulats de la théorie économique est que l'entreprise cherche toujours à faire fructifier ses biens et donc à maximiser son profit en utilisant au mieux ses ressources. Or, l'économiste américain J. Galbraith faisait remarquer, il y a déjà longtemps, que ce principe n'était pas évident. Si les actionnaires d'une entreprise sont en général à la recherche du maximum de bénéfices, il est possible que le manager soit en quête d'autres objectifs : l'augmentation de la taille de l'entreprise par exemple (qui peut se traduire par des déficits temporaires).

Comment accorder les intérêts entre ceux de l'actionnaire et ceux du manager ? C'est un des problèmes abordés par la « théorie de l'agence ».

Pour cette récente théorie, il n'y a pas forcément d'adéquation spontanée entre les objectifs d'un « principal » (en français mandant) et ceux d'un agent (ou mandataire) à qui le mandant est amené à confier la gestion de ses biens. Il va donc falloir trouver un système de contrôle, ou d'incitation, entre le mandant et son mandataire.

De 1933 à 1963, la société Bull était une entreprise « familiale » contrôlée et dirigée par la famille Caillès, à la fois gestionnaire et actionnaire principal. Puis, à partir de 1964, Bull passe sous le contrôle de la General Electric, puis de Honewell. A l'ère des propriétaires succède alors celle des managers. Une troisième période débute en 1976 avec la fusion CII-Honewell-Bull. L'Etat est le principal client et les managers dirigent sans véritable contrôle des actionnaires.

De 1979 à 1981, Saint-Gobain prend alors le contrôle de CII-Honewell-Bull et nomme un de ses représentants au comité de direction de la société. Mais à partir de 1982, l'Etat prend le contrôle du conseil d'administration qui est dès lors composé d'un tiers de fonctionnaires, un tiers des représentants des salariés et un tiers de membres nommés pour leurs compétences. Les ministères sont donc les principaux dirigeants de l'entreprise et ne sont plus soumis directement aux incitations du marché. On est loin d'un modèle unique d'une entreprise soumise à la seule loi de la maximisation du profit à court terme.

JEAN-FRANÇOIS DORTIER

Dans cet article, l'auteur, qui obtiendra le prix Nobel d'économie en 1991, part d'une question toute simple : *«Pourquoi y a-t-il des organisations ?»* En effet, si l'échange de biens est le moyen le plus efficace et le plus productif pour allouer les ressources, il ne sert à rien à un chef d'entreprise de recruter des salariés, un service comptable, un service de fabrication. Après tout, toutes les fonctions de l'entreprise peuvent être sous-traitées par d'autres micro-entreprises indépendantes.

En fait, si une telle entreprise virtuelle peut exister, elle supposerait un coût énorme de «transactions». Chaque ordre de production, qui est donné habituellement au sein de l'entreprise, devrait faire l'objet d'un contrat d'échange, mais ce système serait au final très coûteux. Ainsi, dans un système de marché, l'intervention de dix personnes dans une activité exigera la conclusion de quarante-cinq contrats liant les différentes parties les unes aux autres. L'entreprise répond à ces difficultés en internalisant ces transactions et en instituant la hiérarchie et l'administration comme mode de coordination : dans ce cadre, l'intervention de dix personnes n'exige plus que neuf accords passés avec un agent central.

Pour R.H. Coase, l'organisation qui fonctionne en interne à partir des ordres donnés et non d'une transaction marchande est, au final, plus «économique». Dans ces conditions, on peut se demander pourquoi il y a des marchés. Tout dépend, selon R.H. Coase, de l'échelle d'organisation de la production. Le fonctionnement administratif a aussi des coûts (charges d'organisation, rigidités...) qui augmentent avec la taille de l'entreprise. C'est la comparaison entre les coûts de transaction du marché et les coûts de transaction internes qui, pour une situation donnée, permettront de déterminer quelle est l'organisation (marché ou entreprise) la plus pertinente. Si l'organisation est, à un seuil donné de production, plus efficace, elle le devient moins à grande échelle. Là, le marché devient plus efficace.

Oliver E. Williamson, chef de fil actuel de l'économie des «coûts de transaction» a prolongé les analyses de R.H. Coase (*voir son entretien ci-après*). Son analyse repose sur une microéconomie intégrant les hypothèses de comportement avancées par H.A. Simon : les agents fonctionnent selon le principe de la rationalité limitée et non de maximisation. Conséquence de ce constat : les contrats qui règlent les rapports entre les personnes ne peuvent être qu'incomplets, car personne ne peut prévoir de façon certaine les décisions prises par les individus. Cette incomplétude des contrats peut conduire certains agents à des comportements « opportunistes », c'est-à-dire à rechercher leur intérêt personnel par divers moyens (ruse, triche...) au détriment de l'entreprise.

O.E. Williamson identifie les caractéristiques pertinentes des transactions, et précise les structures de gestion les plus adéquates en fonction de chaque type de transaction (7). Au total, le choix

7. Pour une explication détaillée de cette grille de lecture, on se reportera à : B. Coriat, O. Weinstein, *op. cit.*; à P. Joffre, « Economie des coûts de transaction », dans G. Charreaux (dir.), *op. cit.* Ouvrage de O.E. Williamson traduit en français : *Les Institutions de l'économie*, InterEditions, 1994.

Evolution des théories économiques de l'entreprise

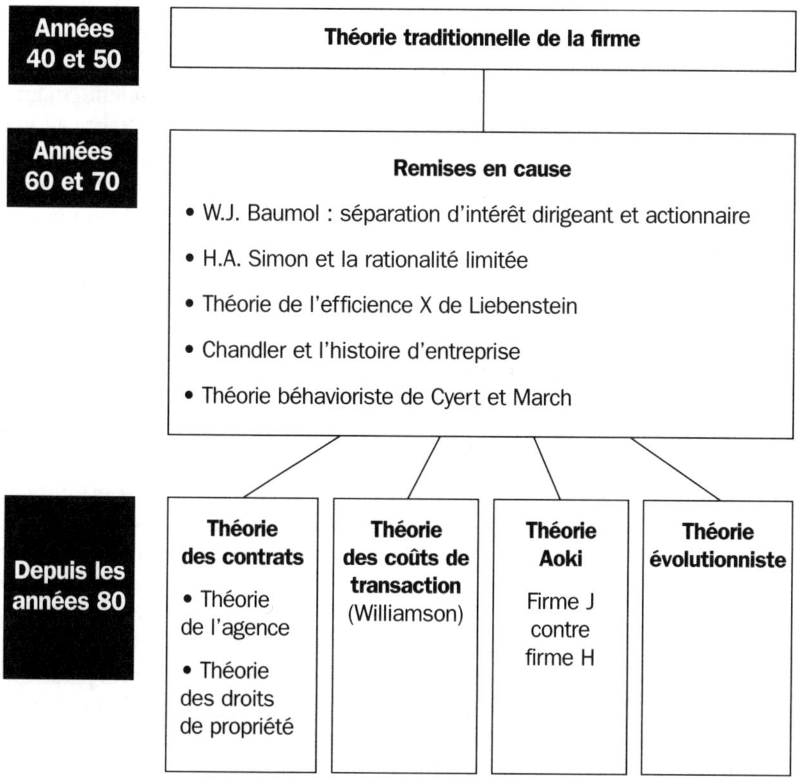

entre marché et hiérarchie repose sur un arbitrage entre la force incitative des mécanismes de marché, et l'adaptabilité qu'apporte le pouvoir discrétionnaire de la hiérarchie. Dans ses travaux récents, O.E. Williamson insiste sur l'existence de formes hybrides d'organisation de l'entreprise, empruntant aux mécanismes du marché et à ceux de la hiérarchie : alliances, systèmes de distribution verticaux quasi intégrés, *joint-venture* (« aventures en commun », qui connaissent un grand succès, notamment dans les relations entre firmes de l'Est et de l'Ouest). La franchise commerciale, l'intégration verticale à la japonaise (fédération d'entreprises dans laquelle interviennent un chef de file et

une cascade de sous-traitants unis par des relations contractuelles, comme Toyota) sont d'autres exemples de ces formes d'organisation, sortes d'associations d'entreprises, ou «entreprises transactionnelles» (8).
La théorie des coûts de transaction a un écho considérable, tant auprès des milieux scientifiques qu'auprès des acteurs et des gestionnaires. Il influence les analyses et les décisions de gestion dans de nombreux domaines, par exemple la relation d'emploi dans l'entreprise, le recours à la sous-traitance, l'intégration de telle ou telle activité…

L'entreprise comme système de compétences

Le courant que l'on désigne par le nom d'«école évolutionniste» tient une place à part. Selon cette approche, la préoccupation principale de l'entreprise n'est pas de maximiser le profit, mais d'abord de survivre, comme tout être vivant dans la théorie darwinienne de l'évolution. Conséquence de cette posture : l'attention est portée sur les processus d'innovation et d'adaptation au milieu, et donc sur les capacités d'apprentissage et d'auto-organisation des entreprises.
Cette théorie évolutionniste est née au début des années 80, l'ouvrage des deux économistes américains Sidney Winter et Richard Nelson *An Evolutionary Theory of Economic Change* (9) en marque l'acte de naissance.
Ainsi la «firme évolutionniste» se définit avant tout comme un ensemble dynamique de compétences. Ce qui différencie une entreprise d'une autre, c'est la nature des savoir-faire qu'elle a su accumuler. Ces savoir-faire contiennent par nature des facultés d'adaptation et d'apprentissage. Ils guident la firme sur un «sentier» d'évolution précis : une entreprise ne maximise pas ses ressources en se pliant à tout moment à l'évolution des marchés et aux opportunités qui se présentent. Elle ne peut pas changer du jour au lendemain de marché, de procédés de fabrication ou de type d'organisation. Seuls certains exemples attestent d'un changement dans la trajectoire : la firme modifie alors brusquement son orientation. Pour les évolutionnistes, ces changements tiennent à des opportunités technologiques que l'entreprise est capable de saisir.
La firme se définit donc ici par sa compétence foncière, fondée sur des routines et des savoir-faire organisationnels et technologiques, très souvent tacites et non transférables. Les évolutionnistes construisent des typologies d'entreprises fondées sur le degré et le type de cohérence mis en œuvre (10). L'approche évolutionniste fournit donc un modèle alternatif aux autres paradigmes pour interpréter le fonctionnement des entreprises.

Firme hiérarchique et firme horizontale

Les travaux récents autour de l'entreprise japonaise, notamment ceux de l'économiste Masahiko Aoki (11), ont eux aussi contribué à enrichir et à élar-

8. Expression utilisée par F. Fréry (intervention à la journée de l'ANVIE du 20 septembre 1994).
9. Harvard University Press, 1985.
10. Voir B. Coriat, O. Weinstein, *op. cit.*
11. Ouvrage traduit en français : *Economie japonaise : information, motivations et marchandage*, Economica, 1991.

gir la théorie économique de l'entreprise. Aoki fait un constat : l'entreprise japonaise et l'entreprise américaine fonctionnent différemment. Le facteur qui les différencie fondamentalement est la structure des échanges d'information. La firme américaine se caractérise par des principes de spécialisation rigides, un mode hiérarchique et autoritaire de répartition des fonctions, la distinction entre conception et exécution… A l'inverse, la firme japonaise présente une division du travail flexible, la rotation des tâches, une coordination basée sur des méthodes incitatives, un partage du pouvoir entre propriétaires, gestionnaires et employés. Selon Aoki, la structure souple et horizontale du système d'information de la firme japonaise est la plus efficace et la mieux adaptée à l'environnement contemporain.

Aoki poursuivra dans cette voie en distinguant deux formes fondamentales d'entreprises : la firme hiérarchique et la firme horizontale. Il mettra notamment l'accent sur l'importance, dans la firme horizontale, des mécanismes d'incitation qui touchent aussi bien les relations salariés-direction que les relations entre managers, actionnaires et banquiers.

Hormis cette dernière approche, les courants théoriques exposés ci-dessus sont tous d'origine américaine. D'autres approches, notamment françaises, fournissent des grilles de lecture de la firme, sans en faire toutefois l'objet unique et central d'analyse : c'est le cas de la théorie de la régulation (12), ou de l'école des conventions (13).

Ce renouvellement des problématiques s'inscrit dans un cadre plus général, celui des nouvelles théories économiques qui agitent actuellement la communauté des économistes. Leur point commun ? En ouvrant la boîte noire de l'entreprise, elles permettront peut-être de faire un pont avec les regards sociologiques qui, depuis longtemps, analysent et décrivent le fonctionnement interne des organisations.

---

12. Voir R. Boyer, Y. Saillard (dir.), *Théorie de la régulation. Etat des savoirs*, La Découverte, 2002 (2e éd.).
13. Voir J.-P. Dupuy et al., « L'économie des conventions », *Revue économique*, 40 (2), mars 1989 ; P. Bernoux (dir.), « L'économie des conventions : débat critique », *Cahiers des relations professionnelles*, n° 9, novembre 1994.

L'ÉCONOMIE DES COÛTS DE TRANSACTION

ENTRETIEN AVEC OLIVER E. WILLIAMSON*

Les échanges ont un coût. A partir de ce simple constat, Oliver Williamson, chef de file de l'économie des coûts de transactions, propose de renouveler les approches du marché.

***Sciences Humaines :* Quelle est votre vision des entreprises et des institutions économiques ?**

Oliver E. Williamson : J'analyse les entreprises en tant qu'institutions et formes de gouvernance. La gouvernance désigne les moyens de contrôle et de guidage, le cadre contractuel, dans lequel se situe une transaction. Cette idée est assez largement répandue. Mais elle apparaît peu dans les manuels d'économie. La description «classique» de l'entreprise pour les économistes met l'accent sur la fonction de production, les prix et la technologie. Elle ne prête guère d'attention au management. Elle est pertinente pour décrire les activités économiques dont le fonctionnement est très proche du modèle idéal du marché néo-classique : les marchés de capitaux par exemple.

En revanche, une approche en terme de contractualisation permet de comprendre pourquoi il existe deux institutions différentes (l'entreprise et le marché) qui ont pour même fonction de réguler l'activité économique.

En résumé, pour l'approche classique, l'entreprise est une entité de production ayant une construction technologique. Pour l'économie des coûts de transaction, elle est une entité de gouvernance ayant une construction organisationnelle.

** Principal représentant du courant des coûts de transaction, O.E. Williamson est professeur de management, d'économie et de droit à Berkeley, Université de Californie. Ouvrage traduit en français :* Les Institutions de l'Economie, *InterEditions, 1994.*

***SH :* Quels types de problèmes cette approche permet-elle de traiter ?**

O.E.W. : L'exemple typique est la décision du «faire ou faire faire» (*make or buy*). Par exemple, mon entreprise doit-elle sous-traiter l'accueil téléphonique à une société spécialisée, ou vaut-il mieux embaucher des employés pour le faire ? Et comment évaluer tous les coûts et les bénéfices de chacune des deux possibilités ? Une approche en termes purement technologiques passera à côté de ces questions. Pour être en mesure de prendre des décisions de ce type, il est plus judicieux d'adopter un point de vue organisationnel et contractuel.

L'économie des coûts de transaction se concentre sur les

transactions et les efforts qui existent dans toute organisation pour les économiser (par exemple avec la mise en œuvre de dispositifs d'incitation, d'un cadre contractuel adapté...). Elle compare les coûts de planification, d'adaptation et de contrôle des tâches. C'est une vision de l'activité économique qui remonte à Ronald Coase, en 1937. Il se demandait pourquoi coexistent deux formes différentes de coordination économique : le marché (coordonné par un système de prix) et l'entreprise (coordonnée par un système administratif et hiérarchique).

***SH :* Pourquoi une grande entreprise intégrée ne peut-elle pas faire ce qu'un ensemble de petites entreprises peut faire ?**

O.E.W. : L'intégration d'un grand nombre de fonctions au sein d'une même structure peut permettre d'économiser sur les coûts de transaction (liés à l'incertitude, au manque d'information sur les prix, à la négociation, etc.) que génère le marché. Elle fournit des instruments de contrôle qui ne sont pas disponibles sur le marché et met en œuvre des adaptations coopératives plus vite que les marchés. A l'inverse, la force du marché réside dans ses mécanismes de motivation, que les entreprises ne sont pas capables de reproduire. En outre, l'intégration occasionne des coûts bureaucratiques, ce qui explique qu'elle ne peut pas être poussée jusqu'au bout. Il y a donc un arbitrage à opérer entre ces différents coûts, pour déterminer le niveau d'intégration et de spécialisation.

Je vais prendre un exemple pour illustrer mon propos. Tenneco Inc., conglomérat le plus important des Etats-Unis (100 000 salariés) acquiert Houston Oil, petite compagnie pétrolière de 1 200 employés. Dans l'espoir de garder les personnes les plus expérimentées de Houston Oil, Tenneco leur offre des avantages spéciaux en termes de salaire et de primes. Malgré cela, une grande partie des cadres et employés de Houston Oil part rapidement. Il y a plusieurs raisons à cela. D'abord, les retards bureaucratiques à obtenir et mettre en place les systèmes de rémunération, et la difficulté à instaurer un traitement différentiel, au nom de l'équité interne de traitement entre tous les salariés du nouvel ensemble. Ensuite, les offres de producteurs de pétrole indépendants qui étaient en mesure d'offrir aux anciens salariés de Houston Oil des avantages substantiels en termes d'incitation (bonus à la production, intérêts sur le pétrole découvert, etc.). Ainsi, les grandes entreprises ne sont pas toujours en mesure, malgré leurs efforts, de faire exactement la même chose que de petites firmes.

***SH :* L'information et la connaissance ont de plus en plus d'importance dans les stratégies des entreprises. Quelles en sont les principales conséquences ?**

O.E.W. : Il faut bien savoir ce que l'on entend par « information » ou par « connaissance ». Si vous entendez par là la connaissance de procédures en référence à des technologies très spécialisées, de telles connaissances ne peuvent pas être transférées ou imitées facilement.

Par ailleurs, l'intérêt pour les savoirs spécialisés liés au facteur humain s'est développé dans les entreprises. Il est clair par exemple, que derrière certaines des fusions récentes entre grandes entreprises américaines de l'industrie des semi-conducteurs et de la micro-informatique, il n'y avait pas simplement l'acquisition de biens productifs. Il y avait surtout l'intégration de compétences humaines. La firme acheteuse espérait ainsi intégrer le « staff » productif de l'entreprise achetée au sein de la nouvelle entité et l'amener à coopérer de façon efficace.

***SH :* Entre les deux pôles constitués par le marché et l'intégration hiérarchique, il y a des organisations intermédiaires. Ce sont de grandes entreprises fonctionnant comme des nœuds de sous-traitance en cascade autour d'une entité mère. Comment analysez-vous le développement de ces « organisations hybrides » ?**

O.E.W. : Les pratiques de sous-traitances que l'on observe notamment au Japon sont très intéressantes. Ce sont les travaux de Masahiko Aoki qui ont poussé le plus loin leur analyse. Il y a toute une série de pratiques spécifiquement japonaises qui forment un système dont le résultat est supérieur à la somme des parties. M. Aoki souligne trois éléments, la sous-traitance, les relations salariales et les relations avec les banques, qui forment un système cohérent. L'entreprise mère est en mesure d'apporter l'emploi à vie au noyau dur de ses employés. La banque est familière à l'entreprise mère et à ses sous-traitants, elle a suffisamment d'information sur chacun des partenaires de la chaîne et assiste chacun d'eux pour leur gestion. Les syndicats japonais, les pratiques d'avancement, tout concourt d'une manière cohérente à encourager activement la sous-traitance.

Evidemment vous ne pourriez pas prendre les pratiques japonaises et les importer telles quelles aux Etats-Unis. Les syndicats maison, par exemple, ne sont pas tolérés aux Etats-Unis. De

même une banque qui aurait un pouvoir de contrôle aussi important serait vite suspecte. Mais ce qu'ont bien montré les Japonais, c'est que l'on peut externaliser beaucoup d'activités et améliorer la productivité. C'est ce qui leur a permis de baisser le coût de production des automobiles et de mettre la pression sur les entreprises rivales (General Motors, Renault, Ford, Volkswagen…). Celles-ci ont dû reconsidérer leurs pratiques et s'adapter.
Cet exemple montre bien comment fonctionne le processus d'innovation organisationnelle, que Joseph Schumpeter décrit par l'expression « passer à la prochaine » *(Handing on)*. Une entreprise innove, ses concurrents l'imitent, les marges bénéficiaires se réduisent par le jeu de la concurrence, un autre innovateur apparaît, et ainsi de suite. Le processus génère une innovation récurrente. Il y a des profits, mais en bout de course les bénéfices sont pour l'ensemble de la société.

***SH :* Y a-t-il une forme d'institution économique qui sera dominante dans le futur ?**

O.E.W. : Une chose est certaine : les organisations, et par conséquent les contrats qui régulent les transactions économiques, deviennent de plus en plus complexes. Mais au-delà de ce constat, il faut répéter qu'il n'y a pas une forme supérieure ou universelle d'organisation. Chacune a sa propre logique et ses zones de pertinence, y compris l'administration publique. La principale conclusion de l'économie des coûts de transaction est qu'il y a une place pour chaque forme d'organisation, mais que chaque forme d'organisation doit rester à sa place.

***SH :* La prise en compte des comportements individuels est une des composantes majeures de votre approche. Vous retenez, à la suite des travaux de Herbert Simon, le postulat de la rationalité limitée, et vous ajoutez une autre hypothèse : celle de l'opportunisme des individus. Pourquoi ?**

O.E.W. : Le postulat de la rationalité limitée signifie que les individus ne fonctionnent pas selon le modèle de la rationalité pure. Ils manquent d'information, ils sont confrontés à l'incertitude, leurs capacités cognitives sont limitées. Lorsqu'ils ont une décision à prendre, ils ne calculent pas toutes les solutions possibles. Ils choisissent en général une solution « satisfaisante », qui n'est pas forcément la solution « idéale ». Cette hypothèse est cruciale car elle explique pourquoi les contrats destinés à formaliser et réguler les activités économiques sont forcément incomplets. Il est en effet impossible de prévoir à l'avance toutes les situations possibles et tous les comportements individuels. C'est pourquoi la question de la flexibilité et de l'adaptabilité de l'organisation est cruciale.

Par opportunisme, j'entends la recherche d'intérêt personnel stratégique par le moyen de la tromperie, de la ruse, ou par la divulgation d'informations incomplètes ou dénaturées. L'opportunisme est responsable des asymétries d'information qui compliquent le fonctionnement des organisations. Bien sûr, il n'est pas question pour moi d'affirmer que tous les individus sont identiquement opportunistes, et encore moins qu'ils le soient en permanence. Il s'agit de faire face aux risques contractuels. C'est pourquoi je distingue l'opportunisme *ex ante,* c'est-à-dire la volonté délibérée de tromper son partenaire, de l'opportunisme *ex post,* qui correspond à l'adaptation à une situation non prévisible.

Les agents économiques ne se contentent pas de prendre des risques et d'espérer pour le meilleur en croisant les doigts. Ils essaient de conduire leurs affaires d'une manière pratique. Ainsi, face à des gens avec qui nous avons des relations anciennes d'échange, nous serons beaucoup plus confiants. Et avec de nouveaux interlocuteurs, nous serons plus prudents... C'est une réaction normale; il ne s'agit donc pas pour nous d'affirmer que le pire va arriver dans toutes les circonstances possibles. Nous voulons simplement alerter sur le problème des comportements humains. Il faut le prendre en compte comme un élément des calculs et des choix de management.

***SH :* Pensez-vous que l'autorité, qui structurait les relations entre employés et employeurs, est en train d'être remplacée par le contrat?**

O.E.W. : Je pense en fait que l'autorité est une forme de contrat, dont les termes sont les suivants : un employé est d'accord pour travailler pour un employeur. Il accepte de mettre ses compétences et sa flexibilité à la disposition de l'employeur. Bien sûr dans certaines limites : une coopération durable avec l'entreprise en échange d'un salaire, plutôt que de fonctionner comme un fournisseur sur le marché.

Sur le marché, quand il y a conflit, celui-ci est traité devant les tribunaux, et ce d'une manière très formalisée. Dans l'entreprise, vous demandez simplement que le conflit soit arbitré à un niveau supérieur, mais à l'intérieur de l'entreprise. C'est cela qui définit la relation d'autorité. Elle est relativement souple, et vous pouvez la considérer comme une forme de contrat, plus coopérante mais moins spontanée que le contrat classique.

***SH :* Dans votre dernier livre, vous dites que la science des organisations, à laquelle se référait Chester Barnard, sera réalisée par cette génération d'étudiants. Que voulez-vous dire ?**

O.E.W. : Je voudrais suggérer qu'une science des organisations s'est mise cumulativement en place. Et c'est une science qui n'est pas restée abstraite et confinée dans des manuels. Elle traite de phénomènes empiriques et réels (des problèmes de management, de politique publique, etc.) et elle génère des prédictions. Ces prédictions sont testées à l'aide de données. Je pense que c'est comme cela que la science marche.

Les choix politiques ont été, à un certain degré, bousculés par cette science des organisations. La Banque mondiale est un bon exemple. Ses dirigeants nous disent : *« Nous savons que les institutions sont importantes et que les analyses économiques orthodoxes ne les prennent pas en compte. Nous aimerions savoir comment mieux faire. Est-ce que l'économie des institutions pourrait nous aider ? »* Je ne dirai pas que l'économie des coûts de transaction est l'instrument le plus largement utilisé par la Banque mondiale à l'heure actuelle, mais il est clair que ses dirigeants se tiennent au courant et l'utilisent activement, d'une manière à laquelle personne n'aurait pensé il y a dix ou quinze ans.

Propos recueillis et traduits par
PHILIPPE CABIN et MARTHA ZUBER
(*Sciences Humaines*, n° 79, janvier 1998)

Chapitre II

Le management et ses outils

POINTS DE REPÈRE

LES « GOUROUS » DU MANAGEMENT

Chester Barnard (1886-1961)
Cadre à la Bell Telephone Company, il est un des premiers à étudier le processus de prise de décision dans les organisations et à s'intéresser à la fonction du leadership. Pour lui, l'entreprise se distingue des organisations bureaucratiques (Eglise, Etat); le management consiste à obtenir la participation volontaire des individus à la réalisation d'objectifs communs, autrement que par l'exercice d'un pouvoir autoritaire. Son principal ouvrage est *The Functions of the Executive*, paru en 1938.

Peter Drucker (né en 1909)
Né à Vienne, fils d'un fonctionnaire autrichien, il émigre en Grande-Bretagne dans les années 20 puis aux Etats-Unis où il devient consultant de la General Motors. Son maître mot : la direction par objectifs (DBO). Pour lui, le rôle du dirigeant est celui de chef d'orchestre, capable de déterminer les objectifs, de coordonner les activités, de motiver et de communiquer, de mesurer les performances, enfin de former le personnel et se former lui-même. Il a publié près d'une trentaine d'ouvrages dont *La Pratique de la direction des entreprises* (1954). Ses analyses débordent souvent le cadre de l'organisation et comportent des considérations sur l'avenir de la société.

Henri Fayol (1841-1925)
Ingénieur français, diplômé de l'Ecole des mines de Saint-Etienne, il est le premier à entreprendre la rationalisation des fonctions de direction. Le management consiste, selon lui, en cinq fonctions : prévoir et planifier; organiser; commander; coordonner; contrôler. Il n'a écrit qu'un livre, mais c'est un classique : *L'Administration industrielle et générale* (1916).

Henry Ford (1863-1947)
Le premier à appliquer à grande échelle les principes du taylorisme en y ajoutant deux autres dimensions : la mécanisation des tâches; un mode de gestion qui associe rémunération élevée et travail peu qualifié. Des principes que **Hyacinthe Dubreuil** (1883-1971) contribua à faire connaître en France. Même si les systèmes modernes de production ont apporté d'importantes transformations, ils dérivent tous du fordisme, de l'avis même de **Taiichi Ohno**, le père du toyotisme.

Taiichi Ohno (1912-1990)
Ingénieur, il a fait toute sa carrière chez Toyota. Le système de production qu'il met en place (le toyotisme) repose sur une idée simple : partir de l'aval (la vente) pour organiser l'amont (la production des postes de travail); et deux « piliers » : la production juste à temps; l'autoactivation des machines (l'arrêt automatique de la production en cas de défaut de fabrication). Des principes que T. Ohno a consignés dans *L'Esprit Toyota* (traduit en français, Masson, 1989).

Alfred Sloan (1875-1966)
Fils d'un négociant, il est à l'origine de l'organisation décentralisée et multidivisionnelle qui permit de sauver la General Motors de la faillite financière. Le principe : organiser l'entreprise en filiales et départements autonomes soumis aux contrôles d'une équipe réduite de dirigeants. Ce mode d'organisation a été très tôt adopté par la plupart des grandes entreprises, y compris le concurrent Ford. Après soixante ans de sloanisme, la General Motors, confrontée à la concurrence japonaise, a dû modifier sa structure d'organisation dans les années 80 en s'inspirant pour partie du toyotisme. Les principes du sloanisme ont été consignés dans *Mes années à la General Motors*, parues en 1963.

Tom Peters (né en 1942) et Robert H. Waterman (né en 1936)
Les auteurs du best-seller des années 80-90, *Le Prix de l'excellence*, vendu à plusieurs millions d'exemplaires (cinq millions pour la seule édition anglaise). L'un comme l'autre sont d'anciens consultants de l'agence McKinsey. Leur théorie de l'excellence découle d'ailleurs d'un projet mené pour le compte de cette agence. Si la théorie a été démentie par les faits, l'ouvrage marque un tournant dans la pensée du management. Cinq ans après la publication du *Prix de l'excellence*, **T. Peters** a publié *Chaos Management* dans lequel il admettait qu'« *il n'y a pas d'entreprise excellente* »; il dirige sa propre société, commercialisant conférences, cassettes vidéo, séries télévisées... De son côté, **R. Waterman** poursuit une carrière plus discrète.

Frederick W. Taylor (1856-1915)
Taylor a inspiré tout un courant de réflexion sur l'Organisation scientifique du travail (OST), mais le taylorisme n'a en fait concerné qu'une partie du secteur productif.

Et les autres... l'historien de l'économie **Alfred Chandler** (né en 1918); **Mary Parker Folett** (1868-1933), une des rares théoriciennes du management; le Français **Octave Gélinier** (1916-2004), qui introduisit la DPO en y ajoutant la dimension participative; **Michael Porter** (né en 1947), spécialiste de l'approche stratégique...

Jean-François Dortier*

PETITE HISTOIRE DU MANAGEMENT**

De l'ère technocrate où l'on pense pouvoir diriger l'entreprise comme une machine à la découverte des dimensions humaines des organisations, les méthodes de management ont connu de nombreuses évolutions scandées par des modes successives.

Vous venez d'être parachuté à la tête d'une entreprise à la suite d'un héritage. Sans expérience ni formation en business school, il va vous falloir prendre les commandes de la société. Que faire ?

S'il s'agit d'une petite entreprise, disons une PME de peinture en bâtiments de 20 salariés, la direction de l'entreprise se répartit en multiples tâches : trouver des clients, faire des devis, embaucher du personnel, organiser le travail, gérer la comptabilité. Souvent le patron met la main à la pâte et participe au travail lui-même. Tour à tour, il est artisan, gestionnaire, commercial, recruteur, etc.

Les domaines du management

Si vous avez été installé à la tête d'un grand groupe industriel, vous ferez partie d'une équipe de direction, qui est elle-même en contact avec une équipe de commerciaux, de gestionnaires, de directeurs des ressources humaines, d'administrateurs, d'avocats, de chefs de produits, parfois assistée de consultants de toutes sortes.

Quelle que soit la taille de l'entreprise, on peut décrire le travail managérial à partir de plusieurs grandes fonctions :

– la stratégie proprement dite : choix d'investissement, de développement (faut-il se lancer à l'export ? Comment réagir face à une crise financière ?) ;

– la gestion : comptabilité, gestion des

* Rédacteur en chef du magazine *Sciences Humaines*.

** Ce texte est extrait de « Management », dans J.-F. Dortier (dir.), *Le Dictionnaire des sciences humaines*, Sciences Humaines Editions, 2004.

stocks, salaires, administration, informatique, locaux;
– l'organisation du travail : répartition des tâches, circulation de l'information, définition des responsabilités;
– le marketing : stratégie de vente, communication externe;
– les ressources humaines : communication interne, motivation, rémunération, recrutement, formation du personnel.

L'ère des managers

Dès le début du XXe siècle, la montée des grandes entreprises et des administrations impose des tâches de direction spécialisées : en organisation du travail, finance, gestion, marketing. La formation d'un corps de professionnels de l'administration et de la direction des entreprises s'impose alors.
Pendant l'entre-deux-guerres, un renversement s'opère dans le pouvoir des grandes entreprises. Jusque-là, elles avaient été dirigées par des dynasties familiales (industrielles et banquières) qui étaient à la fois actionnaires et gestionnaires. Mais, peu à peu, elles se retirent de la vie des affaires (le capital des grandes entreprises est de plus en plus dispersé), alors que les managers ont pris le pouvoir dans les sphères de la direction de l'entreprise. Le pouvoir des actionnaires s'efface au profit d'une caste de techniciens, d'administrateurs et de gestionnaires. «L'ère des managers» débute alors (analysée par James Burnham, Joseph A. Schumpeter, John K. Galbraith).
A partir de la Seconde Guerre mondiale, le management et le conseil en management sont devenus aux Etats-Unis une profession organisée, avec ses écoles (business school), ses revues (*Harvard Business Review*), ses associations d'anciens élèves... Des sociétés de consultants (Boston Consulting Group, Andersen Consulting) voient le jour. Une culture managériale se constitue, avec ses modèles de référence, ses modes, ses gourous, diffusés dans des magazines, des livres et des stages de formation.

Histoire de la pensée managériale

La pensée managériale s'inspire de deux sources principales. La première provient de la théorie des organisations, formulée ou reformulée dans les universités et les écoles de gestion. La seconde découle des exigences de l'entreprise elle-même, marquée par ses contraintes, des phases de croissance, de crise et de réorganisation.

• L'ère technocratique

La première phase de la pensée managériale est liée à l'avènement de la production de masse dans la grande industrie. Henry Ford (1863-1947) est le contemporain de Frederick W. Taylor (1856-1915). Alors que ce dernier imagine l'approche scientifique et rationnelle du travail, le taylorisme (1), l'autre introduit la chaîne d'assemblage et invente la production en série ainsi que la standardisation des automobiles dans ses usines de Détroit, le fordisme (2). A la même époque, Henri Fayol (1841-1925) cherchait à promouvoir sa vision de la direction des fonctions dans l'ad-

1. Voir les mots clés en fin d'ouvrage.
2. *Idem*.

ministration (les fonctions technique, commerciale, financière, de sécurité, comptable, administrative) et consacrera l'essentiel de ses travaux à la fonction administrative.

Les trente glorieuses ont été marquées par l'esprit technocratique. Le management des grandes entreprises comme des administrations est assimilé à une planification scientifique. Le manager est celui qui prévoit, calcule et décide en s'aidant de tout un appareillage scientifique d'indicateurs, de modèles et de courbes. Dans les business schools et les écoles de gestion se répand une « recherche opérationnelle » née aux Etats-Unis dans le cadre des recherches militaires. Le principe général est la rationalisation des décisions et le calcul d'optimisation. De là sont nées de nouvelles méthodes logico-mathématiques : les arbres de décision, les modèles microéconomiques, la rationalisation des choix budgétaires pour les dépenses publiques...

De nombreuses « missions de productivité » partent alors d'Europe vers les Etats-Unis, qui font désormais figure de précurseurs et de modèles en matière de management et de direction des organisations.

• **La découverte du facteur humain**

Les années 60-70 seront celles de la prise de conscience des dimensions humaines de l'entreprise. Dès les années 40, Elton Mayo avait montré, par ses expériences à Hawthorne, que l'entreprise n'était pas une machine et les salariés des rouages mécaniques. Mais il faut attendre les années 60 pour que l'on commence à prendre conscience des ravages de l'organisation scientifique du travail, de l'émiettement des tâches. Dès les années 50, Abraham Maslow et Douglas McGregor défendent une nouvelle conception de l'organisation qui prend en compte les aspirations des salariés à l'autonomie, à la responsabilité, à la reconnaissance (3). Peter Drucker expose les principes d'un management par objectifs, destiné à repenser les relations supérieur-subordonné. Il ne s'agit plus d'imposer par le haut des directives précises sur la façon de travailler (sans connaître la réalité du terrain). Le manager doit fixer des objectifs et des résultats à atteindre : c'est à chaque échelon de définir l'organisation et le rythme de son travail.

Le modèle suédois de management a alors le vent en poupe. On y pratique le turn-over, les équipes « semi-autonomes », la négociation, la cogestion. L'idéal est de concilier croissance économique et progrès social.

Dans les années 80, les pays industriels sont enfoncés dans une crise durable, alors que le Japon affiche une croissance soutenue. L'industrie japonaise est florissante et pénètre avec succès les marchés occidentaux. On envoie alors de nombreuses missions d'études pour percer le mystère des racines du management à la japonaise. On découvre alors le « toyotisme », inspiré par Taiichi Ohno. Dans les chaînes de production de Toyota, on applique une organisation du travail qui repose sur quelques principes simples : la production part de l'aval (la vente)

3. Sur la nouvelle place donnée aux facteurs humains dans les organisations, voir aussi « Relations humaines (école des) » dans les mots clés en fin d'ouvrage.

vers l'amont (les postes de travail) ; les délais sont supprimés (gestion du « juste-à-temps ») et les machines sont auto-activées (arrêt automatique en cas de défaut de fabrication). De nouveaux slogans sont alors mis en avant : « Qualité totale », « zéro stock », « zéro défaut », « zéro délai »

Les années 80 sont également celles du management participatif. Apparu aux Etats-Unis et diffusé rapidement en Europe, ce type de management est basé sur la participation du personnel : on fait appel à l'initiative, à l'autonomie, à la responsabilité et à l'esprit d'équipe. Le credo de ce management du « troisième type », selon la formule de Georges Archier et Hervé Serieyx, deux de leurs promoteurs français (4), est d'inviter à rejeter l'encadrement directif et d'encourager les projets et les groupes de qualité de la part des salariés et de l'encadrement de direction intermédiaire.

Autre credo de l'époque : la « communication ». Que celle-ci soit interne ou externe, l'entreprise (et donc le manager) doit communiquer et encourager au dialogue et à l'échange entre services et entre échelons de l'entreprise.

Les années 90 allaient changer la donne. Plusieurs tournants brutaux vont alors marquer la direction des grandes entreprises. La mondialisation de l'économie entraîne une vague de restructuration (*reengenering*) et de délocalisation des activités (le « management interculturel » est d'ailleurs censé permettre l'adaptation aux traditions locales). Par ailleurs, la *corporate governance* (reprise en main des entreprises par les actionnaires) va imposer des exigences de rentabilité qui supposent des coupes sombres dans le personnel (*downsizing*).

A la fin des années 90, avec le boom d'Internet, l'essor apparent de l'économie de l'information et de l'économie en réseaux, la pensée managériale se tourne vers un autre modèle : le *knowledge management* (5). Dans une société qui voit monter en flèche le nombre de *« knowledge workshop »* (l'expression est de P. Drucker), la « gestion du savoir » semble être devenue centrale. L'innovation technologique, la veille commerciale (*benchmarking*) et la gestion des compétences apparaissent alors comme le cœur de la réussite.

Une idéologie managériale ?

Empowerment, *benchmarking*, *reengenering*, *knowledge management*, *coaching*, etc., la succession des modes managériales peut prêter à sourire. Chaque décennie, chaque année, chaque saison même, de nouveaux modèles managériaux surgissent avec leur slogan, leur gourou, leur best-seller, leurs stages et leurs conseils chèrement payés.

On peut voir la culture managériale comme une forme de propagande chargée de cacher les vices du pouvoir, de manipuler le personnel ou même de répondre aux angoisses de dirigeants en mal de modèle de conduite (6).

On peut le voir aussi comme un révélateur des changements réels qui affectent les organisations. Comme tout

4. *L'Entreprise du troisième type*, Seuil, 1984.
5. Voir les mots clés en fin d'ouvrage.
6. M. Villette, *L'Homme qui croyait au management*, Seuil, 1988.

organisme vivant, l'entreprise est un petit univers complexe qui génère en permanence de nouveaux problèmes et de nouvelles solutions.

Bibliographie

- J. Allouche (dir.), *Encyclopédie des ressources humaines*, Vuibert, 2003.
- H. Mintzberg, *Le Management : voyage au centre des organisations*, Ed. d'organisation, 2004 [1989].
- R.-A. Thiétart, *Le Management*, Puf, « Que sais-je ? », 2003 [1988].
- M. Weill, *Le Management : la pensée, les concepts, les faits*, Armand Colin, 1994.

Selon Henry Mintzberg, l'un des papes du management et un tenant du pluralisme managérial, il n'y a pas de solution optimale et unique aux problèmes d'organisation (7). L'espoir est sans doute vain de trouver un jour une méthode idéale et définitive pour diriger les organisations (le fameux *best one way*).

7. Voir notamment « On ne parle que du changement et presque jamais de stabilité », Entretien avec H. Mintzberg, dans la partie IV de cet ouvrage.

Jean-Michel Saussois[*]

COORDONNER, COOPÉRER, ADHÉRER[**]

LES ENJEUX DU MANAGEMENT

Qu'est-ce que le management? Des pratiques formalisées, qui concernent trois types de problèmes au sein d'une organisation : la coordination des activités, la coopération entre les membres de cette organisation et, enfin, l'adhésion à la culture de l'entreprise.

MANAGEMENT, voici un mot au destin étrange : français d'origine, il est exporté aux Etats-Unis puis réimporté dans les années 50. En donner une définition n'est pas chose facile aujourd'hui. Le mot est usé à force de servir. Sa portée diffère selon que l'on se place du point de vue du micro-manager (celui qui fait tourner «la boutique» au quotidien, au milieu de son équipe) ou du macro-manager (celui qui essaie de voir loin, surplombant l'organisation). Une façon de sortir de cette impasse est de comprendre le management comme une formalisation de pratiques sous la forme d'énoncés pragmatiques. En l'absence de théorie du management, ces énoncés ne prennent leur sens que dans une perspective historique, c'est-à-dire à la lumière des problèmes qui se posent concrètement aux entreprises au fur et à mesure de leur transformation. Ces problèmes peuvent se classer en trois groupes : 1) les problèmes relevant de la coordination des activités; 2) les problèmes relevant de la coopération; 3) les problèmes relevant de l'adhésion pour produire la performance. A ces problèmes, les discours managériaux répondent selon des niveaux d'analyse différents : les uns mettant l'accent plutôt sur l'organisation, les autres sur le manager et sur le leadership ou sur la culture organisationnelle.

---

* Professeur à l'Ecole supérieure de commerce de Paris (ESCP). Auteur de nombreux articles et ouvrages. A publié notamment : *Itinéraire d'un sociologue au travail*, L'Harmattan, 2001.

** *Sciences Humaines*, hors série n° 20, mars/avril 1998.

Comment coordonner les activités

Les problèmes relatifs aux modes d'articulation des activités les unes par rapport aux autres renvoient à la traduction française de «management». Tous les étudiants américains qui ont suivi un MBA ont encore en mémoire l'expression POSCORB, moyen mnémotechnique pour *planning, organizing, staffing, directing, coordinating, reporting, budgeting* (1). Cette séquence renvoie aux fonctions de base du management, décrites dès le début de ce siècle par le Français Henri Fayol, au moyen d'une succession de verbes : administrer c'est prévoir, planifier, organiser, commander, coordonner et contrôler (2). Vaste programme !

C'est Peter Drucker qui a le premier clairement énoncé aux Etats-Unis le principe de direction par objectif comme méthode de coordination des activités. C'était dans les années 50. En France, cette méthode sera introduite dans les années 60, avec beaucoup de difficulté sous la houlette d'Octave Gélinier – qui ajoutera la dimension participative à la direction par objectif (DPPO) de façon à «lubrifier» les emboîtements hiérarchiques. Si les entreprises françaises ont fait leur ce sigle, elles n'en ont pas mesuré toutes les implications.

La gestion par objectif, s'appuyant sur une méthodologie complexe, a des effets structurants sur les activités, notamment des cadres opérationnels. Cette technique a l'effet des tests acides pour les lignes hiérarchiques qui seront les premières à parler de «gadgets» pour mieux les dénoncer et ne pas les appliquer. Les réticences portent sur la difficulté à définir les objectifs, à mesurer les résultats par rapport à ces mêmes objectifs, et sur l'incapacité d'engager des moyens suffisants pour «tenir» les objectifs. Résultat : la direction par objectif ne fut jamais que partiellement appliquée dans les entreprises françaises.

Depuis, d'autres techniques de coordination ont vu le jour telles que le *Reengineering* (3) ou la méthode dite ABC (*Activity Based Costing*). Apparues dans les années 80, ces deux méthodes s'inscrivent dans le droit fil des analyses de Peter Drucker (4). Il s'agit d'énoncer des principes qui visent à recueillir et analyser des informations qui reflètent les processus, plutôt que les découpages fonctionnels. Par processus, il faut comprendre une activité transversale, c'est-à-dire une activité qui met en jeu plusieurs fonctions, ayant un début et une fin, dont le coût peut être chiffré et à laquelle une responsabilité peut être attribuée. Dans cette perspective, on analysera, par exemple, le lancement d'un produit nouveau, de la naissance de l'idée

1. Planifier, organiser, pourvoir (en personnel), diriger, coordonner, rendre compte, budgéter.

2. H. Fayol, directeur général des mines de Commentry et auteur de *L'Administration générale et industrielle, prévoyance, organisation, commandement, coordination, contrôle* (1916), est considéré aux Etats-Unis comme l'un des fondateurs du management; Voir J.-M. Saussois, «Henri Fayol ou l'invention du directeur général salarié», dans J.-P. Bouilloud et B. Lécuyer, *L'Invention de la gestion*, L'Harmattan, 1991.

3. J. Champy, *Reengineering du management*, Dunod, 1995.

4. Reconnu comme le penseur contemporain du management, P. Drucker a écrit des dizaines de livres et des centaines d'articles sur le management, notamment *La Pratique de la direction des entreprises*, Editions d'Organisation, 1957.

à sa mise sur le marché. Après la pensée par objectif, on assiste donc à la pensée par « processus », autre mécanisme puissant de coordination. Là encore, le nombre de séminaires sur ces techniques est impressionnant. Cependant, leur mise en place est aussi difficile que pour la DPO ; la structure fonctionnelle de l'entreprise est souvent évoquée pour expliquer le rejet. Mais ce dernier s'explique aussi par la crainte des cadres d'être pris dans une dynamique de « dégraissage », de raccourcissement des lignes hiérarchiques, des réductions de frais généraux.

La tentation de réagir sur le thème « plus ça change et plus c'est la même chose » est grande. On parlera de gadgets pour consultants, de modes managériales pour disqualifier ces techniques de coordination. Ce ne sont, en fait, que des techniques qui laissent de côté une question essentielle pour le management : la question de la coopération. Dit autrement, il s'agit de s'interroger sur le comment faire pour « ménager » les uns et les autres afin que les choses se fassent.

Comment assurer la coopération

Dans les années 50, on aurait parlé de l'entraînement des hommes ou des problèmes de commandement ou de leadership. Le management devient alors une affaire de style. Dans les années 60, des styles de management seront proposés dans les séminaires pour cadres à la suite des travaux de Robert Blake et Jane Mouton (5). Les managers pourront par le biais de QCM s'autodiagnostiquer et autocorriger leur style. On parle de manager efficace, du manager sûr de lui, du manager minute, ou encore du manager paradoxal.

Ces méthodes à visée introspective vont être la caractéristique des années 80. Elles visent à intérioriser l'efficacité au niveau de l'individu. L'expression « manager » devient ambiguë : il y a le manager avec un « m » et le manager avec un « M », mais le point commun reste cette volonté de faire en sorte que les choses soient faites par des personnes responsables dans leur travail. Aussi, les années 80 voient-elles fleurir des énoncés sur la responsabilisation de la base construite sur le principe de la subsidiarité. On parlera d'*Empowerment* pour désigner ce management consistant à faire confiance *a priori* pour favoriser la coopération entre les niveaux hiérarchiques. La confiance doit se substituer au contrôle. Les nouveaux énoncés de management font également l'éloge de l'incertitude et du paradoxe allant de pair avec la capacité de prendre des initiatives et « d'assurer ». Apparemment nouveau, ce concept d'*Empowerment* est déjà présent dans les écrits publiés au début du siècle par Mary Parker Follet, qui parlait alors de « pouvoir coactif » pour désigner la capacité de faire les choses en commun.

Considérées comme radicales à l'époque, les idées de Mary Parker Follet sont réaménagées aujourd'hui au moment où des dirigeants cherchent *« à donner à chacun le pouvoir d'agir*

5. *The Managerial Grid III*, Gulf, 1985.

pour aider l'entreprise à atteindre ses résultats». Cette recherche de la coopération est une constante des techniques de management qui visent toutes à «embarquer» des personnes dans le même bateau. Ce problème devient d'autant plus aigu aujourd'hui que le manque de courant ne corrige plus la mésentente des rameurs pour adhérer à un objectif commun. Tout le monde tire à hue et à dia, d'où une série d'énoncés visant à produire de l'adhésion. Ici, il s'agit moins de techniques que de discours «performatifs», d'exhortations d'autant mieux reçues que les émetteurs énoncent avec conviction leur message. Le prêche devient une forme de communication à la fois séduisante et repoussée.

Comment obtenir l'adhésion du personnel

Les problèmes relatifs à l'adhésion du personnel dominent la littérature managériale dans les années 80. De nombreux livres paraissent ainsi sur le «management par les valeurs» et sur «la culture d'entreprise». De quoi s'agit-il? De dire simplement que l'efficacité d'une entreprise passe par le partage des valeurs entre ses membres sur ce que doit être l'entreprise dans le futur, ce qui est important et ce qui ne l'est pas, ce qui est bien et ce qui est mal. On le voit, les énoncés rentrent dans le *no man's land* des valeurs. Incontestablement, la publication de *In Search of Excellence* (6) assure un succès sans équivalent à la valeur de l'excellence. Ecrit par des consultants, anciens de Mc Kinsey (Peters, Waterman), ce livre de 350 pages paru en 1982 eut un succès phénoménal aux Etats-Unis: cinq millions de copies vendues en un an et demi. En France, le livre traduit dès 1983 reçut un accueil enthousiaste (300000 exemplaires) de la part des dirigeants, certains en achetant par centaines à leurs collaborateurs, avec la consigne de les utiliser comme bibles pour l'action. Les conclusions portent sur l'étude de 43 entreprises «excellentes», c'est-à-dire des entreprises qui ont su démontrer, sur la base de six critères financiers, leur supériorité sur leurs concurrents et cela pendant une période de vingt ans. Les attributs de l'excellence reposent, eux, sur huit principes: 1) prendre le parti de l'action; 2) rester à l'écoute du client; 3) favoriser l'autonomie et l'esprit novateur; 4) asseoir la productivité sur la motivation du personnel; 5) mobiliser autour d'une valeur clef; 6) s'en tenir à ce que l'on sait faire; 7) préserver une structure simple et légère; 8) allier souplesse et rigueur.
Le succès de ce livre devait cependant tourner court. Cinq ans après la publication du livre, les deux tiers des entreprises qualifiées d'excellentes ne l'étaient plus. Certaines (Atari, Avon, Revlon) étaient même en sérieuse difficulté. Richard Tanner Pascale, professeur à Stanford (7), fait remarquer qu'il est aussi difficile de cerner les attributs du succès des entreprises dans un secteur économique, que de cerner les attributs des personnes restées en bonne santé durant la peste bubo-

6. T.J. Peters et R.H. Waterman, *Le Prix de l'excellence* (1982), Dunod, 2004.
7. R. Tanner Pascale (1990), *Les Risques de l'excellence*, InterEditions, 1991.

nique du Moyen Age ! Pas plus que la description des attributs des personnes en bonne santé ne permet de fournir immédiatement une leçon sur l'art et la manière de rester bien portant, la description des entreprises en bonne santé économique à un moment donné ne nous renseigne sur l'excellence.

Comment expliquer alors le succès des énoncés sur l'excellence malgré cette critique méthodologique de bon sens ? Des chercheurs comme Alain Eraly (8) souligneront la dimension performative de ce discours, fondé sur le parti pris de l'action et l'écoute. Un tel discours venait à point nommé pour les cadres des grandes entreprises contraintes à d'importantes restructurations : c'est en effet aux cadres que revenait la tâche de justifier celles-ci auprès de « la base ». Dans un monde de plus en plus gagné par une rationalité économique et technique, les discours sur l'excellence avaient au moins le mérite de rappeler que les employés étaient des personnes avant d'être du personnel à gérer.

D'autres analyses comme celle de Nicole Aubert et Vincent de Gaulejac se sont attachées à mesurer les effets négatifs de ces mêmes discours en mesurant leur coût psychologique pour les cadres eux-mêmes, de plus en plus sollicités et gagnés par le stress (9).

Et si les énoncés sur l'excellence participaient à la remise en cause de la rationalité comme source d'efficacité ? C'est la thèse que se dégage de l'analyse de Patrice Bonarelli. Après un long travail d'immersion dans l'entreprise, ce dernier a constaté la capacité de résistance des cadres face à l'adoption de démarches rationnelles exposées dans les livres de gestion et leur engouement pour la simplicité des principes de l'excellence (10). Il en conclut que les décisions culturelles, c'est-à-dire encastrées dans la culture de l'entreprise, sont préférées aux décisions rationnelles. Ce qui ne veut pas dire que les décisions se prennent sans réfléchir ; seulement, on ne fera pas de longs calculs pour savoir, par exemple, s'il vaut mieux acheter et entretenir des voitures ou les louer. Il est « évident » que le temps passé à se poser cette question n'a pas de sens eu égard aux activités considérées comme vitales pour l'entreprise ; louer des voitures est de l'ordre de l'évidence partagée et cela en dépit des chiffres apportés par le chercheur qui montrera le contraire sur le plan économique. Les conséquences de la décision étant considérées comme sans enjeu, on ne perdra pas de temps à réfléchir dessus. Les managers ayant tendance à considérer que l'intérêt des acteurs de l'entreprise se porte ailleurs, sur les produits, les marchés, la technologie, ils chercheront donc la mobilisation et non la motivation individuelle.

Depuis, la tendance semble s'être renversée. Les années 90 voient plutôt retomber les discours flamboyants sur le management par les valeurs « communautaires » et l'on assiste plutôt à un retour aux valeurs individuelles.

8. A. Eraly, *L'Idéologie dans le discours managérial*, Université de Bruxelles, texte non publié.
9. N. Aubert et V. de Gaulejac, *Le Coût de l'excellence*, Seuil, 1991.
10. P. Bonarelli, *La Réflexion est-elle rentable ? De la décision en univers turbulent*, L'Harmattan, coll. « Logique de gestion », 1994.

La culture d'entreprise tend à disparaître des séminaires et des livres de gestion pour faire place aux discours exhortant la «prise en charge individuelle» par la contractualisation des rapports entre l'individu et l'entreprise. Par un retour de balancier, la chaleur des rapports humains, que l'on trouve dans la solidarité mécanique inhérente à la culture de l'entreprise, se substitue à la froideur du lien juridique engageant l'individu et l'entreprise. L'entreprise, comme nœud de contrat, cherche moins la fidélité aux valeurs que la prestation d'une compétence. Une compétence qui s'achète et se vend à tout moment sur un marché. *«Soyez votre propre manager»*, semblent dire ces nouveaux discours, *«oubliez ces discours trop protecteurs vous menant sur de fausses espérances»*. L'entreprise ne procure plus l'emploi mais assure l'employabilité, c'est-à-dire la capacité pour un individu de se maintenir en permanence sur le marché du travail, toujours en alerte pour maintenir ses connaissances à niveau. On le voit, cette suite d'énoncés a de quoi donner le tournis. Des cadres, pas forcément désabusés, s'en amusent : *«Au cours de ces derniers mois, on nous a dit que le profit était plus important que le chiffre d'affaires, que la qualité était plus importante que le profit, que les gens étaient plus importants que le profit, que les clients étaient plus importants que les employés, que les gros clients étaient plus importants que les petits clients, que la croissance était le facteur expliquant notre succès ; pas étonnant que nous allions si mal !»* Finalement, le retour aux valeurs sûres que sont les pères fondateurs du management (H. Fayol, M.P. Follett pour le début du siècle, C. Barnard, P. Drucker pour l'après-guerre) demeure la seule attitude réaliste pour résister à cette tourmente des idées. Ce n'est pas une tentative de fuite vers le passé mais un simple souci de « calmer le jeu » afin de retrouver des repères robustes.

MICHEL BAUER*

PME : UN PATRONAT AUX TROIS VISAGES**

Profit, pouvoir, famille, pour le patron de PME, il n'y a pas que la seule logique économique qui compte. Les décisions du dirigeant sont également guidées par la logique du pouvoir et de la famille. Trois logiques parfois contradictoires.

MOINS de 0,1 % des entreprises françaises ont plus de 500 salariés, plus de 99 % des entreprises ont donc moins de 500 salariés ! (1) Et pourtant la plupart des représentations qui structurent les discours sur l'entreprise, *a fortiori* s'il s'agit de discours savants, ont été forgées à partir d'analyses portant sur le fonctionnement des grandes entreprises.

Même quand ils parlent de PME, les économistes et les sociologues tout comme les responsables économiques et politiques du pays pensent en fait «grande entreprise». La PME est donc implicitement décrite comme «une grande entreprise en réduction» et/ou comme «une grande entreprise en puissance», c'est-à-dire comme une grande entreprise qui du fait d'une taille réduite n'a pas «encore» tous les attributs de l'entreprise.

Lorsqu'ils doivent préciser les traits singuliers des PME, les auteurs reprennent souvent les caractéristiques utilisées pour décrire la grande entreprise, se contentant d'y ajouter l'adjectif «faible» : faible taille, faible degré de structuration organisationnelle, faible degré de formalisation des règles et procédures, etc.

Et pourtant, s'il est vrai que les grandes

* Directeur de recherche au CNRS, cofondateur avec B. Bertin-Mourot de l'Observatoire des dirigeants, auteur de *Les Patrons de PME entre le pouvoir, l'entreprise et la famille*, InterEditions, 1993 ; *Radioscopie des grands patrons français* (avec B. Bertin-Mourot), L'Harmattan, 1997.

** *Sciences Humaines*, n° 48, mars 1995.

1. 92,4 % des 2,5 millions d'entreprises françaises ont moins de 10 salariés. La moitié n'a pas de salariés ; 7,2 % ont entre 10 et 99 salariés ; 0,6 %, entre 100 et 499.

entreprises sont des PME qui ont grandi (par croissance interne et/ou externe), on peut montrer empiriquement que l'inverse est faux : les PME ne sont pas des grandes entreprises en puissance ni même en réduction.

D'ailleurs un consensus s'est fait jour parmi les chercheurs pour affirmer la singularité des PME, pour briser cette unité conceptuelle qui s'était peu à peu créée, autour d'une supposée «logique d'entreprise», entre les grandes entreprises et les PME, et donc pour déconstruire cette catégorie de la pratique courante qui a nom «entreprise» et qui fonde cette représentation unifiée.

Les économistes comme les sociologues sont de plus en plus nombreux à travailler sur les PME en reconnaissant que la taille n'est pas le seul déterminant de la complexité, et qu'une taille réduite ne signifie donc pas simplicité (2). Ils tentent ainsi de rompre avec la conception évolutionniste de l'entreprise, encore dominante au cours des années 80, et ont pour projet l'élaboration d'un corps théorique original pouvant rendre compte tout à la fois de la singularité et de la diversité de ces objets particuliers que sont les PME.

Mais il y a encore loin de ce projet à la réalité. Parce que la plupart des travaux sur l'entreprise ont, au cours de ces trente dernières années, porté sur la grande entreprise, parce que la PME a été «la grande oubliée de l'économie industrielle» et de la sociologie, on manque encore cruellement d'analyses et *a fortiori* de théories permettant de comprendre les logiques singulières à l'œuvre dans ces organisations particulières (3). Ces analyses font d'autant plus défaut que les PME jouent un rôle croissant dans toutes les économies occidentales. Au plan de l'emploi, ce rôle croissant est évident puisque les PME ont été les seules organisations dont la contribution à l'emploi a été positive au cours des dernières années ; mais ce rôle se vérifie également en termes de chiffres d'affaires, de valeur ajoutée, et même d'exportation. Ce phénomène économique majeur, qu'il traduise le dynamisme propre de ces firmes, célébré par Schumacher autour de la formule *«small is beautiful»* et/ou des contre-performances des grandes entreprises ou même leurs décisions d'externaliser certaines de leurs activités, manifeste l'irruption, dans nos économies développées, d'un secteur socio-économique essentiel et original (4) mais encore largement méconnu.

Nos travaux sur les patrons de PME doivent être considérés comme une contribution à cette recherche collective qui vise une meilleure appréhension de la singularité des PME et une meilleure compréhension de leur logique de fonctionnement et de leur mode de gouvernement. Et cette tentative apparaît d'autant plus légitime que les patrons de PME, des plus traditionnelles comme des plus dynamiques, et conformément au modèle de l'entrepreneur schumpétérien, pèsent d'un

2. Voir notamment F. Piotet et R. Sainsaulieu, *Méthodes pour une sociologie de l'entreprise*, Fondation nationale des sciences politiques, 1994.

3. On trouvera néanmoins un excellent compte rendu des principales recherches sur les PME dans P.-A. Julien (dir.), *Les PME : bilan et perspectives*, Economica, 1994.

4. J. Rocher-Machart, *Réussir nos PME*, Dunod, 1991 ; D. Taddéi et B. Coriat, *Made in France. L'industrie française dans la compétition mondiale*, Livre de Poche, 1993.

poids considérable sur leur firme, sur le contenu de leurs activités, et de leurs stratégies, comme sur leur organisation et leur fonctionnement.

Les très nombreuses « radiographies » de patrons de PME que nous avons effectuées nous permettent d'affirmer qu'au sommet de son entreprise, même pour des décisions cruciales, même quand il ne se l'avoue pas immédiatement, un patron de PME, loin de fonctionner avec la seule rationalité économique, obéit aussi à d'autres logiques et notamment à des logiques politico-familiales.

On explicitera ici la nature, le mode d'expression et l'importance de ces différentes logiques d'action autour d'une loi fondamentale, de ses corollaires et de onze propositions (5).

1 – La loi fondamentale : « Au nom du Père, du Fils et de l'Entreprise »

Nous avons pu montrer qu'un patron de PME agit selon une triple logique : une logique économique, une logique politique et une logique familiale. Cette loi fondamentale permet de caractériser son activité professionnelle, c'est-à-dire l'ensemble des décisions qu'il prend dans sa firme comme produit d'une triple rationalité.

• Une rationalité économique : le patron d'une PME fonctionne comme un *Homo œconomicus* intéressé par les résultats de son entreprise et les profits qu'elle dégage.

• Une rationalité politique : le patron d'une PME fonctionne comme un *Homo politicus* qui, comme tous les hommes politiques, cherche à consolider son pouvoir ou au moins à le conserver.

• Une rationalité familiale : le patron d'une PME fonctionne comme *Pater familias* qui, comme bon nombre de pères de famille, tente d'aider, à sa façon, ses enfants.

Deux corollaires permettent de préciser cette loi fondamentale :

– corollaire n° 1 : pour caractériser un dirigeant de PME, comme pour rendre compte de son action de patron, on ne peut éviter d'évaluer la taille relative de chacune de ses trois têtes. Cette caractérisation qui évolue souvent dans le temps s'avère très utile pour retracer l'histoire d'un chef d'entreprise ;

– corollaire n° 2 : les décisions d'un patron de PME expriment une combinaison négociée des projets inspirés par chacune de ces trois têtes. Si ceux-ci sont trop divergents, il arrive que le dirigeant, tiraillé entre des projets contradictoires, préfère attendre : ses non-décisions résultent ainsi souvent de tensions et de conflits entre ses trois têtes.

L'intérêt de ces conclusions de recherche s'apprécie à leur capacité à rendre compte du comportement des patrons de PME, de leurs décisions de leurs hésitations et même de leur inaction ; nombre de leurs faits et gestes qui à première vue apparaissent bizarres, voire « irrationnels » deviennent ainsi parfaitement compréhensibles.

Cette loi fondamentale se vérifie dans de nombreuses décisions quotidiennes ; mais elle fonctionne aussi pour les options stratégiques qui engagent durablement l'entreprise : les décisions d'investissement et de diversification,

5. Ces lois et ces propositions sont illustrées et explicitées dans M. Bauer, *Les Patrons de PME entre le pouvoir, l'entreprise et la famille*, InterEditions, 1993.

les programmes de restructuration et de réorganisation et évidemment les actions de transmission.

2 – «Au nom de l'entreprise» : le poids et la nature des rationalités économiques

Trois propositions permettent de préciser le poids réel des préoccupations économiques des patrons de PME et de cerner la nature de leurs différentes rationalités économiques.

Proposition *Homo œconomicus* n° 1 : dans l'univers des PME, il n'y a qu'une seule rationalité légitime : la rationalité économique. Bien qu'un dirigeant de PME ne soit que très rarement l'incarnation d'un seul projet économique et de la compétence nécessaire pour le réaliser, le discours non économique apparaît comme un véritable tabou au sommet des PME. Cette règle du «parler seulement économique», bien que non écrite, est scrupuleusement observée; elle explique les décalages souvent considérables entre le discours et la réalité, entre logique d'action légitime et logique d'action à l'œuvre.

Proposition *Homo œconomicus* n° 2 : il existe une grande variété de rationalités économiques. Pour dessiner les traits de l'*Homo œconomicus* d'un patron de PME, il ne suffit donc pas de mesurer l'intensité de ses préoccupations économiques, il est indispensable de savoir selon quelles orientations économiques il dirige sa firme. Cette précision doit porter notamment sur les deux dimensions structurantes de l'action économique d'un patron de PME : la dimension entrepreneuriale et la dimension patrimoniale (6).

Proposition *Homo œconomicus* n° 3 : les préoccupations entrepreneuriales et patrimoniales d'un patron de PME ne sont pas exclusives l'une de l'autre. Il est donc possible de croiser les deux dimensions entrepreneuriales et patrimoniales de l'action économique des dirigeants d'entreprise, ce qui permet de dégager quatre figures très contrastées d'*Homo œconomicus*, patron de PME.

3 – «Au nom du Père» : le poids et la nature des rationalités politiques

Quatre propositions vérifiées dans la majorité des PME expriment clairement que les patrons de PME ne fonctionnent pas seulement selon une rationalité économique mais aussi selon une rationalité politique.

Proposition *Homo politicus* n° 1 : l'importance des préoccupations politiques des patrons de PME se manifeste notamment dans le décalage qui existe entre une forte préoccupation autour de la question de la pérennité de leur firme et, d'autre part, une extrême difficulté à préparer leur transmission. Cette opération qui met en cause leur existence de patron est d'autant plus difficile à réaliser en douceur qu'ils se sont constitué leur existence de patron autour d'une défense systématique de leur monopole d'autorité légitime.

Proposition *Homo politicus* n° 2 : les dirigeants de PME évitent d'avoir à leur côté un dauphin; tout au plus acceptent-ils un «héritier-de-la-famille» mais en le maintenant dans une condition «d'héritier-qui-attend-passivement», c'est-à-dire en prenant garde qu'il ne

6. On retrouve ici les distinctions de J. Bunel et J. Saglio, pionniers en France dans l'étude des patrons de PME : *La Société des patrons*. Laboratoire économie et humanisme, Rapport Cordes, 1976.

se mue pas en « dauphin » pressé de prendre le pouvoir.

Proposition *Homo politicus* n° 3 : les patrons de PME sont particulièrement réticents à partager l'exercice de leur pouvoir. Ils veillent à ce que leur autorité ne puisse être mise en cause par des hommes trop remarquables. Ils hésitent à accueillir de la matière grise fabriquée hors de leur entreprise et ont souvent une préférence marquée pour des équipes de direction composée… d'une seule personne.

Proposition *Homo politicus* n° 4 : les chefs d'entreprise éprouvent beaucoup de difficultés à arrêter de travailler à un âge qui, pour l'ensemble des salariés, correspond à celui de la retraite. Ils ont plutôt tendance à s'accrocher à leur pouvoir et à conserver aussi longtemps que possible les prérogatives constitutives de leur identité sociale.

4 – « Au nom du Fils » : le poids de la nature des préoccupations familiales

Alors que l'économiste, le sociologue et même le langage courant désignent souvent les PME comme des « entreprises familiales », rares sont ceux qui ont pris au sérieux cette caractéristique singulière de ces unités socio-économiques ; rares sont ceux qui ont intégré dans l'analyse du fonctionnement et du développement de ces firmes cette dimension familiale. Et pourtant, l'entreprise est souvent une réalité familiale avant d'être une réalité économique. On illustrera ici cette thèse délibérément brutale autour de quatre propositions.

Proposition *Pater Familias* n° 1 : les caractéristiques familiales pèsent d'autant plus sur le fonctionnement d'une entreprise que la différenciation entreprise/famille est inachevée. Cette différenciation doit se lire sur les dimensions du nom de l'entreprise sur sa localisation géographique, son histoire, la détention de son capital, l'origine de ses dirigeants, et des rapports que l'éventuelle descendance du chef d'entreprise entretient avec la firme.

Proposition *Pater Familias* n° 2 : les patrons de PME s'inspirent souvent des structures familiales pour définir la structure de leur firme : lorsque plusieurs membres de la famille travaillent dans une PME, il existe souvent une assez forte homologie entre structure familiale et statut dans l'entreprise ; la hiérarchie des générations comme celle de l'âge, du sexe et du degré de parenté avec le père fondateur est le plus souvent strictement respectée, et les éventuels conflits qui traversent la famille n'épargnent pas l'entreprise.

Proposition *Pater Familias* n° 3 : les préoccupations familiales pèsent de manière d'autant moins avouables sur les décisions d'un chef d'entreprise qu'elles expriment souvent simultanément deux conceptions contradictoires de la famille : une conception aristocratique génératrice d'un rêve dynastique supposé garantir au dirigeant l'immortalité et une conception plus bourgeoise génératrice d'une dévolution égalitariste du patrimoine familial.

Proposition *Pater Familias* n° 4 : les patrons rêvent souvent de construire une véritable dynastie, ce qu'exprimait avec beaucoup de justesse l'ancien président du CNPF, Yvon Gattaz : « *Les chefs d'entreprise se répartissent en deux catégories : ceux qui pensent que le génie est héréditaire… et ceux qui n'ont pas d'enfant.»* Néanmoins, du point de vue patrimonial, le dirigeant de PME en France ne se distingue guère des autres Français : spontanément il fonctionne plutôt conformément aux lois bourgeoises issues de la Révolution et souhaite donc laisser son bien en parts égales à ses enfants.

Expliciter cette triple logique et réhabiliter les logiques souterraines

Cette prise en compte explicite des logiques d'action économiques, politiques et familiales, permet de construire des typologies exprimant la grande diversité des patrons de PME et de leur firme, des situations au sommet des PME comme des actions qui y sont menées.

Caractériser un patron de PME par la taille relative de chacune de ses trois têtes conduit à imaginer un nombre infini d'éventualités, situées toutes dans un espace à trois dimensions. Pour cerner les traits essentiels d'un patron de PME, il faut donc d'abord le situer dans cet espace à trois dimensions ; et ce n'est que dans un deuxième temps qu'il convient d'affiner l'analyse et de dessiner plus précisément les traits de ses têtes les plus développées. Le rôle joué par les patrons dans la construction de leur entreprise explique qu'il soit possible de fonder une typologie de PME à partir de celle des patrons de PME, même si proximité ne signifie pas identité, et s'il est donc absurde de confondre analytiquement une entreprise (fût-ce une PME) et son patron.

La richesse de cette typologie d'entreprises s'apprécie au fait qu'elle permet de casser l'uniformisation trop fréquente des représentations de l'entreprise familiale et de rompre avec les analyses qui ne distinguent les firmes qu'en fonction de leur taille, de leur secteur, de leur forme juridique, de leur forme organisationnelle et de leur résultat comptable.

Grâce à l'explication des logiques souterraines politiques et familiales, on quitte les modèles microéconomiques et les analyses de la bureaucratie, on ne raisonne plus sur des firmes théoriques mais sur des entreprises réelles.

Et cette explicitation des logiques souterraines jette une nouvelle lumière sur les politiques publiques vis-à-vis des PME, trop souvent construites autour de l'hypothèse que le chef d'entreprise n'est qu'un *Homo œconomicus* et que celui-ci n'a de surcroît que des préoccupations familiales, soit une double réduction de la rationalité des patrons de PME.

Travailler avec les PME suppose de reconnaître la complexité des rationalités de leurs dirigeants, c'est-à-dire de respecter la loi fondamentale. Ce qui vaut pour les pouvoirs publics vaut *a fortiori* pour les chefs d'entreprise et pour leurs conseils : ils doivent apprendre à briser le tabou des logiques politiques et familiales, à remettre en cause le monopole de légitimité de la rationalité économique, et à travailler simultanément sur les trois dynamiques – économiques, politiques et familiales – qu'ils savent inextricablement liées.

Philippe Cabin*

LES TECHNIQUES DE L'AIDE À LA DÉCISION**

Eclairer et guider les choix est devenu l'objet d'une véritable science, qui bénéficie des apports des mathématiques, de l'informatique, comme des sciences humaines. Des méthodes dites « multicritères » ont été conçues pour conduire des systèmes complexes comme la gestion d'un réseau de transport.

L'ORGANISATION d'une chaîne de montage d'automobiles, la régulation du trafic du métro, l'affectation des emplois du temps du personnel : autant de situations dans lesquelles la prise de décision doit intégrer une quantité énorme d'informations, et de critères plus ou moins mesurables.

Afin de se munir de points de repère, les gestionnaires utilisent des outils intégrant des modèles mathématiques, des calculs économiques et statistiques, des hypothèses de comportement humain. Ces outils sont de plus en plus souvent traduits sous forme de logiciels. On désigne ces ensembles par le terme d'« outils d'aide à la décision ». Ils s'appuient sur les sciences de l'aide à la décision, qui rassemblent les apports des mathématiques, des sciences de la gestion et des sciences économiques, de l'informatique et des sciences humaines (sociologie, psychologie cognitive, linguistique).

La recherche opérationnelle

L'idée de s'appuyer sur une démarche scientifique pour éclairer et guider les choix humains n'est pas nouvelle. Pascal, Condorcet, Leibniz, Comte ont cherché à prendre appui sur la science pour conceptualiser les problèmes de décision. Mais c'est avec la Seconde Guerre mondiale qu'est apparue une mise en œuvre vraiment opérationnelle. Les militaires des

* Journaliste scientifique au magazine *Sciences Humaines*.

** *Sciences Humaines*, n° 35, janvier 1994.

forces alliées ont construit et utilisé des modèles pour mener leurs opérations. Ainsi est né le courant dit de la « Recherche opérationnelle » : les organismes d'études se sont alors multipliés, les entreprises et les administrations se sont dotées de services d'aide à la décision. La recherche opérationnelle a connu un réel engouement dans les années 50-60, puis un certain nombre de désillusions qui n'ont pas empêché le déploiement d'un vaste ensemble de théories et de méthodes : programmation linéaire, théorie des graphes, méthodes multicritères, etc.
Le développement de l'informatique a contribué à une application de plus en plus large de ces méthodes : par les progrès des performances des machines permettant le traitement de masses toujours plus grandes de données et des potentialités de calcul considérables ; et par la mise au point de systèmes informatiques permettant de soutenir le décideur, voire de conduire certaines parties du processus de décision : ce sont les systèmes experts et les systèmes interactifs d'aide à la décision (SIAD). Les développements de l'aide à la décision s'articulent autour de trois notions fondamentales (1).
La première est celle d'information. Celle-ci n'est jamais offerte, il faut la chercher, la recueillir, la mettre en ordre, la traiter, l'agréger. Si des choix se sont révélés erronés, c'est souvent à cause d'une information insuffisante ou non pertinente.
La deuxième notion fédératrice est celle de modèle : un modèle est une représentation formelle et simplifiée, mais pertinente au regard des objectifs poursuivis, de l'objet et de la situation en relation avec la décision étudiée. Les modèles prennent le plus souvent la forme d'un ensemble d'équations mathématiques, de relations ou de représentations graphiques : ils servent à la simulation, à l'investigation et à la comparaison des solutions.
Troisième notion : la rationalité. Celle-ci n'est jamais totale, mais accueille la complexité et procède par essais et erreurs. C'est en ce sens qu'il faut comprendre l'intérêt des méthodes heuristiques : elles prennent en compte à chaque pas les résultats précédents. Elles se fondent sur la notion d'apprentissage, et trouvent leur place dans les applications de l'intelligence artificielle.

Prévoir, évaluer, comparer

Les méthodes multicritères d'aide à la décision sont nées d'une interrogation : comment prendre en compte les divers critères pertinents, souvent conflictuels, existant dans telle situation de décision, comment les agréger sans les ramener à une moyenne de données et d'unités de natures différentes ? La difficulté principale consiste à prendre en compte correctement des effets mal connus, difficilement mesurables, par exemple la nuisance sonore d'une usine et ses conséquences sur la santé et la « qualité de la vie » des riverains.
Les modèles mathématiques et statistiques sont mis en application à travers

1. L. Mehl, « Aperçu historique des différentes techniques d'aide à la décision », dans D. Bourcier, J.-P. Costa, *L'Administration et les nouveaux outils d'aide à la décision*, STH, 1992.

les techniques quantitatives de gestion (2). Certaines techniques font appel aux statistiques descriptives et aux représentations graphiques. Elles s'appuient souvent sur des outils informatiques tels que les tableurs ou les logiciels exploiteurs de données statistiques permettant de représenter graphiquement l'état d'un marché. Il existe aussi des méthodes de prévision : techniques de lissage, régression linéaire, estimation de coefficients saisonniers, ou encore analyse discriminante, méthodes de scénarios. Décrire et prévoir ne suffisent pas, il faut aussi évaluer, comparer et simuler, grâce à des méthodes comme les arbres de décision, ou l'utilité espérée par D. Bernouilli, ou les probabilités subjectives de J. Savage (*voir l'encadré page suivante*).

On utilise également des modèles mathématiques pour évaluer les modes de gestion de la production : l'atelier et ses machines sont modélisés, ainsi que l'ordonnancement des tâches élémentaires, leur durée, les files d'attente aux postes de travail. L'outil de simulation permet d'apprécier diverses solutions d'organisation de l'atelier, de renouvellement des machines.

La gestion des réseaux

Dans certaines conditions, enfin, l'optimisation constitue un objectif de l'aide à la décision. La programmation linéaire vise à trouver une solution optimale en fonction d'un critère de coût. Prenons l'exemple de l'optimisation dans un réseau de télécommunications (3). L'un des problèmes cruciaux dans la gestion de ces réseaux est celui du routage des communications. Un réseau de télécommunications est constitué de nœuds (les centraux téléphoniques) reliés par des systèmes de transmission (les câbles). L'optimisation du routage consiste à acheminer à moindre coût dans le réseau un certain nombre de demandes simultanées sans dépasser les capacités du système. Le problème est modélisé sous forme d'équations et de graphes intégrant un ensemble de variables, parmi lesquelles une représentation graphique des nœuds du réseau, la capacité maximale de transmission, un seuil de perte de communications, le coût unitaire des communications. Cette modélisation permet d'envisager une organisation optimale du réseau, en fonction du moindre coût unitaire et des capacités d'accueil.

L'aide à la décision prend une autre dimension dès lors qu'entre en jeu le comportement des agents. Des progrès ont été accomplis en ce sens, comme le montre un système réalisé pour la SNCF par l'équipe du LAMSADE (4). Il s'agit d'améliorer la régularité des réseaux de train, et leur résistance aux incidents. Un incident sur les réseaux les plus denses (ceux de la banlieue parisienne par exemple) peut entraîner de graves perturbations sur l'ensemble du trafic. Le système d'aide à la décision ne se substitue pas aux agents de la SNCF affectés à la gestion des déci-

2. E. Jacquet-Lagrèze, « Techniques quantitatives de gestion et informatisation », *Encyclopédie de gestion*, Economica, 1989.
3. Exemple décrit dans V. Mousseau, C. Rosenthal-Sabroux, B. Roy, P. Tolla, D. Vamderpooten, *L'Aide à la décision et la recherche opérationnelle aujourd'hui*, université Paris-Dauphine, note interne du LAMSADE, n° 3, octobre 1993.
4. *Ibid.*

Les techniques quantitatives

La recherche opérationnelle est née aux Etats-Unis dans le cadre des recherches de stratégie militaire. Elle a pris son essor après la Seconde Guerre mondiale dans le domaine de l'économie et de la gestion. Elle se fonde sur le principe de formalisation des choix et le calcul d'optimisation.
De là est née une série de méthodes logicomathématiques : théories des jeux, arbres de décision, RCB, PPBS.

Choisir dans l'incertain : le choix d'un critère

Face à un avenir indéterminé (il l'est toujours en principe !), le décideur (entrepreneur, stratège, joueur d'échecs), lorsqu'il dispose d'une marge de manœuvre, peut envisager plusieurs solutions possibles (a, b, c...).
Par exemple, le chef d'entreprise qui a des difficultés financières peut décider de réduire ses effectifs (a), de lancer une campagne de promotion (b) ou de se diversifier dans de nouveaux produits (c)... La méthode des arbres de décision permet d'envisager les divers scénarios possibles, de leur affecter un budget, une probabilité de réussite, de simuler les effets attendus. Parmi ces scénarios, certains sont coûteux, mais peuvent rapporter beaucoup, d'autres sont moins coûteux mais risquent d'entraîner de maigres bénéfices. Laquelle des options choisir ? Pour trancher entre les diverses formules, il faut un critère de choix qui corresponde à une attitude face au risque. Les méthodes mathématiques sophistiquées ont été élaborées pour déterminer le meilleur choix en fonction du risque associé.

Le critère de Laplace

Il consiste à adopter, parmi les choix possibles, celui qui rapporte un résultat moyen. Il est calculé à partir de la moyenne arithmétique entre des alternatives jugées également probables.

Le critère de Bernouilli (dit aussi « critère de l'espérance mathématique »)
Il consiste à affecter à chacune des solutions a, b, c une plus ou moins grande probabilité de réalisation. Cette probabilité est définie subjectivement, puis traduite en termes mathématiques. Cette « espérance mathématique » permet donc de pondérer les résultats escomptés. Le meilleur choix est celui qui obtient le meilleur rapport résultats/chances de réussite.

Le critère de Wald ou critère Minimax
C'est un critère pessimiste qui consiste à n'envisager pour chaque alternative a, b, c que leurs plus mauvaises conditions de réalisation. On choisit alors, parmi elles, celle qui coûterait le moins...

Le critère de Savage ou la matrice des regrets
Il consiste à construire un tableau (matrice). On affecte alors à chaque alternative (représentée par une case) un regret, c'est-à-dire le montant du manque à gagner si on avait connu d'avance les résultats. On applique alors au regret le critère Minimax.

Les méthodes multicritères
D'autres méthodes consistent à intégrer plusieurs variables de choix en fonction des préférences qui ne sont pas définies au départ de façon stable. Ce sont des outils mathématiques sophistiqués appelés « outils multicritères ».
Selon Bernard Roy, directeur du Lamsade (Laboratoire d'analyse et modélisation de système pour l'aide à la décision) et créateur du modèle Electre (technique multicritères), les outils de recherche opérationnelle et d'aide à la décision sont utiles pour fournir des hypothèses de travail, des recommandations, et non comme des règles de conduite normatives.

sions à prendre en temps réel. Il est conçu pour aider au choix d'une grille horaire «robuste», c'est-à-dire dont la structure résiste au mieux aux divers incidents envisageables. Une batterie d'incidents probabilisés a été construite. De même, le comportement et le mode de raisonnement des agents régulateurs ont été formalisés au travers de règles synthétisant leur expérience.
Les procédures qui guident la décision humaine ainsi que les impératifs techniques et réglementaires qui fixent la marche des trains ont été intégrés dans un système expert. Celui-ci détecte les conflits occasionnés entre les trains par la perturbation, il gère celle-ci. Complété par diverses interfaces, il permet également d'apprécier le bien-fondé de toute proposition d'investissement en installations fixes ou en matériel roulant, de comparer des grilles horaires et d'apprécier l'impact des demandes variées (par exemple des municipalités, des riverains).

Systèmes experts et SIAD

Systèmes experts et systèmes interactifs d'aide à la décision constituent une nouvelle génération d'outils, dont la caractéristique principale est d'être des systèmes ouverts, adaptables et restructurables en permanence en fonction des résultats précédents. Les SIAD ont vu le jour dans les années 70. Ils connaissent aujourd'hui une sophistication et une diversité d'application considérables. Les avantages de ces systèmes sont multiples : ils intègrent les processus d'apprentissage, ils utilisent des modèles de décision de plus en plus complexes et des bases de données de plus en plus vastes, ils sont conviviaux et conçus pour l'utilisation directe par le décideur. Leur objectif n'est pas d'automatiser le processus, mais de créer une articulation meilleure entre le décideur et le système. Les SIAD sont de plus en plus utilisés dans les entreprises. Citons l'aide à la conception de nouvelles voitures à la Régie Renault, la gestion des approvisionnements à la RATP, la programmation des temps de repos du personnel navigant d'Air France.

Signalons enfin une orientation novatrice dans ce domaine : la mise au point de SIAD destinés à guider la décision de groupe. Ces systèmes, qui prennent en considération les caractéristiques du groupe concerné (taille, historique, présence de leader ou d'une hiérarchie, caractéristiques individuelles des membres du groupe et de l'environnement), procèdent à la circulation et au traitement des informations fournies par les membres du groupe, chacun étant posté simultanément devant un terminal d'ordinateur et fournissant anonymement ses entrées. Les informations résultant du traitement des propositions des membres du groupe sont ensuite organisées par la machine et présentées aux protagonistes. On procède ensuite, à partir de ces données à un vote anonyme par ordinateur : les résultats agrégés sont communiqués sous différentes formes (classements, graphiques, statistiques) par le système.

Vers la « démocratie automatique » ?

On peut certes être sceptique quant à cette prétention à vouloir «purifier» les interactions humaines et à instaurer une sorte de «démocratie automatique». Il reste que l'on n'en est qu'au début de l'exploration de ces techniques, et que dans certaines conditions d'utilisation, de telles méthodes peuvent constituer de remarquables outils. La fécondité des recherches qui se sont succédé, l'étendue considérable des champs d'applications possibles ne doivent pas dissimuler les limites intangibles d'une science de l'aide à la décision. Les modèles et instruments ne sauraient décrire une réalité qui serait indépendante de l'observateur et des autres acteurs humains. Une décision qui serait entièrement mesurable et automatisable n'est plus une décision.

Une approche scientifique peut apporter une aide effective aux responsables. Elle ne peut prétendre dicter leur conduite et effacer une marge de liberté et de volonté qui reste incompressible (5). L'intégration des sciences humaines dans les modèles aide à limiter les zones d'incertitudes, à mieux appréhender les obstacles que sont la complexité, l'aléatoire, l'interaction avec autrui, l'influence des systèmes de valeurs et des caractéristiques psychologiques.

5. Pour une réflexion épistémologique sur ces questions, on se reportera à B. Roy, « Science de la décision ou science de l'aide à la décision ? », *Revue internationale de systémique*, n° 5, 1992.

Conseil en management : le marché américain

Aux Etats-Unis, les cabinets conseil font vivre des dizaines de milliers de personnes. Leur légitimité est comparable à celle des cabinets d'avocats.

Le conseil en management est un milieu dont, en principe, on ne parle pas outre mesure : la déontologie exige en effet de ne pas dévoiler les noms des clients. Autre obstacle de compréhension, non négligeable : ces « clients » restent eux-mêmes très discrets sur le sujet des missions qu'ils confient aux cabinets conseil.
Mais qu'est-ce qu'au juste que le conseil en management? Pour quelles raisons les entreprises, privées ou publiques, mais également les administrations ont-elles recours à un cabinet conseil?
Pour Marianne Binst, directrice du département santé du groupe Assurances Athéna et ancienne consultante chez Bossard, *« la fonction du cabinet conseil est double : premièrement, il aide une entreprise à conduire un changement; deuxièmement, il fait office d'agence d'intérim de haut niveau, mobilisant, durant un laps de temps limité, des compétences très pointues. Pour les membres d'une organisation, s'impliquer dans une procédure de changement ne va pas de soi... »*
Aux Etats-Unis, la profession de consultant a su conquérir rapidement une légitimité comparable à celle dont jouissent les cabinets d'avocats ou ceux d'experts-comptables. Pourtant, à la différence des experts-comptables ou des avocats, il n'y a aucune obligation légale pour les entreprises à recourir à un cabinet conseil en management. De l'avis de la plupart des professionnels, ce statut doit beaucoup à Marvin Bower, fondateur, en 1962, de la célèbre agence McKinsey. Depuis, le conseil en management est devenu une véritable industrie. Les effectifs d'un cabinet conseil peuvent en effet s'élever à plusieurs milliers de personnes.

Le poids des business schools
Aux Etats-Unis, les professeurs des business schools ont longtemps été au centre de l'univers du conseil en management. Les conseils qu'ils vendaient aux entreprises n'étaient ni plus ni moins que les méthodes qu'ils enseignaient sous une forme théorique à leurs étudiants...
De plus en plus, la voie royale semble passer par la publication d'un best-seller comme l'atteste l'exemple de Michael Hammer (à l'origine du concept de *reengineering*) ou de Tom J. Peters, co-auteur du *Prix de l'excellence*, vendu à plusieurs millions d'exemplaires.

Aujourd'hui, ce dernier est à la tête d'une véritable entreprise d'édition, de formation, d'organisation de conférences...
Malgré la crise, le succès du conseil en management ne s'est pas démenti. A cela on peut avancer l'explication suivante : la globalisation, le mouvement de dérégulation, la révolution liée aux nouvelles technologies de l'information bousculent les repères traditionnels ; dans ce contexte, les dirigeants des grandes entreprises ont un besoin croissant d'idées et de méthodes clés en main.
Le champ d'intervention n'a cessé de s'étendre. Au conseil traditionnel se sont ajoutés de nouveaux savoir-faire : la mise en place des opérations de privatisation ou d'externalisation (*outsourcing*), la gestion des savoirs (*knowledge management*)...
Le conseil auprès des petites entreprises est également en plein essor. Dans ce cas, le consultant peut assister le chef d'entreprise aussi bien dans sa négociation avec son banquier que dans la gestion de la trésorerie ou encore dans la réduction des impayés...
A côté des cabinets conseil généralistes, susceptibles d'intervenir sur n'importe quel domaine, d'autres se sont spécialisés. Certains offrent des expertises fondées sur des technologies de pointe. Aujourd'hui, le degré de spécialisation des cabinets conseil est tel que Michael Porter, à l'origine de la théorie du positionnement stratégique, préfère qualifier son propre cabinet conseil de « boutique » (sous-entendu de luxe...).
Quand Alfred Sloan, président de la General Motors, a fondé la Sloan School of Management au MIT (Massachusetts Institute of Technology) en 1931, en vue de *« réduire l'écart entre le savoir du monde académique et l'expérience du monde des affaires »*, aurait-il pu imaginer qu'il jetait les bases d'une véritable industrie mondiale ?

MARTHA ZUBER

Philippe Cabin*

LA CUISINE DU CONSULTANT**

Les sciences humaines sont une composante de base du savoir du consultant en organisation. Celui-ci « accommode » les théories scientifiques pour en faire des outils d'action.

Invité à passer une année sabbatique chez McKinsey, une des plus prestigieuses sociétés de conseil, Bernard Ramanantsoa, à l'époque professeur à HEC, raconte : *« Un jour quelqu'un me dit :* "Il faut que tu lises ce qu'on a écrit il y a un an ou deux *(quand ils disent "écrire", ce sont des transparents).* On a pris Porter et on l'a rendu plus dynamique. C'est le modèle SCP". » (1) Michael Porter est une des grandes figures des théories managériales américaines. SCP signifie Structure Conduite Performance. Le consultant tombe des nues lorsque B. Ramanantsoa lui fait remarquer que ce modèle SCP date de 1929 : *« Quelqu'un a repris ce SCP et c'est devenu un produit McKinsey. »*

Cette anecdote nous plonge au cœur de la petite fabrique du conseil en organisation (2). Qu'est-ce qui fait la valeur ajoutée du travail du consultant, quand on sait que ses honoraires peuvent varier entre 800 et 4 000 euros la journée ? Que vend-il : des connaissances, des méthodes, des compétences, un savoir-faire ? L'épisode rapporté par B. Ramanantsoa nous apporte quelques éléments de réponse : le conseil ressemble par certains aspects à du bricolage de haute volée, dans lequel nombre de concepts et d'outils issus

* Journaliste scientifique. Il a publié *L'Economie repensée*, Sciences Humaines Editions, 2000.

** *Sciences Humaines*, hors série n° 25, juillet 1999.

1. B. Ramanantsoa, « Une année sabbatique chez McKinsey », *Gérer et Comprendre*, n° 37, décembre 1994.

2. Alors que les termes « conseil » et « consultants » recouvrent de nombreuses activités, nous nous limitons ici au domaine du conseil en organisation.

des sciences humaines sont relookés dans un langage approprié.

Le métier de consultant

Réorganisation d'un réseau d'agences, élaboration d'un plan de formation, réduction du temps de travail, changement de structure... : les entreprises n'hésitent pas à mettre leur avenir entre les mains d'agents externes, les sociétés de conseil. Le consultant est un personnage central dans l'univers des entreprises. Or, on sait finalement peu de chose sur les pratiques d'une profession qui cultive volontiers le mystère. Concrètement, les missions de consultance sont très diverses. On peut distinguer des niveaux et des domaines d'intervention : stratégie, structure et organisation, amélioration opérationnelle, conseil méthodologique, prestation de service (informatique par exemple), accompagnement personnel, etc. Dans le seul domaine de la gestion des ressources humaines, l'hebdomadaire *Entreprises et Carrières* dénombre vingt prestations offertes par les cabinets de conseil (3) : citons la conduite d'un changement d'organisation, l'audit social, le bilan de compétences, le *coaching* (accompagnement personnalisé d'un dirigeant ou d'un cadre), la politique d'expatriation des cadres et le management interculturel, l'aménagement du temps de travail. Ainsi, selon les cas, le consultant exercera des fonctions de formateur (dans le cas d'un processus d'apprentissage), d'aide à la décision (pour aider à planifier un changement), d'animateur (dans des groupes de travail), d'expert-conseil (dans un diagnostic), de théoricien (en fournissant un cadre conceptuel), d'agent de liaison (en construisant des liens fonctionnels entre des personnes et des services)... (4). En général, une intervention de conseil suit un déroulement en plusieurs étapes. Prenons l'exemple d'un audit de communication interne. La mission comportera : un diagnostic de la situation (sur la base d'entretiens individuels, de documents internes et d'informations diverses que le consultant devra dénicher) ; la préconisation d'une stratégie ; la mise en place d'outils (supports écrits, séminaires, réseaux informatiques...) ; enfin, l'accompagnement et l'évaluation du nouveau dispositif. On le voit, la valeur de la prestation de conseil résultera de la qualité des outils mis en œuvre, mais aussi de l'aptitude du consultant à les mobiliser, à dynamiser les membres de l'organisation, à créer du lien entre les acteurs.

La boîte à outils

Les outils consistent en des modèles, des méthodologies, ou des grilles de lecture. Les plus célèbres sont les matrices stratégiques élaborées par les grandes sociétés de conseil. Ces matrices ont fortement contribué à asseoir le poids des consultants sur les représentations des managers et les stratégies des entreprises (5). Elles reflètent un monde de l'hyperrationa-

3. *Entreprises et Carrières*, 4 novembre 1997.
4. R. Lescarbeau, M. Payette, Y. Saint-Arnaud, *Profession consultant*, L'Harmattan, 2004 (4e éd.).
5. H. Dumez, A. Jeunemaitre, « Savoirs et décisions : réflexions sur le mimétisme stratégique », dans F. Charue-Duboc (dir.), *Des savoirs en action. Contribution de la recherche en gestion*, L'Harmattan, 2003 [1995] ; J. Allouche, G. Schmidt, *Les Outils de la décision stratégique*, t. I et II, La Découverte, 1995.

lité, dans lequel ont baigné les consultants, formés dans de grandes écoles d'ingénieurs ou de commerce. Mais les outils ont d'autres fonctions. D'une part, ils fournissent des ficelles, des recettes qui permettent de traiter rapidement des problèmes dans le temps souvent très court dont disposent les consultants. D'autre part, ils servent à rassurer le client. C'est d'ailleurs pourquoi l'usage de méthodes très sophistiquées n'est pas incompatible avec un discours magique ou incantatoire, comme en témoignent régulièrement les engouements pour telle ou telle mode managériale. Ajoutons, dans certains secteurs, la pratique de techniques plus ou moins extravagantes (par exemple dans le secteur du recrutement, où certains cabinets pratiquent la graphologie, l'astrologie ou la numérologie).

Parmi les outils utilisés par les consultants en ressources humaines, beaucoup sont issus de recherches en sciences humaines. Il s'agit dans certains cas de la simple duplication de techniques : par exemple, les batteries de tests psychométriques pour l'évaluation des compétences. Dans d'autres domaines, les concepts scientifiques constituent des ingrédients de base, qui sont accommodés : ainsi, les recherches sur la dynamique des groupes ont donné lieu à de multiples dérivés, sous forme de méthodes d'animation, de motivation, de créativité. Enfin, dans d'autres situations, les sciences humaines constituent une sorte de décor, qui guide les représentations du consultant et vont contribuer, de façon diffuse, à l'architecture des méthodes utilisées. Les travaux de sociologues sur les cultures nationales servent ainsi de toile de fond à nombre de modules de formation en management interculturel.

Il est à noter que même dans les grands cabinets de conseil en stratégie, on prend de plus en plus conscience de l'intérêt d'approches moins formalisées que les modèles matriciels, et davantage centrées sur les facteurs humains et comportementaux. Ainsi, depuis quelques années, on recrute des sociologues (6). De la même manière que l'on trouve des psychologues ou des ergonomes dans nombre de cabinets, on peut donc être sociologue et consultant, y compris chez Gemini Consulting.

Une telle évolution ne devrait d'ailleurs pas surprendre : les sciences sociales ont eu en effet un rôle décisif dans la genèse et le développement de la fonction de conseil (7). Elton Mayo, initiateur dans les années 30 des fameuses expériences des usines Hawthorne et pionnier de la psychosociologie des organisations, incarna cette figure du sociologue-expert.

Les cabinets qui appliquent la sociologie des organisations telle qu'elle est décrite dans les manuels sont rares. Pourtant, lorsque l'on interroge certains ex-consultants sur leur travail, on s'aperçoit qu'ils s'y réfèrent. Pour Pierre Crozier, consultant chez IDRH, la sociologie des organisations n'est pas en soi un outil. Elle est une connaissance de

6. Voir par exemple J.-B. Hugot, « Vers une prise en charge globale des RH », *Entreprises et Carrières*, 4 novembre 1997.
7. J.-Y. Trépos, *La Sociologie de l'expertise*, Puf, « Que sais-je ? », 1996.

base pour appréhender le réel (8). Renaud Berrivin, de Cap Gemini, ajoute que pour certaines missions, des demandes de diagnostic social par exemple, le recours direct à l'analyse stratégique (9) permet de déceler les logiques des acteurs, de voir ce qu'il y a derrière l'organigramme ; bref, de *« retourner l'organisation comme un gant »* (10).

Prenons un exemple : constatant des problèmes de circulation de l'information, une entreprise met en place un système de messagerie interne électronique. Résultat, personne ne se sert du nouvel outil. La direction aura tendance à attribuer ce phénomène à la résistance au changement, les ingénieurs ayant conçu le système à l'incompétence des salariés. Par des entretiens personnels approfondis, le consultant-sociologue va essayer de comprendre la logique des acteurs, de reconstituer les systèmes d'action et d'alliance, de reconstruire leur comportement à partir de leur environnement de travail. Il pourra par exemple montrer que l'utilisation de la messagerie mettait les commerciaux en situation de dépendance vis-à-vis des informaticiens, que la messagerie obligeait à répondre à tous les messages, qu'elle était vécue comme un moyen de contrôle, etc. Bref, que le comportement le plus rationnel était de ne pas utiliser l'outil. Toutes ces choses, les dirigeants ne pouvaient pas les voir. La méthode sociologique permet donc de revenir au réel.

Alors pourquoi les entreprises ne s'adressent-elles pas à des sociologues chercheurs ? En premier lieu, le consultant est capable de réagir vite : or, les demandes des entreprises sont presque toujours urgentes. En second lieu, le consultant est dans l'action : il doit faire des propositions, construire des outils, accompagner leur mise en service. Autrement dit, il faut que le savoir qu'il va produire soit « actionnable », et que les acteurs de l'organisation puissent se l'approprier. C'est dans la résolution de ce problème que se trouve sans doute une des caractéristiques du travail du consultant.

Un relayeur entre théorie et pratique

Si la pratique des consultants s'enrichit des modèles et des démarches produits par la recherche, leur problème (et leur apport) sera d'aider au passage entre les sciences et la pratique (11). D'où cette activité, que l'on pourra, selon ses préférences, qualifier de bricolage ou de cuisine, qui consiste à « accommoder » les théories scientifiques, en en choisissant les aspects les plus « performants », en les reformulant dans un langage et une grammaire qui font partie de l'univers mental des managers. Un univers fait de rétro-

8. Colloque « Le métier de consultant », 8 mars 1999, organisé par le DEA de sociologie de Sciences Po.
9. En sociologie, c'est une méthode fondée par Michel Crozier et Erhard Friedberg. Cette démarche analyse le fonctionnement des organisations à travers le comportement des acteurs, qui disposent d'une marge de liberté et développent des stratégies, dont les conduites s'inscrivent dans des relations de pouvoir et forment un système d'actions. L'expression « analyse stratégique » est parfois utilisée dans un tout autre sens pour désigner l'étude des stratégies d'entreprise.
10. Colloque « Le métier de consultant », *op. cit.*
11. M.-M. et B. Ramanantsoa, « A quoi servent les consultants ? », *Sciences Humaines*, n° 61, mai 1996.

projecteurs et de transparents, de schémas, de tableaux à double entrée, d'arborescences causales, de flèches, de formules choc et de termes anglophones (12).

Bernard Masingue était directeur d'Interface, société de conseil en gestion des ressources humaines et développement des compétences. Pour lui, on ne peut pas être consultant en management sans se servir, consciemment ou non, des outils de la sociologie des organisations. Mais il le reconnaît volontiers, *« ces outils, nous les appauvrissons pour les rendre opérationnels »*. Mais il ajoute que cet appauvrissement est une vraie valeur ajoutée, parce qu'il permet d'agir. Cette faculté de bricoler des techniques et des outils, de rhabiller les théories en leur donnant un nouveau nom (13) est dénoncée par certains scientifiques comme une atteinte à la pureté de la science. Ainsi, selon Bernard Floris, *« l'appel à des disciplines scientifiques se fait par la juxtaposition empirique, variable et approximative de corpus divers. Un jour, c'est la dynamique de groupe de Lewin ; l'autre, la pyramide des besoins de Maslow ; le lendemain, la sociologie des organisations de Crozier… »* (14).

Il reste que les consultants remplissent une fonction que la recherche n'est pas en mesure d'assurer. Des enquêtes menées par l'Anvie (Association nationale pour la valorisation interdisciplinaire de la recherche en sciences de l'homme et de la société auprès des entreprises) en 1993 révélaient que les entreprises, lorsqu'elles font appel à des ressources externes pour traiter de problèmes relevant des sciences humaines, s'adressent dans 80 % des cas à des cabinets de conseil ; 13 % ont recours à des experts indépendants ; 4 % à des universitaires de renom ; 3 % à des équipes de recherche (15). Une des principales raisons invoquées est la difficulté à communiquer. Il n'y a pas de langage commun entre la recherche et l'entreprise. Les consultants savent transformer le jargon scientifique, utiliser un langage intermédiaire, même s'il existe des chercheurs qui manient très bien le langage de l'entreprise et qui ont des activités de consultant intenses (on en trouve notamment chez les professeurs d'écoles de commerce).

Savoir et identité sociale

A la fois enviés et vilipendés par les scientifiques et les entreprises, les consultants ont un positionnement social incertain. Le conseil en organisation ne possède pas de normes juridiques ou d'ordre professionnel, contrairement à d'autres domaines d'expertise, comme les avocats ou les experts-comptables.

Les consultants des grands cabinets sont pourvoyeurs et diffuseurs de normes de management d'inspiration libérale et anglo-saxonne. On leur attribue des pouvoirs démesurés. Pour Isabelle Berrebi-Hoffman, chercheur au Centre de sociologie des

12. A. Jaillet, *La Rhétorique de l'expert. Analyses de discours de consultants en entreprise*, L'Harmattan, 1999.
13. On en trouve des exemples savoureux dans M. Villette, *L'Homme qui croyait au management*, Seuil, 1988.
14. B. Floris, « Les ingénieurs du sens », *Sciences de la société*, n° 32, 1994.
15. Pour plus de détails sur ces enquêtes, voir *La Lettre de l'Anvie*, n° 10, juin 1994.

organisations et auteur d'une thèse sur les sociétés de conseil (16), leur sentiment d'appartenir à une élite aux contours nouveaux, axés sur le savoir, est au cœur de leur identité sociale.
Le métier de consultant change, et avec lui le rapport au savoir et au métier. Ainsi, souligne I. Berrebi-Hoffman, on ne vend plus seulement des techniques et des rapports, on vend de l'intervention (gestion de projet, conduite de changement…). Expert pourvoyeur d'une connaissance ou d'une méthode, le consultant devient également médiateur et dynamiseur, à mi-chemin entre ingénieur social et ingénieur du savoir.

16. I. Berrebi-Hoffmann, *Pouvoir et contrôle dans les entreprises d'expertise*, thèse de sociologie de l'Institut d'études politiques (IEP) de Paris, 1997.

LES SCIENCES MANAGÉRIALES EN QUESTION : FORMATION ET RECHERCHE

ENTRETIEN AVEC JEAN-CLAUDE THOENIG*

La formation et la recherche en management sont de plus en plus dominées par un modèle américain qui impose ses normes à l'Europe. Quelles sont les alternatives possibles ?

***Sciences Humaines :* De plus en plus de voix s'élèvent contre le modèle américain de management, devenu dominant. Mais comment sont formés les managers outre-Atlantique ?**

Jean-Claude Thoenig : La *business school* est une école professionnelle spécialisée adossée à une université. Elle recrute un corps professoral permanent formé de docteurs en gestion. Enseignants et pédagogues, ils sont recrutés et promus au cours de leur carrière sur la base de leurs publications de recherche dans des revues scientifiques. Le MBA (Master of Business Administration) dispense en deux années des cours payants à des étudiants diplômés dont l'ambition est d'être immédiatement recrutés par des entreprises à leur sortie. Des savoirs instrumentaux ou fonctionnels y sont dispensés : la comptabilité, la finance, etc. Plus essentiel, l'objectif est de former des généralistes à compétence universelle et à vocation de dirigeants. L'enseignement est de style prescriptif ou utilitariste. Le manager est un designer : il énonce des solutions à des problèmes, il incarne la rationalité des moyens et l'efficience financière. L'AOM (Academy of Management) est une association professionnelle rassemblant les enseignants et chercheurs du secteur. Son colloque annuel attire des milliers de participants. Elle sert à la fois de lieu de recrutement et de débats professionnels, et de garant des codes de bonnes conduites. Elle possède aussi une influente revue scientifique. Le dispositif est enfin doté d'une capacité de certification. Un organisme spécifique alloue aux écoles de gestion qui le demandent son label de qualité en contrepartie d'une stricte conformité à des critères rigides et codifiés. La pratique généralisée du classement régule la concurrence entre programmes de MBA en favorisant une référence qui est celle du vainqueur. Les formations offertes par les universités

** Directeur de recherche au CNRS, Dauphine-Recherches en management (DMSP), professeur à l'Insead (Institut européen d'administration des affaires). Il est l'auteur, avec C. Michaud, de* Stratégie et sociologie de l'entreprise, *Village mondial, 2001.*

telles que Harvard, Wharton et Chicago occupent avec persistance la tête du classement international en matière d'excellence et de notoriété.

***SH :* Outre la formation, la domination du modèle américain ne s'impose-t-elle pas par la recherche? Les chercheurs américains ne sont-ils pas ceux qui publient le plus, et dans les revues les plus prestigieuses?**

J.-C.T. : Près de 70 % des articles publiés dans les revues de recherche en gestion les plus cotées entre 1991 et 2002 sont signés par au moins un auteur établi aux Etats-Unis, le fait étant que plus de 95 % d'entre elles sont américaines. Si les oracles prédisent le déclin de la formation au management, sa mort ne paraît pas assurée. Les Etats-Unis consolident leur domination à travers le savoir en science managériale. Leurs normes comptables s'imposent à tous les pays. La formation en gestion devient une arme géopolitique. Ainsi une des premières aides offertes en 2002 par le président Bush à l'Irak est-elle un programme de bourses de formation en gestion aux Etats-Unis. Mais même aux Etats-Unis, le doute et la contestation croissent à propos de ce modèle. Le sociologue Henry Mintzberg attribue les difficultés de l'économie occidentale aux MBA, d'où sortiraient des esprits brillants mais dépourvus de créativité, d'intuition et de connaissance de la réalité de l'entreprise. La prestigieuse revue *Administrative Science Quarterly* publie un forum sur la recherche managériale, qui serait d'autant plus influente qu'elle se couperait du monde réel. Ainsi, elle occulte la négociation sociale, le fait syndical et les relations professionnelles. En bref, le savoir en management esquiverait des questions fondamentales. Pourtant les écoles de gestion accueillent des sociologues, mais, dans le même temps, elles semblent aseptiser leur posture. Par exemple, pas question d'étudier les conséquences des décisions et les retombées des actions collectives, les phénomènes de pouvoir et de domination, comment se répartissent les inégalités, qui paie et qui bénéficie. Dans cette perspective, la science sociale se cantonne aux seuls problèmes situés en amont de l'action, soit à la conception et à l'exécution de solutions efficientes et efficaces. Sa référence est le cadre dirigeant d'une organisation économique, non pas la politique de l'entreprise et sa place dans la société.

***SH :* Si le modèle est contesté y compris sur son lieu de naissance, comment expliquer qu'il se diffuse ?**

J.-C.T. : Le modèle ressemble à un rouleau compresseur. Il se ferme sur lui-même, ignore, voire dissuade les alternatives. Les universitaires écrivent des articles alors même que 90 % sont refusés par leurs pairs agissant comme réviseurs pour les revues les plus cotées, dites de « rang A ». La publication dans ces revues renforce en effet les chances de placement sur le marché du travail académique et accélère la carrière. Or, les revues les plus cotées le sont à travers une procédure quantitative (donc supposée objective) largement régulée par les universitaires et les institutions qui se situent au sommet du dispositif. Pour un jeune, il est bon de choisir un type de recherche dont le paradigme intéressera et dont le style plaira aux membres influents du comité de rédaction. L'agenda orthodoxe de la connaissance est figé par le club des élites académiques. L'étalonnage de la qualité des revues repose sur le taux de citations dont leurs articles font l'objet dans les revues les mieux classées. Entre auteurs, institutions et revues de l'élite, la protection du rang passe par des pratiques d'autocitation et par l'oubli sélectif de revues, auteurs et institutions qui ne font pas partie du monde qu'ils composent. Ce que le sociologue Robert Merton appelait *« l'effet Matthieu »* joue à plein : les avantages vont à ceux qui en possèdent déjà.

Or, les rentes académiques induisent des rentes financières. Les grands cabinets internationaux de conseil recrutent des MBA. Les donations des entreprises vont aux écoles les plus visibles. Les médias sollicitent davantage un professeur de la Harvard Business School que son collègue d'une anonyme école de commerce. Les élèves candidats achètent un label et une image de marque qui comptent pour leurs employeurs futurs. Plus une école est prestigieuse, plus elle taxe ses prestations aux élèves – 50 000 euros et plus – et aux entreprises – une semaine de formation continue se vend 150 000 euros. Plus elle taxe fort, plus elle attire de candidats. Northwestern et Wharton ressemblent certes à de grandes écoles à la française, car elles se veulent élitistes par le recrutement et par le placement de leurs élèves, mais une différence majeure les sépare de l'Ena : elles font payer cher des promotions nombreuses. Les écoles les plus riches, donc les mieux classées en enseignement, sont aussi celles qui abritent les chercheurs publiant le plus d'articles dans les revues les mieux classées. Le titre de professeur dans un établissement prestigieux vaut largement plus que le salaire mensuel qui lui est rattaché. En dehors de ses charges obligatoires d'enseignement, l'universitaire peut se vendre cher en tant que consultant. La science managériale est marchandisée et devient un centre de profit généralisé. L'ascèse de la recherche est pour le jeune professeur un investissement pour de futures rentes. Une revue est un placement lucratif pour un éditeur. Les mieux classées, même si austères et peu vendues, génèrent des marges de profit annuel de 40 %.

***SH :* Cela signifie-t-il que le modèle américain de management soit universel ?**

J.-C.T. : Il s'exporte avec succès sur tous les continents. Mieux : il érode les autres modèles locaux existants. Un processus de « macdonaldisation » s'empare des sciences humaines. Ainsi en Europe. Avec 8 % du total des articles parus dans les « bonnes » revues de gestion, les auteurs britanniques occupent la deuxième place mondiale – certes très loin derrière les 69 % qui reviennent aux Américains. Avec 1,75 % du total, leurs collègues français soutiennent mal la comparaison. Encore faudrait-il décompter du total la part (environ 0,5 %) des publications émanant de l'Insead (Institut européen d'administration des affaires, à Fontainebleau), dont la matrice américaine est manifeste. Le fait est que la Grande-Bretagne a adopté la référence américaine plus tôt et plus massivement que la France.

L'Europe possède pourtant des traditions spécifiques qui semblaient solidement ancrées. Tel est le cas en Allemagne pour le diplôme de Kaufmann : une scolarité de cinq ans (et non pas de deux comme pour le MBA), une large place accordée à la fois aux disciplines fondamentales (le MBA le fait peu) et à la rédaction d'un mémoire de fin d'études permettant un apprentissage par et à la recherche (le MBA ne le fait pas ou guère). La France est l'héritière de deux modèles. Le premier est celui de la grande école. Le caractérisent une faible formation à la recherche, la petite taille des promotions, un corps professoral largement non permanent et non universitaire, et un lien étroit avec le monde des praticiens. Ce modèle institutionnel n'est guère exportable ailleurs et son diplôme est illisible par les pays étrangers. Le second modèle mélange l'économie, le droit et la gestion, à l'exemple d'autres pays comme l'Italie et l'Espagne. Il est encore fortement présent dans les universités. Le recul de l'Europe se traduit par son incapacité à promouvoir un standard spécifique et à se doter d'une agence de certification autonome. Désormais, c'est l'agence américaine qui certifie les programmes des écoles de commerce (HEC, EM-Lyon, Essec).

***SH :* Un nouveau modèle n'est-il pas en train d'émerger, soucieux d'éthique et pas seulement de productivité, de développement durable et pas uniquement de rentabilité ?**

J.-C.T. : Le modèle n'est pas totalement figé. Il tolère des variations locales et il réagit aux critiques. En effet, il commence à incorporer des préoccupations de gouvernance, d'éthique et de développement durable. De même, le management public ou à but non lucratif n'est plus un sujet illégitime ou « socialiste ». En même temps, le principal reste : une science devenue normale, enfermée dans des paradigmes épuisés, la quantification et la modélisation cachant mal une scientificité myope et mutilée. Pourtant, le modèle atteint sa maturité et l'hypothèse d'un déclin n'est pas utopique. Des entreprises éprouvent une gêne face au profil uniforme et passe-partout du manager « MBAisé », qu'il devient aussi plus difficile de fidéliser dans la durée. Le temps de la bonne gouvernance pousse la science managériale à élargir ses questions théoriques centrales vers l'aval du design, c'est-à-dire vers la gestion des conséquences induites par les décisions des entreprises en leur sein et dans la société, et à ne plus s'adresser au seul manager. L'Europe dispose de quelques atouts, dont la tradition de l'apprentissage, des politiques publiques de formation continue et des filières universitaires en voie d'harmonisation entre les pays membres dans le cadre de l'accord de Bologne (voir le schéma « LMD », licence en trois ans, maîtrise en cinq ans et doctorat en huit ans). La partie n'est pas définitivement perdue. Encore faudra-t-il que rapidement des réformes se mettent en place dans nos universités et grandes écoles.

Propos recueillis par
EVELYNE JARDIN
(*Sciences Humaines*, hors série n° 44, mars 2004)

Pierre Romelaer*

QUE SERONT LES ENTREPRISES DE DEMAIN ?**

De la délocalisation à l'utilisation d'Internet, quelles transformations les entreprises connaîtront-elles dans les trente prochaines années ? Pierre Romelaer dresse un panorama du changement entrepreneurial à venir.

La baisse des coûts de transport et de communication et la montée du niveau moyen de formation et de compétence des individus sont aujourd'hui les deux facteurs principaux de changement pour les organisations (1). La première de ces causes a pour effet l'internationalisation et l'instabilité dans les activités, la seconde induit le développement simultané de l'initiative et de la décentralisation, mais aussi le renforcement d'aides et de contrôles plus centralisés. Au-delà de ces évolutions nouvelles, les entreprises continueront à connaître, comme c'est le cas depuis plusieurs décennies, les transformations classiques que sont le développement de procédures de travail ainsi que des opérations d'automatisation et d'informatisation.

Des portefeuilles d'activités ouverts et instables

Une organisation se définit entre autres par l'ensemble des activités qu'elle accomplit. La baisse des coûts de transport et de communication est à la base de ce qui est d'abord apparu comme un démembrement des entreprises. Les activités de nettoyage des locaux ou d'expédition des produits sont de plus en plus confiées à des entités extérieures. Cette externalisation concerne

* Professeur à l'université Paris-IX-Dauphine (laboratoire Crepa).
** *Sciences Humaines*, hors série n° 28, mars 2000.
1. Nous nous focaliserons ici sur les organisations particulières que sont les entreprises et leurs composantes (atelier, supermarché, filiale). Les autres organisations (associations, églises, administrations, ONG, diasporas) connaissent elles aussi d'importants changements.

maintenant des activités plus complexes, comme la paye ou l'ensemble de l'informatique. Des sociétés pharmaceutiques font réaliser à l'extérieur les essais cliniques et les tests informatiques de molécules ; des hypermarchés confient les animations commerciales à des entreprises spécialisées.

Ce mouvement affecte aussi l'organisation interne, notamment par la délocalisation d'activités dans des pays à propos desquels on invoque toujours le faible coût de la main-d'œuvre, mais dont on ne doit pas oublier la compétence à réaliser les tâches qui leur sont confiées : si, dans un premier temps, on a eu la paye de la Swissair effectuée en Inde, la copie d'annuaires aux Philippines, la production de Nike dans le Sud-Est asiatique, on délocalise maintenant la fabrication des verres correcteurs optiques, et le mouvement ne fait que commencer. Chaque organisation sera ainsi amenée à coordonner un ensemble considérable d'activités qu'elle n'effectue pas elle-même, ou qu'elle gère en direct mais dans des établissements lointains.

L'autre face de ce mouvement est naturellement le développement de sociétés spécialisées dans les services aux entreprises. On a ainsi création d'une nouvelle organisation dès qu'un entrepreneur identifie dans une population d'entreprises des activités qu'il peut réaliser à meilleur compte. Cette création est aussi relancée dans la mesure où nombre d'activités nouvelles peuvent être fondées sur l'informatique et Internet, qui sont des moyens souvent accessibles à une poignée d'individus qui se font épauler par du capital-risque. En Inde se développent déjà de nombreuses entreprises de logiciels qui travaillent avec leurs clients, situés dans le monde entier, grâce à Internet et à des liaisons satellites.

Ce à quoi on assiste ne doit donc pas être vu avant tout comme un démembrement. C'est plutôt une modification plus fréquente du portefeuille d'activités de l'organisation avec des ajouts, des suppressions et des changements, une possibilité permanente de remise en cause qui peut même toucher des activités considérées comme essentielles. En l'état actuel, on ne peut pas savoir si ces changements aboutiront à une situation dans laquelle les portefeuilles d'activités des entreprises seront de nouveau plus stables, ou si on entre dans une sorte d'état instable permanent.

Les frontières de l'organisation deviennent aussi plus floues. Un producteur alsacien de pistons ne fabrique pas seulement des pièces automobiles : il intervient aussi dans leur conception en se coordonnant avec chaque constructeur, et les caisses dans lesquelles il expédie ses produits doivent avoir un code-barres positionné de façon telle que les machines du client puissent le lire pour paramétrer le montage. De même, le travail d'un transporteur ne se limite pas à l'acheminement de colis : il intervient aussi de plus en plus dans la gestion des stocks de ses clients et réalise pour eux des opérations de conditionnement.

Pour des opérations toujours plus nombreuses, le souci de bonne gestion est partagé entre plusieurs organisations. Les frontières de l'organisation sont aussi plus floues parce que de nombreuses entreprises s'engagent dans des relations de partenariat pour des activités aussi diverses que la commercialisation à l'étranger ou le développement d'un nouveau produit. Avec les changements fréquents du portefeuille d'activités, les entreprises doivent devenir plus réactives. Déjà, bon nombre de firmes déclenchent une réorganisation tous les trois ou quatre ans. Ces changements sont en partie contraints par plusieurs forces : pression des actionnaires pour une meilleure rentabilité, fusions, acquisitions et désinvestissements, changements de matériels et de logiciels. Parallèlement, les organisations doivent s'attendre à gérer une dose accrue d'instabilité de leur environnement : certaines, par exemple, auront à faire face à la faillite des organisations sur lesquelles elles se reposent pour leurs opérations informatiques, de télécommunication ou de commercialisation sur Internet.

Initiative individuelle et aide à l'individu

Les mêmes forces que nous avons mentionnées plus haut conduiront dans les années à venir à un développement considérable de l'initiative individuelle et de la coopération dans le travail quotidien : les personnels de base sont plus qualifiés, les moyens de communication leur permettent de se coordonner directement, et des dispositifs de gestion peuvent assurer la coordination de ce foisonnement au niveau de l'entreprise.

Pour les mêmes raisons, les organisations seront plus décentralisées : c'est techniquement possible et cela permet d'être plus efficace en collant mieux aux réalités locales. Le corollaire de ces évolutions est la croissance des responsabilités individuelles à tous les niveaux. Certaines organisations se sont déjà lancées de façon volontariste dans cette voie en réduisant de moitié le nombre de niveaux hiérarchiques, et/ou les effectifs employés au siège. Ces changements augmentent le nombre de subordonnés de chaque manager et taillent dans les effectifs de l'encadrement. Les organisations ainsi « aplaties » courent un risque de manque de coordination, voire de perte de contrôle.

L'autre face de la même pièce est la montée en puissance des dispositifs d'aide aux individus. Les exemples annonciateurs de ces évolutions sont nombreux. Dans le domaine de la production, certaines entreprises, comme le sidérurgiste Chaparral Steel, envoient des ouvriers effectuer des visites d'installations des clients de façon à ce qu'ils prennent ensuite des initiatives mieux adaptées à leurs besoins.

Dans le domaine commercial, on peut citer le développement de bases de données sur les clients et les prospects pour aider les vendeurs, et de logiciels pour l'aide à la négociation de prix. On peut aussi mentionner les CD-Roms développés par le Suédois AFS-Skandia pour aider les vendeurs de produits financiers : ils contiennent des informations sur les produits et sur les clients, des modules d'auto-apprentissage, et même des séquences vidéo de présentation de produits aux clients.

L'essor des groupes de travail

Il faut aussi mentionner l'importance croissante des groupes de travail, permanents ou temporaires, dans une série de domaines dont voici quelques exemples. Les entreprises faisant appel à plus d'initiatives individuelles auront besoin de normaliser et de formaliser ces initiatives. Celles qui respectent le plus l'esprit de décentralisation, Air Liquide par exemple, créent des groupes de travail dans lesquels des opérateurs, des spécialistes et des membres de la hiérarchie : (a) coordonnent le recueil des enseignements qu'on peut retirer des projets réalisés pour les clients ; (b) formalisent les compétences ; (c) jouent un rôle d'impulsion et de formateur dans la diffusion des connaissances.

De même, les initiatives locales doivent faire l'objet après coup d'harmonisations avec le reste de l'organisation : celles-ci peuvent être faites par des groupes de travail pour assurer à la fois le partage des informations et le « partage du sens ». Des équipes peuvent également être créées pour gérer les innovations. Les groupes-projets pour le développement de nouveaux produits sont couramment utilisés depuis le début des années 90 au Japon dans des entreprises comme Canon ou Xerox. D'autres, comme DuPont, font fonctionner des groupes de ce type, dont les membres travaillent dans des Etats différents, et dans lesquels 60 % des échanges sont effectués par intranet (réseau informatique interne).

On peut parfaitement concevoir aussi que des entreprises fassent effectuer par des groupes, incluant entre autres des opérateurs, le développement et l'actualisation des procédures de travail, ou la gestion de domaines d'activités transversaux : gestion de la qualité, coordination entre marketing et production, etc. Des équipes peuvent aussi prendre en charge les opérations de coordination classiquement assurées par la hiérarchie : certains hypermarchés confient à des groupes de caissières la gestion des horaires individuels (la direction impose le nombre total de caissières qui doivent être présentes en fonction des prévisions d'activité). Dans la même veine, des groupes de travail peuvent assurer le pilotage des compétences et des carrières.

L'importance du pilotage des compétences deviendra plus forte : la recomposition permanente des activités de l'entreprise et la mobilité du personnel gênent la capitalisation des savoirs, et les restructurations s'accompagnent souvent du départ forcé de salariés expérimentés, avec lesquels s'en va aussi une partie des savoir-faire et de la mémoire de l'entreprise. Il existe donc de nombreuses raisons pour lesquelles des groupes pourraient se développer, se superposant à l'organisation classique découpée par fonctions, par régions, par types de clientèle, etc.

Surveillance, contrôle, coordination

On assistera nécessairement, par ailleurs, au développement des mécanismes d'information, de surveillance, de contrôle et de coordination. Par exemple, les rapports d'activité quotidiens effectués par les vendeurs permettent à une direction commerciale de disposer sur chacun d'entre eux d'une batterie de ratios à l'aide desquels elle peut détecter en temps réel les dérives et les anomalies, éventuellement en se faisant aider par des progiciels comme Business Objects. Si, en conséquence d'une dérive, le directeur intervient de façon autoritaire, il perdra le bénéfice de la décentralisation : personne ne voudra plus prendre d'initiatives. La surveillance accrue s'accompagne donc plutôt d'une décision concertée sur les mesures correctives.

Les personnes qui créent et gèrent les systèmes d'information et de contrôle sont souvent situées à un niveau élevé et central dans l'organisation : cet échelon central garde donc un rôle important, malgré la décentralisation et les initiatives locales. En somme, la décentralisation croissante et le développement de l'initiative doivent s'accompagner d'une coordination croissante pour éviter que l'organisation ne se délite.

On continuera aussi à assister au développement de procédures de travail standardisées : rien n'empêche un manager ou un collaborateur de devoir respecter des procédures dans certains domaines de leur activité tout en étant plus autonome dans d'autres parties de leur travail. Et l'automatisation continuera à se développer partout où elle est rentable. De même l'informatisation, souvent complète pour les activités régulières comme la facturation, touchera progressivement toutes les activités non physiques de l'organisation : en utilisant les cartes à puces et en demandant aux clients de préparer les transactions, on peut créer des progrès de productivité considérables dans tous les services.

On peut par exemple faire le pari que les banques réduiront drastiquement leurs effectifs dans les années à venir, sauf si elles réussissent à vendre bien d'autres produits et services. Internet est au cœur de tous ces changements. Il offre un nouveau canal de commercialisation, il permet d'enregistrer le profil du client et de faire des offres et des publicités directement adaptées à chaque client individuel. Vu du côté de l'organisation, son fonctionnement est nécessairement interfacé avec les systèmes de vente (enregistrer les commandes, gérer la facturation), les bases de données commerciales, voire les progiciels de pilotage de la production.

Les enjeux à venir

Tous ces changements s'accompagnent de la création massive de nouvelles activités, notamment celles qui sont liées aux logiciels et aux systèmes de communication pour l'aide aux collaborateurs, le recueil de données et d'informations, le contrôle et la coordination, ainsi que tout ce qui est lié à Internet.

Ces activités vont s'incorporer au travail quotidien de nombreuses personnes, donneront naissance à de nouveaux départements et services internes. De nouvelles entreprises s'en feront une spécialité et créeront de très nombreux emplois. Bien entendu, ces changements affecteront profondément les rôles de la hiérarchie, qui seront moins axés en moyenne sur la supervision et le contrôle, et plus fortement consacrés à la coordination des initiatives, au développement des compétences des collaborateurs et à la gestion des activités avec les prestataires extérieurs.

Pendant sans doute au moins les trente prochaines années, les entreprises devront s'organiser pour maîtriser tous les changements que nous avons vus : nouvelles technologies d'information et de communication, participation, coordination et contrôle, groupes, etc. Mais ces changements affecteront de façons diverses les organisations, selon le type de structure qu'elles ont actuellement. Sans entrer dans les détails des très nombreux cas particuliers, mentionnons par exemple que les organisations nouvelles et petites avaient presque toutes dans le passé des structures simples directement pilotées par le patron. Ces organisations ont de plus en plus souvent des structures plus « mécanistes » ou plus « professionnelles ».

De même, on voit apparaître des organisations virtuelles, qui externalisent presque toutes leurs activités (il n'y reste que le rôle de pilotage), des organisations centrées sur le client, des organisations apprenantes ou basées sur les connaissances, ou encore des organisations en réseau. On n'assiste donc pas à l'apparition d'un nouveau modèle d'organisation. Une expression comme l'organisation des années 2030 est aussi fausse que les prophéties qu'on a pu lire dans les années 60 sur l'organisation de l'an 2000.

L'entreprise, les individus et la société

Tous ces changements ne se feront pas sans difficultés pour les individus. Il sera sans doute beaucoup plus stressant de devoir être plus autonome tout en se pliant à une coordination d'ensemble. Les collaborateurs et les managers vivront davantage dans l'espérance et la crainte des restructurations, avec des identités professionnelles plus mouvantes, avec la poursuite de la précarisation et le passage plus fréquent entre organisations au cours de la vie de travail. Même pour les personnes qui restent de nombreuses années dans une même entreprise, la vie de travail sera plus éclatée : flexibilité des positions et des statuts, changement du contenu du travail, changements de l'organisation au gré des restructurations et des partenariats, importance accrue des missions temporaires, appartenance simultanée à de multiples groupes de travail.

En adaptant leur organisation, les entreprises ont inventé une « technologie du social », un mode d'emploi pour le fonctionnement de groupes humains réalisant une activité finalisée. Mais elles se préoccupent très peu de la société qui les entoure, et sans doute est-ce une des conditions de leur succès.

On ne peut qu'être frappé de voir par contraste que beaucoup d'autres formes d'organisation connaissent des crises profondes : appauvrissement du lien social, chute des adhésions dans les syndicats, désaffection du politique, effondrement du modèle communiste, mutation des liens familiaux, industrialisation de l'agriculture (2). Les succès des entreprises fascinent au point que pour certains, par exemple dans les entreprises publiques et les administrations, le mode d'organisation de l'entreprise privée devient le modèle à suivre.

Des réactions existent, qui sont autant de manifestations d'un besoin de lien social et organisationnel en dehors de l'entreprise : développement de l'humanitaire et du caritatif, mouvement anti-OMC, développement de collectifs et de groupes assez informels dans des domaines divers comme la représentation des salariés, l'affirmation du droit au logement, la défense des petits actionnaires ou la création d'un système d'exploitation informatique comme Linux. Mais ces réactions n'ont pas actuellement une ampleur qui puisse affecter la prééminence des organisations de type entreprise.

Il a fallu deux siècles pour que se constituent des organisations comme celles des entreprises que nous connaissons. Espérons qu'il faille moins de temps pour que notre civilisation apprenne à faire fonctionner, à côté des entreprises, des formes d'organisation qui permettent aux individus d'être autre chose que leur appendice.

2. Certaines autres formes d'organisations connaissent par contre des succès non négligeables qui pourraient avoir un impact social important. C'est notamment le cas, dans des domaines très différents les uns des autres, des religions, des mouvements indépendantistes, des groupes religieux extrémistes, des sectes et des mafias.

Chapitre III

Le pouvoir et la décision

POINTS DE REPÈRE

LE POUVOIR DANS LES ORGANISATIONS

Dans les entreprises, on a longtemps parlé de pouvoir pyramidal, des lignes hiérarchiques qui pouvaient compter une dizaine d'échelons, d'une division du travail entre les concepteurs et les opérateurs... Ces éléments rendaient clairement visible la détention du pouvoir.
Dans les années 70, des sociologues montrent que le pouvoir se construit dans l'interaction individuelle. Supérieurs et subordonnés, tous sont potentiellement détenteurs de pouvoir. Le pouvoir est plus diffus que ne le montrent les organigrammes.
Parallèlement, sans renier le pouvoir hiérarchique, certains psychosociologues mettent en évidence dans les années 80 ses effets sur le psychisme des subordonnés. Alors comment contenir le pouvoir? Grâce à des règles qui sont imposées d'en haut (par l'Etat et ses lois) ou par des règles bricolées de l'intérieur même des organisations (pour trouver le bon gouvernement d'entreprise, par exemple).

Typologies des formes de pouvoir

En 1959, les sociologues américains John P. French et Bertram Raven (voir la partie « Théoriciens » ci-dessous), s'inspirant des travaux de Max Weber, ont les premiers fourni une typologie du pouvoir en organisation. Cette typologie a été maintes fois complétée pour aboutir aux travaux de Mauk Mulder, sociologue hollandais, qui distingua dans les années 60-70, sept catégories de pouvoir au sein des organisations :
– le pouvoir de récompense ;
– le pouvoir de punition ;
– le pouvoir formel : acceptation de la hiérarchie ;
– le pouvoir légitime : situation où le pouvoir formel est reconnu comme justifié ;
– le pouvoir de référence : un individu peut décider d'agir par imitation envers un ou des individus qu'il estime être proches ;
– le pouvoir d'expert ;
– le pouvoir de persuasion : chacun étant prêt à se laisser persuader, il s'agit d'une situation d'égalité de pouvoir.
Chacune de ces formes de pouvoir ne s'exprime pas en permanence. En situation normale, les pouvoirs de persuasion, de référence ou d'expertise demeurent les plus usités. En revanche, en situation de crise ou de conflit social, le pouvoir formel prédomine toujours.

Le pouvoir comme « relation »

Selon le sociologue Michel Crozier, le pouvoir dans les organisations n'est pas un *« attribut »* propre à certains individus, mais une relation entre au moins deux individus. Cette relation, nécessairement réciproque, est rarement égale. Plus il y aura inégalité entre deux individus, plus l'un détiendra du pouvoir sur l'autre. Mais les dominés ne sont pas toujours ceux auxquels on pense ! Car les individus, à l'intérieur des contraintes imposées par leur hiérarchie, développent des *« zones d'incertitude »*, source de pouvoir.

Quatre items sont à l'origine de ces interstices dans le pouvoir formel. Premièrement, la maîtrise d'un savoir ou d'un savoir-faire.

Deuxièmement, la relation que l'organisation entretient par rapport à son environnement. Est-il stable ou non ? Par exemple, dans un marché très concurrentiel, les commerciaux auront plus de pouvoir car ce sont eux qui, au premier chef, devront amortir les fluctuations. La maîtrise des flux d'information et de communication est une troisième source de pouvoir. Enfin, la connaissance des *« règles du jeu »* augmente les possibilités de sortir gagnant du jeu qui s'établit au sein de l'organisation.

(M. Crozier, E. Friedberg, *L'Acteur et le Système*, Seuil, 1977, rééd. 2000 ; E. Friedberg, *Le Pouvoir et la Règle*, Seuil, 1993, rééd. 1997)

Le pouvoir sur les esprits

Le courant de la « sociologie clinique » impulsé par Max Pagès appréhende le pouvoir du point de vue non pas des stratégies individuelles (comme chez M. Crozier) mais des *« facteurs inconscients »*. Adoptant cette démarche psychanalytique, Eugène Enriquez conçoit l'organisation comme un système imaginaire qui se décline sous deux formes : un *« imaginaire leurrant »* et un *« imaginaire moteur »*.

Dans le premier cas, l'organisation tend à substituer son propre imaginaire à celui de ses employés. Comment parvient-elle à ce tour de passe-passe ? En fait, elle apparaît comme défiant le temps et la mort. Ainsi, la puissance de l'organisation entretient l'illusion d'une toute-puissance individuelle. Dans le cas de l'*« imaginaire moteur »*, l'organisation invite ses membres à se laisser aller et cherche à stimuler leur créativité.

(E. Enriquez, *Les Jeux du pouvoir et du désir dans l'entreprise*, Desclée de Brouwer, 1997)

Le pouvoir des règles

Pour le sociologue Jean-Daniel Reynaud, les règles sont au cœur de l'action sociale. Présentes dans la famille ou à l'école, elles peuplent aussi les organisations. Souvent explicites (organigramme, règlement intérieur, contrat de travail), elles sont toujours un moyen de pouvoir. Schématiquement, leur exercice relève de l'obligation ou du laisser-faire. Dans le premier cas, l'organisation détient le pouvoir de contraindre. Des consignes telles que : « Il est interdit de fumer dans les locaux », ou encore : « Les employés doivent respecter les horaires d'entrée et de sortie de l'entreprise » sont des exemples de *« régulation de contrôle »*.

Mais la régulation n'est pas seulement imposée d'en haut, par la direction ou l'Etat. Elle peut être bricolée de l'intérieur par des communautés, qui vont retirer de cette situation une relative indépendance. Les ouvriers de métier (du Livre ou les dockers) ont longtemps illustré la mise en place de cette *« régulation autonome »* qui s'appuyait sur une culture commune avec des gestes, un langage et des valeurs partagés.

(J.-D. Reynaud, *Les Règles du jeu. L'action collective et la régulation sociale*, Armand Colin, 1993, rééd. 1998)

Au reflet des conventions

La pause-café dans une entreprise, voilà l'exemple d'une convention. En fait, elles sont fort nombreuses dans les sociétés (échange de cadeaux à Noël, envoi des cartes de vœux, etc.) et intéressent, depuis les années 80, un courant de pensée impulsé par des économistes, avec Olivier Favereau comme chef de file, et des sociologues (Laurent Thévenot, Luc Boltanski). Il s'agit de montrer comment les conventions, c'est-à-dire des éléments implicites, sont nécessaires à la coordination des échanges économiques aussi bien dans les entreprises que sur les marchés financiers. Sans que l'on ait recours à une autorité centralisatrice (le fameux marché), des individus sont capables de créer de l'ordre. Dans cette mouvance, Pierre Dockès montre comment une *« convention d'obéissance »* partagée par tous rend acceptables le contrôle et l'autorité au sein des entreprises.
(P. Batifoulier (dir.), *Théorie des conventions*, Economica, 2001 ; P. Dockès, *Pouvoir et autorité en économie*, Economica, 1999)

Le gouvernement d'entreprise

Du grec *kubernan*, piloter, diriger, le mot « gouvernement » signifie l'action de gérer. Tout d'abord appliqué à l'Etat, il l'a été ensuite aux entreprises au début de la décennie 90. Le terme (dans son acception la plus stricte) porte sur la relation entre les actionnaires et les dirigeants. En fait, les Trente Glorieuses auraient été favorables à la concentration des pouvoirs aux mains des managers. C'est ce que l'économiste américain Kenneth Galbraith avait appelé la *« technostructure »*. La crise des années 90 aidant, des dirigeants se retrouvent sur la sellette et la revendication d'un contre-pouvoir prend de l'ampleur. Qui en sera le porte-flambeau ? Non pas les salariés mais les actionnaires. Fervents défenseurs des principes de *corporate governance*, ces derniers vont entre autres réclamer la transparence et la diffusion des informations (les salaires des dirigeants doivent être publiés), la séparation des fonctions de président et de directeur général ou encore la création de comités (comité d'audit pour l'examen des comptes, par exemple).
(K. Le Joly, B. Moingeon (dirs), *Gouvernement d'entreprise : débats théoriques et pratiques*, Ellipses, 2001)

Théoriciens

John R.P. French et Bertram H. Raven

Dans un article de 1959, « The Bases of Social Power », ils ont identifié des sources de pouvoir, qui peuvent être regroupées de la façon suivante.
Les pouvoirs de position comprennent :
– le pouvoir coercitif, fondé sur la capacité de menacer et d'exercer des sanctions ;
– le pouvoir de renforcement, s'appuyant sur la capacité d'offrir une faveur ou un avantage apprécié à une personne ou à un groupe de personnes ;
– le pouvoir légitime, basé sur l'autorité rationnelle légale associée à un poste hiérarchique.

Les pouvoirs personnels comprennent :
– le pouvoir de référence (ou charismatique), fondé sur la capacité d'influencer parce que l'on est un sujet de référence, d'admiration et d'identification ;
– le pouvoir de l'expertise, basé sur la compétence professionnelle (connaissances et habileté), plus précisément sur la désidérabilité et la pertinence des compétences détenues au regard des besoins de l'action.
A des niveaux variables, un dirigeant aura recours à ces différentes bases de pouvoir. Toutefois, celui à qui l'on reconnaîtra des compétences en leadership manifestera une plus grande maîtrise des bases de pouvoirs personnels.

Rensis Likert (1903-1981)

Ce psychologue américain distingue quatre formes de management :
– le style autoritaire-exploiteur : décisions imposées, hiérarchie forte ;
– le style autoritaire paternaliste : motivation par récompense, décisions par le sommet ;
– le style consultatif : décisions davantage partagées, volonté de communication ;
– le style participatif : récompenses matérielles, participation des employés aux décisions, établissement d'objectifs, communication facilitée.
C'est au travers de cette grille que R. Likert identifie les types de *leadership* et leur relation aux performances de l'entreprise : sa préférence allant au management participatif.

Kurt Lewin (1890-1947)

K. Lewin a produit une œuvre capitale pour la compréhension des groupes humains, et donc des organisations. Ses travaux sur l'influence sociale, l'autorité et le leadership ont inspiré les théoriciens des organisations. Des expériences menées en 1938 et 1939 sur la direction de petits groupes d'enfants, avec R. Lippit et R.W. White, étudièrent l'impact des styles de leadership sur le comportement des enfants, leur productivité et l'atmosphère du groupe. Les résultats montrent la supériorité du style démocratique sur le laisser-faire ou le style autoritaire pour l'efficacité des groupes.

Amitai Etzioni (né en 1929)

Sociologue américain, A. Etzioni s'inspire de Max Weber et tente dans les années 60 de réaliser une synthèse de l'approche classique et de l'approche des relations humaines, dans une théorie alliant d'une part les nécessités de contraintes et de pouvoir (versant classique) et d'autre part les motivations des individus (relations humaines). Les individus ont selon lui trois formes d'implication (aliénation/implication calculée/implication morale) qui peuvent se combiner avec les trois formes du pouvoir organisé (coercitif/utilitaire/normatif). Il existe une corrélation entre les formes de pouvoir et d'aliénation. Dans des organisations coercitives comme l'armée, le pouvoir va souvent avec une forte aliénation.

Jacques Rojot*

QU'EST-CE QUE DÉCIDER DANS UNE ORGANISATION ?**

Incertitude, complexité, informations lacunaires, divergences d'intérêts... Prendre une décision dans une organisation n'est pas une chose aisée. Présentation de quelques théories éclairant le processus décisionnel. Décider, est-ce trouver une solution optimale à un problème donné ?

Selon le modèle économique dit de l'*Homo œconomicus*, le décideur est un être parfaitement rationnel. Ceci signifie qu'il a des objectifs clairs et explicites, stables dans le temps, mutuellement indépendants. Cet individu dispose aussi d'une connaissance exhaustive des choix possibles et est capable d'anticiper toutes les conséquences de ces choix. Pour décider, l'*Homo œconomicus* sélectionnera parmi toutes les solutions celle qui va maximiser la réalisation de ses objectifs. Ici, on dit que l'individu opère dans le cadre de la rationalité absolue. Or, l'économiste américain Herbert A. Simon a montré que ce cadre est abstrait car les décideurs ne calculent pas tout, ne peuvent pas tout prévoir. Ils examinent les solutions séquentiellement et ils s'arrêtent de réfléchir quand ils trouvent la solution leur procurant un niveau minimal de satisfaction et non un optimum. Ceci provient de leurs limites physiques et intellectuelles, des capacités partielles et différentes en termes de conceptualisation, de mémoire, etc.

Est-ce à dire que les décisions prises sont irrationnelles ? Certainement pas. H.A. Simon montre que si la rationalité du décideur n'est pas absolue, elle est simplement limitée. L'individu construit un modèle simplifié de la réalité, une définition de la situation à son échelle et avec ses propres moyens.

---

* Professeur en sciences de gestion à l'université Paris-II. A publié notamment : *Théorie des organisations*, Eska, 2003.

** *Sciences Humaines*, hors série n° 44, mars 2004.

Celle-ci est d'abord essentiellement basée sur son expérience passée. La plupart de ses décisions sont routinières. Il se replie sur des solutions qu'il avait déjà utilisées dans des circonstances lui apparaissant grossièrement similaires, et qui s'étaient révélées satisfaisantes. Bref, l'homme administratif décrit par H.A. Simon (1) n'est pas l'*Homo œconomicus*. Une bonne partie de la littérature se borne à le constater, nous proposons d'aller plus loin.

En effet, si l'on suit la thèse de Philippe Mongin (2), ce comportement de *« satisfacteur »* reste en fait un *« maximisateur limité »*. Alors, une étape nouvelle doit être franchie : les limites de la rationalité jouent aussi au niveau délibératif de la décision, par un processus de simplification cognitive. Dans cette perspective, l'univers des possibles n'est plus donné, il est à construire par le décideur. Le processus de décision n'opère pas seulement sur des données objectives extérieures existantes, il s'en crée et s'en construit pendant le déroulement du processus. Tout autant que résolution de problème, la décision est choix de formulation de problème. En d'autres termes, processus de choix et situation de choix ne sont pas séparés, ils interagissent. L'acteur, par son action, crée et modifie l'état du monde. Par exemple, si l'environnement externe est incertain, c'est aussi parce que l'incertitude existe dans l'esprit de l'individu.

Comment décrire le processus de décision dans une organisation ? Une décision implique une part au moins des étapes suivantes, itératives : reconnaissance de l'existence d'un problème ; recherche de solutions « toutes faites » ; élaboration d'autres, innovantes ; évaluation des solutions ; choix de l'une, y compris bien sûr celle de ne rien faire, et son application. Ceci dit, si l'on regarde le processus du choix dans et par les organisations, il est paradoxal. Par exemple, un choix essentiel va être effectué dans l'indifférence générale, des décisions unanimes enthousiastes longuement préparées ne seront jamais adoptées, des efforts majeurs déployés pour acquérir un droit de participer à des décisions ne seront jamais concrétisés... Plusieurs raisons expliquent ces bizarreries. D'une part, la décision (le résultat) est souvent confondue avec le processus qui y mène et présumée y être reliée. En fait, la décision sert à bien d'autres choses : remplir des attentes de rôle, des engagements antérieurs, exercer, défier ou confirmer des relations de confiance, d'amitié, d'antagonisme, de pouvoir ou de statut, socialiser et se regrouper dans divers ensembles informels... et enfin se donner du bon temps. D'autre part, l'ambiguïté est omniprésente dans les organisations : les objectifs sont plus ou moins clairs et cohérents, les liens entre les actions et les conséquences sont peu perceptibles et à chaque instant la participation y est changeante et incertaine.

Le politologue Charles Lindblom (3)

1. H.A. Simon, *Administrative Behavior*, Macmillan, 1947.
2. P. Mongin, « L'approche de la rationalité "limitée" ou "procédurale" comparée à l'approche économique », *Revue économique*, 1984.
3. C. Lindblom, « The Science of Muddling Through », *Public Administration Review*, vol. 19, n° 2, 1959.

apporte un éclairage supplémentaire sur le processus par lequel les objectifs changent dans les organisations. Son modèle comporte deux caractéristiques : « instrumentalisme » et « incrémentalisme ».

• *L'instrumentalisme* signifie qu'au sein d'une rationalité limitée, les valeurs, les objectifs et l'analyse des branches d'alternatives sont liés et s'influencent réciproquement. Les moyens ne sont pas seulement des méthodes pour arriver à des fins décidées auparavant et séparément, mais au contraire fins et moyens sont interreliés. C'est en mettant en œuvre les moyens que les individus établissent et précisent leurs conceptions des fins qu'ils poursuivent. La mise en œuvre de moyens fait découvrir de nouvelles fins ou en efface certaines.

• *L'incrémentalisme* caractérise la démarche de décision de l'individu et le processus dans lequel il se déplace « par piétinement ». Les décideurs dans une organisation partent toujours de quelque part, ils ne font pas table rase du passé. Ils raisonnent autour d'un *statu quo*, les changements apportés ne se faisant que par étapes très courtes. Autrement dit, ils ne modifieront que très peu de chose, marginalement, en choisissant entre un nombre très limité de branches d'alternatives dont les conséquences ne paraissent pas bouleverser l'état des choses. A la longue, ce processus peut finir par déboucher sur un changement radical par accumulation, mais à chaque instant le raisonnement se fait par « incréments » car cela conduit à n'analyser qu'un nombre limité d'alternatives et de conséquences. Celles qui seront plus importantes seront ignorées car remettant en cause le *statu quo* ou s'en éloignant trop. Ainsi, le processus de décision est mieux décrit comme un mouvement général tendant à s'écarter du *statu quo* par toutes petites étapes, procédant par essais et erreurs : un pas en arrière, deux en avant. Le changement est considéré comme nuisible et à éviter, plutôt que dirigé délibérément vers un but connu et relativement stable. Par ailleurs, comme les organisations tendent à privilégier le court terme, chaque problème s'y résout quand il se pose… jusqu'au suivant. En fait, elles réagissent en *feedback* plus qu'elles ne prévoient les choses et passent d'une crise à une autre. Au lieu de prendre des décisions en estimant leurs conséquences et les risques attachés aux incertitudes innombrables de l'environnement, elles chercheront surtout à éviter les risques en essayant de les contrôler ou de les négocier.

Comment concilier les buts divergents des coalitions composant l'organisation avec ceux de l'organisation ? Depuis les travaux de Richard Cyert et James G. March (4), on sait que les organisations sont des coalitions d'individus. Pour un type donné de décision, à un moment donné, une coalition sera dominante. Aussi les buts de l'organisation se forment-ils doublement : à partir des négociations entre les membres, où chacun cherche à faire prévaloir ses propres objectifs,

4. R. Cyert, J.G. March, A Behavioral Theory of the Firm, Blackwell Business, 1992 [1963].

et à partir des objectifs négociés par les coalitions qu'ils constituent.

Par ailleurs, J.G. March et H.A. Simon (5) notent que les buts de l'organisation et/ou de ceux qui la dirigent et aussi de ceux qui y participent n'ont pas à être similaires, ni même compatibles. Comment éviter un conflit potentiel de buts ? Tout d'abord, l'organisation peut accorder une importance particulière à la sélection. Elle s'attachera des membres dont les objectifs sont compatibles avec les siens, en renforçant d'abord l'effet d'autosélection des candidats par l'affichage d'une image forte, dissuasive pour certains et attractive pour d'autres. Ensuite, l'organisation peut influencer les choix de ses membres par un moyen simple du type sanctions/récompenses. Plus subtilement, elle peut superposer à ce code explicite un autre, implicite, qui par des incitations plus discrètes, telles que les profils de carrière et des signes intangibles d'approbation, indique « ce qui se fait et ce qui ne se fait pas ».

Un exemple illustre particulièrement bien la subtilité de ce jeu : les modes de supervision qui vont de l'autoritarisme à la consultation entre égaux. En principe, le nombre de branches d'alternatives perçues avant une décision devrait être réduit avec le mode autoritaire, incarné par un seul supérieur, et considérablement augmenté avec le mode de consultation entre égaux, incarné par de multiples interactions. Or, ce n'est généralement pas ce qui est pratiqué. La participation des subordonnés, au minimum de pure forme, est une condition de leur acceptation de l'autorité sans explorer d'autres branches d'alternatives que celle de s'exécuter. D'autre part, l'exercice de la participation fait que les branches d'alternatives qui sont émises ou suggérées sont placées par les subordonnés eux-mêmes dans un cadre qui permet à la hiérarchie de contrôler au moins partiellement leur contenu. Ainsi, le management participatif peut tout autant, sinon plus, avoir pour fonction de permettre à la hiérarchie d'influencer plus complètement les décisions qu'être un moyen d'augmenter le pouvoir de décision des échelons les plus bas de l'organisation.

Pourquoi certains théoriciens comparent-ils la prise de décision à un « flot de poubelles » ? Chez J.G. March, Michael Cohen et Johan Olsen (6), l'organisation est conceptualisée comme un flot de poubelles (les occasions de choix) qui entrent et sortent, de façon variable dans le temps et dont le contenu lui-même (problèmes et solutions qui s'y rattachent et/ou qui y sont déversés) varie ainsi que les décideurs qui s'y intéressent. Dans ce contexte, une décision est le résultat ou l'interprétation de quatre flots dans l'organisation : les occasions de choix (un président doit être élu, un jury réuni...), les problèmes (argent, carrière, famille...), les solutions (qui sont rarement la réponse à une question précise) et les participants (entrants et sor-

5. J.G. March, H.A. Simon, *Organizations*, Blackwell, 1993 [1958] ; *Les Organisations. Problèmes psychosociologiques*, Dunod, 1999.
6. J.G. March, M. Cohen, J. Olsen « A Garbage Can Model of Organizational Choice », Administrative Science Quartely, vol. 17, n° 1, 1972.

tants au gré des choix). Ces quatre flots sont relativement indépendants. Des circonstances apparaissent régulièrement pendant lesquelles chaque organisation va déclarer ouvertes des occasions de choix : des contrats doivent être signés, des responsabilités attribuées, de l'argent dépensé, etc. A chacune de ces occasions, les décideurs attachent des problèmes (les préoccupations des individus dans et hors de l'organisation, par exemple) et des solutions (des réponses toutes prêtes à la recherche active de problèmes). Le contenu de chaque décision dépend des autres décisions insérées dans le flot et de la sienne propre, mais aussi des types de problème et de solution qui sont produits à cet instant par et dans l'organisation. Comme chaque entrée dans une situation de choix entraîne d'en quitter une autre, la distribution des décideurs dépend autant des attributs du nouveau choix que des autres qui restent ouverts. On peut donc avancer que les décisions dans les organisations sont prises par ceux qui n'ont rien de mieux à faire à ce moment-là.

La décision va résulter des interactions entre ces quatre flots. Leurs couplages vont être influencés et canalisés par les procédures et structures formelles d'accès aux choix, par la façon dont l'attention est allouée dans l'organisation, par le temps et l'énergie disponibles et leur distribution entre les décideurs. De ce fait, les choix ne résolvent que rarement les problèmes car le plus souvent ils sont faits par « fuite » ou « inattention ». Dans un cas, le choix ne sera fait que lorsque les problèmes qui y ont été attachés sans succès, pendant un certain temps, l'auront quitté pour un autre choix devenu plus « attractif » et, au final, aucun n'aura été résolu.

Par exemple, on décide de créer un diplôme quand il n'a plus d'utilité. Dans un autre cas, parce que l'énergie nécessaire sera disponible à un instant précis pour agir rapidement, le choix sera effectué sans aucune attention aux problèmes qui auraient pu s'y attacher, donc à propos de problèmes qui n'ont plus rien à voir avec le choix posé initialement. Bien que ces caractéristiques puissent se retrouver partiellement dans toutes les organisations, elles sont prééminentes dans une catégorie particulière : ce sont les *« anarchies organisées »* selon la terminologie de J.G March, M. Cohen et J. Olsen. L'exemple type qu'ils citent est l'université, une institution où les lieux de décision sont multiples, les intérêts divergents, les objectifs parfois contradictoires. A cette anarchie organisée, on pourrait adjoindre les assemblées de copropriétaires ou encore certaines associations savantes ou philanthropiques.

« DANS UNE RELATION DE RÉGULATION, IL Y A UNE RELATION DE POUVOIR »

ENTRETIEN AVEC JEAN-DANIEL REYNAUD*

C'est moins le respect des règles que leur production qui constitue le ressort principal des organisations humaines. Cette activité de production des normes est constitutive de l'action collective.

***Sciences Humaines :* Vous faites de la production des normes et de ce que vous appelez « l'activité de régulation » un principe fondateur de l'action sociale. Qu'entendez-vous par le terme de régulation ?**

Jean-Daniel Reynaud : L'idée selon laquelle la réalité sociale de base est une interaction sociale réglée n'est pas originale. Elle a été défendue par toute une tradition sociologique, notamment celle de Talcott Parsons. Mon approche est légèrement différente, en ce sens que je fais l'hypothèse que les règles de cette interaction sont construites par les acteurs eux-mêmes. Autrement dit, j'étudie davantage la régulation que les règles, je m'intéresse plus à l'activité qu'à ses résultats.

Prenons maintenant la question sous un autre angle. Les analyses de la décision, par exemple la théorie des jeux, supposent des individus qui, en fonction de certaines règles du jeu, prennent des décisions. Ce que j'essaie de montrer, c'est que la modification des règles fait partie des stratégies des acteurs. Je vais prendre un exemple emprunté à Donald Roy (1). Un ouvrier est soumis à un salaire au rendement. Le bureau des méthodes lui a donné un rythme et un tarif de pièces qui lui « conviennent », c'est-à-dire qui lui permettent facilement d'obtenir des primes au rendement, et donc de gagner davantage. Il jugera probablement que si son rendement s'élève trop, le bureau des méthodes sera enclin à réviser le taux de rémunération à la baisse, pensant que celui-ci était mal estimé. L'ouvrier préférera donc s'imposer une limite de production, et donc modérer ses gains immédiats, pour ne pas courir le risque de voir le taux de rémunération baisser, ce qui à long terme aurait eu pour effet d'augmenter la cadence et de limiter son revenu. Cet

* *Professeur honoraire de sociologie au CNAM. Auteur notamment des* Règles du jeu, l'action collective et la régulation sociale, *Armand Colin, réédité en 1997, enrichi de cinq « variations ». Voir aussi de G. de Terssac (éd.)* La Théorie de la régulation sociale de Jean-Daniel Reynaud, *La Découverte, 2003.*

exemple montre une chose très importante : on ne peut comprendre le comportement des salariés qu'à travers leur volonté de changer (ou de maintenir) les règles du jeu à leur profit.

***SH :* Vous dites qu'il n'y a pas de règles sans projet. Pourriez-vous expliciter et illustrer cette proposition ?**

J.-D.R. : Consentir à une règle, c'est consentir à une obligation. Il me semble que ce qui explique la contrainte d'une norme, c'est une action collective, une action organisée (E. Friedberg), un *going concern* (C. Commons). Autrement dit les règles n'ont de sens que rapportées aux fins d'une action commune, d'un projet commun. C'est bien parce qu'elles sont liées à ce projet qu'elles sont obligatoires.

Je ne veux pas dire qu'elles sont exigées techniquement ou fonctionnellement par le projet lui-même, mais qu'elles sont celles que la collectivité a réussi à adopter pour son action. Se joindre à cette action collective, c'est consentir aux règles établies, ou plutôt c'est accepter d'entrer dans le jeu qui maintient et transforme les règles.

***SH :* Il y a pourtant des règles qui sont « imposées », des dogmes (par exemple on peut difficilement dire que les interdits alimentaires sont liés à un projet).**

J.-D.R. : Il est évident que nous n'inventons pas la plupart des règles que nous suivons. Mais nous ne les recevons pas passivement : il faut mobiliser la règle. Par exemple, mon voisin fume dans un compartiment non fumeur et cela me gêne. Il faut alors que je mobilise la règle : que je l'invoque, que je proteste, le cas échéant que je prenne à témoin les autres personnes ou que j'appelle le contrôleur. Autrement dit, je dois brandir la règle, sans quoi il ne se passera rien. Il y a donc bien une appropriation nécessaire.

En second lieu, la partie « héritée » des règles est inscrite dans un certain nombre de dispositifs. Dans la pratique sociale, nous manions inconsciemment un certain nombre d'« objets » (des règles juridiques, des procédés, des techniques), dans lesquels un sens est inscrit. L'analyse cognitive montre que les opérations intellectuelles sont souvent réduites à la mobilisation, sous une forme extrêmement sommaire, d'une règle sous-jacente, qui est d'autant plus forte qu'on n'en a pas conscience.

***SH :* Qu'est-ce qui fait qu'une règle est respectée ?**

J.-D.R. : C'est avant tout le fait qu'elle permet une action collective. Cela signifie deux choses : d'une part qu'elle est acceptée par les autres comme pouvant diriger cette action collective ; d'autre part qu'elle permet d'atteindre l'objet de l'action collective.

***SH :* En quoi la régulation dans l'entreprise diffère-t-elle de celle que l'on observe dans les autres univers sociaux ?**

J.-D.R. : La première différence tient au fait que, dans l'entreprise, l'élaboration des règles est très explicite. Par comparaison, dans les relations familiales, vous avez des règles, nombreuses et parfois assez strictes. Il est pourtant rare que l'on trouve nécessaire de les mettre noir sur blanc.
Seconde spécificité : dans l'entreprise, la sanction est immédiate. Par exemple, dans la production, si vous ne respectez pas les règles techniques, votre produit ne sort pas. Quant à la sanction économique, elle est, elle aussi, immédiate : c'est le bénéfice, ou le déficit, ou la faillite. Il y a donc peu d'institutions dans lesquelles la sanction soit aussi claire et aussi rapide que dans l'entreprise. A l'inverse, si vous prenez l'exemple d'une religion qui vous promet le salut, l'application de cette sanction est loin d'être évidente.

***SH :* Une des menaces souvent utilisées dans les rapports sociaux est celle qui consiste à « appliquer les règles ». Comment expliquer ce paradoxe ?**

J.-D.R. : Une règle est toujours un moyen de pouvoir. Un chef d'atelier peut dire, par exemple, à ses subordonnés : on ne va plus faire comme on procédait jusqu'à présent, on va faire exactement comme le demande la direction. Or par-delà cette menace, il y a une réalité : celle d'un écart très fort entre, d'une part, les règles affichées et explicites, et, d'autre part, les règles implicites et informelles, qui sont courantes, et souvent nécessaires dans les relations de travail. La menace d'appliquer la règle consiste donc à recourir à la règle « officielle », dont on sait qu'elle est moins acceptable pour les intéressés.

***SH :* On assimile souvent les règles à une organisation bureaucratique et contraignante. A l'inverse, l'organisation « performante » et « flexible » est davantage vue comme transparente, sans règles formalisées. Cette distinction est-elle pertinente selon vous ?**

J.-D.R. : Elle est tout à fait pertinente. Mais comme je l'ai déjà dit, dans une relation de régulation, il y a une relation de pouvoir. La formalisation, le durcissement des règles reflètent cette relation de pouvoir. Une entreprise transparente, flexible, est sans doute plus performante, et donc souhaitable. Mais elle est beaucoup plus difficile à construire et à organiser, car on ne peut occulter la question du pouvoir. Michel Crozier dit que l'autogestion n'est pas la solution, c'est le problème. Je dirais que pour la flexibilité, c'est pareil.

Cette question de la flexibilité a été remarquablement analysée par Nicolas Dodier, dans son livre *Les Hommes et les Machines. La conscience collective dans les sociétés technicisées* (2). Il montre comment, dans le processus d'une production de boîtes métalliques, il y a une adaptation et une reconstruction constantes des règles techniques, qui permettent de traiter les problèmes au fur et à mesure qu'ils émergent. Néanmoins, N. Dodier établit une distinction claire entre ces règles techniques et les règles sociales qui sont beaucoup moins flexibles. Dans le cas des règles techniques en effet, les enjeux de pouvoir sont plus limités : quand il s'agit de production, le problème est moins le statut des personnes ou les relations de pouvoir que celui de trouver « comment on fait ».

***SH :* Ne peut on pas considérer que, dans les entreprises actuelles, l'activité de régulation telle que vous la définissez ne joue qu'à la marge, les règles fondamentales (par exemple : le système de propriété, la logique financière, le marché du travail...) étant « données » ?**

J.-D.R. : J'analyse l'action sociale comme le résultat d'une volonté et d'une décision. Cette décision s'exerce dans un champ de contraintes, et, en effet, le système de contraintes actuel dans les entreprises est très pesant. Cependant il n'est pas vrai que la liberté des gens, face à ces contraintes, soit très faible. Au contraire, ils sont davantage condamnés à inventer.

Prenons l'exemple de l'industrie automobile. La contrainte du marché est de plus en plus forte. Mais elle oblige les entreprises à inventer des produits. Le problème n'est plus de construire une voiture qui peut rouler ; il est d'inventer le nouveau modèle qui s'imposera dans deux ans. L'enjeu central devient l'innovation et la conception des modèles.

Les règles informelles et la « logique des sentiments »

La tradition sociologique distingue dans l'organisation un système formel (ce qui est écrit dans les règlements intérieurs, dans les définitions de postes, dans les procédés...) et un système informel (relations réelles qu'est censé découvrir le sociologue). On oppose ainsi l'informel au formel comme la pratique à la règle affichée.

Pour F.J. Roethlisberger et W.J. Dickson (1), il faut plutôt considérer ces registres comme deux systèmes fondés sur une logique différente. Prenons un exemple : des ouvriers, bien que payés au rendement, font en sorte de ne pas « trop » produire. En « freinant » ainsi la production, ils ne se conduisent pas comme le voudraient les principes de la rationalité économique, mais selon la règle du groupe de leur atelier qui s'exprime selon la « logique des sentiments » : les statuts personnels, les réseaux d'amitié, les traditions professionnelles, les relations interpersonnelles et leur histoire, l'honneur et les rapports de prestige. En bref, la sociabilité, l'identité et les intérêts propres de ce groupe. La limitation volontaire et concertée de la production assure que l'équilibre interne du groupe ne sera pas perturbé par une intervention extérieure, en l'occurrence, celle de la direction.

Le système formel est pour sa part mis en œuvre par la direction. Il suit une logique du coût et de l'efficacité, soumise aux impératifs externes de la concurrence, du marché et de la productivité.

Conclusion : en ne prenant pas en compte cette logique des sentiments, ceux qui ont la charge de la logique de l'efficacité (les dirigeants) risquent de se créer des difficultés pour atteindre leurs objectifs. Ils devront donc se former à percevoir la réalité des relations entre hommes (on parlera alors des « relations humaines ») et ajouter à leurs capacités techniques et gestionnaires, l'art d'administrer (*the administrative skill*).

C'est contre cette conception qui réduit les relations sociales à une logique des sentiments que se construit la théorie de la régulation : face aux règles venant d'en haut (régulation de contrôle), les exécutants essaient de faire valoir leurs propres règles (régulation autonome). Les règles effectives résultent de la rencontre de ces deux régulations, aussi « rationnelles » l'une que l'autre.

P.C.

1. F.J. Roethlisberger et W.J. Dickson, *Management and the Worker*, Harvard University Press, 1939.

D'après Jean-Daniel Reynaud, *Les Règles du jeu*, Armand Colin, réédition 1997.

L'analyse que l'on peut faire du marché du travail est analogue. Le constat que l'on fait souvent (insécurité, pression à la production, précarité) est indiscutable. Peut-on pour autant en conclure que la régulation n'opère plus qu'à la marge ? Je pense que c'est le contraire. La nouvelle configuration incite à l'innovation. Le « marché du travail » n'est plus un marché. De plus en plus, les relations de travail se traduisent par des contrats individualisés, complexes et fragiles, même s'ils sont loin d'être toujours à l'avantage du salarié. Cette individualisation fait de la relation d'emploi un contrat plus personnalisé et plus exigeant. Un tel processus ne peut s'expliquer par un mécanisme global de marché.

***SH :* Cette individualisation n'a-t-elle pas des implications sur les formes de l'action collective ?**

J.-D.R. : En effet, les types d'action collective changent ; ce qui pose un problème d'adaptation pour les organisations représentatives. Pour caricaturer, je dirais que la CGT et l'UIMM avaient la même conception de la notion de marché du travail, comme phénomène économique et comme phénomène de classe. Aujourd'hui, il y a toujours des actions collectives, mais elles changent de niveau. On a de plus en plus d'actions collectives au niveau de l'entreprise, qui ne sont pas forcément cohérentes avec les intérêts d'une catégorie socioprofessionnelle ou d'une organisation représentative.

***SH :* Vous écrivez que *« le conflit ouvert représente un progrès dans la rencontre des régulations »*. Que voulez-vous dire par là ?**

J.-D.R. : Il y a souvent des situations bloquées, des impasses. Or le conflit ouvert est tout de même une sommation de faire se rencontrer les points de vue, et finalement, une obligation de trouver une solution.

***SH :* La faiblesse de la négociation ne tient-elle pas au fait qu'elle ne porte que sur les règles formelles ?**

J.-D.R. : La négociation sert à traiter un conflit, ouvert ou potentiel. En ce sens, il est vrai qu'elle doit se traduire, *in fine*, par des règles formelles. Mais il faut nuancer ce premier constat. En premier lieu, il est fréquent qu'une négociation aboutisse à des règles vagues, confuses ou incomplètes. Je lisais récemment un livre sur les relations professionnelles en Suède, qui sont pourtant réputées pour être très organisées, centralisées, etc. L'auteur constatait qu'une partie très importante des accords était extrêmement vague.

Seconde remarque : beaucoup des règles qui sont écrites dans les conventions collectives sont des règles qui ne sont pas destinées à être présentées devant un tribunal. Cela peut être choquant pour un juriste français, mais c'est pourtant la réalité dans d'autres pays. En Grande-Bretagne, la convention collective n'est pas opposable devant un tribunal. L'expression de *gentlemen's agreement*, que l'on emploie souvent, ne signifie pas que l'on est entre *gentlemen* ; elle veut dire que l'on n'a pas le droit de s'adresser à un tribunal.

***SH :* Dans *Les Règles du jeu*, vous soulignez un paradoxe : l'Etat produit de plus en plus de règles ; mais celles-ci sont de moins en moins coercitives pour les individus. Comment expliquer cette évolution ?**

J.-D.R. : En même temps que l'action de l'Etat s'étend à des domaines de plus en plus étendus et variés de la vie sociale, les moyens de son action deviennent de moins en moins contraignants. Prenons l'exemple de la loi sur les 35 heures. Elle a été vivement critiquée, parce qu'elle imposait à tous un cadre rigide. Mais il faut ajouter qu'elle a agi pour l'essentiel en stimulant des négociations d'entreprise, par des incitations financières, mais aussi en redéfinissant les termes mêmes de la négociation. C'est cette inscription dans la concertation au niveau de l'entreprise qui fait qu'il est très difficile de revenir en arrière. Les règles produites par l'Etat sont donc de moins en moins des normes contraignantes, et de plus en plus des formes de relations « contractuelles ».

Mais il y a une seconde interprétation possible, tout au moins pour ce qui concerne la France. La centralisation a des effets de « non-réalisme » des règles. Dans *Les Règles du jeu*, je prends l'exemple de l'Education nationale. Vous avez là une organisation gigantesque, avec un encadrement très faible, et un corps de spécialistes (l'Inspection générale) qui n'a ni l'autorité, ni les moyens de jouer son rôle. Vous avez donc une machine énorme qui a peu de prises sur la réalité. Le résultat est que bon nombre de règles ne sont pas respectées, ou que d'autres ont des effets contraires aux objectifs poursuivis (par exemple le mouvement et l'affectation des enseignants).

Propos recueillis par
PHILIPPE CABIN
(*Sciences Humaines*, hors série n° 2, Mars/avril 1998.
Revu et corrigé en 2005)

1. D. Roy, « Quota Restriction and Gold-bricking in a Machine Shop », *American Journal of Sociology*, mars 1952.
2. Métailié, 1995.

Jean-Claude Moisdon et Benoît Weil*

LES ÉNIGMES DE LA DÉCISION QUOTIDIENNE DANS L'ENTREPRISE**

La conception d'une automobile dans une grande firme implique une myriade de micro-décisions prises au niveau des services techniques. Les choix sont fondés sur le compromis, l'autorégulation, l'ajustement spontané. Les conflits potentiels sont tranchés par le sommet à des dates clés qui scandent les phases de la réalisation.

Il ne faut pas croire que l'acte de décision soit réservé aux échelons supérieurs de l'entreprise ; à tous les niveaux, des choix sont effectués, qu'il s'agisse de fixer les priorités dans une liste des pièces devant passer sur une machine, d'affecter un malade à un service dans un hôpital en fonction de sa pathologie, ou de statuer que deux parties d'un certain objet à concevoir seront vissées et non soudées. La myriade de décisions de ce type constitue ce que l'on peut appeler le fonctionnement quotidien de l'entreprise.

Ce fonctionnement quotidien n'est pas prédéterminé. Il a son autonomie propre, ses modes de structuration et de régulation spécifiques. D'ailleurs, un des problèmes de la stratégie est bien qu'à ses propres doctrines et volontés de réforme peut s'opposer de façon durable ce fonctionnement à la base qui fabrique et fait évoluer l'organisation tout entière, au moins autant que les coups de gouvernail des dirigeants.

Enfin, il ne faut pas croire que ce fonctionnement quotidien se donne d'emblée à l'observateur externe, qu'il est parfaitement clair et lisible. Dès qu'une organisation est un tant soit peu complexe, elle aboutit parfois à des configurations surprenantes. Pour illustrer ce propos, nous allons prendre un exemple, tiré d'une de nos recherches récentes ; elle concernait l'activité de conception d'une nouvelle voiture.

* Professeurs à l'Ecole des mines de Paris.
** *Sciences Humaines*, hors série n° 2, mai 1993.

L'invention d'une nouvelle voiture

Le constructeur automobile qui fit appel à nous était en train de transformer l'organisation de la conception. Pendant de longs mois, le fonctionnement du système nous resta complètement opaque. Il est vrai que nous avions affaire à une organisation complexe : une voiture est faite de près de 4 000 pièces. Mais le plus important est sans doute que ces pièces sont en forte interaction : on ne peut guère en modifier une sans remettre en cause la conception de quelques autres. Dans ces conditions, c'est à des dizaines de milliers de relations entre pièces ou sous-ensembles que l'on a affaire, sachant que par ailleurs, il faut concevoir les machines qui vont fabriquer et assembler tout cela à grande cadence (les voitures « tombent » de chaîne au rythme d'environ une par minute).

Cet objet technique en gestation, c'est plus de mille techniciens qui l'ont en charge, et cela pendant à peu près cinq ans ! Les contraintes concurrentielles récentes n'arrangent pas les choses : elles se sont traduites par une complexification de variétés, liées à la volonté de satisfaire la différenciation des goûts des clients (c'est ainsi que l'on avait calculé que, sur une année, il n'y avait pas eu cinq Peugeot 205 strictement identiques !). Dans ces conditions, comment se coordonnaient tous ces techniciens et ingénieurs ? Comment planifiaient-ils leurs activités ? Alors que ce processus s'étalait sur plusieurs années environ, une impression quasi permanente de hâte, d'urgence se dégageait. D'où pouvait provenir ce fait paradoxal ?

Cloisonnement et séquentialité

Au début des années 80, les constructeurs automobiles ont commencé à réviser sensiblement (poussés par les comparaisons avec les Japonais) leurs propres méthodes de conception. Que reprochaient-ils à ces dernières ? D'une part, de reposer sur un trop grand cloisonnement entre les services. On reproche alors à une division rigide du travail un manque de communication entre les différents acteurs. De même, on estime que le mode de coordination entre ces mêmes acteurs est trop séquentiel.

Or, les nouvelles exigences d'économie, de qualité et de réactivité ne peuvent plus se satisfaire de tels principes d'organisation : le cloisonnement et la séquentialité conduisent à ce que, par exemple, on s'aperçoive en usine que la pièce et la machine n'ont pas été conçues de façon cohérente, ce qui oblige à un retour en arrière coûteux en argent et en temps. Il faut par ailleurs raccourcir les cycles de la conception, et donc pratiquer le *« simultaneous engineering »*. D'autres formes d'organisation sont alors mises sur pied : émergent des équipes de projet, la création de plateaux, qui rassemblent des techniciens des différents métiers, et également la mise en place de structures transversales, des groupes de travail, où ces mêmes techniciens viennent examiner ensemble un certain nombre de questions techniques difficiles. Ce sont dans et sur ces groupes que nous avons travaillé, en tant que chercheurs, pendant plus de deux ans. Nous avons essayé de mettre à jour les mécanismes de la décision quotidienne dans cette activité complexe, et nous avons essayé également de les aider à fonctionner. La meilleure vision d'ensemble qui en découla ne fut pas sans comporter des surprises par rapport aux représentations initiales.

Les étranges logiques du compromis technique

Tout d'abord, l'observation longue du travail des concepteurs montrait que la communication entre ces derniers était intense ; dès qu'un dessinateur tirait un trait, il y avait plusieurs personnes autour de sa planche à dessin. Cette communication tous azimuts commençait très tôt, dès le début du projet. Cette très grande fluidité des personnes, qui traversait continuellement et sans problème les frontières instituées de l'organisation, s'appliquait également aux objets : maquettes, pièces « bricolées » dans un atelier, et même les voitures prototypes s'échangeaient, se négociaient, circulaient entre les différents lieux de la conception.

Le second point important concernait la voiture elle-même : des problèmes techniques les plus divers émergeaient chaque jour remettant souvent en cause le travail de plusieurs techniciens (par exemple, le fait qu'un emboutisseur s'aperçoive qu'il ne saura pas faire telle ou telle forme précise de la caisse peut entraîner une incertitude sur la fixation du rétroviseur, incertitude qui entraîne celle sur le passage des câbles de la commande interne du même rétroviseur, etc.). Il semblait extrêmement difficile de hiérarchiser ces problèmes : une mauvaise tenue de baguettes de porte paraissait nécessiter autant de soins qu'un défaut de démarrage à froid. Il faut maintenant relier entre elles ces deux constatations : 1) la communication permanente entre techniciens, 2) la génération continue de problèmes techniques. En effet, on peut considérer que 1) est une bonne réponse organisationnelle à 2). La coordination par ajustement mutuel, auto-organisée, déclenchée par les événements fournit en effet une possibilité de réactivité cohérente avec le rythme des aléas techniques. C'est ainsi que dès le début d'un projet se créaient des réseaux de techniciens élaborant ensemble de fortes habitudes de travail en commun, effectué dans une ambiance de grande sociabilité, fondé sur la connivence, la camaraderie, l'humour partagé, etc. Ce système social particulier, fortement coopératif, nous avons proposé de l'appeler « l'adhocratie des techniciens de la base ». Si cohérence il y avait entre les caractéristiques de l'objet technique et la réponse organisationnelle, où donc étaient les problèmes ?

Le mot clef en la matière n'est pas celui de solution, mais de compromis : pour résoudre un problème, plusieurs techniciens devront faire un effort, réduire les marges de manœuvre qu'ils avaient prises. Dans ces conditions, deux circonstances pouvaient se produire lorsque deux techniciens avaient à négocier entre eux : soit ils trouvaient rapidement un compromis acceptable, et c'est ainsi que se résolvait la grande majorité des problèmes (95 à 98 % d'entre eux).

Soit le compromis n'était pas facile à trouver, et la négociation risquait alors de s'éterniser. En effet, vouloir clore la controverse rapidement, c'était aller vite vers le conflit, et ni l'un ni l'autre n'y avait intérêt : ils risquaient de compromettre le fonctionnement collectif, et également de révéler à leur hiérarchie qu'ils ne pouvaient se « débrouiller » seuls. Par ailleurs, comme le projet est extrêmement mouvant, beaucoup de choses changent au cours du temps, il est possible, si l'on sait attendre, que le problème disparaisse de lui-même.

La remontée des problèmes vers la hiérarchie

Toutefois, une forme de structuration du processus existait : elle était composée de dates clefs impératives à respecter : dates auxquelles il faut livrer un dessin à un fournisseur, dates auxquelles on lance la fabrication d'outillages, etc. C'est par rapport à ces dates clefs que les techniciens se « calaient ». Quand elles s'approchaient, il fallait bien résoudre les problèmes latents, il fallait clore un certain nombre de controverses, trouver des compromis là où il y avait à cet instant opposition de règles de l'art. La seule possibilité, pour que le conflit ne dégénère pas à la base, était alors de faire remonter le problème vers les niveaux supérieurs, pour les faire arbitrer par la hiérarchie. Mais cette dernière était éloignée des considérations techniques qui prévalaient à la base, on assistait à une négociation entre chefs, fondée sur de tout autres variables que celles qui étaient jusqu'ici intervenues. Il y était question de budgets, de délais, de prix, de coûts de revient, etc. : pour parler vite de variables économiques, par opposition aux variables techniques utilisées par les techniciens. En fait, la remontée vers le haut conduisait à recadrer le problème et à fournir aux techniciens un nouveau champ de contraintes leur permettant de résoudre le problème sans perdre la face.

D'où le modèle d'une organisation duale : à la base une auto-organisation, faiblement structurée avec coordination par ajustement spontané, une certaine absence de culture de l'économie et de l'écrit, une indifférence, sinon une résistance, quant aux diverses tentatives de planification et de formalisation. Au sommet, une organisation administrative, fondée sur les paramètres de budgets et de délais, les notes de service, la tendance à l'édiction de règles, l'éloignement du technique, même si une nostalgie du bon vieux temps, époque où ils étaient eux-mêmes en position de techniciens confrontés à la résolution des problèmes techniques, perce régulièrement.

La structuration par l'urgence

Une telle représentation fournit également une clef pour comprendre l'urgence apparente dans laquelle les concepteurs semblaient travailler : cette urgence concernait les dossiers en souffrance pour lesquels les techniciens attendaient le dernier moment avant de les faire remonter vers la strate supérieure.

L'urgence apparaît ainsi comme l'un des mécanismes fondamentaux de relais entre deux sous-systèmes organisationnels très dissemblables. Il est important de souligner à ce propos la grande fonctionnalité du système :

– l'adhocratie technicienne à la base constitue la seule forme de réactivité cohérente avec les caractéristiques de l'objet technique. Elle résout un très grand nombre de problèmes dans ce que l'on peut appeler le silence de son fonctionnement collectif;

– la hiérarchie administrativo-économique constitue une instance d'arbitrage pour le petit nombre de questions difficiles sur lesquelles les techniciens n'arrivent pas à se mettre d'accord;

– les variables de la hiérarchie ne sont pas les mêmes que celles de la base : elles permettent alors d'élaborer un jugement abstrait qui permet aux techniciens de retravailler ensemble sur les problèmes, sans que la légitimité et le savoir-faire des uns et des autres n'en soient atteints.

– l'urgence est un construit organisationnel de même que les quelques dates clefs qui la déclenchent. Loin d'être une pathologie, elle constitue un dispositif de liaison entre acteurs aux logiques différentes.

La nouvelle logique de gestion des projets, évoquée plus haut, est fondée sur une organisation matricielle, avec l'émergence, à côté des métiers de la conception, d'équipes projets managées par des directeurs de projets de plus en plus puissants. Ces directeurs de projets ont pris la mesure du fonctionnement que nous venons de décrire. Ils ont mis en place des dispositifs de gestion (espaces collectifs de conception et de maquettage, nouveaux groupes de travail et de reporting, instances de liaison avec des fournisseurs, de niveau commercial, et d'après-vente, etc.) visant à conserver la cohérence de l'organisation d'ensemble, tout en en prévenant les risques. Ils ont ainsi profondément modifié l'organisation même de la conception et leurs efforts se sont traduits par des progrès incontestables sur le triptyque coût-délai-qualité.

Mais une autre façon de considérer les pratiques que nous avons décrites et les risques associés consiste à se demander pourquoi les techniciens avaient tellement de mal à tomber d'accord sur un certain nombre de questions : on s'aperçoit alors que si les prestations sont souvent contradictoires et entraînent des difficultés dans la négociation technique, il n'en reste pas moins que des progrès incontestables pourraient être faits au niveau des savoirs techniques eux-mêmes. Nous nous sommes rendus compte que ces savoirs techniques étaient perfectionnés pour les sous-ensembles de la voiture pris séparément par chaque métier (la boîte de vitesses, la planche de bord, le lève-vitre électrique, etc.) mais qu'en revanche, les savoirs « interstitiels », ceux de l'interface entre pièces, ceux qui assuraient l'assemblage de l'ensemble (visser, coller, souder, etc.) apparaissaient souvent insuffisamment développés, peu valorisés. Or, c'est autour de ces questions d'interface que se situait la grande majorité des conflits entre techniciens.

Comme on le voit, il faut donc parfois de longs détours et de minutieuses observations pour décrypter les véritables mécanismes et donc les véritables problèmes d'un fonctionnement quotidien. Seule une telle démarche permet de dépasser des présupposés qui constituent d'abord un diagnostic hâtif, et ensuite inspirent un remède inapproprié.

En l'occurrence, on pensait initialement que l'information circulait mal. Ce n'était pas le cas : elle circulait dans tous les sens mais les vrais problèmes étaient autres : ils étaient liés tout d'abord au système relationnel qui s'était progressivement mis en place entre techniciens, et ensuite à des « trous » dans le savoir technique. On conçoit que les réponses organisationnelles à ces problèmes soient très différents de ceux fondés sur l'*a priori* d'une absence de communication.

Hervé Laroche*

LES DÉCISIONS STRATÉGIQUES**

OU LA PETITE FABRIQUE DE LA STRATÉGIE D'ENTREPRISE

L'action d'un dirigeant d'entreprise ne correspond pas à l'image mythique du « grand patron » clairvoyant et omnipotent. Sa connaissance de l'environnement est limitée, il se heurte à une organisation souvent rétive à ses choix. L'élaboration d'une « stratégie émergente » doit tenir compte de ces contraintes.

Fusions, acquisitions, alliances, investissements, lancements de produits, diversifications, recentrages, restructurations...

Aujourd'hui, les décisions stratégiques des entreprises font les titres des journaux. Les explications qui en sont données invoquent généralement la logique économique, la pression de la concurrence, l'impératif de compétitivité, etc. Ces raisons dispensent de retracer les processus concrets qui ont produit le choix final. Lorsque nous est racontée l'histoire de la décision, nous suivons les aventures d'un entrepreneur audacieux, qui saisit les opportunités, monte des coups, lance des raids ; un joueur, qui se fie à son intuition, appuyée il est vrai par de solides relations. Ou bien nous avons sous les yeux un dirigeant visionnaire, qui voit plus loin que l'horizon, un leader « charismatique », un meneur d'hommes, qui par la force de ses propres convictions entraîne l'entreprise sur la trajectoire du succès.

Quant aux ouvrages sérieux qui traitent de la stratégie d'entreprise, beaucoup nous montrent le dirigeant comme grand stratège, à la tête d'un arsenal de prévisions, de scénarios, de calculs, de méthodes, de plans, de programmes, de projets, qu'une organisation disciplinée et efficace élabore sous sa direction, et dont il conduit fermement mais sereinement la réalisation.

Représentation mythique ou modèle normatif ? L'important est que se révèle

* Professeur de stratégie à l'ESCP-EAP.

** *Sciences Humaines*, hors série n° 2, mai 1993. Texte revu et corrigé en 2005.

une trame commune, une sorte de modèle de base, implicite, de la décision stratégique, qui comporte trois temps successifs :

1) l'anticipation : les décisions procèdent de l'état futur de l'environnement ;
2) le choix : le décideur est le dirigeant qui exprime sa volonté, fruit de son analyse ;
3) la mise en œuvre : le choix arrêté par le dirigeant est réalisé par l'entreprise conformément à sa volonté.

Malheureusement, de nombreuses études empiriques ont montré que les processus de décision stratégique dans les entreprises s'écartent sensiblement de ce modèle rationnel et linéaire (1). Tout d'abord, l'environnement décourage les anticipations. Ensuite, l'entreprise est bien moins docile qu'on ne le croit, pour exécuter les décisions du dirigeant. Enfin, le dirigeant lui-même ne ressemble guère à ce décideur aux capacités exceptionnelles.

L'environnement incertain

Notre capacité à anticiper le cours des choses et à prévoir les évolutions de l'environnement est malheureusement très limitée. La prolifération des discours nous annonçant de quoi demain sera fait est avant tout un signe de notre désarroi face à l'avenir.

La stratégie (2) implique de mettre l'entreprise en adéquation avec son environnement, et tout d'abord avec le ou les marchés visés. Les contextes stratégiques actuels, qu'on qualifie souvent de « turbulents », découragent les prévisions et sont un défi aux systèmes de prospective et de planification. Certaines entreprises estiment que des prévisions fausses sont plus nuisibles que l'absence de prévisions, car elles produisent de fausses certitudes, qui limitent les capacités d'intelligence et de réaction des managers.

L'environnement stratégique d'une entreprise est aussi un univers d'acteurs – concurrents, fournisseurs, distributeurs – parties prenantes de toutes sortes. Au premier rang de celles-ci, les actionnaires ou leurs représentants tendent à sanctionner les dirigeants qui leur paraissent ne pas servir au mieux leurs intérêts, en leur imposant des changements de stratégie ou, tout simplement, en leur trouvant un remplaçant plus compétent ou plus docile. De plus, les actionnaires peuvent changer eux aussi. Cette double menace contribue à la volatilité des options stratégiques. Les alliances de plus en plus nombreuses que les firmes passent entre elles sont souvent décrites comme des moyens de réduire l'incertitude générée par la multiplicité des acteurs, en stabilisant leurs relations. Mais on voit dans certains secteurs (comme l'informatique) que ces alliances finissent par produire plus de confusion que d'ordre, et que les alliés d'aujourd'hui sont souvent les ennemis de demain.

1. Ce constat est ancien. Dans une étude portant sur 73 cas, NUTT estime à moins de 20 % les choix résultant d'un processus rationnel, « Types of organizational decision processes », Administrative Science Quarterly, n° 29, 1984. Après analyse de 136 cas, David J. HIckson et ses collègues n'identifient que 42 cas de processus « fluides », ceux qui dans leur typologie se rapprochent le plus de la norme rationnelle, Top Decisions, Oxford, Blackwell, 1986.
2. Voir mots clés en fin d'ouvrage.

L'organisation rétive

Les moyens humains et organisationnels qui composent l'entreprise sont censés servir les desseins stratégiques élaborés par le dirigeant. La formulation de la stratégie serait l'apanage du dirigeant, et sa mise en œuvre serait la mission de l'ensemble de l'entreprise. Cette distinction si naturelle occulte le rôle considérable de l'organisation dans la réalisation de la stratégie. L'organisation se montre bien souvent rétive, et cela de plusieurs manières.

Les entreprises, et surtout les grandes, sont dotées de structures et de systèmes de gestion qui déterminent largement leur fonctionnement. Ces dispositifs constituent souvent une force d'inertie qui confère aux grandes entreprises des allures de pétroliers géants. Des cultures centrées sur des conceptions traditionnelles du produit ou du service, ou fondées sur la domination d'un groupe particulier – spécialistes d'une fonction, diplômés d'une grande école ou héritier de l'activité historique – amortissent ou dévient les initiatives non orthodoxes.

Les structures produisent leur propre dynamique, mais les acteurs, individus et groupes, qui peuplent ces structures, s'en servent également pour satisfaire leurs propres intérêts. Les décisions stratégiques, par essence, désignent des enjeux importants. Notamment, elles répartissent les ressources humaines et financières au sein de l'organisation. Les actions stratégiques de la direction générale sont décodées en ces termes par les acteurs, qui de plus nourrissent souvent des projets spécifiques. Des processus politiques – luttes, conflits, négociations, alliances, ruses, etc. – s'engagent autour de la formulation, de la sélection, et de la réalisation de ces actions et de ces projets.

Il n'est pas toujours facile de distinguer clairement les intérêts particuliers et l'intérêt de l'entreprise. Si tel manager cherche par tous les moyens à « faire passer » son projet de nouveau produit, c'est bien sûr parce que cela lui donnera plus de territoire, plus de pouvoir, plus d'importance ; mais c'est aussi parce qu'il croit sincèrement que c'est un bon projet. Et il se peut bien qu'il ait raison.

Ces processus politiques peuvent également s'apparenter à un jeu dans lequel les participants cherchent à tirer profit des situations qui se présentent, du hasard, des coïncidences, des circonstances particulières. Dans une entreprise industrielle, un groupe d'ingénieurs ne parvenait pas à faire financer un projet de prototype, qui n'était pas jugé stratégiquement pertinent. Pourtant, il fut finalement accepté, une fois reformulé comme un partenariat avec une autre entreprise que la direction générale souhaitait approcher. De tels processus trahissent la part de désordre qui règne dans les organisations. Ils sont sources d'aberrations dans les choix organisationnels, mais aussi, on le voit, permettent des innovations.

Les limites de la pensée stratégique du dirigeant

Le décideur ne domine ni l'environnement auquel il est confronté, ni l'organisation qu'il dirige. Il n'est pas non plus, ainsi que le mythe le dépeint, idéalement lucide et rationnel. La liste est longue des biais cognitifs auxquels les dirigeants sont exposés. Il faut convenir que les problèmes stratégiques, par leur importance, leurs ambiguïtés, leur singularité, favorisent les erreurs et illusions. Le dirigeant est confronté à un dilemme : en privilégiant les approches méthodiques, traitant des données « objectives » et autant que possible quantifiées, il perd les informations qualitatives, impalpables mais essentielles, car un problème stratégique est toujours une configuration complexe de faits et d'interprétations ; mais en faisant confiance à l'expérience, aux analogies, à sa perception, à l'intuition, il risque d'être victime de sa subjectivité. Le dirigeant n'aborde pas les situations stratégiques d'un œil vierge. Il a notamment des représentations de ce qui est important ou non, et de ce qu'il convient de faire ou non. Il s'appuie sur des règles et principes qui sont pour lui des évidences, mais qui pour l'observateur apparaissent comme des croyances, c'est-à-dire des « manières de penser » dont la validité n'est pas démontrée.

Cela ne signifie pas que ces croyances soient des erreurs. Toutefois, elles peuvent avoir des fondements irrationnels, dans la mesure où elles reposent sur des images et fantasmes inconscients. Ainsi, le patron d'une entreprise de mobilier de luxe de grand renom affirmait ne pas avoir de concurrents. Il percevait son entreprise comme un groupe de créateurs et d'artistes, et non comme une entreprise industrielle et commerciale. Il n'imaginait pas que les clients puissent comparer ses produits à d'autres : ils n'avaient tout simplement pas d'équivalents. La fameuse « affaire des avions renifleurs » a montré que des dirigeants à la formation scientifique prestigieuse pouvaient perdre tout sens critique devant la promesse mirifique d'une nouvelle technologie.

Les dirigeants contrôlent-ils la stratégie ?

Entre les incertitudes générées par l'environnement, les dérives organisationnelles, les croyances et marottes des dirigeants, y a-t-il donc une chance de voir se former des décisions stratégiques un minimum sensées et cohérentes ? Il est vrai que ces tensions peuvent empêcher la formation d'une stratégie véritable. Mais dans beaucoup de cas, elles peuvent être, sinon résolues, du moins contrôlées.

Souligner que les processus qui fabriquent la stratégie s'écartent souvent de la rationalité mise en scène par les mythes du dirigeant décideur ne signifie pas que les dirigeants soient médiocres ou impuissants. Ils peuvent développer des moyens indirects de contrôle et d'influence. Ainsi, par la mise en place de structures et de systèmes de gestion, ils définissent des « règles du jeu » qui peuvent induire une dynamique allant dans le sens souhaité. Par rapport aux processus politiques, le dirigeant, qui est lui aussi un acteur politique, ne manque en général pas d'atouts, du fait de sa position privilégiée, à l'interface entre les unités de l'entreprise, et en contact avec l'environnement. Il peut se poser en arbitre régulateur des conflits internes et favoriser les projets et les acteurs qui sont compatibles avec ses propres préférences et ses propres ambitions.

La véritable question est cependant

ailleurs. La configuration des structures et la répartition du pouvoir dans l'entreprise sont généralement des parties d'un système plus ou moins cohérent qui comprend également un ensemble de croyances portant sur la stratégie, largement partagé par le groupe des dirigeants, et souvent aussi par les autres niveaux du personnel. On parle alors de paradigme stratégique, par analogie avec les paradigmes scientifiques. Le paradigme décrit l'environnement, l'organisation dans l'environnement, et ce qui marche et ne marche pas pour survivre et prospérer dans cet environnement.

Ainsi, dans telle entreprise, on considère que, parce que l'environnement est perçu comme instable et hostile, le développement doit se faire dans le cadre strict de l'activité traditionnelle. Il s'agit avant tout de bien faire son métier, celui-ci étant défini en termes de compétences techniques et de produits. Ce paradigme est porté par le groupe d'ingénieurs spécialisés qui se reproduit régulièrement à la tête de la firme. Dans une autre, au contraire, on favorise une diversification des activités, parce qu'on tient pour vrai que les compétences de gestion priment sur les compétences techniques et que la diversification est un moyen de se protéger des retournements de conjoncture.

Le paradigme stratégique constitue une « logique dominante » qui détermine largement les résultats de la plupart des décisions. La question centrale est la capacité des dirigeants à en prendre conscience et à en jouer de manière à profiter de l'élan, tout en évitant les écueils et les dérives. Dans cette perspective, les événements stratégiques – faillite d'un gros client, entrée d'un nouveau concurrent puissant, apparition d'une technologie de substitution – constituent des mises à l'épreuve du paradigme stratégique, des tests de sa capacité à maintenir l'entreprise sur une trajectoire favorable. Ils sont aussi pour les dirigeants l'occasion de faire évoluer ce paradigme : redéfinir ce qui doit être tenu pour vrai et ce qui doit être tenu pour bon, et réorienter les forces qui façonnent la stratégie de l'entreprise.

On voit que le rôle du dirigeant, s'il n'a plus l'aura du grand décideur, est cependant fondamental, déterminant, et… difficile. Sa situation est en effet assez inconfortable. On attend de lui une lecture claire d'un environnement incertain et souvent ambigu. Tenu d'incarner une volonté, il est pourtant dépendant, pour l'action concrète, d'une foule de relais – hommes, unités, procédures, systèmes. Entre les choix énoncés et les résultats promis et attendus, des années entières peuvent s'écouler, pendant lesquelles les orientations prises ne manqueront pas d'être contestées ou détournées, à la faveur d'évé-nements extérieurs qui sembleront remettre en question son projet. La réalité des décisions stratégiques est donc bien éloignée de l'image mythique. Les réussites stratégiques se construisent rarement à l'aide d'intuitions fulgurantes ou de plans rigoureux. Le groupe alimentaire français BSN (Danone) est une des plus belles réussites industrielles et commerciales françaises. Son populaire patron, Antoine Riboud, est considéré comme un des meilleurs dirigeants d'entreprise français. Pourtant, l'histoire

A lire sur le sujet

Il n'existe pas en français d'ouvrage spécialisé sur ce thème. On trouvera toutefois des développements conséquents et accessibles dans :

- G. Koenig, *Management stratégique : projets, interactions et contextes*, Dunod, 2004.
- F. Fréry, G. Johnson, K. Scholes, *Stratégique*, Village mondial, 2002 (2e éd.).
- H. Laroche, J.-P. Nioche (dirs), *Repenser la stratégie. Fondements et perspectives*, Vuibert, 1998.

Plus difficile, mais fondamental :

- J. March, *Décisions et Organisations*, Editions d'Organisation, 1991.

stratégique de BSN est largement fondée sur l'échec d'une stratégie initiale, qui consistait, pour le petit groupe verrier qu'était BSN dans les années 60, à atteindre une dimension internationale, notamment dans le verre plat. Cet échec fut le point de départ d'une diversification dans l'agroalimentaire, qui devait se développer avec succès, faisant d'un groupe spécialisé dans les produits industriels un champion du marketing et des produits de grande consommation. La capacité à produire une « stratégie émergente » (3) à partir d'un flux de décisions et d'événements apparemment disjoints est une des premières conditions de survie pour les entreprises.

3. Voir les mots clés en fin d'ouvrage.

Xavier de la Vega*

DE NOUVEAUX DISPOSITIFS DE POUVOIR**

Le management contemporain confère des espaces d'autonomie accrue aux salariés. Ceux-ci n'en demeurent pas moins tenus en marge des décisions cruciales des organisations et confrontés à des formes nouvelles de domination.

SELON LES CANONS du management contemporain, l'idée de domination fait figure d'anachronisme. L'image d'ouvriers alignés dans un atelier, travaillant sous la férule de contremaîtres autoritaires, apparaît comme la photographie jaunie d'un autre temps, un modèle d'organisation situé à mille lieues des impératifs de la concurrence contemporaine. L'exemple même de ce qu'il ne faut pas faire. La domination, entendue comme synonyme de hiérarchie et d'obéissance passive, c'est tout simplement ringard.

C'est que le monde a changé. Aujourd'hui ne pourrait survivre que la firme « postbureaucratique » (1). Finies les organisations pyramidales. Pour s'adapter au plus vite à un environnement mouvant, répondre instantanément aux signaux du marché, l'entreprise doit décentraliser le processus de décision, le mettre en les mains d'unités autonomes fonctionnant en réseau. A ce mode d'organisation correspond un nouveau modèle de relations sociales. Finis les « chefs », voici les « managers » dont le rôle n'est plus de faire respecter les consignes, mais d'animer une équipe, de coordonner des salariés qui savent mieux que tout autre ce qu'ils doivent faire. D'un niveau à l'autre de l'échelle hiérarchique, le mot d'ordre est désormais l'« *empowerment* »

* Journaliste scientifique au magazine *Sciences Humaines*.

** *Sciences Humaines*, n° 158, mars 2005.

1. Voir S. Clegg, C. Hardy, « Organizations, Organization and Organizing », dans S. Clegg, C. Hardy, W.R. Nord, *Handbook of Organization Studies*, Sage, 1996.

(« délégation de pouvoir »), la « montée en autonomie ».

Ces nouveaux modèles de l'entreprise ont d'ores et déjà produit des transformations notables dans le monde du travail, que nul ne saurait nier. Il est vrai que les firmes ont évolué vers des formes décentralisées. Le « management par projet » en est un exemple connu, qui délègue à des responsables triés sur le volet la conduite de missions stratégiques pour l'entreprise. De même qu'il est vrai que les ateliers tayloriens (2) ont pour une part été repoussés à la périphérie du capitalisme, souvent délocalisés, pendant qu'un *« productivisme réactif »*, selon l'expression de Philippe Askenazy (3), s'impose dans les économies du Nord. Ce régime productif mobilise des salariés polyvalents, devant faire preuve de compétences cognitives et relationnelles nouvelles, de manière à adapter rapidement le niveau et les caractéristiques de la production aux souhaits de la clientèle. Au delà des tâches traditionnelles d'exécution, les salariés ont donc à développer des « compétences économiques » et à assumer à leur niveau les objectifs de la firme. La firme postbureaucratique, posttaylorienne est bien une réalité.

Doit-on cependant, comme s'empressent de le faire les gourous du management contemporain, voir dans ces évolutions une transformation radicale de la relation salariale ? La firme est-elle en passe de devenir, comme ceux-là aiment à le croire, le lieu où toutes les promesses d'émancipation trouveraient à se réaliser ? Les spécialistes du travail, même s'ils s'attachent à prendre acte des transformations survenues, demeurent généralement fort réservés devant ce type de prophétie. Aux yeux de beaucoup, les outils du management contemporain apparaissent au contraire comme des formes nouvelles de domination.

Cette ligne de recherche interroge le management contemporain dans deux directions principales. Elle cherche à identifier, en premier lieu, l'étendue réelle de l'autonomie et de la participation des salariés. Elle suggère, en second lieu, que les procédures instituées par le management participatif, du management par projet à la logique compétence, voire les techniques de développement personnel, sont de nouvelles *« technologies de pouvoir »*, selon l'expression de Michel Foucault, par lesquelles les salariés en viennent à adopter les attitudes, les manières d'être et de se comporter que le management appelle de ses vœux. La mise en avant de l'autonomie, la participation ou l'épanouissement personnel seraient alors les ingrédients d'un nouveau modèle de pouvoir.

Un despotisme *soft* ?

Quelle est la portée réelle de l'*empowerment* dont parlent les managers ? Rappelons que ce vocable appartient clairement au registre de l'émancipation politique. C'est notamment le terme que les politologues anglo-saxons emploient lorsqu'ils étudient les formes de démocratie participative expérimentées par les mouvements sociaux dans

2. Voir « Taylorisme » dans les mots clés en fin d'ouvrage.
3. P. Askenazy, *Les Désordres du travail. Enquête sur le nouveau productivisme*, Seuil, 2004.

des cas comme celui de la municipalité brésilienne de Porto Alegre. Si l'*empowerment* peut désigner le fait que les salariés disposent de marges de manœuvre accrues dans l'exercice de leurs fonctions, il convient de se demander quel est le degré réel de participation des salariés à la définition des orientations stratégiques de l'entreprise.

La réponse du sociologue David Courpasson, professeur à l'école de management de Lyon, est à ce sujet sans ambiguïté : la stratégie, ce n'est pas l'affaire des salariés. Les décisions qui en relèvent sont aujourd'hui le fait de ce qu'il appelle une *« oligarchie managériale »*, à ses yeux de plus en plus restreinte (4). Ce point de vue est confirmé par des enquêtes réalisées auprès des cadres français. Si ceux-ci se disent être attachés à l'autonomie dont ils disposent, il apparaît que celle-ci se limite souvent à l'organisation de leur temps de travail, soit, plus prosaïquement, à l'ordre dans lequel ils s'acquitteront des tâches qui leur sont confiées (5).

On peut dès lors observer que la notion de « management participatif » est pour le moins équivoque. Car si cette terminologie a le mérite d'insister sur l'enjeu démocratique du management, entendu comme une forme de gouvernement, force est de constater que le régime politique des entreprises contemporaines demeure fortement centralisé. Au point que Stewart Clegg et D. Courpasson vont jusqu'à mobiliser la notion tocquevillienne de « despotisme doux » (*soft despotism*) pour décrire le management par projet. Dotés d'une autonomie locale dans la conduite de leur mission, les chefs de projets apparaissent comme les relais du pouvoir central auprès des salariés, un pouvoir qui se réserve la faculté de prendre les décisions cruciales pour le projet (6).

Comprendre comment un petit groupe de personnes, l'élite managériale, parvient à centraliser des décisions qui détermineront le destin d'un grand nombre d'individus, voilà l'une des questions classiques de la sociologie politique. Max Weber est l'un des premiers à la poser. Il y répond en insistant sur la nécessité pour l'élite de légitimer son autorité. Comme on le sait, le sociologue étend cette problématique à l'ordre social considéré dans son ensemble. Suivant les pas de M. Weber, Luc Boltanski et Eve Chiapello (7) ont récemment proposé une analyse de la légitimation du capitalisme. Selon ces auteurs, le management des années 90 constitue une réponse des firmes aux critiques qui fleurirent en mai 1968, et qui voyaient dans les formes de subordination bureaucratiques l'étouffement de l'autonomie et de la créativité. Le management contemporain vise, selon ces auteurs, à désamorcer ce type d'objections, qui menaçaient l'implication des nouvelles générations de cadres. C'est ainsi que les firmes auraient adopté des formes d'organisation et

4. Voir l'entretien avec D. Courpasson dans ce chapitre.

5. O. Cousin, « Travail et autonomie », dans A. Karvar, L. Rouban (dirs), *Les Cadres au travail*, La Découverte, 2004.

6. S. Clegg, D. Courpasson, « Political Hybrids : Tocquevillean Views on Project Organizations », *Journal of Management Studies*, vol. 41, n° 4, 2004.

7. L. Boltanski, E. Chiapello, *Le Nouvel Esprit du capitalisme*, Gallimard, 1999.

de travail plus compatibles avec les attentes des salariés. Le rejet, dans le management contemporain, de l'autoritarisme, la valorisation de l'autonomie et de la participation illustrent, selon L. Boltanski et E. Chiapello, la capacité du capitalisme à absorber des valeurs qui lui sont étrangères – de l'éthique du protestantisme jusqu'à la culture participative du mouvement de mai 68 – afin de réactiver régulièrement l'adhésion des salariés, et particulièrement celle de ses cadres.

Danilo Martuccelli (8) déplace la réflexion en parlant, quant à lui, d'une *« torsion »* de la vision moderniste de l'émancipation. Pour ce sociologue, l'autonomie, la participation, l'authenticité n'interviennent pas seulement, au sein du management contemporain, comme les éléments d'une rhétorique de justification du capitalisme, mais comme de nouveaux vecteurs de subordination des salariés. Ceux-ci prennent désormais la forme de l'injonction : à être autonome, à participer, à s'épanouir... Voilà, pour D. Martuccelli, une nouvelle figure de la domination. Celle-ci était jusque-là appréhendée par la notion d'assujettissement, soit le processus par lequel les individus intériorisent par la contrainte, par un *« dressage »* dirait M. Foucault (9), un ensemble de normes et de conduites. L'injonction fait plutôt appel à l'initiative des salariés : ils seraient interpellés en tant qu'acteurs, sommés de prendre en main non seulement leur propre destin, mais celui de l'entreprise. Et ce sans que les individus se voient prescrire des comportements précis. A eux de trouver leur chemin. A eux aussi d'assumer l'entière responsabilité d'un éventuel échec. Voilà qui correspond, pour D. Martuccelli, à la figure plus large de la *« responsabilisation »*.

Les instruments d'un nouveau modèle de pouvoir

D. Martuccelli concède cependant que l'injonction doit être relayée par des procédures plus prégnantes pour susciter la participation des salariés. Celle-ci surgit à la faveur *« de nouveaux dispositifs »*, *« savants mélanges de persuasion, d'incitation et de contrainte »*. De la logique compétence au management par projet, en passant par les techniques de développement personnel : c'est par ces procédures concrètes que les salariés sont amenés à adopter les comportements requis par les organisations. Car si les méthodes du management ont évolué, l'objectif demeure inchangé : contrôler les individus au travail et orienter leur action vers les objectifs recherchés par l'organisation. Et il semble bien que, pour analyser les manifestations contemporaines de cette entreprise, le vocabulaire de la domination, tel que l'énonce M. Foucault, demeure valide. Certes, dans l'organisation libérale, si la figure du contremaître qui arpente les allées de l'atelier s'estompe, la « surveillance » n'en demeure pas moins. Elle resurgit dans des procédures comme le *« reporting »*, qui exige des salariés la rédaction de comptes rendus réguliers de leur acti-

8. D. Martuccelli, « Figures de la domination », *Revue française de sociologie*, vol. 45, n° 3, juill.sept. 2004.
9. M. Foucault, *Surveiller et punir. Naissance de la prison*, Gallimard, 1975.

vité. Elle peut également prendre une forme décentralisée comme dans le cas du contrôle par les pairs (10). A ce sujet, Valérie Brunel décèle dans le «*feed-back*», par lequel les cadres de certaines entreprises se commentent mutuellement leurs manquements respectifs, une pratique paradoxale de «*surveillance bienveillante*» que chaque salarié exerce sur les autres (11). Quant à l'«examen», il s'appelle aujourd'hui «évaluation du travail». Lorsque celle-ci sanctionne l'acquisition par le salarié des conduites que l'organisation attend de lui, peut-on parler d'autre chose que d'un processus de normalisation ? Mais le management peut également innover en recourant à l'autocontrôle des salariés, mobilisant à son profit des techniques qui relèvent de la relation à soi, comme les techniques de développement personnel. L'insistance sur les formes d'assujettissement qui seraient à l'œuvre dans le management contemporain ne doit cependant pas faire oublier la part de séduction, les avantages concrets, que les nouveaux instruments de gestion offrent aux salariés. Les salariés s'y engagent aussi parce qu'ils estiment qu'ils ont à y gagner. C'est ce qui fonde, selon V. Brunel, la légitimité des techniques de développement personnel. C'est aussi ce qui explique que les syndicats de la sidérurgie ont généralement approuvé le passage à la logique compétence. C'est donc aussi, il importe de le souligner, ce qui fait la puissance de ces dispositifs.

Reste cependant que l'on ne saurait parler de salariés qui s'investissent corps et âme dans les voies que leur ouvre le management. Dans chacun des exemples abordés apparaît en creux ce que Jean-Daniel Reynaud (12) considère comme l'un des plus grands dangers pour les organisations : le risque d'un retrait des salariés. Le succès d'un livre comme *Bonjour paresse*, un pamphlet décrivant les stratégies existantes pour en faire le moins possible en entreprise, est de ce point de vue symptomatique. On retrouve cette même attitude parmi les ouvriers dont parle Sylvie Monchatre : si certains décident de devenir «*acteurs*» en répondant aux attentes du management, d'autres optent plutôt pour la stratégie du «*figurant*» (profiter des avantages offerts sans s'impliquer pour autant) ou, pis, pour celle de l'«*inconvertible*» qui refuse tout simplement de devenir polyvalent (13). On aurait enfin tort de voir les dispositifs évoqués comme des engrenages à ce point puissants qu'ils enrôleraient la subjectivité des salariés sans qu'ils s'en aperçoivent. S'il est un trait commun de nombreuses analyses contemporaines de la domination, c'est d'insister sur les capacités réflexives des salariés. Ceux-ci maintiennent un regard critique vis-à-vis du monde du travail. Sans pour autant qu'ils trouvent, aujourd'hui, à convertir ce regard en action.

10. S. Clegg, D. Courpasson, *op. cit.*
11. V. Brunel, *Les Managers de l'âme*, La Découverte, 2004. Voir aussi son article «Le développement personnel au service de l'entreprise ?» dans le chapitre VI de cet ouvrage.
12. J.-D. Reynaud, «Le management pas les compétences : un essai d'analyse», *Sociologie du travail*, vol. 43, n° 1, janv.-mars 2001.
13. S. Monchatre, «De l'ouvrier à l'opérateur, chronique d'une conversion», *Revue française de sociologie*, vol. 45, n° 1, janv.-mars 2004.

LES CADRES ET LA « *DOMINATION DOUCE* »

ENTRETIEN AVEC DAVID COURPASSON*

Malgré une autonomie croissante chez les cadres, les décisions stratégiques restent entre les mains d'une oligarchie managériale. Une domination plus discrète est présente, dont sont conscients les « dominés ».

***Sciences Humaines :* Dans de nombreuses entreprises prévaut aujourd'hui un nouveau style de management qui met en avant l'autonomie, la responsabilité, la participation des salariés. L'entreprise serait dès lors un lieu d'épanouissement personnel. Cela vous semble-t-il une réalité ?**

David Courpasson : Non. Je dirai que dans les grandes entreprises nationales et multinationales – c'est sur elles et sur leurs cadres que portent mes recherches – on observe une évolution paradoxale. D'un côté, ces organisations délèguent de plus en plus de décisions, de sorte que les cadres disposent, c'est vrai, de marges de manœuvre accrues. Mais cette autonomie concerne des décisions qui n'ont pas un caractère irréversible. Ainsi, un banquier peut accepter un prêt immobilier important, un responsable de département décider de la distribution des primes entre ses salariés, sur la base d'une enveloppe budgétaire élaborée au sommet. D'un autre côté, en ce qui concerne les décisions stratégiques, on assiste à un mouvement de reconcentration : les décisions capitales sont prises par des cercles de plus en plus étroits. L'allocation des ressources, la nomination aux postes clés, la « gestion des potentiels », ce qui relève de l'univers politique de la firme est mené par une véritable oligarchie managériale.

Face à cela, les salariés se replient sur leur carrière, répondant en cela aux injonctions du management contemporain : « Soyez responsables, soyez autonomes, mais ne vous occupez surtout pas de la stratégie : vous n'êtes pas payés pour cela. » On observe ainsi un débordement d'énergie des salariés en ce qui concerne la gestion de leur carrière et au niveau quotidien, local de leur travail. Mais cela va de pair avec ce que l'on peut appeler une apathie politique, un désengagement quant au destin collectif de la firme. Les salariés font preuve d'une grande résignation quant à leur capacité à transformer les relations au sein de l'entreprise.

** Professeur de sociologie à EM-Lyon (Ecole de management-Lyon) où il dirige la recherche, il est aussi coéditeur de la revue américaine* Organization Studies. *A publié notamment :* La Modernisation bancaire, *L'Harmattan, 1995 ;* L'Action contrainte. Organisations libérales et domination, *Puf, 2000.*

SH : Le management par projet n'offre-t-il pas un lieu d'expression de l'autonomie des salariés ?

D.C. : Le management par projet est une sorte d'hybride. D'un côté, il implique des formes de travail enthousiasmantes et, dans certains cas, de véritables aventures collectives. Il permet ainsi, c'est vrai, de donner une expression concrète au discours sur l'autonomie ou l'« *empowerment* » (« délégation de pouvoir »). Dans sa conception, il s'agit incontestablement d'un instrument postbureaucratique. Car il remet en cause les hiérarchies classiques, s'appuie sur le caractère temporaire des activités, sur une logique de résolution de problème, au lieu de reposer sur l'obéissance à des règles. D'un autre côté, dans sa mise en œuvre concrète, ce type de management aboutit à reconstruire des procédures, des réglementations, de la conformité. Il repose lui aussi sur l'allégeance des responsables de projets et de leurs subordonnés à des formes bureaucratiques de contrôle.

On le voit : il n'y a rien qui ne soit ambivalent dans le management contemporain. Prenons l'exemple d'un chef de projet dans une entreprise de l'agrochimie. Il se voit attribuer un budget et des effectifs pour, par exemple, reconstituer une molécule donnée. A lui de proposer des solutions pour faire aboutir le projet dans un délai raisonnable. Il jouit donc d'un bel espace d'autonomie. Mais il doit dans le même temps envoyer des comptes rendus réguliers, se soumettre à la supervision étroite du comité central de recherche développement de la firme et accepter que les décisions cruciales du projet soient prises par d'autres que lui.

Le chef de projet doit donc affronter une ambivalence entre l'autonomie qu'il se voit conférée et le fait que les décisions stratégiques ne sont pas son affaire. Certaines personnes s'en sortent, d'autres ne le supportent pas. Beaucoup d'échecs sont dus à une incapacité d'assumer cette ambivalence. C'est là un merveilleux mode de sélection de futurs dirigeants. Car c'est exactement cela le métier de leader : être un individu pétri de ressources de pouvoir et se trouver sous l'étroite supervision d'une pluralité d'actionnaires. C'est savoir se sortir d'un véritable pétrin politique…

SH : Peut-on refuser de devenir chef de projet ?

D.C. : C'est bien sûr possible. J'ai rencontré, dans le cadre de mes enquêtes de terrain, des cadres qui ont refusé une

telle proposition, en invoquant des raisons d'ordre privé. L'organisation contemporaine n'est pas gérée par la force. Le management libéral consiste à suggérer, à proposer et à laisser aux personnes le soin d'exercer leur rationalité et d'effectuer les choix qui leur conviennent.
Si ceux-ci ne conviennent pas à l'organisation, elle en tirera néanmoins les conséquences. Je dirai donc : il est toujours possible de refuser, mais il ne vaut mieux pas. Refuser de conduire un projet est une décision lourde. En la prenant, vous vous exposez à ce que la nouvelle se répande parmi vos pairs. Vous n'avez pas été exemplaire parce que vous avez refusé la chance que vous offre l'organisation, parce que vous ne partagez pas les choix stratégiques de la firme ou, pis, parce que vous ne les avez pas compris. Une constellation de commentaires et d'interprétations se tisse autour de vous et finit par vous exclure. Vous n'êtes plus invité aux réunions, n'êtes plus destinataire de certaines notes. Vous êtes progressivement mis sur la touche. Cela aboutit fréquemment à des départs. Car il est insupportable lorsque l'on a 35 ans, du talent et toute la vie devant soi, de sentir que l'organisation, de manière presque unanime, vous en veut.
Autre conséquence possible : rien ne change pour vous, mais désormais rien ne changera plus. Votre carrière est au point mort.
L'organisation contemporaine dispose de moyens souples de contraindre et de sanctionner des décisions individuelles qui ne sont pas jugées en cohérence avec ses besoins. C'est ce que j'appelle la « domination douce ». C'est une forme discrète d'exercice du pouvoir qui repose sur la recherche d'assentiment de la part des personnes. A elles de donner du sens à leur subordination en quelque sorte. Cela se traduit par des instruments de gestion concrets, comme le management par projet, la logique compétence, etc.

***SH :* Vous écrivez que l'obéissance est une action. N'est-ce pas paradoxal ?**

D.C. : Les cadres dont je parle ne sont pas dupes, ils mesurent parfaitement les conséquences de leurs choix. La contrainte est comprise et interprétée par les individus. L'obéissance est réfléchie, elle est liée au fait que les individus ont interprété des signaux, des symboles, des messages. De ce point de vue, c'est une action, même si cela aboutit à se conformer aux exigences du management. J'appelle cela de l'obéissance critique.

Certains théoriciens parlent de cynisme organisationnel lorsqu'ils décrivent la manière dont les individus survivent dans l'univers des firmes : par l'humour, en reconstituant des niches affectives où ils se moquent des patrons, etc. Je pense de mon côté que les individus sont beaucoup plus pragmatiques que cela. Les salariés ne partagent pas ce que les organisations leur demandent, ils ne pensent pas que c'est bien, mais ils acceptent.

***SH :* Vous insistez beaucoup sur la contrainte, la menace de sanctions. La construction de la légitimité des décisions managériales, leur justification – pour parler comme Luc Boltanski et Eve Chiappello (1) –, ne sont-elles pas des facteurs tout aussi puissants d'assentiment des salariés ?**

D.C. : A mon avis, les dirigeants des organisations ne passent pas leur temps à justifier leurs actions, à construire une rhétorique destinée à expliquer aux salariés ce qu'ils ont à faire. Je pense plutôt qu'ils leur envoient des commandements, émettent des normes et des règles. La différence des organisations libérales par rapport à l'entreprise taylorienne (2), c'est que les individus peuvent accepter ou refuser de se soumettre à ces règles, en assumant, comme on l'a vu, les conséquences de leur choix.

A mes yeux, la légitimation des instances dirigeantes repose beaucoup plus sur des facteurs économiques. L'entreprise est-elle en bonne santé ? Distribue-t-elle des primes ? A ces facteurs très concrets s'ajoute, il est vrai, une dimension éthique, mais celle-ci se réduit bien souvent à la qualité morale des dirigeants. Est-ce que ce sont des « gens bien » ? Les salariés n'en demandent pas beaucoup plus.

N'oublions pas que le livre de L. Boltanski et E. Chiapello est fondé sur une analyse de textes. Lorsqu'on s'intéresse à la rhétorique managériale, on tombe nécessairement sur des argumentations de justification. C'est à mon sens un biais de méthode.

***SH :* La sociologie française des organisations s'est construite sur la notion d'accord. Vous lui préférez la notion d'acceptation…**

D.C. : La notion d'accord sous-entend que deux parties délibèrent, engagent des ressources égales dans un contexte de symétrie entre les parties. La notion d'acceptation renvoie, quant à elle, à une vision pour laquelle le pouvoir est l'élément premier des organisations. Ces dernières reposent sur une asymétrie fondatrice qui n'est pas résolue et ne doit pas être résolue. Une organisation a besoin de distance et d'asymétrie entre les acteurs, ce qui veut dire qu'ils ne disposent pas tous des mêmes ressources. La relation que les salariés tissent avec les dirigeants est nécessairement autre chose qu'un accord. Ce qui ne veut pas dire qu'ils ne peuvent pas exercer leur rationalité et leur réflexivité. Voilà sans doute une philosophie moins optimiste de la vie sociale. Mais elle me semble plus réaliste.

Propos recueillis par
XAVIER DE LA VEGA
(*Sciences Humaines*, n° 158, mars 2005)

1. L. Boltanski, E. Chiapello, *Le Nouvel Esprit du capitalisme*, Gallimard, 1999.
2. Voir « Taylorisme » dans les mots clés en fin d'ouvrage.

Isabelle Berrebi-Hoffmann*

NOUVELLE ÉCONOMIE, NOUVEAUX POUVOIRS ?**

Dans les entreprises « new look », qui travaillent en réseaux avec des équipes autonomes, la hiérarchie et la bureaucratie sont souvent jugées « ringardes ». Alors, de nouvelles formes de contrôle émergent...

Les entreprises françaises se sont profondément transformées durant la dernière décennie. Restructurées, décentralisées, avec moins de hiérarchie et de procédures, elles accordent plus d'autonomie à la base et elles se veulent tournées vers le client et les évolutions du marché. Elles ont commencé à faire évoluer les formes de contrôle classiques – hiérarchiques ou bureaucratiques. Mais plus d'autonomie et moins de contrôles directs ne riment pas forcément avec un allégement des contraintes qui pèsent sur les employés.

Avec le sociologue Michel Crozier, nous avons mené dans les années 90 des enquêtes auprès de grandes entreprises de service et de conseil en informatique : Cap Gemini Sogeti, la GSI (Générale de services informatiques) et la CGI (Compagnie générale d'informatique). Dans ces organisations où prévaut un niveau très élevé de liberté, l'efficience des mécanismes de contrôle réinventés nous a surpris. Ces formes de contrôle originales nous sont apparues préfigurer des évolutions que l'on retrouve aujourd'hui dans des secteurs plus traditionnels de notre économie. Par exemple, les usines automobiles qui, suite à des vagues de restructurations menées dans les années 90, ont vu leur organisation du travail bouleversée.

* Sociologue, chargée de recherche au Lise (Laboratoire interdisciplinaire pour la sociologie économie) CNRS-CNAM. A publié notamment : (dir.) « Les consultants font-ils le monde ? », *Sociologies Pratiques*, n° 6, 2002.

** *Sciences Humaines*, n° 125, mars 2002.

Par notre travail de terrain, mené dans des sociétés de conseil informatique, nous avons vu comment ont été expérimentés de nouveaux modes de gouvernement. Nous avons pu constater qu'ils se sont doublement adaptés. Tout d'abord à un environnement économique où le « dehors » de l'entreprise n'est plus totalement distinct du « dedans ». Et aussi à des acteurs opérationnels qui sont à la fois plus autonomes et moins interdépendants.

Considérées comme des organisations de pointe, non bureaucratiques, ces sociétés de conseil informatique sont apparues en France à la fin des années 60 et se sont développées dans les années 70. Créées par des autodidactes, des ingénieurs ou des chercheurs, ces entreprises ont connu une croissance fulgurante, portée par la rapide informatisation de notre tissu économique. En moins d'une décennie, de grands groupes internationaux de premier plan se sont formés à un rythme effréné, à coup de rachats de *start-up*, d'absorptions d'autres sociétés d'informatique, puis d'alliances avec des grandes entreprises de conseil en organisation ou en management. Leur rythme de croissance sans précédent, les idéologies managériales post-soixante-huitardes, leurs employés (essentiellement « cadres ») interdisaient à ces entreprises de se construire autrement qu'en laissant un pouvoir de décision radical à la base. Car manager un personnel atteignant entre 2 000 et 20 000 employés, tout en collant aux évolutions d'un marché bouleversé tous les six mois, demande une grande réactivité.

De plus, le travail de service, immatériel, intellectuel, peu visible, est peu contrôlable. Les informaticiens responsables de leur portefeuille de clients travaillent le plus souvent seuls, dix heures par jour, face à un écran, sans horaires, chez le client ou au siège, avec une autonomie technique et commerciale presque totale. Par ailleurs, il faut recruter des informaticiens sur un marché du travail tendu, avec de forts taux de rotation du personnel. D'une certaine façon, ces sociétés ont eu à réinventer le pouvoir et le contrôle en entreprise.

Les dirigeants ont alors développé des stratégies visant à récupérer leur pouvoir vertical par des mécanismes de contrôle horizontaux. Ces mécanismes reposent sur deux principes distincts : 1) l'instauration d'un contrôle social par les pairs ; 2) l'instauration d'une régulation marchande par une mise en concurrence interne poussée des employés.

Contrôle social et mise en concurrence des employés

Certains outils de gestion, comme les chartes d'entreprise ou les normes de qualité, peuvent servir de support concret au premier principe : le contrôle social. Tandis que l'individualisation des salaires, l'intéressement, la distribution de *stock-options*, voire des systèmes de contrôle de gestion informatisés pointus encouragent le second principe : une régulation marchande. Néanmoins, l'introduction de ces règles de management ne garantit pas un quelconque effet de contrôle. En effet, dans la réalité, ces règles peuvent toujours être détournées ou peu appliquées. Dans tous les cas, cela ne suffit pas à expliquer le très haut niveau de contrainte et l'efficience des formes originales de contrôle que nous avons rencontrées sur ce terrain. Développons les deux principes du contrôle horizontal, pour préciser notre propos.

Notons d'abord que le contrôle social ne doit pas être confondu avec le contrôle normatif des comportements par des valeurs intériorisées (la fameuse « culture d'entreprise »), car le contrôle normatif est une forme de contrôle vertical (1), la « culture » étant imposée d'en haut.

Ce que nous appelons « contrôle social » repose sur la densité du tissu et des échanges sociaux. Pour qu'il y ait contrôle social, il faut qu'existent des interactions entre les individus. La proximité physique, le tissu de relations hors travail (pots et petites bouffes entre collègues), les réseaux préexistants (fréquentation des mêmes écoles, cooptation), l'animation dans le travail (du plus sérieux, les séminaires, au moins, la galette des rois, par exemple) créent l'occasion d'interactions pour des individus qui sont très indépendants. Souvent, ils n'ont même pas de bureau fixe. Quel que soit le niveau d'adhésion de chacun aux valeurs de l'entreprise, c'est la possibilité d'être « vu » ou « pris » qui fait contrôle.

C'est un peu comme dans un village ou une petite ville de province. Les réseaux sociaux et le voisinage obligent les individus adhérant le moins aux valeurs dominantes à un certain conformisme, car les possibilités de sanctions sociales (réputation, qu'en dira-t-on...) sont plus fortes que dans l'anonymat des grandes villes. Or, il est bien plus simple pour des dirigeants de favoriser l'apparition d'une surveillance par les pairs que de convaincre des employés d'adhérer individuellement à une culture d'entreprise.

Pour rendre viable ce type de contrôle, il ne s'agit pas d'intérioriser des règles de comportement, mais d'animer un tissu de relations sociales entre les employés. Ainsi, ceux-ci, malgré leur autonomie totale, se retrouveront pris dans un réseau de liens permettant une observation mutuelle et des phénomènes de réputation, voire de sanction par le groupe en cas de déviance. Depuis les bureaux paysagers, jusqu'aux stages, soirées, week-ends d'entreprises, en passant par le tutorat des jeunes embauchés et les équipes projet, une série de pratiques permet de favoriser l'émergence de ce contrôle par les pairs.

On peut interpréter ainsi la stratégie interne de la GSI entre 1970 et 1994. Elle promettait un emploi à vie, elle promouvait une culture maison avec notamment une université interne et une association d'anciens du groupe. Cette entreprise a effectué le premier RES (rachat de l'entreprise par les salariés) français, et ce dans un environnement concurrentiel pourtant exacerbé.

1. La plupart des théories sur le pouvoir dans les organisations, qu'elles soient sociologiques ou économiques, négligent le contrôle social et n'analysent que le contrôle normatif. Voir par exemple D.M. Kreps, « Corporate Culture and Economic Theory », dans J.E. Alt, K.A. Shepsle (dirs), *Perspectives on Positive Political Economy*, Cambridge University Press, 1990 ; A. Etzioni, *Les Organisations modernes*, Duculot, 1971 [1964].

Le contrôle par les pairs, comment le vit-on, concrètement ? Voici deux témoignages recueillis auprès d'informaticiens lors de nos entretiens : *« Je suis évalué par les responsables de la filiale et par mes collègues. D'après moi, l'évaluation se fait sur des critères plutôt subjectifs. Il n'y a pas de critère quantitatif ou mesurable, ça se fait plutôt sur des phénomènes de bouche à oreilles, presque une réputation. »* ; *« Tu sais tout de suite que si tu veux aller voir ton patron et lui dire que c'est un crétin, tu peux. C'est pas écrit, il n'y a pas un texte, mais tu comprends tout de suite. Pour résumer, GSI c'est la boîte des possibles, tout est possible. C'est une boîte dans laquelle il faut être très fort moralement. Personne n'est sur mon dos, je fais ce que je veux... J'ai l'impression que je porte la boîte sur mon dos, ici, si je m'écroule, je sens que GSI aussi s'écroule. »*

Le second modèle, celui de la mise en concurrence interne, ne consiste pas seulement à introduire de la concurrence entre pairs sur des ressources collectives (budgets, recrutement, masse salariale) ou individuelles (promotions, incitations financières) à partir d'une évaluation personnelle (atteinte d'objectifs ou de résultats). On instaure une autorégulation marchande des activités. Par exemple, chez Cap Gemini Sogeti, le système de contrôle de gestion informatisé permet d'évaluer en temps réel, quotidiennement, la plus-value dégagée par chaque employé et celle de chacun des 400 bureaux locaux. Et ces performances sont comparées toutes les semaines. Une équation salariale basée sur cette plus-value permet alors automatiquement de valoriser la contribution de chaque individu et entité de l'organisation, en plus des primes ou des *stock-options* calculées sur la performance globale de l'entreprise. *« Ici, le jugement se fait sur les résultats et la sanction est naturelle : si on a un résultat inférieur à son objectif, le salaire diminue, à cause du mode de rémunération des patrons de bureau qui est à 40 % indexé sur les résultats »*, explique un patron de bureau de Cap Gemini.

Le retour du pouvoir hiérarchique

De plus, on maintient des employés dans un état atomisé, c'est-à-dire sans lien social fort avec des collègues ou des responsables. Donc, dans ce modèle, au contraire du précédent (le contrôle social par les pairs), on encourage une forte rotation du personnel, que le secteur informatique favorise d'ailleurs de lui-même par sa croissance élevée et sa demande élevée en personnel.

Les formes de contrôle précédentes permettent de faire l'économie du contrôle hiérarchique direct. En outre, elles redéfinissent le rôle des dirigeants. Ceux-ci gouvernent moins qu'ils ne s'assurent du bon fonctionnement de mécanismes d'autorégulation ou de contrôles horizontaux, notamment en s'efforçant de densifier les réseaux sociaux (premier cas) ou au contraire en les empêchant de se former (second cas).

Un second trait du pouvoir et du contrôle dans les organisations actuelles apparaît fondamental, même s'il peut paraître contradictoire avec ce qui précède. Si les liens hiérarchiques se sont desserrés du fait de l'autonomie à la base des entreprises, le pouvoir hiérarchique en ressort renforcé. Car ce pouvoir, dont on annonçait la fin, dans les années 80, opère un retour en force. Et si l'on a quelque mal à expliquer ce phénomène, des psychosociologues et des cliniciens le dénoncent, parlant d'une domination accrue dans un travail parfois source de souffrance, voire de harcèlement moral (2). Des voix s'élèvent pour accuser l'organisation libérale, alors que les règles du travail en entreprise sont bouleversées par la turbulence des marchés, les fusions et les restructurations massives, ou encore le poids des actionnaires. Ces tendances renforceraient le pouvoir arbitraire des responsables sur des destins individuels fragilisés.

Si ces discours nous semblent parfois nécessaires, ils ont cependant pour conséquence de conférer un rôle tout-puissant aux dirigeants et aux actionnaires, occultant soit la possibilité de contre-pouvoirs, soit l'analyse des ressources qui permettent à ce pouvoir de s'exercer. Or, c'est un système complexe de pouvoir qui nous semble s'installer aujourd'hui dans les organisations. Celui-ci repose sur deux caractéristiques : la décentralisation d'objectifs contradictoires et le haut niveau d'incertitude portant sur les résultats.

Au seuil des années 90, la plupart des grandes entreprises étaient structurées autour de départements et de services opérationnels qui poursuivaient des buts parfois différents de ceux des autres parties de l'organisation. Des services distincts se répartissaient des objectifs de délais de production, de croissance du chiffre d'affaires, de qualité de production, de coût. L'affrontement des principales logiques de l'organisation (qualité, délais, rentabilité...) pouvait se traduire en difficultés de coopération et en dysfonctionnements internes. On retrouvait ainsi, de façon récurrente, dans la plupart des entreprises, l'éternel conflit entre les producteurs (avec à leur tête les ingénieurs) et les commerciaux.

En 1992, IBM se restructure radicalement, réduisant de 50 % son effectif, supprimant des échelons hiérarchiques ainsi que la plupart de ses services fonctionnels. Et ce mouvement, dit de *downsizing* (réduction de taille), est amorcé dans nombre de grands groupes. C'est la course aux économies : on supprime des départements entiers (juridique, informatique, logistique, qualité, parfois même la production), ces activités étant désormais externalisées. De plus, on responsabilise les cadres et les employés opérationnels, désormais autonomes et polyvalents.

Gérer des objectifs contradictoires...

Mais ce faisant, les acteurs opérationnels sont en charge d'objectifs parfois contradictoires qui opposaient auparavant des services différents. Lorsque l'on est à la fois responsable de la qualité et des délais sur une chaîne automobile, vaut-il mieux arrêter la chaîne si les produits du fournisseur ont des défauts ou sacrifier la

2. C. Dejours, *Souffrance en France. La banalisation de l'injustice sociale*, Seuil, 1998.

qualité aux délais de production ? De même, les informaticiens de nos enquêtes, responsables de l'installation en trois mois d'un progiciel, se retrouvent avec des conflits de logistique et d'objectifs à gérer au quotidien. Ainsi, vaut-il mieux sacrifier une phase de test pour tenir les délais vendus au client (au risque que le produit présente des *bugs*), ou convient-il de privilégier la qualité en prenant son temps (au risque de problèmes relationnels avec le client) ? Ces conflits opposaient, autrefois, des services ou des individus qui étaient différents. Aujourd'hui, du fait de la polyvalence et de la responsabilisation des employés, ils sont devenus internes aux individus. Et pour ne pas être déchiré, chacun tentera alors de se débrouiller, de bidouiller au mieux.

Sur les entreprises étudiées, ceci a pour effet une formidable mobilisation des employés (travail en soirée et pendant les week-ends). Ils vont payer de leur personne pour résoudre les problèmes qui surgissent, sans jamais remettre en question le système organisationnel global autrement qu'en quittant l'entreprise lorsqu'ils s'estiment usés par leur travail. Selon les catégories de l'économiste Albert O. Hirschman (3), il n'y a pas de *« voice »* (ou protestation). Il y a soit de la loyauté envers l'entreprise, soit de l'*« exit »* (ou démission). Cette mobilisation n'est compréhensible que si l'on perçoit le rôle joué par une seconde caractéristique du travail actuel : l'incertitude sur les résultats.

L'autonomie accrue des employés atteint un niveau tel que ceux-ci deviennent demandeurs de règles et d'objectifs clairs, car ils leur permettraient de se protéger d'une incertitude radicale sur les résultats. Avant, dans un univers traditionnel, les marges de liberté individuelle étaient précieuses et source de pouvoir. Maintenant, dans un monde du travail radicalement ouvert, libre et incertain, elles deviennent curieusement pesantes, source de contraintes et de pressions psychologiques fortes. La stratégie opportune développée par les dirigeants consiste alors à refuser toute réduction de l'incertitude et de l'ambiguïté. Ce faisant, ils placent les employés face à une autonomie et une responsabilité infinies, qui reculent les limites du professionnel et les mobilisent de façon inhabituelle. *« Pierre D., il n'a pas pris de vacances pendant deux ans. Il travaillait tous les week-ends, et n'était jamais chez lui avant 22-23 heures. Au bout de deux ans, il a pris un mois de vacances, mais il n'en a même pas profité. Il était tellement crevé qu'il a été malade pendant toutes ses vacances »*, témoigne un informaticien.

L'incertitude comme solution...

« Quelqu'un qui pose des questions ou remet en cause le fonctionnement ici, c'est quelqu'un qui, soit n'est pas suffisamment autonome, soit pas suffisamment compétent pour se débrouiller seul ; soit, s'il s'agit des principes de la boîte, c'est qu'il n'a pas "compris". Si cette personne n'a pas "compris", ça veut dire qu'il n'est pas bon, par conséquent

3. A.O. Hirschman, *Défection et prise de parole*, Fayard, 1995 [1970].

il n'est pas bien vu, et donc pas promu. Il vaut mieux s'en sortir tout seul, quitte à y passer ses week-ends », explique un autre informaticien.

Le refus des responsables de clarifier les résultats attendus, de donner des objectifs précis, des critères d'évaluation des résultats, voire leur souci parfois d'augmenter l'incertitude en ne voulant rien savoir de ce qui se passe chez le client, correspond à une stratégie visant à augmenter la zone d'incertitude contrôlée par les employés. Ceci ne leur confère pas plus de pouvoir, mais les contraint au contraire. Car trop d'incertitude n'est plus synonyme de liberté dans un monde qui n'a pas la stabilité des bureaucraties. Dans un environnement plus incertain, instable, dérégulé, la ressource rare devient la capacité à réduire l'incertitude, à structurer les espaces de choix et d'action.

Ceci est une source de pouvoir importante pour les dirigeants. Les études de psychologie expérimentale montrent que le leader d'aujourd'hui est quelqu'un qui réduit la marge de liberté des individus, par ses conseils ou son arbitraire personnel. Le leader d'antan était au contraire capable de réintroduire de la liberté et du sens dans des univers de travail routiniers et stables.

L'incertitude sur les résultats, liée à un niveau d'autonomie élevé, n'est ni source de pouvoir pour l'employé ni créatrice d'asymétrie d'information en sa faveur. Elle est la condition d'un contrôle fort des opérationnels. Dans nos travaux, nous avons appelé ce type de contrôle le contrôle paradoxal (4). Les regards actuels occultent trop souvent la réalité du pouvoir dans les nouvelles formes d'organisation. Lorsque l'on s'interroge sur un contrôle impossible, ou lorsque l'on surestime la toute-puissance des responsables dans un discours critique sur la violence du monde du travail, on passe à côté de l'essentiel. Si le pouvoir dans les organisations emprunte des chemins inhabituels, il existe bel et bien sous des formes différentes. Et des thèses récentes ont constaté l'existence de ce contrôle paradoxal, basé sur l'autonomie et l'incertitude, dans des usines automobiles, dans l'industrie de traitement de l'eau ou bien encore dans le secteur des assurances (5).

L'autorité hiérarchique se renouvelle. Les dirigeants, selon les termes de Chester Barnard, tentent d'élargir la « *zone d'indifférence* » des employés autonomes, de façon à ce que ceux-ci préfèrent s'investir dans leur tâche plutôt que de remettre en cause leur autonomie et donc l'organisation du travail elle-même (6). Comprendre le pouvoir dans les entreprises aujourd'hui nécessite de prendre conscience de nouveaux mécanismes de contrôle. Ceux-ci reposent sur des contrôles horizontaux et sur un pouvoir hiérarchique renouvelé, paradoxalement renforcé par l'autonomie des employés et des cadres.

4. I. Berrebi-Hoffmann, *Pouvoir et contrôle dans les entreprises d'expertise*, thèse de sociologie de l'Institut d'études politiques (IEP) de Paris, 1997.
5. M. Devigne, *Fragile contrôle. Approche sociologique des efforts de contrôle dans 3 organisations*, thèse de sociologie soutenue, IEP de Paris, 2004 ; G. Rot, *Les Nouvelles Formes d'organisation du travail dans les usines de montage automobile*, thèse de sociologie, IEP de Paris, 2000.
6. C.I. Barnard, *The Functions of the Executive*, Harvard University Press, 1938.

LE POUVOIR DES CLIENTS

ENTRETIEN AVEC AURÉLIE JEANTET*

Sociologue à l'université Paris X-Nanterre, Aurélie Jeantet montre le pouvoir croissant que La Poste a donné aux clients, mais aussi celui que les clients se sont octroyé.

***Sciences Humaines :* Quelles sont les transformations récentes qu'a connues La Poste ces dernières années ?**

Aurélie Jeantet : La Poste a vécu en 1991 une grande réforme qui s'est concrétisée institutionnellement par le passage du statut d'administration à celui d'entreprise publique et par la séparation d'avec France Télécom. D'un point de vue social, cela s'est traduit par une reclassification du personnel. Depuis, on assiste notamment à des transformations des règles de gestion des carrières, au développement de l'activité commerciale et à la mise en place de nouveaux dispositifs d'accueil du public. Car comme d'autres entreprises de service public, le terme de client a remplacé celui d'usager, et le client a été utilisé comme levier de changement afin de « moderniser » l'organisation du travail. Les guichetiers eux-mêmes, loin d'être réticents aux changements annoncés, ont vite adopté le client car il promettait d'améliorer les relations. En effet, la conception en terme de client – et l'attention accrue portée à sa « satisfaction » – comportait un espoir de modernisation de La Poste qui rejaillirait sur les guichetiers et revaloriserait aux yeux des clients l'image du bureaucrate paresseux et indifférent qui leur est souvent attribuée. Néanmoins, le terme « client » est équivoque. Il convient en effet de distinguer le client abstrait, construit par la direction, des clients concrets et pluriels que rencontrent physiquement les guichetiers. Et ces deux réalités sont en interaction, les clients ne se comportant plus de la même façon que jusqu'alors.

* *Maître de conférences en sociologie, université Paris-III, Laboratoire genre, travail, mobilités (CNRS)*

***SH :* Comment les clients se sentent-ils dotés d'un pouvoir ?**

A.J. : Les clients se voient en effet conférer un nouveau statut. D'une part, l'entreprise affiche qu'elle est tournée vers eux : dans les grands bureaux de poste, les vitres de séparation sont supprimées, des postes d'agent d'accueil sont créés, les formulaires se veulent simplifiés, de nouveaux produits foisonnent, l'attente est aménagée… Cela s'accompagne d'une communication externe de valorisation du client, visible à travers les campagnes de publicité qui prônent un peu partout le client roi. D'autre part, l'organisation encourage l'expression des revendications des clients à travers le développement des services des réclamations. Ainsi, du côté des guichetiers, la prescription hiérarchique opère comme un détour. Une partie des prescriptions est déléguée aux clients, chargés eux-mêmes de prescrire le travail, de l'évaluer et de le sanctionner. D'ailleurs, une confusion est entretenue avec notamment l'existence de visiteurs-mystère, qui sont des inspecteurs déguisés en clients. Mais cette instrumentalisation des clients échappe en partie à la direction en cela que les clients en profitent pour exprimer également leurs propres revendications.

***SH :* Comment les clients exercent-ils leur pouvoir face aux guichetiers ?**

A.J. : La relation de service commence dès l'attente dans les fameuses files qui font horreur à la plupart d'entre nous. Les clients manifestent alors leur impatience en émettant, parfois à leur insu, de multiples signes : soupirs, regards excédés, signes de nervosité… Il leur arrive de se lier entre eux afin de faire pression sur les guichetiers et d'accélérer leur rythme de travail. Lors de mes observations, j'ai même assisté à la signature d'une pétition. Mais pendant qu'ils sont servis, les clients prennent parfois au contraire tout leur temps et forcent les guichetiers à ralentir leur rythme. De plus, les regardant travailler, ils contrôlent le moindre geste des guichetiers et ils les suspectent généralement de mettre plus de temps qu'il n'en faudrait. Lorsque tel leur semble être le cas, ils sanctionnent le guichetier par un regard réprobateur ou une remarque. Ils demandent aussi à être écoutés, considérés et parfois traités avec beaucoup d'égards, allant jusqu'à exercer un rapport de domination appuyé ou non sur une supériorité sociale. Cela va du client « huppé » qui exige du guichetier qu'il lui colle sur ses enveloppes les vingt timbres qu'il vient d'acheter aux techniques d'intimidation maniées par certains clients (scandale, chantage, insultes, menaces même physiques) qui n'acceptent pas le refus du guichetier, par exemple, de leur délivrer un colis ou de l'argent en l'absence de justificatif d'identité.

***SH :* Comment les guichetiers résistent-ils à la pression des clients ?**

A.J. : Face à cette forte pression, les guichetiers utilisent les ressources qui sont à leur disposition et ils inventent des « trucs ». L'organisation du travail exige qu'ils se déplacent régulièrement dans les « coulisses », pour reprendre la métaphore de Erwing Goffman, hors de la vue des clients. C'est alors l'occasion de souffler et d'échanger quelques mots avec des collègues, parfois en se moquant de certains clients difficiles afin de s'en distancier. Par ailleurs, ils élaborent des règles, plus ou moins explicites. L'une d'entre elles est de ne pas faire ce que les clients peuvent faire eux-mêmes. Par exemple, les guichetiers remplissent volontiers un formulaire pour une personne analphabète car c'est « rendre service », ce qui correspond à leur idée de service public et ce qui leur apporte une source de reconnaissance possible de la part du client. En revanche, remplir un formulaire pour un client huppé qui ne prend simplement pas la peine de le faire lui-même, c'est « être à son service », ce qui change tout. Une même activité peut être valorisante ou ingrate. C'est pourquoi les guichetiers élaborent des règles fines pour savoir quelle conduite adopter face aux clients. Et, comme dans d'autres professions de service (hôtesses de l'air, livreurs, infirmières, serveurs...), cela devient d'autant plus difficile que les clients sont de plus en plus exigeants.

Propos recueillis par
EVELYNE JARDIN
(Sciences Humaines, n° 125, mars 2002)

Guy Pelletier*

LES FORMES DU LEADERSHIP**

APPROCHES AMÉRICAINES

Le leadership se définit par la capacité de mobilisation et d'influence. Guy Pelletier distingue plusieurs courants de réflexion fondés respectivement sur : les traits de personnalité du leader, son comportement, les contraintes organisationnelles, les aspects relationnels et enfin la capacité de mobiliser dans des situations de changement.

La notion de leadership est apparue au siècle dernier, dans les franges de la révolution industrielle et de la constitution de ces nouvelles organisations du travail qui marqueront le XXe siècle. Le leadership est associé à la position du leader mais seulement de celui qui est jugé « démocratique ». Cette précision est des plus importantes car, au regard du sens anglo-américain, il est abusif de parler de leadership autocratique ou d'identifier ce terme à l'hégémonie comme le font, par exemple, les dictionnaires français le *Larousse* et le *Robert*.

Le concept de leadership s'inscrit dans un cadre culturel, idéologique et identitaire qui a des caractéristiques particulières : celui de l'homme « libre », des droits individuels forts, d'une réglementation sociale limitée, de communautés « locales » relativement autonomes et d'un appareil étatique ou bureaucratique relativement faible. Au sein d'un tel contexte, les modes de régulation de l'action ne peuvent pas reposer sur des approches très structurées, voire autoritaires, et la question fondamentale posée est la suivante : comment mobiliser des collaborateurs et des subordonnés qui sont des agents libres ? Si cette capacité d'action s'avère opportune pour un dirigeant au quotidien, elle constitue une compétence stratégique majeure lorsque vient le temps de transformer les organisations

---

* Professeur à l'Université de Sherbrooke, département de gestion de l'éducation et de la formation.

** *Sciences Humaines*, hors série n° 20, mars/avril 1998.

Kurt Lewin et les trois styles de leadership

Dans une expérience célèbre, réalisée à la fin des années 30, Kurt Lewin et ses collègues, Ron Lippitt et Robert W. White, ont cherché à mesurer l'influence d'un type de direction sur un groupe de jeunes garçons de 10-11 ans. L'expérience consiste à former trois groupes dirigés respectivement par un leader de style autoritaire (il est directif, n'écoute pas les suggestions du groupe et prend les décisions seul), un leader de style démocratique (qui écoute le groupe, propose plus qu'il ne commande, suscite l'accord et l'adhésion du groupe) et enfin un leader de style laisser-faire (qui intervient très peu, se contentant au besoin de donner des conseils). Ayant confrontés ces trois groupes à une même tâche, les auteurs s'attendaient à ce que le style démocratique soit le plus performant. En fait, les résultats sont plus contrastés. Le style autoritaire est aussi efficace que le style démocratique pour accomplir une tâche confiée au groupe. Le style laisser-faire est le moins performant. En revanche, dans le groupe démocratique, la satisfaction est la plus grande. Lorsque le leader est absent, le groupe à direction démocratique s'avère plus performant, alors que l'efficacité du style autoritaire s'effondre.

et les sociétés. Toutes les formes de pouvoir ne sont pas du leadership. Malgré le nombre surprenant de travaux portant sur cette notion, on s'entend généralement pour définir le leadership comme la capacité de susciter la participation volontaire des personnes ou des groupes au regard des objectifs suivis. Parce que le leadership repose sur la notion – toutefois discutable – de participation volontaire, il se distingue de la notion d'autorité. Si l'autorité est déléguée par l'instance hiérarchique en fonction du poste occupé, le leadership fait implicitement référence au processus d'attribution, c'est-à-dire aux mécanismes d'identification positive, voire de projection, que des personnes réalisent à l'égard d'une autre. Ce processus crée une situation potentiellement favorable à cette dernière, mais elle est aussi porteuse de contraintes. En effet, un individu ne peut en influencer un autre que si ce dernier est en relative dépendance par rapport à lui. En ce sens, l'exercice du pouvoir est un construit d'acteurs qui est à la fois relatif aux personnes elles-mêmes, à leur capacité à lire les situations, à les traduire en relations et à œuvrer sur les perceptions et les représentations. L'essence même du leadership repose donc sur cette combinaison complexe et personnelle de savoirs, savoir-faire et savoir-être, qui n'est pas octroyée avec l'obtention d'un poste, et relève de la capacité d'influence d'une personne sur d'autres. Cette influence ne peut pas être considérée comme un simple synonyme de pouvoir. Ce dernier repose sur l'habileté d'un individu à mobiliser au sein d'un groupe les divers détenteurs d'influence. Quant à l'autorité, elle est, en somme, un pouvoir «institué», c'est-à-dire un pouvoir accepté, légitimé et reconnu. Elle se concrétise dans l'idéal weberien de l'autorité rationnelle légale, c'est-à-dire dans la source de pouvoir jugée la plus stable pour gouverner les organisations contemporaines.

Malgré l'importante diversité des modèles théoriques sur le leadership, généralement cinq approches majeures sont retenues.

L'approche axée autour des traits

Dès la Seconde Guerre mondiale, plusieurs recherches ont été financées par l'armée américaine afin d'identifier quels étaient les principaux traits des officiers ayant de l'ascendant sur leur troupe. Ces recherches se sont multipliées par la suite. Ralph M. Stogdhill (1), Edwin E. Ghiselli, Charles Handy et plus récemment Robert Vecchio, en ont réalisé des synthèses qui mettent en évidence l'absence de paramètres communs permettant d'esquisser un portrait type singulier. Les quelques aspects qui semblent assez constants ne sont pas suffisants pour prédire la réussite dans un poste de direction. Ces aspects sont principalement : l'intelligence, vue comme capacité à résoudre des problèmes; l'initiative, en tant qu'habilité à percevoir un besoin et à élaborer une stratégie appropriée de réponse; et l'assurance personnelle, c'est-à-dire la confiance en soi et, son corollaire, la maîtrise d'un niveau relativement élevé de compétences pertinentes. Les recherches sur les traits ont le mérite de mettre en valeur la dimension personnelle, voire informelle, des dirigeants qui avaient un important ascendant sur leurs collaborateurs et subordonnés. Toutefois plusieurs auteurs, dont Bernard M. Bass (2), signalent qu'un gestionnaire n'acquiert pas du leadership à cause de traits particuliers mais bien d'abord parce que, face à une situation donnée, la configuration de ses caractéristiques personnelles s'accorde aux besoins, aux caractéristiques et aux projets des personnes influencées *(followers)*.

L'approche axée sur les comportements

Les limites ressenties à l'approche des traits ont conduit les chercheurs, notamment ceux de l'université de l'Ohio, à accorder une attention majeure aux rapports entre les comportements des dirigeants et la satisfaction et le rendement de leurs subordonnées. La forme la plus achevée de ces premiers travaux réside dans la grille managériale de Robert R. Blake et Jane S. Mouton (3). Ces derniers identifient deux attitudes majeures et complémentaires de l'encadrement : la première se focalise sur la tâche (production) et la seconde sur les relations (considération). En reportant sur des axes cartésiens ces deux orientations à l'égard des subordonnés, ils énoncent cinq styles dominants de gestion :

– l'anémique, qui s'investit peu, tant dans la tâche que dans les relations;

1. R.M. Stogdill, *Handbook of Leadership*, Free Press, 1974.
2. B.M. Bass, *Leadership and Performance beyond Expectations*, The Free Press, 1985.
3. R.R. Blake et J.S. Mouton, *The New Managerial Grid*, Gulf Publishing, 1978.

– le social, qui ne s'intéresse qu'à la dimension des relations;
– l'autocrate, orienté uniquement sur la tâche;
– l'intermédiaire qui cherche à établir un équilibre entre ces deux orientations;
– le dirigeant intégrateur qui arrive à concilier les deux orientations poursuivies.

Aux yeux de ces auteurs, le leadership ne peut être associé qu'aux deux derniers types de dirigeants dont le modèle intégrateur représente le type idéal.

L'approche des contingences

Sous cette approche, on retrouve un large éventail de théories cherchant à expliquer pourquoi certains types de leadership peuvent s'avérer efficaces dans certaines situations et non dans d'autres. Le plus souvent, les modèles théoriques tiennent compte des caractéristiques personnelles du dirigeant, de celles des subordonnées et du type de situation, généralement définie par la nature du travail, de la structure organisationnelle et des contraintes de l'environnement. Sous cette approche, le modèle théorique qui suscite le plus d'intérêt auprès des dirigeants nord-américains est celui énoncé par Paul Hersey et Kenneth H. Blanchard (4) qui complète le modèle de R.R. Blake et J.S. Mouton – orientation sur la tâche et orientation sur la relation – par une composante qu'ils nomment le degré de maturité des subordonnés. Cette maturité est à la fois psychologique et professionnelle, et se définit par la capacité des employés à se fixer des buts élevés, mais réalistes, par l'engagement dans la tâche ainsi que la formation et l'expérience. Ces éléments donnent lieu à une typologie comportant quatre niveaux de maturité :

• M1 (peu de maturité), les employés possèdent un très bas niveau de qualification, connaissent mal les exigences de leur travail et se montrent peu motivés à l'accomplir;
• M2 (maturité moyenne/faible), les employés maîtrisent peu les exigences de leur travail mais se révèlent motivés pour l'accomplir;
• M3 (maturité moyenne/élevée), les employés connaissent les exigences de leur travail, maîtrisent les compétences nécessaires mais se révèlent de moins en moins motivés pour l'accomplir;
• M4 (maturité élevée), les employés sont fortement engagés dans leur tâche qu'ils réalisent avec un grand niveau de maîtrise et de réussite.

A ces paliers de maturité correspondent quatre styles majeurs de gestion proposant des orientations d'action à l'égard de la tâche et de la relation :

• le style directif (S1) correspondant au niveau M1 et consistant à mettre l'effort sur la définition et la réalisation des tâches en accordant peu d'attention aux relations interpersonnelles;
• le style dit «de motivation» ou «vendeur» (S2) correspond au niveau M2 et consiste à centrer ses interventions autant sur la relation (soutien et encouragement) que sur la tâche (instrumentation et formation);
• le style participatif (S3) est particulièrement approprié pour les employés de

4. P. Hersey et K.H. Blanchard, *Management of Organisational Behavior*, Prentice Hall, 1982.

niveau M3 où le travail d'équipe et l'engagement dans de nouveaux projets sont indiqués ;

• la délégation (S4) ou, en d'autres termes, l'intervention minimale de direction auprès de ses employés, serait l'approche la plus justifiée pour le niveau M4.

Dans l'esprit des auteurs, il n'y a pas de style « idéal » mais plutôt des styles jugés plus ou moins appropriés selon les situations. Une dimension importante de cette approche, malheureusement souvent occultée, est le rôle important de formateur du dirigeant. En effet, ce dernier, après avoir diagnostiqué le niveau de maturité d'une personne (ou d'un groupe) et déterminé le style d'intervention le plus approprié, doit chercher à faire progressivement cheminer cette personne (ou ce groupe) vers les stades ultérieurs de maturité.

La recherche constante d'une adaptation à l'évolution des contextes, le souci d'une juste compréhension manifestée à l'égard des employés, le réalisme des descriptions proposées et la validation par la pratique professionnelle expliquent probablement l'intérêt manifeste qu'obtient cette approche auprès des dirigeants en exercice – et cela malgré son caractère rudimentaire, son aspect technique et d'une certaine surestimation de la capacité d'un dirigeant à exercer un éventail varié de style de gestion.

L'approche transactionnelle

Cette approche est vraisemblablement la plus « politique » car elle repose, en majeure partie, sur la mouvance du pouvoir selon les contextes et la nature des réactions potentielles des personnes soumises à celui-ci. Elle s'est surtout intéressée à la dynamique des rapports lors des échanges entre les individus qui, en tant qu'acteurs – qu'ils soient dirigeants ou travailleurs –, établissent des relations de réciprocité où les uns comme les autres recherchent des bénéfices. Dans l'esprit de George C. Homans, l'influence acquise sur les autres se fait « au prix » d'une acceptation de se laisser influencer par ces derniers. En d'autres termes, la capacité d'un dirigeant à acquérir du leadership sur ses collaborateurs et subordonnés est, en partie, sujette à son ouverture personnelle à accepter leur influence. Il s'agit en fait d'un processus très complexe où le dirigeant habile se montre ouvert aux demandes de ses collaborateurs – en les faisant en majeure partie siennes –, ce qui permet à ces derniers de « s'identifier » à celui-ci. Il faut que le dirigeant ait « vraiment compris » ses subordonnés mais aussi, qu'il ait su interpréter et traduire cette « compréhension » dans ses propres schèmes d'action afin de s'en distancier et de ne pas être subjugué par les schèmes interprétatifs des « autres ». Une variante de cette approche se retrouve dans l'observation de Peter M. Blau. Toute personne qui accepte un service d'une autre personne accepte implicitement que cette dernière prenne du pouvoir sur lui. D'une façon souvent implicite, des employés acquièrent du pouvoir sur leur patron en lui rendant des « services ». Inversement, des patrons prennent de l'ascendant sur leurs employés en leur rendant des « services ». Or, un examen critique de la situation révèle assez rapidement que les « services rendus » par les uns et les autres font, en fait, partie du juste exercice de leurs tâches respectives. En définitive, l'exécution d'une tâche présentée sous la forme d'un « service rendu » peut créer une réelle situation de dépendance.

Enfin, si la plupart des théories sur le leadership ont tendance à s'inscrire suivant un protocole « un dirigeant et un groupe d'employés », l'approche transactionnelle aborde plutôt la relation entre le cadre et ses subordonnés sous le mode du contrat individuel et bilatéral. Le dirigeant cherchera à établir des formes satisfaisantes d'appariement avec chacun de ses employés afin de moduler le faisceau de ses relations dans les limites de ses capacités à interagir, des ressources dont il dispose et de la nature des objectifs à atteindre.

L'approche transformationnelle

Tout en comportant certaines caractéristiques des approches précédentes dont celle des traits, le leadership « transformatif » est devenu l'approche qui suscite le plus d'intérêt aujourd'hui. Plusieurs facteurs expliquent cette situation dont les plus importants reposent probablement sur l'essoufflement général des modèles traditionnels de fonctionnement et l'engagement actuel dans d'importantes transformations organisationnelles et sociales. Si Max Weber avait jugé le modèle bureaucratique comme idéal par rapport au modèle de la société charismatique, considéré comme beaucoup plus instable, le renouvellement et la revitalisation des organisations modernes peuvent difficilement se réaliser sans la contribution de leaders charismatiques. Cette approche repose sur le besoin qu'éprouvent des personnes, à des degrés et à des époques divers, de se référer à un « grand rassembleur » qui réussirait à les mobiliser pour réaliser des projets signifiants qu'elles ne se sentent pas en mesure d'accomplir par elles-mêmes. Abraham Zaleznik, dans un article remarqué de la *Havard Business Review*, avait attiré l'attention sur la montée importante des gestionnaires (managers) dans les entreprises américaines au détriment des leaders, et sur les conséquences néfastes du phénomène, tout particulièrement en ce qui concerne la motivation des personnels et le degré de compétitivité des entreprises. À la même époque, les travaux de James M. Burns et de Robert J. House allèrent progressivement susciter un intérêt manifeste. Le premier mit en valeur les caractéristiques du leadership charismatique et son efficacité à mobiliser les personnes, particulièrement lorsque l'environnement socio-économique devient incertain et que le projet d'entreprise perd de son sens. Le second s'attardera surtout sur les mécanismes d'influence, mettant en lumière le rôle des affects dans le processus. Les subordonnés n'ont pas seulement besoin de comprendre, ils ont aussi besoin d'être convaincus et, pour cela, il faut savoir aussi les interpeller au niveau de leurs émotions. B.M. Bass identifie trois dimensions majeures à ce type de leadership.

- Le charisme : le leader sait interpeller

les personnes, créer un environnement humain convivial propice à l'identification et à l'appartenance, détecter ce qui est important et exprimer une vision articulée.

• La reconnaissance individuelle : le leader délègue des projets pour favoriser des situations d'apprentissage, demeure attentif à la situation de ses employés, particulièrement de ceux qui semblent laissés pour compte, et les aborde comme des personnes distinctes.

• La stimulation intellectuelle : le leader lance des idées nouvelles, pose des questions, invite à repenser les méthodes traditionnelles, ouvre le regard sur des façons différentes d'aborder les problèmes et de réaliser les processus.

Pour leur part, Warren G. Bennis et Burt Nanus (5) regroupent en quatre compétences majeures les caractéristiques des dirigeants jugés particulièrement efficaces lors de la conduite de grands changements organisationnels :

– la gestion de l'attention qui se traduit par la capacité à susciter et à maintenir l'intérêt des membres de l'organisation au regard des orientations et des buts privilégiés ;

– la gestion de la signification qui repose sur la capacité à communiquer sa vision, sa compréhension des choses et, surtout, de la rendre signifiante auprès de son personnel ;

– la gestion de la confiance, c'est-à-dire la capacité à faire preuve de soutien, de fiabilité et de constance dans ses rapports avec son personnel ;

– la gestion de soi, c'est-à-dire d'abord être attentif à soi-même, à ses forces et à ses faiblesses, à la nature de ses ressources personnelles et à leur utilisation adéquate. Elle se traduit par un effort constant pour sa formation et celle de ses collaborateurs et subordonnés.

Plusieurs autres auteurs, dont James Kouzes et Barry Posner, ont poursuivi les travaux en cherchant à mieux circonscrire les mécanismes mis en jeu dans les processus d'attribution et d'identification qui jouent des fonctions majeures dans cette conception du leadership. Enfin, signalons que certaines approches émergentes, dont celle de Robert E. Quinn (6), cherchent à réaliser des synthèses nouvelles des orientations observées dans le traitement du leadership.

Mythe ou réalité ?

Il existe une véritable prolifération d'ouvrages et de discours sur le leadership. S'il est communément admis que les personnes en poste d'autorité ont une influence indéniable sur le fonctionnement de leur organisation, la pléthore des modèles et des formations proposés sur le sujet est probablement sans commune mesure avec leur contribution réelle à l'amélioration des relations de collaboration au sein des organisations et à l'efficacité générale de ces dernières. Alors comment expliquer un tel engouement ? Il s'agit certes d'une niche de marché lucrative pour plusieurs consultants qui ne manquent pas de faire jouer, à leur faveur, le miroir aux alouettes dans ce domaine. Mais, il y a probablement

5. W.G. Bennis et B. Nanus, *Diriger : les secrets des meilleurs leaders*, InterEditions, 1986 ; traduction française de *Leaders*, Harper & Row, 1984.
6. R.E. Quinn, *Beyond Rational Management*, Jossey-Bass Publishers, 1991.

plus que cela. Aborder la thématique du leadership, c'est utiliser une thérapie douce pour traiter de l'exercice du pouvoir. Sous ce couvert homéopathique, les dirigeants se sentent en sécurité pour parler d'eux-mêmes, de leur pratique, de leur réussite et de leurs doutes. Le leadership est aussi associé à un ensemble de mythes qui légitiment et renforcent la pertinence de la fonction de cadre, qui permettent aux employés de croire à une éventuelle mobilité s'ils font bien leur travail. L'imaginaire du leadership insinue, en aval, un spectre d'attentes et de comportements chez les subordonnés qui finissent par considérer comme valable ce qui se fait en amont.

A lire sur le sujet

- A. Bryman, *Charisma and Leadership in Organizations,* Sage Publications, 1992.
- P. Collerette, *Pouvoir, leadership et autorité dans les organisations,* Presses de l'Université du Québec, 1991 (rééd. 2000).
- L. Maillet, *Psychologie et organisations : l'individu dans son milieu de travail,* Agence d'Arc, 1998.
- B. Nanus, *Visionary Leadership,* Jossey-Bass Publishers, 1992.
- P.B. Vail, *Managing as a Performing Art,* Jossey-Bass Publishers, 1989.
- G.A. Yukl, *Leadership in Organizations,* Prentice Hall, 1989.

Chapitre IV

Comprendre et gérer le changement

POINTS DE REPÈRE

LE CHANGEMENT ORGANISATIONNEL : THÉORIES ET OUTILS

Théories

Les approches du changement organisationnel ont quelques points communs : le changement est vu comme un processus anticipé, planifié, collectif, qui doit faire l'objet d'un apprentissage et d'une forme d'institutionnalisation. Des prescriptions qui ne correspondent pas toujours à ce qui se passe en réalité : changements opérés dans l'urgence, décrétés par le haut et par l'application des recettes.

Les approches critiques

Ces travaux insistent sur les contradictions et les effets pervers du management par le changement permanent : dégraissage, précarisation, démotivation, épuisement professionnel (voir les travaux de Christophe Dejours et Vincent de Gaulejac).

L'apprentissage organisationnel

Derrière ce vocable se cache une multiplicité d'approches, pour la plupart d'inspiration cognitive, selon lesquelles le changement résulte des capacités d'apprentissage individuel et collectif. Par exemple, Chris Argyris, professeur à Harvard, préconise le raisonnement *« en double boucle »*, qui amène l'individu à remettre en cause ses propres représentations et savoirs pour faire face à un problème.

L'école française de sociologie des organisations

Dans *Le Phénomène bureaucratique* (Seuil, 1963), Michel Crozier met en évidence les rigidités et les cercles vicieux bureaucratiques, facteurs de résistance au changement. Avec Erhard Friedberg, il montre que la conduite du changement passe par l'apprentissage collectif de nouvelles manières de raisonner et de coopérer (*voir notamment « Une méthode démocratique pour transformer l'organisation », l'entretien avec M. Crozier dans ce chapitre*).

Culture et développement social

Renaud Sainsaulieu préfère à la notion de changement celle de développement social. Ce dernier passe par une action sur les cultures (d'entreprise, professionnelle, régionale) et sur les interactions (réseaux de pouvoirs, stratégies collectives).

Les approches communicationnelles

Les recherches sur la communication interpersonnelle ont donné naissance à tout un ensemble de méthodes, qui analysent l'organisation comme une construction résultant des processus d'interactions entre les individus.

Le modèle pionnier de Kurt Lewin

Le père de la psychologie sociale et de la dynamique des groupes (1890-1947) avait montré dès 1944, lors d'une expérience sur la modification des habitudes alimentaires, que la résistance au changement des individus provient de leur attachement aux normes du groupe. Il en déduit que tout changement doit être porté par le groupe et agir sur ces normes partagées.

Le développement organisationnel

Ce courant d'origine américaine a connu un succès considérable. Il est fondé sur quelques principes : une action planifiée, visant à améliorer le fonctionnement de l'organisation ; cette amélioration se fonde sur les acquis des sciences humaines (les travaux de K. Lewin notamment) ; la participation des salariés, et plus généralement une vision consensuelle de l'organisation.

L'école socio-technique

Cette école, constituée dans les années 50 autour des travaux du Tavistock Institute de Londres, repose sur une idée centrale : il faut *a priori* tenir compte du travail humain (social) dans la conception des installations et des postes de travail (technique).

Les théories de la contingence

Elles soutiennent que le changement est un processus d'adaptation à des variables contingentes. Joan Woodward (1916-1971) souligne l'influence déterminante de l'innovation technologique. Des auteurs comme Charles Perrow, Andrew Pettigrew ou Henry Mintzberg introduiront d'autres facteurs : nature du travail, modes de coordination, pouvoir des dirigeants...

Changement et stratégie

La stratégie est longtemps restée cantonnée aux domaines du positionnement concurrentiel, du marketing ou des alliances. Depuis la fin des années 70, le changement organisationnel est considéré comme une des composantes majeures de la stratégie. Parmi de nombreux travaux, on peut retenir ceux de Rosabeth Moss Kanter, Noël Tichy, Alain-Charles Martinet.

Outils

Pour la plupart commercialisées par les cabinets de conseil, les méthodes de conduite du changement relèvent soit de l'application d'une recette, soit d'une intervention sur la base d'un objectif de transformation. Dans ce cas, le schéma de déroulement s'apparente le plus souvent à un modèle générique de résolution de problème : diagnostic, proposition de solution, programmation, accompagnement et contrôle.

L'analyse stratégique

Formalisée par M. Crozier et E. Friedberg, cette méthode d'intervention sociologique vise à décortiquer les systèmes d'action en mettant en évidence les stratégies des acteurs, les jeux d'alliance et les relations de pouvoir.

Les techniques communicationnelles

Parmi une large palette de techniques, on peut citer l'analyse transactionnelle, l'analyse situationnelle, l'analyse systémique...

Techniques issues des travaux de Kurt Lewin :

* *la recherche-action :* fondée sur le schéma générique (diagnostic-programmation-accompagnement), elle privilégie les étapes de restitution (*feed-back*) vers les groupes avec lesquels le consultant travaille ;

* *l'analyse des vecteurs :* elle vise à identifier les forces favorables et les forces antagonistes au changement.

Des techniques du développement organisationnel :

* *le T-Group :* d'inspiration psychothérapeutique, cette méthode vise à aiguiser la conscience qu'ont les individus de leur motivation et de leur comportement, et à réguler les relations au sein du groupe ;

* *la direction par objectifs (DPO) :* développée dans les années 50 par Peter Drucker, puis en France par Octave Gélinier, elle cherche à structurer la relation entre cadres et subordonnés par la fixation de résultats à atteindre ;

* *team-building :* constitution d'équipes de travail qui se donnent des objectifs et analysent en continu le fonctionnement du groupe.

Les approches sociotechniques

Antitayloriennes (1) et fondées sur l'idée de « démocratie industrielle », elles s'appliquent notamment à la conception des postes de travail. Elles ont connu un certain succès dans les années 70 (usines Volvo).

Des outils de changement stratégique :

* *qualité totale (ou TQM, pour Total Quality Management) :* il s'agit d'une politique globale visant à l'amélioration permanente de la qualité et de la satisfaction du client. Les cercles de qualité sont une technique particulière : il s'agit de groupes où les salariés sont amenés à dialoguer autour de la qualité et des ajustements possibles.

* *le reengineering* (reconfiguration) : popularisée dans les années 90 par les consultants Michael Hammer et James Champy, cette méthode a pour but de redéfinir les principaux processus de l'entreprise. Le terme s'est étendu à l'ensemble des opérations de mise à plat et d'amélioration de l'organisation.

1. Voir « Taylorisme » dans les mots clés en fin d'ouvrage.

Jean-Claude Moisdon*

OUTILS DE GESTION ET DYNAMIQUE DU CHANGEMENT**

L'utilisation des outils de gestion au sein des entreprises a été croissante au cours du XXe siècle. Ils ont acquis une sorte de naturalité qui demande à être questionnée face à la complexité des situations, dans le contexte d'une innovation et dans la gestion des savoirs.

Les outils de gestion sont du côté de la maîtrise et beaucoup moins du côté de l'innovation, et c'est tout le problème de l'appareillage gestionnaire qui a envahi, depuis un certain nombre de décennies, les entreprises.

Ce problème se situe davantage au niveau de la philosophie d'usage des outils de gestion qu'au niveau de leur configuration, qui, comme je vais essayer de le montrer, est de toute façon assez limitée quant à ses évolutions. Je vais d'abord préciser un peu ce qu'il faut entendre par « outil de gestion ».

L'outil de gestion constitue une formalisation de l'activité collective productive. C'est-à-dire qu'il exprime les relations entre des variables qui sont des prix, des quantités, des dates, des durées, des comptes, toutes ces variables que les gestionnaires manipulent dans les entreprises. Cela peut être un indicateur, un tableau de bord, un planning... Cela peut être un modèle plus ou moins sophistiqué, comme les modèles de recherche opérationnelle. L'outil de gestion est lié à la prescription, mais n'est pas pareil que ce qu'on appelle une règle. L'outil de gestion n'est pas une règle, et une règle n'est pas un outil de gestion, encore moins un dispositif de gestion.

---

* Professeur à l'École nationale supérieure des mines de Paris. Il a notamment publié : (dir.) *Du mode d'existence des outils de gestion*, Seli Arslan, 1997 ; (en collaboration avec F. Engel, F. Kletz, D. Tonneau) *La Démarche gestionnaire à l'hôpital*, 2 tomes, Seli Arslan, 1999 et 2000.

** Texte extrait de J.-C. Ruano-Borbalan (dir.), *Changement et innovation en formation et organisation*, Actes de forum, Demos/Sciences Humaines Editions, 2001.

Prenons par exemple un cercle de qualité. Quand je dis que j'organise un cercle de qualité avec telle ou telle modalité, je mets en place un dispositif, et quand je dis que je vais utiliser tel tableau de bord pour juger de l'efficacité du cercle de qualité, j'utilise un outil de gestion. Quand je dis : le cercle de qualité ne peut pas se réunir en dehors des heures de travail, j'utilise une règle. Voilà les trois piliers de l'action, du moins, de la formation de l'action organisée.

Des outils issus de la rationalité limitée

Pourquoi s'intéresser aux outils de gestion ? Historiquement, ils sont plus récents que les règles et les dispositifs, même s'il y a évidemment des historiens qui vont remonter jusqu'au code d'Hammourabi dans l'Antiquité mésopotamienne pour retrouver l'origine de la comptabilité.

Les outils de gestion se sont réellement développés au siècle dernier. En fait, on peut dire qu'ils sont les enfants de la rationalité au sens de Frederic W. Taylor et de la rationalité limitée au sens de Herbert A. Simon. L'outil de gestion est une prothèse intellectuelle qui permet de gérer à distance. C'est-à-dire qu'il est situé en dehors du modèle de la hiérarchie directe ou de l'ajustement mutuel, en dehors du schéma où l'on prescrit tous les gestes de l'opération ou de celui de la coordination spontanée.

C'est par ailleurs un « enfant de Taylor », parce que pour le fabriquer, il faut avoir formalisé l'activité au préalable. Les outils de gestion sont des objets qu'on ne regarde pas toujours avec beaucoup d'attention. Ils paraissent naturels, aller de soi, mais ils sont assez récents et ont vécu une explosion phénoménale à l'intérieur des entreprises. Contrôle de gestion, tableaux de bord, indicateurs, planning, planification de production, etc. Nous sommes envahis par ces objets dans les entreprises, et à ces objets, parfois modestes, parfois souterrains, on délègue d'une certaine façon toute une série d'opérations de gestion importantes : que ce soit des opérations de délégation d'activités, de coordination des acteurs, de décisions, de contrôle, d'évaluations. On a affaire à un modèle de rationalité instrumentale, qui consiste à postuler qu'existe une chaîne de causalités relativement pertinente qui va de ces formalisations de l'activité organisée à la performance de l'organisation. Ce modèle suppose qu'en maîtrisant les unes, on maîtrisera l'autre par l'intermédiaire de la conformation des acteurs aux prescriptions des outils : de là viendra la performance.

Critiques du modèle instrumental

Ce modèle a été critiqué par toute une série d'approches.

Les sociologues des organisations ont développé l'idée que l'outil de gestion était surdéterminé par les relations. Pour eux, on joue au sein des entreprises avec les outils de gestion comme on joue avec les règles. Pis, la conception même des outils de gestion est téléguidée par le système de relations : entre individus, entre professionnels, entre groupes, etc.

Une autre critique est interne au modèle

lui-même : l'outil de gestion est toujours imparfait, lacunaire, fondé sur de multiples conventions.
Lorsque l'on veut évaluer la productivité d'un atelier, c'est assez simple avec un seul produit. Mais quand il y en a plusieurs, on ne sait plus comment définir cette productivité : il y a vingt calculs possibles. Par ailleurs, le concepteur de l'outil peut se tromper complètement sur la cohérence de l'outil de gestion avec le fonctionnement organisationnel réel.
On peut ajouter à cela l'hypothèse, qu'un certain nombre de chercheurs ont développée : l'outil de gestion structure assez fortement les comportements et, compte tenu de ses imperfections, peut conduire à des crises ou des dysfonctionnements.

Accompagnateur du changement

Pour un gestionnaire, un outil de gestion est un accompagnateur spontané du changement. Si j'envisage une innovation, j'ai un scénario d'évolution de la performance et je mets en place des dispositifs et des outils de gestion qui permettent d'orienter l'organisation vers cette transformation.
En fait, il y a souvent là une contradiction, c'est-à-dire que les outils de gestion, en tant que stabilisateurs des comportements, ne vont pas accompagner le changement, ils vont plutôt le bloquer. Cette mécanique est d'autant plus impérieuse qu'elle fonctionne souvent dans une certaine opacité. On ne comprend pas, en général, comment ces différentes logiques locales qui œuvrent à l'intérieur de l'organisation s'articulent entre elles, comment ces rouages ne fonctionnant pas correctement, aboutissent à des blocages. Que l'outil soit téléguidé par des systèmes de relation ou qu'il soit structuré par des difficultés techniques conduisant à des situations de dérive, de déstabilisation dysfonctionnelle de l'organisation, au fond, c'est un peu la même chose. L'essentiel, c'est le résultat : l'insertion des outils de gestion pose problème, compte tenu de l'évolution générale des organisations et des changements qu'elles vivent.
Cela veut dire qu'il y a peut-être à revoir assez fondamentalement la philosophie d'usage habituel de l'outil de gestion, qui est une philosophie de conformation des comportements.
Je vais prendre en exemple le suivi d'une opération de requalification d'opérateurs faiblement qualifiés. Une telle opération est fondée sur trois principes qui conduisent à l'idée que ce n'est pas une innovation en termes de formation, mais plutôt une innovation organisationnelle.
– Le premier principe, c'est l'apprentissage à partir de la situation de travail. Il n'y a pas de modules de formation prévus à l'avance, mais seulement des groupes d'opérateurs qui vont analyser les événements qu'ils subissent et le dysfonctionnement qu'ils vivent. Les apprentissages vont suivre, et non l'inverse.
– Le deuxième principe est celui du collectif. Les apprentissages organisationnels ou techniques, à l'intérieur des systèmes de production, sont des apprentissages croisés : je sais mieux ce que je dois faire, parce que je comprends ce que fait mon voisin ; il me

le dit, me l'explicite. En conséquence, l'accroissement des compétences se situe au niveau du collectif de travail dans son ensemble.

– Le troisième principe est qu'il y a réinjection des apprentissages dans l'organisation. Un système de pilotage particulier qui permet de saisir les acquis des opérateurs pour essayer de reconfigurer, même à la marge, l'organisation du travail est mis en place. Nous avons développé, au Centre de gestion scientifique de l'école des Mines, des opérations tout à fait analogues sur des populations qui étaient complètement différentes de celles de notre exemple. Il s'agissait des concepteurs de voitures. Au passage, il était amusant de s'apercevoir que les savoirs des concepteurs – noblesse savante de l'entreprise – présentaient des lacunes, une incomplétude à peu près dans les mêmes proportions que les savoirs des opérateurs de base.

Par exemple, dans le secteur qui concevait le châssis de la voiture, ce qu'on appelle la base roulante, le savoir technique sur le disque de frein était devenu défaillant. C'est-à-dire qu'on ne savait plus pourquoi exactement on concevait tel ou tel disque de frein comme il était conçu. La parade à cette lacune du savoir consistait à reproduire un disque de frein en prenant des marges considérables : on augmentait l'épaisseur, on prenait des matières dont on était sûr… Résultat, le disque de frein fonctionnait très bien, heureusement, mais il était lourd, cher, etc.

Reconstruire dans l'action

Dans ce dernier cas, nous avons essayé de développer un dispositif organisationnel qui permettait de reconstruire des compétences dans l'action. L'objectif était, à partir de l'analyse de ce qui se passait de manière transversale, sur les disques de frein des voitures, non seulement de retrouver un savoir, mais aussi de produire un savoir nouveau. N'entrons pas plus dans la description de ces opérations qui s'apparentent, en effet, dans leur principe, aux opérations de requalification. Ce qui nous intéresse ici, c'est leur évaluation gestionnaire. Et c'est là qu'interviennent les outils de gestion. Ce type d'évaluation est problématique, car cela veut d'abord dire évaluer l'amélioration de la performance pour l'entreprise, ce qui devient de plus en plus difficile. En fait on observe trois situations.

– On n'évalue pas spécifiquement et on compte sur l'appareillage gestionnaire en place pour évaluer. Mais cela ne marche pas, l'appareillage en place est en général beaucoup trop grossier, c'est un filet à mailles larges qui laisse complètement passer les spécificités de ce type d'opérations.

– On essaie d'élaborer un appareillage gestionnaire spécifique à l'opération. On le met en place au début et on regarde ce que cela donne au bout d'un certain temps. Et là aussi, on s'aperçoit qu'on s'est complètement trompé, car les apports de ce type d'innovations sont largement imprévisibles.

– On ne fait rien, on oublie complètement cette histoire d'évaluation gestionnaire parce que c'est très compliqué.

Du coup, ces innovations organisationnelles intéressent beaucoup de gens quand on en parle à l'extérieur ou même à l'intérieur de l'entreprise, mais ne sont absolument pas diffusées parce qu'il n'y a aucune preuve de leur efficacité productive. On aboutit au paradoxe que, certes, c'est difficile, mais qu'il faudrait quand même les évaluer. Mais comment ?

En fait, la difficulté provient d'une grande ambiguïté sur la nature du changement.

Grosso modo, face à ces opérations de formation ou d'acquisition des compétences, on rencontre deux types de représentations. La première est celle du changement planifié : on connaît la situation en A, on sait que l'on veut aller dans une situation B, on connaît le chemin de la situation A à la situation B. Donc on peut évaluer les compétences, les savoirs, etc. dans la situation A et on peut évaluer les compétences, les savoirs dans la situation B. On mesure alors l'écart et on peut organiser une formation pour combler cet écart.

Le problème, c'est que souvent on n'est pas du tout dans ce cas d'école. Par exemple, on ne connaît pas bien A : je ne sais pas très bien comment tout cela s'organise, ou j'en ai seulement une vague idée. Du coup, pour aller vers B, *a fortiori* le chemin n'est pas très clair. Tout cela correspond à des situations où les spécifications actuelles de l'activité s'expriment dans les termes de variété, de flexibilité, de complexification, etc. De fait, les situations productives sont devenues tellement complexes que les prescripteurs habituels eux-mêmes (maîtrise, méthodes, etc.) prescrivent de moins en moins et laissent des zones d'autonomies partielles – toujours partielles – aux opérateurs ou aux concepteurs de base de la voiture, pour qu'ils développent eux-mêmes les apprentissages qui vont traiter un certain nombre de problèmes auxquels ils sont confrontés.

Mais alors, dans ces conditions, le chemin en question est construit par des opérateurs, en tout cas partiellement, et donc il n'y a aucune raison pour que le système gestionnaire, l'appareillage gestionnaire que l'on a mis en place à un moment donné, soit toujours valable. Il serait donc souhaitable d'adapter l'outillage de gestion, mais est-ce possible ? Les instruments de gestion sont en effet toujours faits de la même façon : comptabilité analytique ou comptabilité par activité, c'est toujours de la comptabilité. Un instrument de gestion manipule toujours une espèce de combinatoire assez limitée aux mêmes éléments de base : les quantités, les prix, les dates, etc. A mes yeux, il n'y a pas d'innovation conceptuelle majeure à attendre de l'instrumentation proprement dite.

Doctrine d'usage

Il faut bien davantage compter sur une nouvelle doctrine d'usage. Cela consiste à dire que l'instrument de gestion a deux faces : la face « prescription » et la face « savoir ». On a beaucoup compté sur la face de conformation. Dans cette optique, l'instrument de gestion stabilise les comportements, dit ce qu'il faut faire, ce qu'il faut décider, etc.

Mais la première mission d'un instrument de gestion est celle de concrétiser du savoir.

C'est une représentation simplifiée, mutilante peut-être, mais c'est quand même une représentation du fonctionnement de l'organisation. Il convient de se tourner maintenant de plus en plus vers ce statut de création et de diffusion du savoir, vers les potentialités d'apprentissages apportées par les outils de gestion. Il faut qu'ils accompagnent eux-mêmes, au niveau de leur philosophie d'usage, le mouvement général qui nous a fait passer du paradigme de la décision au paradigme des savoirs, peut-être provisoirement. Mais un passage obligé est que les utilisateurs eux-mêmes prennent acte de ce que sont réellement les outils de gestion, c'est-à-dire toujours imparfaits, toujours lacunaires, et donc finalement de plus en plus incapables de conformer les comportements, compte tenu des transformations et des innovations organisationnelles actuelles. Cette mutation de la culture et de la philosophie d'usage des outils de gestion n'est en rien évidente.

NORBERT ALTER*

ORGANISATION ET INNOVATION**

UNE RENCONTRE CONFLICTUELLE

Structurer l'organisation de façon à réduire l'incertitude tout en tirant profit de cette incertitude pour innover : tel est le dilemme auquel l'entreprise doit aujourd'hui faire face.

LA THÉORIE SOCIOLOGIQUE du fonctionnement des entreprises tend à passer de l'idée de système à celle de processus. Cette évolution correspond à la place croissante de la question de la transformation des procédures de travail, des règles d'organisation et du rapport au marché. Si c'était en effet bien la stabilité qui caractérisait l'ordre taylorien et bureaucratique, c'est bien plus aujourd'hui, pour la majorité des entreprises, la mobilité et l'incertitude.

Aussi l'analyse du fonctionnement des entreprises ne peut-elle se réduire à leur capacité organisationnelle, celle qui consiste à programmer, standardiser et coordonner les tâches. Elle doit également prendre en compte leur capacité d'innovation, qui consiste à élaborer de nouvelles combinaisons entre les différentes ressources dont dispose l'entreprise pour réagir à de nouvelles contraintes ou opportunités. Ces deux logiques sont largement complémentaires : une entreprise doit à la fois savoir s'organiser et innover. Le problème est que ces deux logiques sont contradictoires (1) : l'organisation a fondamentalement pour but de réduire les incertitudes du processus de production, alors que l'innovation tire parti des incertitudes pour

* Professeur à l'université Paris-Dauphine. Auteur de *La Gestion du désordre en entreprise*, L'Harmattan, 1999 (2e éd.) et de *Sociologie de l'entreprise et de l'innovation*, Puf, 1996.

** *Sciences Humaines*, hors série n° 20, mars/avril 1998. Texte revu et corrigé par l'auteur en 2005.

1. N. Alter, *Sociologie de l'entreprise et de l'innovation*, Puf, 1996.

parvenir à transformer l'ordre des choses. On sait bien que ce sont les organisations « souples » qui réagissent le mieux aux opportunités. Le caractère incomplet, flou, de leurs règles d'organisation leur permet en effet de limiter l'influence des facteurs de rigidité internes.

Cette complémentarité antagonique permet de comprendre les désarrois croissants des méthodes de management : plus elles formalisent le fonctionnement de l'organisation, et plus elles réduisent ses capacités de gestion. Plus, au contraire, elles encouragent l'ajustement mutuel, moins elles permettent de contrôler le fonctionnement d'ensemble. La succession, rapide au cours des dix dernières années, des méthodes ou des modes managériales, exprime la volonté de réduire cette tension.

Le temps de l'innovation

Pour les sociologues qui analysent les organisations, le terme de changement renvoie à l'idée d'une modification subie, circonscrite dans l'espace et dans le temps, ayant des « effets » plus ou moins positifs, les contraintes économiques étant considérées comme fixes. A l'inverse, le terme d'innovation fait plutôt référence à la création volontaire d'une nouvelle donne organisationnelle. Selon la définition originelle de Joseph Schumpeter (2), l'innovation représente l'ensemble des actions mises en œuvre pour faire passer une invention sur le marché, et ces actions supposent l'élaboration de combinaisons nouvelles entre les différentes ressources dont dispose l'entreprise. Elle est une « destruction créatrice » des réalisations antérieures ; elle suppose du « coup d'œil et de l'intuition » plus que des qualités étroitement gestionnaires ; enfin, elle s'oppose aux défenseurs de l'ordre antérieurement établi.

Les travaux menés dans cette perspective partagent au moins trois idées communes.

- Les deux types d'innovation généralement distingués (concernant ou bien les produits ou bien les procédés) sont associés ; par exemple, la mise sur le marché d'un nouveau véhicule automobile suppose une modification du processus de production (robotique, normes de qualité, services commerciaux...).
- Les retours sur les investissements immatériels, qui représentent les principales dépenses en matière d'innovation sont difficilement évaluables. D'abord parce qu'ils mettent en interaction des facteurs multiples (la réussite de la mise en œuvre d'une nouvelle organisation tient, par exemple, à la mobilisation du personnel, à la capacité de négociation de la hiérarchie, aux types de règles élaborés...). Ensuite et surtout parce que leurs retombées participent d'un développement de la « productivité organisationnelle », également difficilement évaluable.
- L'innovation apparaît donc comme une sorte de « pari » dont le succès est lié à la capacité collective à y participer activement. Le succès d'une innovation suppose, en effet, qu'un grand nombre d'acteurs de l'entreprise parviennent à

2. J.A. Schumpeter, *Théorie de l'évolution économique*, traduction française : Dalloz, 1935.

faire leur le projet initialement développé par les directions. Ce processus d'appropriation entraîne une déformation du projet initial, déformation permettant son adaptation aux contraintes concrètes du travail, localement définies.

Structures molles et capacités d'innovation

Les travaux anglo-saxons, connus sous le nom de « théorie de la contingence structurelle », infirment l'idée qu'il existe une seule bonne façon d'organiser le travail (le *« One Best Way »* de Taylor). En fait, les règles de l'organisation sont soumises aux contraintes spécifiques à chaque entreprise : l'âge, la taille, la technologie, la nature du produit, le type de concurrence. Ces contraintes, largement explicitées et articulées par Henry Mintzberg (3), définissent le degré de formalisation des règles d'une entreprise (leur codification, leur précision, et leur coordination) et donc ses capacités d'innovation. Plus une structure est formalisée et plus ses rigidités internes limitent ses capacités d'innovation.

A titre d'exemple, une entreprise ancienne, de grande taille, disposant d'un marché captif, réalisant des produits simples ne supposant pas la mise en œuvre de technologies complexes, tendra à un fonctionnement bureaucratique, caractérisé par une forte formalisation des règles.

A l'inverse, une entreprise récente, de taille moyenne, située sur un marché concurrentiel, réalisant des produits complexes supposant l'utilisation d'une technologie sophistiquée, se définit par sa capacité à innover. Dans ce cadre, le degré de formalisation des règles est le plus faible possible, de manière à réduire les rigidités internes. H. Mintzberg a nommé ce type de structure « adhocratique » : les règles de l'organisation sont *« ad hoc »* définies en fonction de la nature des questions à résoudre.

Dans les deux cas, le changement est analysé comme le résultat de l'adaptation des structures à leur environnement. C'est sur cette approche que repose l'essentiel des interventions managériales ayant pour but de moderniser les entreprises de manière à les « ouvrir » aux contraintes d'innovation. En France, la modernisation du secteur public repose par exemple sur deux principes : tout d'abord l'identification d'une ouverture nécessaire à la concurrence ; ensuite, la redéfinition de règles organisationnelles permettant de dépasser « les rigidités bureaucratiques » et les routines (4). Plus largement, on peut expliquer de cette manière l'engouement des entreprises pour des méthodes de management toujours renouvelées : ces méthodes se présentent comme les grandes réconciliatrices entre les deux logiques, innovation et organisation.

Toutefois, même les modèles d'organisation les plus ouverts présentent des limites à l'intégration de ces deux logiques. A titre d'exemple, la gestion par projet introduit des rigidités en matière de délais. En renforçant l'autorité du

3. H. Mintzberg, *Structure et dynamique des organisations*, Editions d'organisation/Editions Agence de l'Arc, 1982.

4. Sur ce point, voir le numéro 115 de la *Revue française de gestion*, 1997.

responsable et en soumettant à une logique unique des compétences souvent contradictoires, elle réduit la capacité critique des individus. Certaines tendances managériales nord-américaines consistent à réduire à leur minimum les rigidités organisationnelles en faisant appel à des spécialistes extérieurs rémunérés sur les résultats de leur action. Dans ce cas, ce sont les contrats qui deviennent un facteur de rigidité : les aléas et les incertitudes (apparition de nouvelles données en cours de contrat) supposant d'infinies procédures juridiques ayant pour but de réaménager les accords passés.

Tout modèle d'organisation censé développer la capacité d'innovation manque au moins partiellement son objectif puisque, en réduisant l'incertitude, il réduit l'autonomie des acteurs et donc leur capacité à porter l'innovation de l'intérieur.

Mais les efforts de rationalisation ne portent eux-mêmes que rarement leurs fruits. La mobilité des contraintes d'innovation, ainsi que la superposition et la contradiction des modes managériales ne permettent pas à un modèle de s'imposer sans être constamment transgressé par les «petits acteurs» : à l'intérieur des entreprises, les salariés développent l'innovation pour conquérir autonomie et reconnaissance sociale.

Le changement de fond se situe finalement à un niveau microsociologique : les contraintes d'innovation amènent au développement d'un «nouveau professionnalisme» (5) : une capacité à traiter efficacement des tâches incertaines, dont les procédures ne sont pas codifiées, la compétence étant tirée de l'expérience et de l'appartenance à des réseaux informels. À titre d'exemple, la complexité accrue du travail des employés commerciaux des banques empêche toute stabilité des connaissances (pour cause de multiplication des produits et de double contrainte consistant à faire plus de chiffre tout en respectant les règles administratives).

Les acteurs de l'innovation

Toute organisation est le résultat d'une «construction sociale», d'une rencontre entre des volontés d'acteurs au moins partiellement contradictoires et donc conflictuelles. C'est ce qu'ont montré Michel Crozier et Erhard Friedberg (6) à travers leur analyse stratégique. Cela explique en particulier les phénomènes de résistance au changement ainsi que la construction des environnements de l'entreprise, par les acteurs et non par des lois indépendantes de leur action. Selon M. Crozier, le changement en organisation ne peut donc être le résultat d'un «décret», d'une série de nouvelles règles ; il doit associer les acteurs dans la représentation qu'ils se font de leur intérêt.

Longtemps centrée sur les univers bureaucratiques, l'analyse stratégique a aussi mis en évidence des phénomènes de résistance : la conception de l'organisation et de la rationalité de la décision, caractérisée par le centralisme, le cloisonnement et l'irresponsabilité, limite considérablement les

5. H. Kern et M. Schumann, «Vers une professionnalisation du travail industriel», *Sociologie du travail*, n° 4, 1984.

6. M. Crozier, *Le Phénomène bureaucratique*, Seuil, 1963 ; M. Crozier et E. Friedberg, *L'Acteur et le Système*, Seuil, 1977.

possibilités de changement réel. Le thème du cercle vicieux bureaucratique (règles de gestion centralisées/cloisonnements/jeux de pouvoir parallèles/dysfonctions/nouvelles règles centralisées) a été pendant longtemps la principale perspective de recherche de ce courant à propos de la question de l'innovation.

Partant de concepts comparables et de l'idée selon laquelle les acteurs peuvent être des « non-humains » (objets techniques, dispositifs industriels, animaux représentant des contraintes ou des ressources dans la construction d'une situation sociale), Michel Callon et Bruno Latour ont cherché à comprendre les processus spécifiques de l'innovation. Leur « sociologie de la traduction » (7) a permis de mettre en évidence quatre autres catégories de phénomènes :

– les situations ou enjeux sont dépendants de la manière dont les acteurs les « retraduisent », leur donnent un sens spécifique à leur logique ; à titre d'exemple, le walkman représente une utilisation inattendue du magnétophone portable ;

– le « coût » de l'innovation est un argument, jamais une contrainte objective ; la mise en œuvre de robots dans une chaîne de production s'explique éventuellement par l'intérêt que représente cet investissement pour les spécialistes de la robotique, indépendamment de ses retombées économiques ;

– la réussite d'une innovation est liée à sa capacité à réunir des alliés, pas à ses qualités intrinsèques ou à la nature du terrain d'accueil ; ce qui fait avancer une innovation ne correspond pas à ses qualités objectives et économiques, mais à l'influence des acteurs qui la portent ; on peut penser ici à l'exemple du Concorde ;

– le développement des innovations repose sur un réseau informel de relations ; il ne suit pas une structure de décision hiérarchisée.

Basées sur des observations plus directement liées à l'analyse des dimensions culturelles et collectives de l'innovation, et de leur antagonisme avec celles de l'organisation, d'autres recherches mettent en évidence les éléments suivants (8) :

– l'incertitude, dans les entreprises contemporaines, caractérise le fonctionnement et laisse ainsi une place considérable au jeu des acteurs ; la rationalité économique est le résultat de ces jeux ;

– les directions ne peuvent « décider » de l'innovation, elles ne peuvent qu'y inciter car elles ne contrôlent pas la définition du sens et de l'efficacité du travail ; elles sont en fait amenées à arbitrer entre des forces de défense des règles antérieures et des forces d'innovation, de « destruction créatrice » ;

– le processus d'une innovation se structure en trois séquences : les directions incitent à l'innovation ; des acteurs porteurs de logiques d'innovation s'appuient sur cette ouverture pour s'approprier les objectifs de l'innovation en y trouvant le moyen de définir

7. M. Callon, Eléments pour une sociologie de la traduction, *L'Année sociologique*, 1986 ; B. Latour, *La Vie de laboratoire*, La Découverte, 1988 ; M. Akrich, M. Callon et B. Latour, « A qui tient le succès des innovations ? », *Gérer et comprendre*, nos 11 et 12, 1988.
8. N. Alter, *La Gestion du désordre en entreprise*, L'Harmattan, 1990.

leur conception de la rationalité (ce faisant ils perturbent l'ordre antérieur) ; dans un dernier temps, les directions interviennent, en accord avec les tenants de la défense des règles, à institutionnaliser, de manière souvent régressive, le développement des pratiques innovantes ;
– enfin, dans une entreprise, l'innovation est bien une forme d'exercice de la déviance, par rapport aux règles et aux normes de l'organisation ; elle transgresse les formes de gestion établies et soumet ses acteurs à la sanction, même si celle-ci s'avère finalement productive.
On comprend alors toute la difficulté du management : accepter que les solutions ne soient pas connues au départ et qu'il est donc parfaitement impensable de ne faire qu'« accompagner le changement » décidé par le sommet de la hiérarchie. Il s'agit bien plus de le construire en tirant parti des expériences successives des différents acteurs, même si ces pratiques contredisent le projet initial. Une conception critique de la rationalité en matière de décision a été proposée à travers le « modèle de la poubelle » *(voir encadré ci-contre).*

La culture de l'innovation

Cette situation paradoxale est liée au fait que les capacités de traitement institutionnel des processus d'apprentissage sont encore mal connues. On persiste à croire que l'innovation est conduite alors qu'elle est, dans le meilleur des cas, contrôlée après coup. De ce point de vue, l'apprentissage global de l'entreprise semble bien être en retard sur les apprentissages culturels des acteurs eux-mêmes. Comme le montre Renaud Sainsaulieu (9), la transformation des organisations repose en effet sur une modification des jeux de pouvoir. Mais celle-ci s'articule sur quatre autres dimensions : une augmentation cognitive et affective des échanges (le changement mobilise de l'échange) ; un élargissement du champ perceptif (réalisation de projets nouveaux, perceptions des enjeux) ; le développement de relais de communication informels et de réseaux d'alliés ; une protection institutionnelle contre la sanction économique et sociale immédiate de l'erreur (expérimentations pilotes, management participatif…).
Le problème est que généralement l'innovation se déploie sans ce type de soutien parce qu'elle remet en cause l'institution, qu'elle est à proprement parler un moment de déviance. A la fin des années 50, Robert K. Merton (10), à propos des innovateurs, utilise ainsi le terme de « cosmopolite » pour mettre en évidence que c'est leur altérité par rapport aux règles de la société qui leur assure une position centrale dans le processus d'innovation, leur capacité à s'écarter de la norme. De même, selon lui, les entrepreneurs innovateurs qui se trouvent le plus souvent entre le registre de l'estime due à celui qui réussit et la honte qu'on éprouve d'avoir fréquenté celui qui va en prison pour trop avoir interprété les règles.
Pour la vie en entreprise, cette situation

9. R. Sainsaulieu, *L'Identité au travail*, Presses de la FNSP, 1977.
10. R.K. Merton, *Eléments de théorie et de méthode sociologique*, 1949, Plon, traduction française, 1965.

Du modèle de la poubelle... « invisible »

Les solutions apportées à un problème ne découlent pas toujours de décisions mûrement réfléchies voire rationnelles. Elles peuvent survenir de manière purement fortuite. C'est ce que M.D. Cohen, J.-G. March et J.-P. Olsen (1) ont mis en évidence dans les années 70, à travers le modèle dit de la poubelle (appelé encore, selon les traductions, modèle de la corbeille ou de la boîte à ordures...). Pour ces auteurs, en effet, les processus de décision s'apparentent à des poubelles dans lesquelles sont déversés problèmes et solutions au fur et à mesure de leur découverte. Résultat : la rencontre entre un problème et une solution est souvent fortuite.

Le modèle de la poubelle amène à reconsidérer les organisations non comme des agents rationnels mais comme des « anarchies organisées » : les décisions sont élaborées selon des préférences très variées, peu cohérentes entre elles et mal définies ; la technologie est floue, les membres de l'organisation ne comprenant pas les procédures, fonctionnant par essais, erreurs en tirant parti des expériences ; enfin, la participation des membres est fluctuante. Ce modèle s'applique bien évidemment aux situations d'innovation, dans lesquelles l'information préalable, à propos des objectifs et des moyens à mettre en œuvre pour les atteindre, est faible. On a ainsi pu mettre en évidence le caractère erratique des décisions pouvant être conçues comme « normales » par les individus.

Prenons par exemple trois questions banales concernant le développement d'une innovation. Comment faire pour « mobiliser les acteurs », « avoir une politique rationnelle de gestion des coûts », « développer la relation commerciale ». Prenons de manière tout à fait indépendante trois solutions managériales à caractère général : développement de la communication interne, mise en place de procédures de certification, formation du personnel.

Les relations entre chacune des questions et des réponses, et ceci dans n'importe quel ordre, peuvent faire l'objet de politiques considérées comme sérieuses, alors qu'elles ne se fondent sur aucune relation logique spécifique : on constate que chacune des réponses peut être conçue comme rationnelle.

La logique du modèle de la poubelle est donc vérifiée. Mais l'indépendance des questions par rapport aux réponses devient invisible, voire légitime. On mesure alors bien l'importance des croyances dans les procédures de gestion.

N.A.

1. M.D. Cohen, J.-G. March et J.-P. Olsen, *Le Modèle de la boîte à ordures des choix organisationnels,* J.-G. March, trad. fr., *Décision et organisation,* Dunod, 1972/1981.

n'est cependant ni confortable ni durable. Faute de procédures de gestion s'attachant à analyser la réalité de leurs pratiques et la capacité à en tirer parti, les acteurs porteurs de l'innovation doivent constamment négocier, construire et déconstruire des réseaux d'alliés, vivre en fait avec le sentiment constant du risque. Dans cette perspective, l'incertitude n'est plus un moyen de réaliser l'autonomie, elle devient une source d'angoisse, qui fait l'objet de constats critiques de la part de la psychosociologie (11), de la psychopathologie (12) et de la sociologie (13). Pour associer concrètement le management à la gestion du désordre décrit, il demeure trois lignes d'action. Tout d'abord, il convient d'accepter l'idée que les processus d'innovation réussis sont le résultat d'une transgression au moins relative, des missions envisagées initialement et que cette conduite est une source d'efficacité inattendue. Le retour au réel, du point de vue managérial, suppose ainsi d'analyser les faits, le travail réel, les « ressources des acteurs » avant de décider.

11. N. Aubert et V. de Gaulejac, *Le Coût de l'excellence,* Seuil, 1991.
12. C. Dejours, *Travail, usure mentale. De la psychopathologie à la psychodynamique du travail,* 1980, Bayard Editions (réédition 1992).
13. N. Alter, « La lassitude de l'acteur de l'innovation », *Sociologie du travail,* n° 4, 1993.

Rachel Beaujolin*

PERFORMANCE, INNOVATION ET RESSOURCES HUMAINES**

Comment concilier la logique des ressources humaines qui valorise la participation, la culture d'entreprise, le projet commun, la formation, etc., avec l'impératif de rentabilité financière à court terme, synonyme de flexibilité, de réduction des effectifs et des coûts ? Tel est le dilemme auquel est confrontée la gestion des ressources humaines dans l'entreprise.

Dans son roman *La Boîte* (1), l'écrivain François Salvaing met en scène un jeune cadre, Patrick Bardeilhan, confronté à un rude défi. Il débute sa carrière de responsable des ressources humaines au début des années 80 dans plusieurs filiales de province d'un groupe parisien. Les maîtres mots de l'entreprise sont alors « projet d'établissement », « cercle de qualité », « dialogue social ». Les missions confiées au jeune Patrick concordent parfaitement avec ses ambitions personnelles et sa vision de l'avenir. Faire des ressources humaines, c'est rendre l'entreprise à la fois plus efficace et plus humaine, plus efficace parce que plus humaine. La mobilisation des salariés repose sur la formation, la participation, le travail en équipe, la responsabilisation... Tel est le discours alors dominant dans les grandes entreprises.

Puis, à la fin des années 80, vient le retournement de tendances. Les difficultés économiques s'accumulent. Les stratégies internationales du groupe et la concurrence acharnée conduisent « la Boîte » à se délester des « canards boiteux ». L'heure est aux licenciements, « dégraissages », « charrettes » et c'est tout naturellement à Patrick, nouvellement promu directeur des relations humaines, que

* Professeure de gestion des ressources humaines à Reims Management School. Auteur de *Les Vertiges de l'emploi, l'entreprise face aux réductions d'effectifs*, Grasset/*Le Monde*, 1999.

** *Sciences Humaines*, n° 98, décembre 1998.

1. F. Salvaing, *La Boîte*, Fayard, 1998.

l'on confie le soin d'effectuer ce travail. La mort dans l'âme, le jeune cadre devient en quelques mois la bête noire des salariés. Celui qui décide qui va être licencié, quand, et à quelles conditions. Patrick a soin de mettre en place des plans sociaux (aide au départ, retraites anticipées), de se préoccuper des reconversions et reclassements – ce que l'on nomme l'*« outplacement »*. Il assume ses nouvelles fonctions avec, tout d'abord, l'espoir de trouver des solutions alternatives, puis avec le lourd poids, sans cesse croissant, de sa mauvaise conscience et des regards accusateurs qui se portent maintenant sur lui.

La Boîte est un roman. Mais il résume bien l'histoire réelle qu'ont vécue nombre de directeurs des ressources humaines (DRH) au tournant des années 80-90, et qui a posé un dilemme crucial pour la gestion du personnel. Comment donc concilier les discours sur « l'entreprise citoyenne », « les valeurs communes », « les ressources humaines » avec les impératifs de la performance ? Comment accorder logique sociale et logique économique ?

On émettra ici l'hypothèse que les instruments de gestion dont se dotent les responsables pour assurer la performance de leur entreprise structurent fortement les choix d'organisation, et en particulier, leur capacité à innover en la matière. En d'autres termes, le conflit entre gestion du social et de l'économique n'existe que si on réduit le social à un coût supplémentaire et on ne pense l'efficacité qu'en terme de gains de productivité à court terme.

Les années 70-80 : une convergence formidable

A partir des années 70, plusieurs secteurs de l'industrie sont touchés par la crise. Après trois décennies d'expansion où s'est pourtant installé en France le modèle de « l'entreprise moderne », décrit par Alfred D. Chandler comme celui d'une entreprise intégrée et intégratrice, la grande entreprise découvre sa mortalité. L'exemple le plus marquant est celui de la sidérurgie, qui entre de façon massive dans une phase de restructuration et dans une forte rupture par rapport à ses pratiques antérieures. Le textile, l'automobile et bien d'autres secteurs connaîtront une remise en cause profonde de l'organisation et de la relation de travail.

Ce retournement de tendance arrive juste au moment où l'entreprise s'est lancée dans un nouveau discours sur le social. Les décennies 70-80 découvrent et voient se développer fortement les ressources humaines. Le passage de la fonction « gestion du personnel » à celle de « ressources humaines » marque cette inflexion. Il s'agit de repenser l'organisation et la place des hommes dans l'organisation, de réviser l'articulation entre l'économique et le social. Ce qui se traduit notamment par la mise en œuvre d'organisations qualifiantes dans le cadre d'une recherche de performance globale.

A ce titre, le discours d'Antoine Riboud, P-DG de BSN, tenu à Marseille en 1972, marque un tournant : il y annonce *« le double projet économique et social de BSN »* et affirme en particulier que *« les entreprises les plus performantes pensent solidairement le chan-*

Quand l'entreprise devient vache à lait

L'entreprise C., dotée de quatre sites de production, est leader sur son marché. Au début des années 80, cette entreprise à forte tradition familiale est achetée par un groupe international et connaît au même moment un ralentissement de son activité. La direction du groupe demande alors à l'entreprise C. de rechercher des leviers de flexibilité. C. a donc développé la flexibilité horaire (accord de modulation du temps de travail), la flexibilité professionnelle (recherche de polyvalence), la flexibilité de la rémunération (système d'intéressement mis en place de longue date). Ces changements s'insèrent dans un projet global de recherche d'une « organisation qualifiante ». Des groupes de production ont, par exemple, été reconfigurés afin que des agents de production connaissent toutes les étapes du processus de production. Cette nouvelle conception de la fabrication a permis d'intégrer le contrôle qualité des produits et la maintenance dans la définition du poste des ouvriers, dorénavant « opérateurs ». Ces éléments sont présentés comme des conditions de « la nouvelle productivité ». Tout est mis en œuvre pour tendre vers un codéveloppement économique et social de l'entreprise.
Au début des années 90, le groupe auquel C. appartient est confronté à de nouvelles contraintes : il doit mobiliser de plus en plus de bénéfices pour assurer sa croissance externe, et il doit assurer aux marchés financiers une rentabilité supérieure aux capitaux engagés. Or, justement, C. est évaluée par le groupe comme une « vache à lait », soit une entreprise qui doit dégager du *cash-flow* sans nécessiter beaucoup d'investissements. Dès la fin des années 80, la contribution financière de C. au groupe augmente régulièrement et les investissements se tarissent. Les résultats financiers de C. croissent sans que les effets induits de cette politique sur l'organisation (obsolescence d'une partie de l'équipement, coûts induits et dysfonctionnements liés au recours massif à l'externalisation des activités) soient évalués.

R.B.

gement technologique, le contenu du travail et le changement des rapports sociaux internes à l'entreprise ». De façon parallèle, dès la fin des années 70, l'ANACT (Agence nationale pour l'amélioration des conditions de travail) et les syndicats de salariés amorcent des travaux afin d'enrichir les instruments de mesure du facteur travail. Une convergence forte se dessine alors entre les enjeux énoncés par les différents partenaires sociaux. Le constat commun est le suivant : c'est une vision réductrice de la performance que de mesurer le facteur travail à son seul coût, de réduire la mesure de la productivité à celle de la main-d'œuvre. Le travail n'est pas qu'un coût, il est aussi un facteur de valeur ajoutée, d'innovation, de compétence, de qualité, etc. Un changement dans ces modes de mesure devient donc d'autant plus pressant que les critères de la compétitivité ont évolué. Elle prend justement en compte l'innovation ou la qualité, toutes choses qui ne peuvent être intégrées dans les produits que par une nouvelle conception en gestion de la main-d'œuvre.

On assiste donc à une floraison d'initiatives autour du thème du «management participatif» : expression des salariés, cercles de qualité, groupes de projets sont alors mis en place. Les pouvoirs publics en incitent le déploiement, notamment en 1983 avec l'instauration des lois Auroux sur l'expression des salariés. Dans les grandes entreprises, on pense alors conjointement le développement de la communication interne, l'élaboration de projets d'entreprise, l'enrichissement des tâches de production, et le développement de la polyvalence, voire «d'organisations qualifiantes». Bon nombre de ces entreprises trouvent un nouveau souffle dans leur posture de «laboratoire social».

La «fonction personnel» est hissée au statut de «fonction ressources humaines», et se trouve de plus en plus fréquemment intégrée dans les comités de direction, noyaux centraux de décision de l'entreprise. La fonction personnelle s'extrait d'une logique juridico-administrative pour entrer dans une logique socio-organisationnelle. Elle commence à concevoir de nouveaux instruments de gestion.

En particulier, au milieu des années 80, un «indicateur de productivité globale», conçu par des chercheurs du CERC, est repris dans certaines grandes entreprises. Il s'agit d'ouvrir la mesure de la productivité à l'ensemble des facteurs de production (la main-d'œuvre, mais aussi l'ensemble des consommations extérieures, les coûts de structure, les amortissements du capital, etc.). L'application de ce ratio fait alors apparaître, dans ces grandes entreprises, une forte «productivité main-d'œuvre», alors que la productivité de l'investissement est plutôt négative. En bref, les facteurs de productivité sont plus du côté de la main-d'œuvre que de celle du capital.

L'enjeu est fort. Avec les «nouvelles organisations», il s'agit de mettre en harmonie le facteur travail (compétence, organisation, participation, innovation, qualité...) et les critères de performance. C'est à cette condition qu'en effet, «l'économique» et «le social» peuvent se voir réconciliés dans l'entreprise.

Les années 90 : remise en cause

Pourtant, à partir du début des années 90, les démarches innovantes et les nouvelles formes de calcul du lien entre travail et performance qui leur sont associées sont stoppées, puis marginalisées. «L'indicateur de productivité globale» est jugé trop complexe à manipuler par les opérationnels. En outre, il entre en concurrence avec d'autres indicateurs utilisés par les entreprises, tel le «prix de revient global», fortement mobilisé par les directions générales des entreprises.

Enfin et peut-être surtout, il est peu à peu devenu contradictoire ou « accessoire » face à l'accroissement des injonctions de rentabilité exprimées au sommet. L'exigence accrue de rentabilité fait de la productivité globale un enjeu secondaire, un objectif auquel n'est pas accolée une évaluation chiffrée et régulièrement évaluée. Sa mise en œuvre devient subordonnée à des volontés locales.

En fait, les deux objectifs, recherche d'économies à court terme d'une part, et recherche de performance globale à moyen/long terme d'autre part, bien que parfois conjointement affirmés, ne s'inscrivent pas dans les mêmes temporalités. Ils ne se rattachent pas aux mêmes critères d'évaluation du facteur travail et de la performance, et ont donc du mal à s'accorder.

Or justement, le début des années 90 est marqué pour les entreprises par l'accroissement de la contrainte financière à court terme. Avec la déréglementation des marchés financiers, l'entrepreneur qui veut attirer des investisseurs se trouve contraint de dégager une rentabilité au moins égale à celle des marchés financiers. La concurrence sur le marché des capitaux est rude ; les entreprises ont besoin d'un « trésor de guerre » pour assurer leur croissance. Il s'agit pour elles de séduire une sphère financière attirée par des produits financiers très rentables. Aux yeux de cette même sphère financière, l'annonce d'une décision de réduction des effectifs apparaît même comme une indication d'accroissement de la rentabilité financière et un signal de qualité de gestion. Les gestionnaires de fonds d'investissements et autres experts financiers interviennent fortement dans la création de tels jugements de valeur sur la santé financière des entreprises.

Le facteur travail est donc réduit à sa dimension de coût (une masse salariale). Et il est évalué comme une charge dont il s'agit de se délester.

La sphère financière fonctionne dans des temporalités beaucoup plus courtes que la logique industrielle ou encore la logique organisationnelle. Et dans l'urgence, l'alternative des transformations organisationnelles ou des adaptations qualitatives des ressources humaines ne permet pas vraiment d'afficher des résultats immédiats et chiffrés. Comme nous l'affirme crûment un directeur industriel : « *Connaissez-vous un investissement qui ait un* pay-back *(retour sur investissement) aussi rapide ?* » Il estime le « retour sur investissement » de la décision de réduction des effectifs à un an. Certes, une telle estimation ne tient pas compte des coûts indirects et des effets induits de mesures répétées de réduction des effectifs. Mais une évaluation *a posteriori* de la décision de réduction des effectifs ou encore de restructuration n'a pas cours et de ce fait, ne vient pas alimenter les mécanismes de décision.

Même si, dans leurs discours, les entreprises continuent d'évoquer les ressources humaines comme stratégiques, ou encore de s'afficher « citoyennes », il n'en reste pas moins que dans les faits, on les voit plutôt inscrites dans un mouvement de rationalisation permanent des coûts (allégement des effectifs) et de quête effrénée de flexibilité (recours aux contrats de travail temporaire, sous-traitance, externalisation d'emplois).

Quelles nouvelles marges de manœuvre inventer ?

C'est une des grandes leçons des systèmes de décision : on peut difficilement revenir en arrière en matière d'organisation. Les mécanismes d'irréversibilité sont plus forts, et les dynamiques enclenchées créent leurs propres effets. De fait, les nouvelles formes d'organisation, développées au cours de la décennie 80, rencontrent de nouvelles limites : la polyvalence des agents a été fortement développée, les nouvelles marges de manœuvre en matière d'implication sont difficiles à trouver.

En même temps, il apparaît que l'entreprise rencontre de grandes difficultés à maintenir des formes de lien social en son sein. A force de se réorganiser, elle devient cloisonnée. A force de rechercher toujours plus de flexibilité, elle devient morcelée. Les cadres se sentent pris dans un tourbillon dont ils ne voient pas la fin. Et même s'ils en perçoivent les dysfonctionnements, ils se sentent liés par une injonction de redressement des coûts et d'allégement de la masse salariale, qui au final est la plus forte. Dès lors, reste-t-il des marges de manœuvre en matière d'innovation socio-organisationnelle ?

On constate ici ou là des tentatives pour relancer l'innovation. On trouvera des directeurs d'usine qui chercheront à jouer de leurs marges de manœuvre locale pour développer des formes de flexibilité. Par exemple, tel directeur d'usine dont l'activité est saisonnière (fabrique de skis) cherchera des employeurs partenaires ayant une saisonnalité inverse (cueillette de fruits) pour embaucher ensemble des salariés à temps partagé sur l'année ; tel autre directeur stabilisera des intérimaires dans l'emploi en leur proposant de constituer des équipes de week-end, etc. Autant de formes d'emploi émergentes visant à redéfinir les conditions et les modalités de la flexibilité, en intégrant la double dimension économique et sociale.

Des établissements tentent donc de développer des formes de flexibilité interne (notamment par le biais d'accords d'aménagement et de réduction du temps de travail). Mais de telles démarches restent subordonnées à l'obtention de ratios économiques et financiers satisfaisants au regard des instances d'évaluation et de contrôle. On voit des acteurs locaux tenter de réanimer de telles expériences, tout en s'efforçant de rester dans le cadre fixé par la direction. Ainsi, le Patrick de *La Boîte*, en charge du dégraissage du service entretien, oriente les licenciés vers la création d'une entreprise de nettoyage, à laquelle « la Boîte » sous-traitera les fonctions anciennement traitées par les ex-employés.

En fait, pour sortir du dilemme entre les contraintes financières à court terme et la logique sociale de l'entreprise, conçue comme un facteur de performance et non un coût, il importe de redéfinir le spectre de ces notions « d'économique » et de « social ».

Pour l'économique, un des enjeux majeurs des entreprises consiste en un accroissement de leurs leviers de flexibilité, et cela ne semble pas connaître pour l'heure de limite. Un tel mouvement induit une redéfinition permanente des contours de l'entreprise, de l'organisation du travail et de la relation contractuelle.

Dès lors, la prise en compte de la dimension sociale suppose d'inventer des modes de régulation permettant de concilier exigence de flexibilité et protection individuelle et collective des individus au travail. Dans cette perspective, on peut certainement penser un renouveau des formes d'organisation et de travail, qui passerait par une prise en compte des relations interentreprises, et des relations entre l'entreprise et ses bassins d'emploi. Ce qui invite dès lors à « repenser le local » pour repenser des formes d'organisation.

La contrainte marchande existe : on ne peut en négliger la puissance ni ses effets sur la régulation sociale. Pour autant, les marges de manœuvre existent. Elles peuvent être accompagnées et ravivées.

UNE MÉTHODE DÉMOCRATIQUE POUR TRANSFORMER L'ORGANISATION

ENTRETIEN AVEC MICHEL CROZIER*

Pour Michel Crozier, ce n'est pas tant la société que les élites qui sont bloquées. Les dirigeants pensent encore que les réformes s'imposent par le haut. La solution passe par l'écoute des individus et un apprentissage de la délibération.

***Sciences Humaines :* Vous avez été un des premiers à soutenir une vision de la sociologie où l'acteur prend une place centrale. Aujourd'hui, presque tous les sociologues utilisent cette notion « d'acteur » ou de « stratégie ». Mais cette généralisation fait que la notion perd un peu de son contenu. Pouvez-vous préciser votre conception de l'acteur ?**

Michel Crozier : Quand je me suis battu pour mettre la notion d'acteur au centre de l'analyse des phénomènes sociaux, c'était dans le contexte dominant du déterminisme. L'idée que les gens sont des « agents », jouets de forces obscures, et non des sujets qui agissent par eux-mêmes était une idée très répandue. Comme sociologue empirique, je voyais certes des contraintes, mais aussi des gens qui utilisaient leur marge de liberté, faisaient des choix, élaboraient des stratégies.

La notion d'acteur est essentielle, mais le problème n'est pas d'opposer l'acteur au déterminisme. Prenons l'exemple du choix d'orientation d'un individu vers une carrière littéraire ou scientifique. Il évolue certes dans un univers de contraintes du fait de son milieu d'origine, de ses ressources, etc., mais il dispose également de marges d'autonomie évidentes si l'on observe la diversité des trajectoires, les phénomènes de mobilité sociale qui existent. Cette marge d'autonomie augmente d'ailleurs de plus en plus dans nos sociétés. Les gens n'ont jamais été aussi libres de choisir, qu'il s'agisse de leurs études, leurs amis ou de leur conjoint.

** Sociologue, directeur de recherche émérite au CNRS, fondateur du centre de sociologie des organisations. Parmi ses publications :* La Crise de l'intelligence, *InterEditions, 1995.*

***SH :* On sait que dans votre analyse des stratégies d'acteurs au sein des organisations vous accordez une grande importance aux relations de pouvoir et à la « défense du territoire » de chacun. Est-ce à dire que, selon vous, la principale préoccupation des personnes en organisation serait le pouvoir ou la préservation de l'autonomie ?**

M.C. : Cette question me paraît artificielle. Le problème qui se pose à l'individu est *« comment vais-je pouvoir m'affirmer ? »* Pour exister, pour intervenir comme un acteur dans son travail, il faut s'affirmer, travailler avec d'autres et coopérer. Cette coopération fait nécessairement intervenir un jeu du pouvoir. Le pouvoir participe de toutes les relations humaines autant dans le travail qu'à l'école ou dans la famille. Même si vous avez une conception totalement altruiste de la vie et que vous vous consacrez à une action humanitaire, la simple question de l'efficacité de votre action et de l'organisation avec d'autres personnes fera intervenir la question du pouvoir. Cela ne signifie pas que le pouvoir soit la seule ou la principale motivation humaine. Seules certaines personnes vont s'aliéner dans ces relations de pouvoir et prendre le moyen pour le but. La question n'est pas tant de nier la présence du pouvoir dans les relations humaines mais de savoir comment la gérer.

SH : **Justement, en lisant votre livre *La Crise de l'intelligence*, on retrouve ce leitmotiv : montrer que les acteurs sont toujours oubliés dans le commandement bureaucratique à la française.**

M.C. : Ce livre part en effet d'un constat sévère. Celui du désastre de l'Etat français et de la classe dirigeante française. Le terme est sans doute exagéré mais je l'emploie à dessein pour choquer et provoquer une réaction. Il y a dans ce livre une réflexion désabusée sur l'échec permanent des réformes en France.

La raison réside dans le fait que les dirigeants ne savent pas réformer. Qu'il s'agisse du domaine politique, administratif ou économique, les élites ont été formées à élaborer des solutions toutes faites, construire des plans d'action rationnels. Elles continuent à vouloir imposer par le haut de grandes réformes et de petites mesures. Or ce mode de changement n'est pas adapté à notre monde pour deux raisons.

D'une part, nous vivons dans un monde complexe et changeant où l'innovation permanente est essentielle. Cela suppose des interactions constantes entre les acteurs sociaux pour dépister les problèmes à temps, encourager les initiatives, formuler des réponses qui tiennent compte des situations spécifiques. Cela ne peut se faire sans la participation de tous les acteurs concernés. D'autre part, dans une perspective démocratique, le rôle des dirigeants n'est pas de réformer par le haut, d'imposer, ou de proposer des solutions prédéfinies, mais d'investir pour que le système change. Nos responsables échouent dans les réformes parce qu'ils ne disposent pas de visions et de méthodes concernant la façon de gérer le changement.

***SH :* Pouvez-vous donner un exemple ?**

M.C. : Prenons celui de l'Education nationale qui est très révélateur. L'EN vit dans un climat de « réformite » perpétuelle. Tout nouveau ministre qui arrive rue de Grenelle apporte avec lui une réforme dans sa besace. Ces réformes conduisent soit à des conflits et rejets, soit à des réarrangements de surface sans prise sur les problèmes réels. L'histoire des réformes scolaires en France est aussi celle de déconvenues successives.

L'Ecole connaît un malaise profond. Ce malaise provient d'une interrogation sur ses finalités. Les jeunes se demandent à quoi servent les études qu'ils doivent pourtant prolonger s'ils ne veulent pas être exclus du marché du travail. Les enseignants s'interrogent sur leur véritable mission. L'Administration se borne à gérer un énorme ministère : à modifier les horaires, réorganiser les filières, parfois à transformer les contenus des programmes mais sans vraiment répondre au malaise de fond.

Notre école reste profondément marquée par le système Jules Ferry. Forgé pour accompagner le développement industriel du siècle dernier, ce système est inadapté aux défis du prochain siècle, aux attentes des élèves et des enseignants. Les capacités d'autonomie, de communication, les capacités d'action et d'initiative requises pour vivre dans cette société ne sont pas développées. Au demeurant, les établissements et les enseignants sont eux-mêmes bridés dans un système très rigide. L'Ecole continue à proposer un enseignement fondé sur le commandement, l'accumulation des connaissances et l'apprentissage solitaire.

Ce système reste uniforme. En réalité personne, du sommet à la base, n'est satisfait, mais le système continue à se reproduire sans pouvoir changer en profondeur. Ce système étouffe l'initiative et stérilise la bonne volonté des enseignants.

***SH :* Quelles seraient selon vous les conditions de la réforme ?**

M.C. : La démarche de changement suppose une profonde transformation de la façon de diriger. Cela implique une modification de notre façon de penser. Il nous faut passer d'une logique de la direction supposée omnisciente à une logique plus démocratique qui suppose de s'appuyer sur les ressources humaines.

En France, les décideurs se pensent comme des surhommes qui doivent avoir réponse à tout : la crise de l'Education nationale, le chômage, la réussite des entreprises, la crise des systèmes de protection sociale. S'ils ne proposent pas de solutions clés en mains, ils semblent perdre leur légitimité. En fait, la fonction du décideur doit être d'apprendre à gouverner autrement. L'Ena ou Polytechnique sont des écoles à fabriquer de beaux esprits capables d'avoir réponse à tout. Le mépris à l'égard du travail collégial, des commissions de travail et des négociations est très fort dans notre pays. La logique du changement me semble devoir s'appuyer sur deux conditions principales : l'écoute d'une part, la délibération ensuite. Une décision se prépare, se fonde sur une phase de préparation, de définition du problème, de délibération et d'accompagnement des mesures…

***SH :* On a le sentiment pourtant que les responsables passent beaucoup de temps à écouter, à consulter. N'est-ce pas le signe d'une capacité d'écoute réelle qui pourrait paralyser en partie les initiatives ?**

M.C. : Ce que l'on appelle « écoute » repose la plupart du temps sur le sondage et la consultation des représentants officiels. Ce sont là deux caricatures de l'écoute véritable.

Le sondage est une méthode très artificielle. Elle consiste à recueillir des opinions très abstraites, générales. Il faut donner des conditions d'expression. L'idée que tout se passe dans la tête et le cœur des gens *in abstracto* est fausse. Ecouter, cela suppose de mettre en place des entretiens qualitatifs approfondis. Lorsqu'on fait travailler les gens sur des problèmes concrets, ils se mobilisent, réfléchissent, décrivent et analysent la situation qu'ils vivent et ne se contentent pas de formuler des revendications ou des appréciations générales.

Ecouter, ce n'est pas non plus consulter seulement les partenaires officiels, syndicats, amicales, représentants. L'absurde mesure du CIP pour les BTS et les IUT qui a mobilisé la jeunesse fut prise à la demande explicite d'un syndicat représentatif ! Dans l'Education nationale, la définition des programmes scolaires a lieu lors de réunions auxquelles participent les représentants des divers corps de professeurs. Chaque réunion se fixe des objectifs de simplification et de réduction d'horaires, mais chacun voulant défendre son territoire, on aboutit au maintien des programmes surchargés. Lorsqu'il faut réformer, les intérêts corporatistes s'opposent et bloquent toute innovation.

***SH :* Comment dépasser ces blocages ?**

M.C. : Après l'écoute, qui a déjà pour but de reformuler les problèmes en profondeur, il faut délibérer. Les Français ne savent pas délibérer, c'est-à-dire choisir des solutions. C'est là tout l'art du changement qui est un art difficile. Délibérer, ce n'est ni imposer de solution arbitraire, ni se soumettre aux desiderata de chacun. Cela suppose d'impliquer les personnes, de faire émerger les problèmes et créer les conditions d'un dialogue. Pour changer, il faut permettre une expression en dehors de la langue de bois dans laquelle chacun se réfugie. Instaurer un dialogue qui fasse apparaître oppositions et problèmes réels. Ces échanges et négociations vont faire naître des opportunités, des comportements nouveaux. C'est, par exemple, la méthode qui a été employée en Nouvelle-Calédonie entre des protagonistes qui semblaient pourtant sur des positions inconciliables. Le consensus ne peut être obtenu si on se contente de consulter puis de formuler ensuite une solution venue du haut, établie en fonction d'un hypothétique « intérêt général ». Le consensus doit se construire à partir de discussions à tous les niveaux de responsabilité. C'est ce qui se passe en Suisse, ou au Japon. Dans ces pays, le consensus n'est pas une donnée culturelle mais une construction qui passe par de nombreuses instances de concertations et de délibérations. Il faut oublier les solutions toutes faites, instaurer une démarche d'écoute et de délibération radicalement différente qui implique les acteurs.

***SH :* Pouvez-vous donner un exemple de telles transformations réussies ?**

M.C. : Entre 1987 et 1988, nous sommes intervenus avec une équipe de sociologues dans le département traction de la SNCF. La traction, c'est le secteur des conducteurs de train et leur encadrement, soit environ 20 000 personnes. L'intervention a eu lieu dans une situation de crise, après les grandes grèves des années 1986-87. Il y avait alors une situation de blocage complet entre les cheminots et leur direction. Nous avons commencé une enquête auprès des personnels. Cette enquête ne s'est pas faite sous la forme d'un sondage, mais à partir d'entretiens qualitatifs approfondis, en commençant par le secteur le plus dur, celui de la traction. Lors de ces entretiens, les roulants furent amenés à expliquer précisément comment ils vivaient, travaillaient ; quels problèmes se posaient à eux… Il ne s'agissait pas d'enregistrer simplement leur opinion sur la direction, les chefs. Ces entretiens ont permis de dégager plusieurs problèmes principaux qui n'avaient rien à voir avec les clichés rapportés habituellement autant par les syndicats que par la hiérarchie. Notamment, nous avons pu voir que les roulants étaient mécontents de la façon dont le « roulement » leur était imposé. Le roulement définit leur emploi du temps, leur week-end. Or, il est géré centralement par des procédures bureaucratiques sur lesquelles ils n'ont pas de prise. Il leur semblait donc ne pas pouvoir agir dessus et ils avaient le sentiment d'être incompris, voire méprisés par une direction aveugle. Ces roulants entretenaient des rapports différents avec l'encadrement proche. Curieusement, les revendications salariales, mises en avant par les syndicats, n'apparaissaient qu'au second plan. Il fallait donc transférer un système de gestion bureaucratique et centralisé à des responsables locaux ayant plus de marge de manœuvre et assumant une part de responsabilité dans l'élaboration du roulement. Ces transformations n'ont pu avoir lieu qu'une fois que les sociologues eurent clairement restitué auprès des protagonistes les positions des uns et des autres, qu'un dialogue autour des problèmes réels ait pu s'engager, que de nombreuses réunions de concertations et débats se soient déroulés. Par exemple, les informaticiens responsables du système informatique gérant le roulement ont pu intégrer des modifications qui n'avaient pas été prévues, et semblaient même techniquement impensables au départ. Un climat nouveau est apparu dans ce secteur de la traction. Le but de l'écoute et des délibérations n'est pas de gommer les conflits et de créer une hypothétique « transparence ». Il est moins facile de mettre tout le monde d'accord que de déceler en commun les problèmes.

D'autres cas, plus spectaculaires de transformation ont eu lieu récemment et méritent d'être cités en exemple. La transformation du ministère de l'Equipement en est un autre. Cela a pris vingt ans. Le cas plus récent d'Air France, où nous sommes sont intervenus directement et avons permis la réinstauration d'un dialogue rompu est également significatif. Si 80 % des salariés ont accepté le plan de redressement proposé par Christian Blanc, c'est parce qu'une procédure d'écoute a été mise en place et que le personnel avait compris qu'on l'avait enfin écouté. Ce plan ne s'adressait pas simplement aux salariés pour leur faire payer la crise, mais imposait une restructuration complète du management.

Dans chaque cas, la même méthode a été appliquée, fondée sur l'écoute des acteurs, la concertation, la délibération et non l'application d'une recette concoctée dans le cénacle des services centraux.

***SH :* Est-il possible selon vous de généraliser ces méthodes ?**

M.C. : Bien sûr ! La société française n'est pas bloquée ; c'est son système politico-administratif qui l'est. Piloter le changement suppose une réforme des systèmes de pensée. Concrètement, cela appelle une formation nouvelle des élites dirigeantes. Il ne s'agit pas de se débarrasser des dirigeants, mais ceux-ci doivent apprendre à devenir capables d'écouter, de négocier, d'organiser des rencontres, d'impulser des dynamiques de changement et non de proposer des solutions toutes faites. L'Etat, ou plutôt les sphères dirigeantes de l'Etat sont les plus arriérées, et doivent les premières se réformer.

Propos recueillis par
JEAN-FRANÇOIS DORTIER
(*Sciences Humaines*, hors série n° 9, mai/juin 1995.
Revu et corrigé en 2005)

« *ON NE PARLE QUE DU CHANGEMENT ET PRESQUE JAMAIS DE STABILITÉ* »

ENTRETIEN AVEC HENRY MINTZBERG*

Henry Mintzberg distingue sept grands types d'organisation. Selon lui, beaucoup d'entre elles, en cherchant l'efficacité à tout prix et à court terme, risquent de perdre l'essentiel : l'engagement des individus.

***Sciences Humaines :* Pour vous, qu'est-ce qu'une organisation ?**

Henry Mintzberg : C'est un ensemble de personnes entreprenant une action collective à la poursuite de la réalisation d'une action commune. Je suis fonctionnaliste : je pense que Renault existe pour fabriquer des voitures.

***SH :* Sur quels fondements se structure une organisation ?**

** Professeur de management à l'université McGill de Montréal et à l'Insead (Fontainebleau). Parmi ses publications :* Structure et dynamiques des organisations, *Editions d'Organisation, 1982;* Le Management. Voyage au cœur des organisations, *Editions d'Organisation, 1990.*

H.M. : Les éléments de base sont pour moi la division du travail et les moyens de trouver une forme de coordination entre les différentes tâches. A partir de ce postulat, j'ai construit sept modèles de l'organisation : entrepreneuriale (structure simple fondée sur l'autorité d'un entrepreneur), mécaniste (bureaucratie industrielle fondée sur la standardisation des tâches), professionnelle (bureaucratie fondée sur le métier et la standardisation des compétences), divisionnalisée (grande organisation structurée en divisions spécialisées), adhocratique (structure fluide fondée sur la transversalité et l'organisation en équipes), missionnaire (organisation fondée sur une idéologie ou une culture), et politique (organisation davantage ordonnée par des jeux de pouvoir que par des structures formelles). Bien sûr il s'agit de types-idéaux, qu'il faut utiliser comme tels. Si vous prenez La Poste par exemple, c'est à première vue un modèle de bureaucratie mécaniste. Mais en y regardant de plus près, on y voit aussi des aspects du modèle professionnel, du modèle entrepreneurial, etc.

***SH :* Votre typologie des organisations s'applique *a priori* pour les entreprises. Est-elle aussi pertinente pour décrire des organisations non productives : associations, villes, ONG, administrations ?**

H.M. : La répartition est sans doute différente, mais je pense que les modèles peuvent s'appliquer à toutes les formes d'organisation. Vous avez, par exemple, des laboratoires de recherche dans des départements gouvernementaux qui fonctionnent sur le modèle de l'adhocratie. Si vous vous penchez sur les ONG, vous pourrez constater qu'elles peuvent toutes être analysées à l'aide des sept modèles. Bien sûr il y a toujours un aspect dominant lié à l'objet même de l'organisation. Ainsi, une ONG ira naturellement vers le modèle missionnaire, mais cela ne l'empêchera pas d'avoir des caractéristiques du modèle professionnel, ou mécaniste, ou politique, etc.

***SH :* L'adhocratie est selon vous la forme d'organisation la plus porteuse d'avenir. Pourquoi ?**

H.M. : Les technologies sont de plus en plus compliquées, le poids des savoirs est de plus en plus important. Il faut davantage créer en équipe, rassembler des informations de nature et d'origine différentes. Dans un tel contexte, ce n'est pas l'autorité qui compte mais la connaissance. La technologie, la connaissance, la créativité, le travail en équipe : tout cela pousse les organisations vers l'adhocratie.

Je distingue adhocratie interne (organisation par projet) et adhocratie externe (organisation en réseau). Or, on voit de plus en plus d'organisations en réseau, parce que les responsables savent maintenant qu'une organisation ne peut pas tout faire, et qu'elle doit acheter en externe un certain nombre de services.

***SH :* Par exemple, les grandes entreprises qui fonctionnent comme des réseaux de sous-traitance, comme Nike ?**

H.M. : Oui, dans un certain sens. Ce que l'on observe souvent, c'est que les organisations gardent les domaines les plus innovateurs et créateurs en interne (le design par exemple), et qu'en périphérie vous avez des gens dont la fonction est de négocier avec les fournisseurs, les clients, etc. Les fournisseurs, en revanche, ne sont pas forcément des adhocraties. Au contraire, ce sont souvent des organisations très mécanistes, avec un cahier des charges strict : par exemple pour Nike, fournir un modèle bien défini de chaussures. On a ainsi un schéma avec une adhocratie au centre, des professionnels en périphérie et, enfin, en externe, des organisations mécanistes. Il arrive cependant que l'on trouve le modèle inverse. Si vous analysez les compagnies pharmaceutiques, vous constaterez qu'elles sont très performantes pour assurer le développement de leurs produits mais qu'elles ont beaucoup de difficultés à faire de la recherche. Certaines gardent donc les processus plus programmés à l'intérieur, et elles achètent la créativité et la recherche. Dans ce cas, l'organisation conserve en interne les aspects professionnels, et sous-traite à des organisations adhocratiques.

***SH :* Vous décrivez le métier d'infirmière comme un modèle du management. Pourriez-vous expliquer pourquoi ?**

H.M. : Le travail des médecins est un travail d'intervention, c'est-à-dire qu'ils font leur travail, et qu'ils laissent le reste à la structure hospitalière. Ce sont les infirmières qui soignent les patients. Il y a beaucoup trop de management comme intervention (*cure*), et pas assez de management comme soin (*care*). Vous avez de plus en plus de managers qui réalisent de grands changements en quelques mois et qui partent. Un vrai changement dans une organisation prend au moins cinq ans, comme l'a montré l'exemple de Ford.

***SH :* On dit souvent que dans les hôpitaux, le principal frein au changement tient à la coupure entre les professionnels soignants et le personnel administratif.**

H.M. : La difficulté dans cette activité est que vous ne pouvez pas changer le travail de soin, car il est déterminé par la technologie et la spécialisation des tâches. Le manager ne peut pas changer cela ; la seule chose qu'il peut faire, c'est couper les crédits. La politique de restructuration hospitalière au Canada entraîne réorganisation sur réorganisation. Les managers font la chaise musicale, et rien ne change.

Il est très difficile de changer une organisation du travail si vous ne connaissez pas de façon intime le métier. Les administratifs de la santé ne peuvent comprendre qu'avec énormément de difficultés ce qui se passe chez les cliniciens. Cela ne veut pas dire qu'il faut laisser faire les cliniciens. Cela veut dire qu'il faut les amener à prendre eux-mêmes en charge le problème.

***SH :* La question des valeurs, des représentations des individus est peu présente dans vos travaux. Trouvez-vous cette dimension moins importante ?**

H.M. : Quand j'observe des organisations très spécifiques, comme l'Office national du film ou la Banque royale du Canada, je consacre beaucoup de réflexions à ces aspects, mais j'ai des difficultés à les analyser, car mes outils conceptuels ne sont pas adaptés. Cela n'est pas moins important : je trouve cela moins facile à décrire. Je penche vers des choses plus définies et plus apparentes : la stratégie, la structure.

***SH :* On observe une tendance à la dissolution du lien entre individus et organisations (contrats de travail précaires, sous-traitance, etc.). Comment analysez-vous cette évolution ?**

H.M. : C'est une tendance à la mode, surtout dans les pays anglo-saxons. Cela provient notamment du pouvoir des économistes, qui ne connaissent rien des aspects que nous venons d'évoquer : valeurs, confiance, motivation. Les économistes sont bons… pour faire des économies, mais dans les autres domaines, ils font beaucoup de dégâts. Regardez ce qui se passe en Russie avec les interventions de consultants et d'économistes américains.

En dépit de cet effet de mode, il y a beaucoup d'entreprises, et à mon avis les meilleures entreprises, qui ne suivent pas ce mouvement : Hewlett Packard est une entreprise qui marche bien, et qui reste fondée sur une culture, sur des valeurs. Je pense que les entreprises qui suivent la mode de la chaise musicale finiront par en payer le prix, car elles perdront l'engagement des individus. Une organisation n'est pas seulement une juxtaposition de personnes avec des tâches. Il faut qu'il y ait un lien et que les gens puissent se projeter dans l'avenir. Les Japonais nous ont beaucoup appris sur ce point. Le management japonais insiste beaucoup sur les aspects informels, sur les connaissances tacites. J'ai assisté récemment à un séminaire au Japon, et le conférencier parlait toujours de « Ba ». Cela veut dire « place », au sens de « où on est » et de « qui on est »

***SH :* On constate aussi que les organisations tendent à alléger la fonction d'encadrement et à se défaire des cadres moyens. Pourquoi ?**

H.M. : Parce que certains dirigeants ne comprennent pas ce que fait le *middle-management*. Ils pensent que dans une organisation, tout commence en haut, puis descend. Or c'est faux. Ce sont les gens du milieu (le *middle-management*) qui font le lien entre le sommet et la base de l'organisation.

***SH :* La mondialisation a-t-elle des effets sur les modes de coordination des organisations ?**

H.M. : La mondialisation n'est pas un phénomène nouveau. Singer était implantée dans le monde entier en 1900, elle était aussi internationale que Coca-Cola aujourd'hui. Quant au terme de globalisation, on l'emploie à tort et à travers. La globalisation renvoie aux idées de client et de région, mais pas à

celle de direction. Trouvez-moi une seule entreprise dont la direction est globale. Je peux peut-être nommer une ou deux entreprises qui sont binationales, comme Shell. Mais qui peut penser que Coca-Cola n'est pas une entreprise américaine ?
Les deux seules organisations globales que je connais ne sont pas des entreprises : Greenpeace et la Croix-Rouge. Greenpeace travaille dans tous les continents et sur les mers. A la direction de la Croix-Rouge, qui est située à Genève, vous n'avez qu'un seul Suisse et elle est représentée dans 170 pays.

***SH :* Y a-t-il des formes d'organisation plus aptes au changement ?**

H.M. : D'abord, il faut souligner que le changement sans arrêt, c'est l'anarchie. Il faut changer quand c'est nécessaire, mais pas en permanence. En outre, quand on change quelque chose dans une organisation, il y a toujours une partie que l'on garde. Le problème, c'est qu'on ne parle que du changement, et presque jamais de la stabilité. Pour en revenir à votre question, je pense en effet que certains modes d'organisation, particulièrement le modèle entrepreneurial et l'adhocratie, sont plus aptes au changement.

***SH :* La grande entreprise multidivisionnelle est-elle plus difficile à changer ?**

H.M. : Elle est facile à changer si on se contente de changer les divisions ou d'acheter des unités. L'exemple du Crédit Lyonnais montre qu'il est très facile d'acheter des unités, si vous avez de l'argent. Ce qu'il montre aussi, c'est qu'on laisse les dirigeants jouer au business, parce qu'on vit dans le culte du management. Le conseil d'administration a laissé le P-DG s'amuser et on a vu le résultat.
On a de plus en plus de structures divisionnalisées complexes, de conglomérats. En France, pour être un P-DG respecté, il faut être président d'un « groupe ». A mon avis, il est plus intéressant et plus efficace de diriger une organisation ou une activité bien définie, qu'un groupe.

***SH :* Une organisation peut-elle mourir ?**

H.M. : Oui, et c'est une chose que les responsables ont du mal à concevoir. Il faut savoir admettre qu'une organisation puisse mourir, il faut même parfois le célébrer ! La mort de l'organisation peut procéder de la disparition de son marché ou de sa mission. Mais elle peut être liée à une maladie interne : dysfonctionnement, perte de contact avec les clients ou avec les salariés...

SH : Vous avez écrit que les grandes organisations, une fois créées, n'ont pas besoin de grands dirigeants.

H.M. : Avec le culte du management, beaucoup pensent qu'il suffit d'avoir un bon P-DG pour que tout soit réglé, et que dans la difficulté, un bon leader très bien payé suffira à sauver l'entreprise. Les bonnes organisations sont celles qui ont des équipes très fortes avec des individus très engagés. Le leader doit être capable de comprendre et d'utiliser la force des équipes et des individus.

SH : Une partie importante de vos recherches a consisté à observer et à analyser le travail du dirigeant au quotidien. Que fait un P-DG de ses journées et à quoi sert-il ?

H.M. : J'ai récemment passé des journées entières à observer le travail d'une trentaine de dirigeants, pas seulement des P-DG : il y avait parmi eux Rony Brauman, président de Médecins sans frontières, Catherine Join-Diéterle, qui dirige le musée de la Mode et du Costume, Jacques Bentz, directeur général de GSI, des responsables de gendarmerie, de parcs, etc. Ce travail m'a amené à construire un nouveau modèle, organisé en trois cercles, avec le manager au centre, l'organisation au-dessous, et le monde autour. Dans le premier cercle, on dirige l'information ; dans le deuxième cercle, on dirige les personnes ; dans le troisième cercle, on dirige l'action *(voir schéma ci-contre).*

Il y a des managers qui essaient de diriger l'action directement (par le management par projet par exemple). D'autres qui travaillent plutôt au niveau du facteur humain, en essayant d'encourager, de motiver les autres, pour que ces derniers prennent en charge l'action. D'autres, enfin, travaillent plus en intérieur, au niveau de l'information (en lisant des budgets, des rapports), et en essayant d'amener sur cette base les gens à agir. Le management, c'est faire les trois en même temps, à l'intérieur de l'organisation mais aussi à l'extérieur.

SH : Vous dites aussi que les dirigeants travaillent de la même manière qu'il y a un siècle.

H.M. : Ce qui compte avant tout, c'est l'intuition et la communication verbale. C'est pourquoi les managers, quand ils ont une décision importante ou compliquée à prendre, continuent à prendre l'avion, plutôt que d'utiliser l'E-mail.

Si la prise de décision est surtout intuitive, si l'information qui compte arrive verbalement et de façon interpersonnelle, alors le management d'aujourd'hui n'est pas très différent de ce qu'il était il y a un siècle. Les sujets sont différents, mais la manière de prendre les décisions n'a pas changé. Ce ne sont pas les ordinateurs qui décident.

Propos recueillis par
PHILIPPE CABIN
(*Sciences Humaines*, hors série n° 20, mars/avril 1998)

LE TRAVAIL DU DIRIGEANT

Selon H. Mintzberg, le travail du dirigeant s'exerce sur trois niveaux : l'information, le contact avec les personnes et l'action.

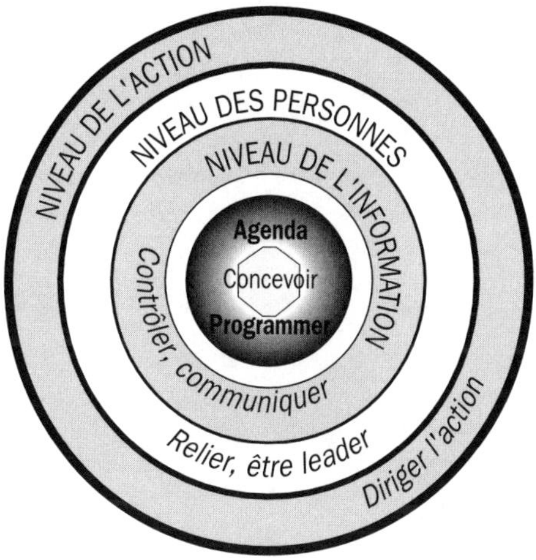

Source : H. Mintzberg, « Out the Managers's Job », *Sloan Management Rewiew*, 1995.

Evelyne Jardin*

LA MODERNISATION DES ENTREPRISES PUBLIQUES**

Depuis les années 60, les entreprises publiques sont engagées dans un processus de réforme. L'organisation bureaucratique est-elle morte et enterrée ? Comment concilier rentabilité et justice sociale dans un contexte où le client exerce plus de pouvoir ?

« Moderniser, réorganiser, rénover. » Les discours réformateurs sur l'entreprise apparaissent dès les années 60 (1) avec le rapport Bloch-Lainé (*Pour une doctrine de l'entreprise*, 1963). Ils vont se développer à la faveur de la crise économique des années 70-80. Après l'attrait du modèle américain dans les années 50-60, c'est le modèle japonais qui retient l'attention des industriels français. Il faut fluidifier, flexibiliser l'outil de production et mobiliser les employés autour de ce projet (2). Les entreprises publiques sont-elles tenues à l'écart de ces volontés de réforme ? Certainement pas. Les rapports se succèdent aussi : en 1967, le rapport Nora requiert une autonomie de gestion pour les entreprises publiques sous forme de « contrat de programme », le rapport Barret-Kriegel en 1986, puis la circulaire Rocard de 1989 mettent l'accent sur la participation active des salariés du public au fonctionnement de leur organisation… Donc cette volonté réformatrice du public suit celle du privé et, surtout, succède à une période de forte critique de la « bureaucratie ».

Objectifs particuliers contre logique de l'organisation

En 1963, le sociologue Michel Crozier publie *Le Phénomène bureaucratique*.

* Journaliste scientifique.

** *Sciences Humaines*, n° 145, janvier 2004.

1. J. Barreau *et al.*, *Une irrésistible modernisation des entreprises de service public ?* PUR, 2000.
2. Voir D. Linhart, *La Modernisation des entreprises*, La Découverte, « Repères », 2004 [1994].

En s'appuyant sur des enquêtes de terrain menées au sein de grandes entreprises publiques (la Seita, les Chèques postaux), il montre comment la bureaucratie génère de la rigidité, des « cercles vicieux » dont l'origine est simple : les agents ne s'identifient pas aux buts de l'organisation. Pis, ils cherchent avant tout à poursuivre leurs propres objectifs, ce qui a toutes les chances de venir percuter la logique de l'organisation, engendrant mauvais résultats, frustrations et nouvelles tensions. Pour l'auteur, on cassera les cercles vicieux en réformant les entreprises publiques. Autrement dit, l'organisation bureaucratique n'est plus le modèle d'efficacité décrit par Max Weber un demi-siècle plus tôt. Car chez le fameux sociologue allemand, la bureaucratie incarnait la modernité face aux organisations traditionnelles de type familial ou paternaliste. Pour s'émanciper des relations personnelles, du libre arbitre du patron, de l'évaluation à la « tête du client » (en l'occurrence de l'employé), il convenait, selon M. Weber, d'appliquer les principes de gestion bureaucratique : « *Le recrutement, la répartition des responsabilités et la promotion se font en fonction de critères universels et objectifs : concours, diplômes, titres, ancienneté. Les postes, les fonctions et leurs relations matérialisés par un organigramme, et les obligations de chacun étant clairement définies, l'individu sait ce qu'il doit faire, échappant ainsi à l'anxiété qui accompagne une prise de décision.* » (3) Dans ce cadre, les relations de travail deviendraient des relations fonctionnelles, de sorte que les affects ne perturberaient pas le bon fonctionnement de l'organisation. Chez M. Weber, tout ceci s'inscrivait dans un mouvement plus large : la rationalisation de la société.

« Bougez avec La Poste »

La bureaucratie wébérienne va servir de référentiel des années durant : « *En caricaturant à peine, on pourrait dire en effet que l'essentiel du programme de la théorie des organisations tel qu'il se déroula par la suite fut une vaste évolution autour de l'énigme du modèle bureaucratique* » jusqu'à la rupture des années 60 (4). Alors, la « débureaucratisation » va toucher au premier chef les entreprises publiques qui réalisent des activités marchandes, qu'elles soient industrielles ou « servicielles ». Et au terme de ce processus, il y aura les privatisations qui débutent en 1986 et qui, à ce jour, ne sont pas encore terminées. Quelques grandes entreprises restent encore dans le giron de l'Etat : EDF-GDF, la SNCF et La Poste. Dans le giron, pas tout à fait. Elles ont commencé à s'émanciper. Par exemple, en 1990, La poste est devenue La Poste. Détail typographique ? Pas seulement. Cette année-là, l'administration publique s'est mue en un établissement public avec un statut juridique (personne morale de droit public) lui octroyant beaucoup plus d'autonomie par rapport à son organisme tutélaire. Comme ses consœurs, La Poste s'est engagée dans la voie de la « modernisation ». « *Bougez avec La Poste* », exhortait un

3. Cité par L. Bagla-Gökalp, *Sociologie des organisations*, La Découverte, « Repères », 2003.
4. D. Segrestin, *Sociologie de l'entreprise*, Armand Colin, 1996.

slogan publicitaire en 1986. De fait, l'ex-administration est entrée dans une période mouvementée et, pour analyser les changements qui la travaillent et « mieux les anticiper », elle va créer une Mission recherche en 1995. Cette structure rattachée à la Direction de la stratégie, originale pour une entreprise, va lancer en collaboration avec les différentes directions des projets de recherche dans le domaine des sciences sociales. Des universitaires, des chercheurs du CNRS vont répondre à des demandes très variées portant sur « les valeurs des postiers », « le porte-monnaie électronique », « la productivité en bureau de poste », etc. Entre 1995 et aujourd'hui, ce sont plus de 90 recherches qui sont dirigées par la Mission et menées en toute indépendance. Quelques-unes ont été sélectionnées pour rendre compte des effets et des écueils de la modernisation. Car, selon Philippe Zarifian, La Poste est passée sans transition d'une mission de service public à une entreprise industrielle avec le souci de la rentabilité et des batteries d'indicateurs pour mesurer les performances. Mais La Poste n'est pas France Télécom parce que ses services de type « banque sociale », de maintien du lien social en milieu rural ou en zone urbaine sensible ne sont pas de type « industriel ». Aussi, pour Jean Gadrey (5), La Poste ne peut se satisfaire des seuls indicateurs quantitatifs (ventes, chiffre d'affaires, encours financiers) pour évaluer le travail de ses agents. C'est la « performance sociale » de l'organisation qu'il faut aussi mesurer.

Primauté à la relation agent-client

Autre spécificité de La Poste : ses salariés. Pour P. Zarifian, c'est un univers d'employés, *« largement sans métier »* (6), au sens sociologique du terme (exception faite des facteurs, peut-être) (7). Au plus près de l'activité des agents (et spécifiquement celle des guichetiers), des chercheurs avaient constaté l'existence de règles communes implicites, de coopération et d'entraide, de jugements collectifs sur le « travail bien fait ». Ces « genres professionnels » se sont-ils accommodés de la montée du pouvoir du client ? Depuis que les vitres pare-balles des guichets ont été supprimées et que l'accent a été porté sur la satisfaction du client, des études sociologiques constatent que les collectifs de travail semblent s'être désagrégés et que le « back office » (8) se rapproche de plus en plus de la clientèle. *« Dans la triple relation : agents entre eux, agents et hiérarchie, agents et clients, c'est la troisième qui tend, dans le quotidien du travail, à prendre le pas. »* (9) Du coup, la pression s'élève d'un cran et s'étend à la majeure partie des agents, non sans conséquences ambivalentes, selon P. Zarifian. Car si

5. Professeur d'économie à Lille-III, ayant participé à de nombreuses recherches pour La Poste sur la mesure de la qualité, l'évaluation de la performance... Voir son entretien dans le supplément de *Sciences Humaines*, n° 145, 2004.

6. P. Zarifian, « Bilan des recherches en sciences économiques et sociales 1995-2001 », *Mission de la recherche de La Poste*, 2001.

7. Au sens sociologique du terme, il n'y a pas de vrai métier à La Poste qui puisse élaborer ses propres règles de travail, ses critères d'évaluation, qui gère la formation et l'apprentissage...

8. Voir les mots clés en fin d'ouvrage.

9. P. Zarifian, *op. cit.* Voir aussi l'entretien avec Aurélie Jeantet qui suit l'article d'Isabelle Berebbi-Hoffmann dans le chapitre III de cet ouvrage.

le travail s'est intensifié, il s'est en même temps enrichi – par exemple avec la création des conseillers financiers. Si les performances des agents sont évaluées, en même temps, ils sont plus responsables et souvent seuls face à la prise de décision. Pour rompre avec la « solitude », des formes de coopération, fragilisées (voire brisées) par les mutations, doivent être réinsufflées tout au long de la chaîne « servicielle » : *« Ce collectif peut emprunter différentes configurations : équipe, réseau, structure de soutien, collectif d'échanges d'expériences, etc. et différentes voies de communication. »* (10)
Enfin, dernier volet de notre plongée dans les recherches sur La Poste : la question de l'innovation. Dans une organisation bureaucratique (au sens wébérien du terme), l'information suit la ligne hiérarchique et circule du haut vers le bas. Le processus d'innovation est censé suivre un chemin identique. Des chefs de projet dépendant du siège social ou des directions territoriales sont responsables du lancement des nouveaux produits. Mais nombre de ces impulsions se sont perdues dans les méandres de l'organisation. De plus, pour être en étroite adéquation avec les attentes des clients, n'est-il pas plus judicieux d'être à leur écoute, soit plus près d'eux ? Par conséquent, le sens de circulation de l'information et des échanges ne devrait-il pas être inversé pour partir de la base et aller au sommet ? En fait, entre ces deux pôles, une recherche démontre que le pilotage de l'innovation s'apparente davantage à un « étagement » des implications entre des acteurs internes à l'organisation, les clients ne pouvant être expurgés du processus lui-même (11).
Sur à peine une décennie, les recherches menées à La Poste révèlent l'ampleur des changements intervenus dans une entreprise qui, de bureaucratique est passée à une logique non exempte de confusion, balançant entre des activités marchandes et non marchandes. La Poste, bien plus que son ex-compagnon France Télécom, doit gérer une pluralité de sphères de justification, ce qui apparaît comme un défi supplémentaire pour une entreprise qui ambitionne de devenir *« un des premiers groupes de services en Europe »* (12).

10. *Idem*.
11. Voir l'article d'E. Jardin « Performance sociale, innovation locale » dans le supplément de *Sciences Humaines*, n° 145, janvier 2004.
12. N. Holcblat, « Privatisations et services publics. Cinq années de profondes mutations », dans S. Cordellier, S. Netter (dirs), *L'Etat de la France 2002*, La Découverte, 2002.

François Lautier*

ESPACES DE TRAVAIL : UNE RESSOURCE STRATÉGIQUE**

De nombreuses entreprises se préoccupent aujourd'hui de leurs politiques immobilières et d'aménagement des espaces. L'enjeu, au-delà de l'économique, touche de plus en plus clairement à la stratégie de l'entreprise.

LONGTEMPS l'immobilier a été considéré par les entreprises comme un coût inévitable et sur lequel il n'était guère possible d'agir. Plus exactement, on n'agissait sur lui que de façon grossière : déplacement des immeubles, notamment de *back office* (1), vers des périphéries plus ou moins lointaines, abandon d'actifs peu rentables au profit d'immeubles loués, etc. On cherchait essentiellement à en limiter le poids financier. La conjonction de plusieurs facteurs a conduit les entreprises à réexaminer leur politique, laquelle était souvent une absence de politique.

Trois phénomènes y ont contribué : l'urgence pour les entreprises d'une plus grande rigueur économique, la recherche de modes d'organisation du travail mieux adaptés aux besoins du moment et à leurs évolutions, la diffusion des nouvelles techniques de traitement et de circulation de l'information.

Adapter les espaces aux évolutions des entreprises

La première de ces incitations au changement est directement économique. Dans le tertiaire, on peut estimer que l'immobilier, deuxième poste de dépense après les charges de salaires, est estimé coûté jusqu'à 15 % du chiffre d'affaires. Réduire ces frais de 10 % représente donc une économie loin d'être négligeable. Aussi, nombre d'entreprises se

* Sociologue, professeur à Ecole d'architecture de Paris La Villette, Laboratoire espaces de travail.

** *Sciences Humaines*, n° 77, novembre 1997. Texte revu et corrigé par l'auteur en 2005.

1. Voir mots clés en fin d'ouvrage.

contentent de réduire leurs surfaces ou déménagent, sans plus s'intéresser aux effets de cette mesure. Certains dirigeants se sont alors interrogés sur l'utilité réelle de ces surfaces. A quoi servent-elles vraiment ? Contribuent-elles, ou non, à la performance de l'entreprise ? Ce questionnement a rompu avec des décennies de routine immobilière. Jusque naguère, il y avait du monde ou des activités à loger, des normes formelles et quantitatives de surfaces reconnues ; l'application de ces normes – ou leur révision à la baisse – définissait les besoins.

Les deux modes classiques d'organisation de l'espace de bureau (les pièces individuelles ou logeant un tout petit nombre de personnes, et les grands plateaux non cloisonnés) avaient manifesté leurs limites. De nouvelles formes d'organisation du travail se sont développées auxquelles les organisations spatiales traditionnelles faisaient obstacle : travail en équipe ou structures de projet par exemple. On a donc cherché d'autres solutions. Ce fut par exemple le *combi office* réunissant, autour d'une large surface collective pour le travail en groupe d'une équipe et ses équipements, de très petits bureaux individuels (4 m^2 par exemple) permettant l'isolement et la concentration. Plus les lieux de rencontre informelle (coin café) ou pour le travail (salles de réunion) se sont multipliés, ainsi que tous les intermédiaires possibles entre le bureau individuel et le grand plateau (par le nombre de personnes réunies dans un même local, par les hauteurs et les dispositifs de cloisonnements intérieurs, etc.). On ne se satisfaisait plus seulement d'un bon modèle général, mais on a cherché à construire des configurations spatiales adaptées aux diverses situations de travail. Cette recherche d'adéquation entre espace et organisation du travail a d'autant plus d'impact que les entreprises ont appris combien les façons de travailler sont diverses d'une part, changeantes d'autre part. L'exigence de flexibilité organisationnelle a de fortes répercutions sur le statut des espaces qui doivent non seulement ne pas l'entraver mais la faciliter. Un dernier facteur lourd est intervenu : les nouvelles technologies de l'information et de la communication. Depuis longtemps on savait qu'elles allaient bouleverser le rapport à l'espace dans les entreprises (2). Celles-ci en ont aujourd'hui une conscience aiguë, parfois même abusive. Ces techniques n'ont d'ailleurs pas eu, à quelques exceptions près (notamment Andersen Consulting, devenu par la suite Accentur, à Paris), d'effet décisif sur les espaces de travail. De grands immeubles de bureaux pour de grandes sociétés ont été construits ou aménagés, dans lesquels on utilise pleinement les techniques de l'information, sans pour autant que les espaces et leur usage en soient radicalement changés (Société Générale, Nestlé France). Néanmoins, on ne peut négliger les modifications organisationnelles et les changements dans le travail que ces techniques induisent, ainsi que les

2. F. Lautier, « L'espace usinier, du modèle panoptique aux systèmes informatiques », *Espaces et Sociétés*, n° 41, 1982. B. Giraud, *Impact sur les espaces de bureaux des technologies de l'information et de l'évolution des organisations*, Plan Construction et Architecture, 1988 ; et dans une problématique plus large : P. Virilio, *L'Espace critique*, Galilée, 1984.

effets qu'ils ont déjà et continueront d'avoir sur les espaces et leurs usages.

Des modèles fondés sur la communication

Dans les années 70, les espaces d'entreprises avaient été l'objet de nombreuses recherches et expérimentations. La décennie 70 est celle où les modèles tayloriens/fordiens sont en crise. Des problèmes – et souvent des conflits – sociaux majeurs et de nouvelles exigences quant à la production avaient conduit à réinterroger les formes d'organisation du travail. Dans ce contexte, la question des espaces de travail était devenue plus sensible. Dans l'usine Kalmar de Volvo (1973) et l'immeuble de Centraal Beheer à Apeldoorn, pour le tertiaire (1974), l'architecture avait rompu de façon radicale avec les habitudes pour étayer, à la fois fonctionnellement et symboliquement, les formes d'organisation du travail recherchées. Toutes les entreprises ne reprendront pas ces préoccupations, loin de là. Néanmoins, des interrogations, des recherches, des propositions émergent qui demeurent agissantes.

La communication sera surtout recherchée dans les immeubles tertiaires et pour l'essentiel selon deux perspectives. La première veut favoriser la communication tous azimuts en poursuivant le projet du bureau paysager (3), même s'il est nuancé, modifié dans ses expressions spatiales. De façon plus élaborée, et cela restera expérimental, on cherche aussi à structurer les communications selon différentes échelles. Celle du petit groupe, de façon à construire une synergie d'équipe et si possible une certaine autonomie ; l'échelle d'un service, par la mise à disposition d'espaces communs favorisant la rencontre ou en aménageant des bureaux collectifs « vivables » ; celle de l'entreprise, par une composition d'ensemble qui limite les distances, offre des lieux de rassemblement et de rencontres informelles, etc. Dans la pratique, on constate parfois des dérives, des détériorations du projet. Ainsi, offre de communication et facilité de circulation sont souvent confondues ; on met en place des structures spatiales communicantes sans que le personnel ait les moyens culturels ou organisationnels de les utiliser comme telles ; on ajoute à l'exigence de communication la suppression totale des signes de statut ou de la possibilité d'isolement, sans plus se préoccuper des habitudes et de la culture locale ; ou encore, on « bourre » des espaces collectifs de telle façon qu'ils deviennent invivables et fort peu communicants ; etc. Des décalages apparaissent aussi entre les intentions visées au niveau spatial et architectural (le plus souvent par les directions) et les pratiques organisationnelles. Tout se passe souvent comme si on attendait du seul dispositif spatial un effet organisationnel direct, sans autre médiation ni modification.

L'image de l'entreprise en jeu

L'architecture se voit et, en deçà des mots, raconte quelque chose. Ce peut donc être un support de communication. L'architecture dit à ceux qui y

3. C'est à la bascule des décennies 50 et 60 qu'est né en Allemagne le programme du *Burölandschaft*, le bureau paysager, dont l'intention était de faciliter les communications dans les espaces tertiaires.

vivent comment ils sont considérés dans l'entreprise. L'esprit, ou le projet, d'entreprise pourra ainsi, pense-t-on, être diffusé auprès du personnel. Au début des années 80, de grandes incertitudes planent sur les implantations de Renault. La direction décide de rassembler à Billancourt l'ensemble des activités centrales de la régie. Elle demande à un architecte, Claude Vasconi, un projet : celui-ci recompose totalement le site. Un premier bâtiment, celui de l'outillage, sera même construit en 1983, avec de grandes ambitions formelles. Pour le reste, des plans et surtout une maquette du site reconfiguré serviront un certain temps de signe de la volonté de la direction de conserver Billancourt et d'en faire une «vitrine technologique». On connaît la suite : un «Technocentre» a été construit à Guyancourt, par d'autres architectes, et Billancourt est en cours d'abandon presque total.

Deuxièmement, ce projet, ou cette image par l'architecture, s'adresse à l'extérieur : clients, concurrents, environnement social. Là aussi, il s'agit de manifester ce que l'entreprise veut montrer d'elle-même : *high tech* ou solidité financière ne s'expriment pas de la même façon (4). Quittant Paris pour Rueil-Malmaison, la Shell a fait construire son nouveau siège. Aux architectes (Valode et Pistre), elle a demandé explicitement qu'il soit sobre, classique, manifestant sans ostentation le sérieux de la maison. La richesse et la puissance de l'entreprise n'avaient pas à suivre les modes, fussent-elles architecturales. Pour L'Oréal, les mêmes architectes ont ensuite construit une usine. Ils se sont appuyés sur une image évoquant les produits de l'entreprise et ce qu'elle voudrait que l'on retienne d'elle : la marguerite, autour de laquelle ils ont conçu les formes du bâtiment.

Comment le personnel se sent-il dans l'entreprise ?

Une autre préoccupation a marqué les dernières décennies. Elle concerne les conditions de travail et la satisfaction du personnel. Pour l'essentiel, il s'agissait des conditions physiques de travail : lumière, bruit, chaleur, entassement sont, avec les rythmes de travail, les paramètres qui reviennent le plus souvent. Ils conduisent à l'architecture.

Les innovations architecturales de cette période, en particulier dans l'industrie, se sont souvent fondées sur cette nécessité de redonner aux ouvriers un environnement à la fois vivable et favorable à la production.

Parallèlement, d'abord aux Etats-Unis, puis en Europe, un autre point de vue intéressait plutôt le tertiaire : la satisfaction du personnel. Une hypothèse orientait ces propositions : la productivité des travailleurs serait améliorée s'ils sont placés dans un environnement adéquat (5). Malheureusement, cette problématique ne s'appuie sur aucun modèle théorique de la productivité du travail tertiaire.

Durant la même période, une méthode a commencé d'émerger dans les entreprises : la participation du personnel. Il n'est pas inintéressant de noter que c'est

4. Voir Y. Nacher, *Architecture et image d'entreprises, nouvelles identités*, Margada, 1990.

5. B. Giraud, «Quelle psychosociologie pour l'espace du travail ? Le cas des bureaux», thèse, université Paris-IX-Dauphine, 1984.

ARCHITECTURE ET COMMUNICATIONS

Trois façons de distribuer les bureaux, de penser leurs relations et de favoriser les communications

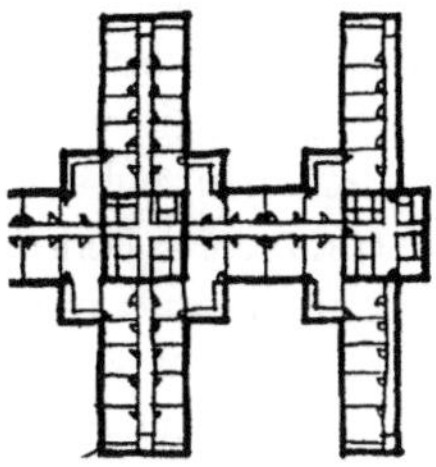

Des bureaux individuels le long de couloirs (ministère du Logement, La Haye)

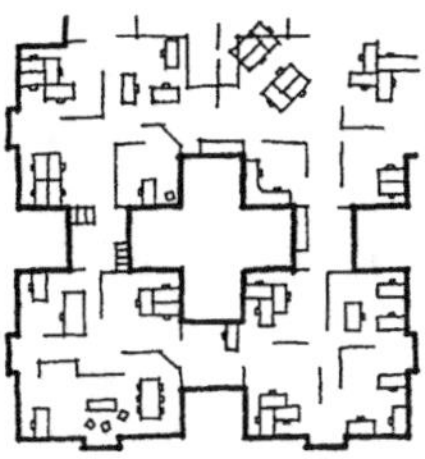

Des bureaux collectifs articulés les uns aux autres, partiellement ouverts sur l'extérieur (Centraal Beheer, Apeldoorn)

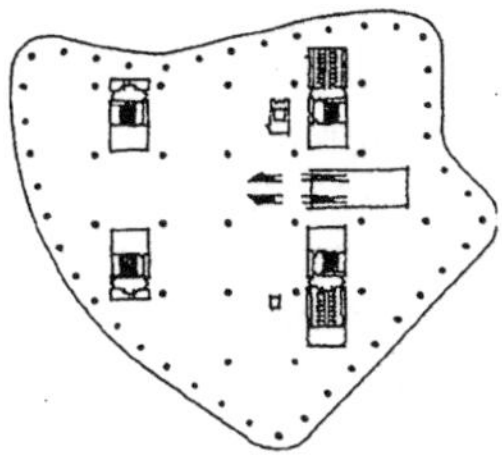

De grands plateaux presque totalement libres (Willis Faber & Dumas, Ipswich)

Source : Keith Alexander, Center for Facilities Management, University of Strathclyde, Glasgow, UK.

souvent à propos de la conception des lieux de travail qu'elle est apparue. Peut-être est-ce justement dû au fait que la conception des espaces n'était pas encore considérée comme stratégique...
En pratique, les expériences de ce type sont de tailles et d'enjeux variables. Elles concernent parfois un bâtiment dans son entier mais aussi bien un atelier ou un service seulement. Elles ne touchent que l'architecture et l'aménagement, ou au contraire sont liées à l'organisation du travail et aux relations sociales intérieures à l'entreprise. L'initiative peut provenir de la direction ou, plus rarement, du personnel. Par ailleurs, de nombreuses difficultés et résistances ont émaillé ces tentatives alors en rupture avec les modes de commandement et de fonctionnement, souvent demeurés traditionnels, sans compter leur utilisation par certaines directions pour chercher « à bas prix » l'adhésion du personnel (6).

Dans l'économie de l'entreprise, l'espace est ordinairement sans valeur. Ou plutôt, cette valeur n'est prise en compte que sous l'angle patrimonial, en dehors de l'économie entrepreneuriale.

La valeur de l'espace dans l'entreprise

Il est vrai que la valeur économique de l'espace ne s'apparente guère à celle des autres biens que la gestion d'entreprise connaît. Ce n'est pas seulement un système technique, il comporte une offre

6. T. Evette et al., *La Participation du personnel à la conception des lieux de travail*, Edition de La Villette, 1985.

d'usage qui dépasse les conditions de son utilisation prévue. Ainsi, un couloir peut-il, outre relier entre elles des parties de bâtiment, être un lieu de communication et d'échange, un espace de rencontre et de discussion. Les points de vue selon lesquels on peut apprécier un bâtiment sont multiples : architectural, fonctionnel, économique. Le concevoir suppose des choix organisationnels forts : modèle centralisé ou non, territorialisation des personnes ou recherche de mobilité, différenciation des groupes et des personnes, importance donnée aux statuts, etc. En outre, l'espace agit à travers des moyens dont la mesure, la prévisibilité et le contrôle sont inaccessibles par les moyens traditionnels de la gestion : ses dimensions esthétiques, émotionnelles, symboliques. Les propriétés d'un espace, encore, ne trouvent leur pleine efficacité que dans les pratiques de ses utilisateurs, et si espace et pratiques sont en congruence. Il ne suffit pas qu'un bureau soit collectif pour que le travail le devienne, en revanche un lieu adapté peut étayer une forme d'organisation du travail. On peut comprendre que les gestionnaires d'entreprise aient quelque difficulté à intégrer cet objet protéiforme et incertain à leurs calculs (7).

Il n'en va pas ici très différemment pour les « ressources humaines » dont l'expression, sinon la pleine signification, a été communément adoptée. *« Le concept de ressource humaine caractérise une approche du travail qui repose sur l'idée que sa qualité productive dérive d'une rencontre entre une disposition humaine – dans toute l'acception biologique, psychologique et culturelle du mot – et une occasion organisationnelle – dans toute l'acception technique, gestionnaire et sociale du mot; c'est un effet de situation, dont la préoccupation incombe d'abord au management. »* (8) Analyser l'espace de l'entreprise en termes de ressources c'est, de même, abandonner une lecture en termes de capacité propre de l'espace, laquelle serait supposée répondre de son coût. Autrement dit, il ne peut y avoir de gestion des espaces, si l'on veut savoir à quoi ils servent et comment ils concourent aux résultats de l'entreprise, qui ne soit que comptable ou qui soit séparée des autres dimensions du management. La valeur de l'espace pour l'entreprise ne réside pas dans la valeur ou la contrepartie du coût de ses bâtiments, ni même d'abord dans leurs qualités objectives, mais dans la capacité qu'elle se donne à la réaliser.

Les stratégies de valorisation de l'espace

Le processus de valorisation de l'espace de travail peut s'analyser par rapport à la situation actuelle de l'entreprise ou dans une perspective stratégique.

Telle entreprise conçoit par exemple, pour son siège, un bâtiment. Une analyse fine des modes de travail et des besoins lui permet de satisfaire pleinement chaque service et chaque personne et d'obtenir un espace en parfaite adéquation avec son organisation. Cinq ans après, sinon bien avant, le bâtiment sera trop grand ou trop petit, l'organisation

7. M. Fenker, *L'Espace : un mode de gestion de la dynamique organisationnelle*, Thèse de doctorat en sciences de gestion, Centre de Recherche en Gestion, Paris, Ecole Polytechnique, 2003.

8. F. Hubault, texte non publié. Toute cette partie doit beaucoup à son apport conceptuel.

du travail et ses modalités pratiques auront été bouleversées : le siège sera inadéquat, obsolète. Encore s'est-on placé ici dans une hypothèse optimiste : le plus souvent, il est très difficile, et pour une organisation importante quasiment impossible, de parvenir à un espace réellement approprié. L'espace peut d'autant moins être assimilé à un simple outil que sa durée de vie sera plus longue que celle des organisations et des modes de travail.

La valorisation de la ressource spatiale s'appuie donc sur une conception stratégique. Celle-ci se fonde sur une relation dialectique entre espace et organisation. On cherchera donc à concevoir des espaces capables d'évoluer avec les transformations de l'entreprise et aptes à soutenir celles qui lui sont nécessaires ou favorables. Par exemple, on peut introduire des niveaux de durabilité différents pour les diverses dimensions du bâtiment (les aménagements n'ont pas la même durée nécessaire que le gros œuvre et la propriété un temps éventuellement autre que celui de l'usage) ; étayer la conception d'espaces nouveaux par un projet, c'est-à-dire une vision du futur possible de l'organisation ; associer à cette conception ceux qui, par leur place dans l'entreprise et tout particulièrement parce qu'ils en sont les pratiquants, ont compétence pour en comprendre et prévoir l'usage. Surtout, il s'agit d'accéder, par sa gestion ordinaire, quotidienne, à une intelligibilité de l'espace qui permette d'en comprendre les enjeux et de saisir les occasions qu'il présente.

Surgies depuis quelques années, souvent en provenance des pays anglo-saxons, de nouvelles façons d'envisager les espaces des entreprises, pensés globalement comme des services à leurs métiers et leurs activités *(facilites management)*, articulent de façon de plus en plus maîtrisée cette gestion ordinaire et les investissements immobiliers, qu'il s'agisse de nouvelles implantations ou d'aménagements.

En pratique, ces exigences peuvent conduire à des modèles très différents, voire opposés. Ainsi, beaucoup d'entreprises, notamment les plus importantes, ont tendance actuellement à banaliser les lieux de travail. Les changements sont tellement fréquents et imprévisibles que des aménagements adaptés leur paraissent à la fois une servitude inutile et un coût inacceptable. Dans ces conditions, un espace standardisé de bonne qualité, avec les équipements adéquats partout disponibles, réduit considérablement les inconvénients des changements organisationnels ou structurels tout en convenant, du moins suffisamment, aux différentes situations de travail qui peuvent advenir.

La question de l'évaluation

S'il est ressource, l'espace n'est pas simple passivité à adapter. Dans les villes ou dans les logements, les lieux, au-delà de leurs fonctions explicites, peuvent, au long de leur usage, devenir des sortes de propositions à des pratiques sociales nouvelles, inattendues. Par exemple, un carrefour se transformera en place, un recoin en terrain de jeu, un garage en salle de musique. Ainsi se forment, au-delà des seules fonctionnalités, l'urbanité ou l'*habiter*.

Sous des formes et avec des temporalités différentes, le management de l'espace d'entreprise cherchera à penser les espaces comme susceptibles d'ouvrir des possibilités, d'offrir des marges de manœuvre à l'organisation.
La mesure du coût de l'espace est tributaire de méthodes actuellement employées de trois types – tous trois insatisfaisants.
Le premier s'appuie sur l'idée d'effets quasiment mécaniques de l'organisation spatiale. Ainsi, telle entreprise réduit les surfaces dans le but d'empêcher les stocks intermédiaires dans le flux continu de la production en supprimant les lieux où ils pourraient se déposer. Le deuxième pratique un détour par la mesure de variables dont on fait l'hypothèse qu'elles valident l'investissement : ce sera par exemple la mesure de la satisfaction du personnel. Le troisième, le plus développé aujourd'hui, notamment dans les pays anglo-saxons, est le *benchmarking*, c'est-à-dire la comparaison systématique avec les autres entreprises ou organisations pour tenter d'être, sur les aspects examinés, le meilleur. Ces façons de faire, approximatives et incertaines, sont loin de ce qui se pratique couramment dans d'autres domaines de la gestion des entreprises.
Le champ est donc ouvert à la recherche. Elle suppose que soient associées différentes disciplines, s'intéressant à l'espace et à la gestion mais aussi au travail et à son organisation. La recherche nécessite aussi que des entreprises acceptent que soient ouverts leurs cahiers de comptes et analysées leurs stratégies. En tout état de cause, elle est indispensable pour franchir un nouveau pas dans la compréhension puis le management de la ressource spatiale des organisations.

A lire sur le sujet

- F.D. Becker, *The Total Workplace : Facilities Management and the Elastique Organization*, Van Rostrand Reinhold, 1990.
- F. Duffy et al., *The Responsible Work-Place*, Butterworth Architecture, 1993.
- T. Ivette, M. Fenker et al., *L'Architecture tertiaire en Europe et aux Etats-Unis*, Plan Construction et Architecture, 1992.
- T. Evette, F. Lautier (éds.), *De l'atelier au territoire, Le travail en quête d'espaces*, L'Harmattan, 1994.
- G.N. Fischer, *Psychologie de l'environnement social*, Dunod, 1997 (2e éd. actualisée).
- F. Lautier, *Ergotopiques, sur les espaces des lieux de travail*, Octarès, 1999.
- E. Pélegrin-Genel, *L'Angoisse de la plante verte sur le coin du bureau*, ESF, 1994.
- Vischer J., Workplace, *Strategies : Environment as a Tool for Work*, New-York, Chapman and Hall, 1996.

Chapitre V

Communication, savoirs et compétences

Philippe Cabin[*]

DE LA HIÉRARCHIE AU RÉSEAU[**]

Un grand bouleversement marque les organisations aujourd'hui et encore plus dans l'avenir : la dématérialisation des activités et l'importance croissante de la connaissance. Il touche autant les façons de gérer une entreprise que l'approche de celle-ci par les sciences sociales.

NIKE ne fabrique aucune chaussure. L'entreprise américaine sous-traite sa production auprès de 40 usines taïwanaises, chinoises, coréennes, thaïlandaises et indonésiennes qui emploient au total 75 000 personnes. Elle concentre ses 6 500 salariés sur la conception et le marketing.

Une enquête récente de l'OCDE (1) montrait comment le travail des médecins était transformé par la nécessité de capitaliser et de partager les connaissances. Ainsi, en matière d'interruption volontaire de grossesse, les décisions se prennent de plus en plus entre plusieurs médecins, sur la base d'images et de données partagées et discutées, souvent à distance.

Ces deux exemples illustrent deux mutations majeures : d'une part, la désintégration des organisations traditionnelles fondées sur l'agrégation et la hiérarchisation des fonctions, au profit d'agencements plus complexes, fluides, réticulaires ; d'autre part, l'importance croissante du savoir, comme matière première et comme principe d'ordonnancement des organisations. La dématérialisation des activités (ainsi, dans les pays développés, les deux tiers de la valeur ajoutée procèdent des activités dites de service), conjuguée à la course à l'innovation, concourt à renforcer ce processus et conduit à remodeler les

---

* Journaliste.

** *Sciences Humaines*, hors série n° 34, septembre 2001.

1. « Société du savoir et gestion des connaissances », OCDE, 2000, présentée par J.-M. Saussois, *Sciences Humaines*, hors série n° 32, mars 2001.

fonctions et les outils de gestion. Certes, l'ampleur de ce mouvement diffère selon le type d'organisation (entreprise, administration, association, école, armée...) et le secteur d'activité (service, commerce, industrie lourde, nouvelles technologies...). Néanmoins, la plupart des observateurs s'accordent sur l'idée que « qualité de réseau » et « système de connaissances » sont désormais deux composantes essentielles.
Les sciences de l'organisation ont considérablement contribué à révéler et à analyser ces phénomènes. Une des caractéristiques de ce champ de connaissances est, en effet, l'étroite affinité entre les productions théoriques (les travaux des sociologues, psychologues, économistes) et les pratiques formalisées sous forme de règles, de procédures, d'outils, c'est-à-dire le management. Les sciences de l'organisation sont pour l'essentiel des sciences appliquées.

La machine, l'homme, l'aléa

Historiquement, les sciences de l'organisation sont nées, au début du XXe siècle, de la volonté de comprendre le processus d'industrialisation et de bureaucratisation, et d'améliorer le fonctionnement des grands ensembles (firmes, administrations) nés de ce développement. On peut, très grossièrement, distinguer trois visions parmi les théories « classiques » (jusqu'aux années 70) de l'organisation. La première est celle d'une machine dont on peut étudier et concevoir la mécanique de façon rationnelle et scientifique. Selon cette conception d'ingénieur, il existe un moyen optimal (le *« one best way »* de Frederick W. Taylor) d'agencer les moyens de production ; le facteur humain n'est qu'un de ces moyens. Une deuxième tradition, née dans les années 30, va inverser la perspective et placer l'homme au centre. L'organisation est avant tout une communauté d'individus, qui travaillent, coopèrent et vivent ensemble pour la réalisation d'un but commun. La motivation, l'identité, le sentiment d'appartenance, les affects, l'estime de soi, les façons de coopérer et de communiquer sont autant de phénomènes déterminants pour le fonctionnement des organisations, qu'il faut comprendre. L'école des relations humaines, issue des travaux fondateurs d'Elton Mayo, connaîtra de multiples prolongements, dans les domaines psychosociologiques et psychanalytiques notamment. On peut enfin ranger, dans une troisième classe, toute une série d'approches qui mettent l'accent sur le caractère complexe, contradictoire, aléatoire, contingent, voire dysfonctionnel des organisations humaines. Les théories de la rationalité limitée (Herbert A. Simon), de l'action organisée (Michel Crozier), de la contingence (Joan Woodward) relèvent de cette catégorie (2).
La machine, l'homme, l'aléa : ainsi peut-on résumer les théories classiques de l'organisation. D'autres subdivisions sont néanmoins possibles, tout aussi pertinentes. Ainsi, le Canadien Gareth Morgan propose une typologie des images de l'organi-

2. Concernant la rationalité limitée, voir les mots clés en fin d'ouvrage. Pour l'action organisée, voir notamment l'entretien avec E. Friedberg dans le chapitre I de cet ouvrage.

sation : selon les cas, elle est vue comme une machine, un cerveau, un organisme vivant, un système politique, une culture, une prison mentale, un instrument de domination (3).

Savoir et apprentissage

Aujourd'hui, les regards portés par les sciences sociales sur les organisations ont changé, sous l'effet des mutations structurelles que nous avons évoquées en introduction. Le premier phénomène massif est celui de la dématérialisation des activités et de la part croissante de la connaissance comme carburant de l'activité économique. L'essor des technologies de l'information exerce en outre un puissant effet d'accélération de ce processus. Armand Hatchuel, professeur à l'Ecole des mines, estime que nous sommes probablement en train de vivre les prémices d'un *« grand basculement »* vers une nouvelle logique managériale *« fondée sur l'innovation intensive et un renouvellement permanent des connaissances utiles »* (4). Il ajoute cependant que ce nouveau modèle n'est qu'en cours d'émergence et que ses contours restent difficiles à cerner. Une révolution managériale que Peter Drucker avait prévue dès les années 60-70, prophétisant l'avènement des *« travailleurs du savoir »*. Cette nouvelle donne a une conséquence : *« Le passage de l'organisation commandement-contrôle, celle des départements et des divisions, à l'organisation basée sur l'information, celle des spécialistes du savoir. »* (5) Celle-ci est plus plate (moins de niveaux hiérarchiques), davantage fondée sur la compétence et l'autocontrôle des salariés, tournée vers l'innovation, l'organisation basée sur l'information.

Comment se transmettent les savoirs ?

Une organisation peut-elle apprendre ? A quelles conditions ? Les interrogations relatives à l'apprentissage organisationnel sont à l'origine d'un large faisceau de recherches. La leçon majeure qui en émerge est que l'apprentissage organisationnel, loin d'être un phénomène « naturel », est parsemé d'embûches. Selon Chris Argyris, professeur à Harvard et principale figure de ce courant, les individus, face à un problème ou une décision, ont spontanément tendance à adopter une même attitude, visant à garder le contrôle et à sauver la face. Ces routines défensives, universellement répandues selon C. Argyris, sont le principal obstacle au changement (6). L'apprentissage organisationnel passe par l'adoption d'une autre attitude, selon laquelle les gens doivent accepter d'être remis en cause, d'assumer leur choix. Or, un tel comportement est psychologiquement coûteux et difficile à construire dans la durée. Le Japonais Ikujiro Nonaka décrit la dynamique de la connaissance comme une *« spirale du savoir »* traduisant le passage et les

3. G. Morgan, *Images de l'organisation*, Presses de l'université de Laval/éditions Eska, 1989.
4. Intervention au colloque « Sait-on piloter le changement ? », Ecole des mines de Paris, 2 et 3 novembre 2000.
5. P. Drucker, *A propos du management*, Village mondial, 2000.
6. C. Argyris, *Savoir pour agir. Les obstacles à l'apprentissage organisationnel*, Interéditions, 1995 [1993].

recompositions permanentes entre différents niveaux de connaissance : entre individuel et collectif, entre tacite et explicite (7). Il donne l'exemple de Matsuhita, une entreprise qui rencontrait des difficultés dans la fabrication d'une pâte à pain. Une jeune informaticienne eut l'idée de faire un stage chez un boulanger ayant la réputation de faire le meilleur pain de la ville. De retour dans l'entreprise, elle tenta d'expliquer aux ingénieurs le « tour de main » du boulanger. Après beaucoup d'efforts, ils réussirent à reproduire mécaniquement le geste de l'artisan et à fabriquer un bon pain.

Les organisations, et particulièrement les entreprises, sont prises dans une course à l'innovation et doivent être capables de s'adapter, même si, comme le rappelle Henry Mintzberg, *« le changement permanent, c'est l'anarchie »* (8). Les recherches sur l'innovation diffèrent selon le niveau d'analyse. A l'échelle « micro », c'est, à l'instar du phénomène d'apprentissage organisationnel, le caractère chaotique, incertain qui ressort de l'observation des pratiques d'innovation. Norbert Alter montre que l'innovation ne réside pas dans le génie des inventeurs ou l'intuition des managers. Il montre que l'innovation est un *« état d'esprit »*, une pratique quotidienne que l'on rencontre aussi bien chez cet agent d'assurances qui *« se débrouille »* avec les procédures pour satisfaire son client, que chez ce professeur qui met en place dans son collège un module de formation à la citoyenneté (9).

Remarquons au passage le développement en France d'une sociologie cognitive qui se penche sur les pratiques banales et les interactions, sur les routines, les façons de traiter et d'utiliser l'information. Les ouvrages de Jean-Marc Weller sur le travail des agents administratifs au guichet, ou de Dominique Boullier et Stéphane Chevrier sur les sapeurs-pompiers en sont deux illustrations (10).

Au niveau plus « macro », l'accent est mis sur les structures et l'environnement propices à l'innovation. Michael Porter, professeur à Harvard, souligne l'importance des connexions entre recherche, compétences humaines, stratégies d'investissement, localisation industrielle, politiques publiques... Selon lui, l'existence de grappes industrielles est un facteur décisif de dynamique innovante. Par grappes, il faut entendre des concentrations géographiques qui réunissent des entreprises et des acteurs divers coopérant pour une même activité. Ainsi, les producteurs italiens de carreaux en céramique concentrés autour de la petite ville de Sassuolo, en Emilie-Romagne, représentent à eux seuls 60 % des exportations mondiales. M. Porter montre comment ce succès est lié à la constitution progressive d'une grappe réunissant des producteurs de matière première (argile rouge), des fabricants de machines (fours et presses), la concentration d'une main-d'œuvre qualifiée, des services d'assis-

7. I. Nonaka, H. Takeuchi, *La Connaissance créatrice*, De Boeck université, 1997.
8. Voir l'entretien avec H. Mintzberg dans le chapitre IV de cet ouvrage.
9. N. Alter, *L'Innovation ordinaire*, Puf, 2000. Voir aussi son article dans le chapitre IV de cet ouvrage.
10. J.-M. Weller, *L'Etat au guichet*, Desclée de Brouwer, 1999.

tance (moules, *design*, emballage, transport), des sociétés de conseil, un syndicat professionnel et même un centre de recherche (11). Les savoirs se cristallisent dans les compétences des individus. Ces dernières sont dès lors considérées comme une ressource essentielle.

Au début des années 80, les économistes américains Sidney G. Winter et Richard R. Nelson définissent la firme comme un ensemble dynamique de compétences. Ce qui différencie alors une firme d'une autre, c'est la nature des savoir-faire qu'elle a su accumuler. Mais c'est au début des années 90 que la notion de compétence va faire une entrée en force dans la théorie organisationnelle. C.K. Prahalad et Gary Hamel (12) avancent l'idée que ce sont les « compétences clés » d'une entreprise (autrement dit, un ensemble de ressources et d'expériences accumulées, difficilement imitables par la concurrence) qui déterminent la réussite, et non pas l'adaptation à l'environnement ou le bon positionnement sur le marché. Ils suggèrent alors de repenser l'organisation autour d'une préoccupation centrale : la valorisation des compétences clés. Celles-ci deviennent un outil stratégique. La thèse va connaître un succès considérable. Plus généralement, remarque Jean-Claude Tarondeau, c'est la notion même de stratégie d'entreprise qui a changé. A ses origines, elle était pensée sur le modèle de la stratégie militaire (positionnement dans le champ de la concurrence). Depuis peu, elle s'oriente davantage vers la capacité à acquérir et à combiner des ressources de toutes sortes (compétences, savoirs, mais aussi marques, valeurs, culture et identité collectives...) (13).

Ces biens immatériels sont devenus des variables déterminantes. Et là encore, les sciences humaines (notamment la sociologie) ont développé de nouvelles approches. Les travaux de Renaud Sainsaulieu s'attardent pour leur part sur l'entreprise comme lieu d'intégration sociale, de formation de cultures professionnelles, en distinguant différentes modalités de l'identité collective (communautaire, réglementaire, entrepreneuriale, etc.), selon les organisations et les secteurs d'activité (14). Ils cherchent à mettre en évidence les dynamiques sociales propres à ces phénomènes et la façon dont ils influent sur le fonctionnement et les performances des organisations.

Signalons également un autre champ très fécond, celui du management interculturel, qui répond au besoin grandissant de toutes les organisations de gérer en leur sein la cohabitation d'individus de nationalités et de cultures différentes. La désintégration de la grande entreprise et l'accent mis sur les compétences, que l'on retrouve aussi bien dans les entreprises que dans d'autres milieux professionnels comme la médecine, l'éducation et la formation, sont aussi révélateurs de l'émergence d'un modèle managérial fondé

11. M. Porter, *La Concurrence selon Porter*, Village mondial, 1999.
12. C.K. Prahalad, G. Hamel, *La Conquête du futur*, Interéditions, 1995.
13. J.-C. Tarondeau, *Le Management des savoirs*, Puf, « Que sais-je ? », 1998.
14. R. Sainsaulieu, *L'Identité au travail*, Presses de la FNSP, 1985 [1977]. Voir aussi son article dans le chapitre VI de cet ouvrage.

sur la flexibilité, la transversalité, la réduction des niveaux hiérarchiques. Dans ce contexte, les individus doivent être davantage polyvalents, souples. En France, le discours sur la logique de la qualification (15), qui a longtemps dominé les approches de la gestion des carrières, est peu à peu supplanté par une volonté de promouvoir une « logique de compétences ». Elle s'inscrit dans une approche personnalisée de la situation du salarié, qui satisfait au besoin de souplesse de l'organisation. Après tout, toutes les fonctions de l'entreprise peuvent être sous-traitées à d'autres micro-entreprises spécialisées. Ce qui milite en faveur de l'intégration des fonctions au sein de l'entreprise, ce sont les coûts de transaction.

15. Dans son acception dominante, la qualification était associée, jusqu'aux années 80, au poste de travail, à la difficulté à réaliser le travail qui lui correspondait. La qualification représentait en quelque sorte une reconnaissance des caractéristiques du travail à travers une place collectivement reconnue dans des échelles de classification.

EVELYNE JARDIN*

QUAND LES ORGANISATIONS COMMUNIQUENT**

L'explosion des technologies de la communication facilite-t-elle réellement la circulation des informations à l'intérieur et à l'extérieur des entreprises ?

DANS LES ENTREPRISES, on communique par écrit, par oral et de plus en plus grâce aux nouvelles technologies de l'information. Aujourd'hui, l'informatique et les télécommunications sont partout présentes et leur utilisation s'est banalisée : téléphone, fax, messageries électroniques... Comment les chercheurs en sciences de l'information et de la communication appréhendent-ils ce sujet ?

En fait, leur position a changé. Dans les années 80, on était à l'ère de *« l'euphorie communicationnelle »*, selon l'expression de Thomas Heller (1). Deuxième « grande muette » après l'armée, l'entreprise retrouvait sa voix. Elle se mettait à communiquer avec l'extérieur sous forme de rapports financiers, de présentations publicitaires (notamment lors des vagues de privatisations : on se souvient de Catherine Deneuve faisant la promotion d'Indosuez), de présentations pédagogiques pour des publics étudiants. Elle n'en oubliait pas pour autant d'améliorer la communication interne en promouvant l'expression des salariés (réglementée par les lois Auroux), en développant des cercles de qualité, en mettant en place des journaux internes, etc. Bref, il fallait communiquer tous azimuts, l'efficacité de l'entreprise et son image passant par une « com' » externe et interne réussie. Dans ce contexte, les chercheurs étaient

---

* Journaliste scientifique.

** *Sciences Humaines*, hors série n° 36, mars 2002.

1. T. Heller, « Le chercheur face à la communication d'entreprise », dans *Communications d'entreprises et d'organisations*, Presses universitaires de Rennes, 1998.

souvent appelés au chevet des entreprises comme thérapeutes, pour régler tel ou tel problème de communication, pour dynamiter les murs de silence dans lesquels certains employés s'étaient enfermés. L'intervention se devait d'être prescriptive : il fallait trouver des solutions pour accroître, améliorer, favoriser la communication.

Dans les années 90, un ensemble de chercheurs fait émerger un nouveau champ scientifique : les « communications organisationnelles ». Des objets matériels : films d'entreprise, sites internet, intranet, dossiers de soins... aux systèmes de communication : mécénat, projet d'entreprise, technopole... la variété des sujets traités est large. Et cette diversité se reflète dans les terrains explorés par les chercheurs : entreprises, administrations, voire friche industrielle.

Par rapport à la décennie précédente, on rompt avec la « technofolie » et ses utopies égalitaristes (nous allons tous pouvoir nous exprimer) sans pour autant sombrer dans la technophobie. D'une certaine manière, les nouvelles technologies de l'information sont remises à leur place. Comme l'expose Pierre Delcambre (2), les chercheurs vont alors considérer que les systèmes ne tournent pas sans contenu. Ce sont les membres des organisations qui remplissent, saisissent des données, bref donnent du sens à la transmission d'informations. Autrement dit, derrière les technologies (Internet, intranet, *groupware*, etc.), tout le travail du chercheur consiste à analyser les rapports hommes-objets, à décrypter les discours, à décortiquer les recompositions organisationnelles. En optant pour une position très pragmatique, collant au plus près du terrain, ce nouveau champ scientifique évite de céder aux sirènes alarmistes, ou au contraire, aux charmes envoûtants des nouvelles technologies de la communication. Deux exemples, l'un sur un objet matériel (le *groupware*) et l'autre sur un système communicationnel (l'information des voyageurs en gare du Nord), nous donneront un aperçu de ce champ disciplinaire en pleine expansion.

Le *groupware*

Créé à la fin des années 60 aux Etats-Unis, le *groupware* permet une communication en temps réel entre plusieurs utilisateurs. Aujourd'hui, on désigne sous ce terme aussi bien des agendas partagés que des forums de discussion. Si cette technique demeure encore dans un relatif anonymat, les années de crise ont rendu attractifs tous les outils techniques visant à optimiser la circulation de l'information. Mais derrière cette logique financière de rationalisation se cachent des « stratégies d'acteurs » que ne renierait pas le sociologue fondateur de cette notion, Michel Crozier. Car pour Valérie Lépine (3), l'installation d'un *groupware* et du logiciel qui va avec (on parle dans ce cas d'un collecticiel) s'accompagne d'une

2. P. Delcambre (dir.), *Communications organisationnelles. Objets, pratiques, dispositifs*, Presses universitaires de Rennes, 2000.

3. Voir V. Lépine, *Les Enjeux communicationnels et socio-organisationnels du déploiement de* groupware *en entreprise*, thèse de doctorat en sciences de la communication, Université Stendhal-Grenoble-III, décembre 2000.

redistribution du pouvoir dans l'entreprise *« au profit des directions informatiques et/ou au profit d'agents qui s'étant approprié l'outil technique et ses fonctionnalités trouvent une nouvelle légitimité de compétence »*.
Le pouvoir de l'expert décrit par M. Crozier réapparaît ici à trois occasions : dans la phase d'arbitrage entre les différents collecticiels présents sur le marché ; dans la nomination d'un administrateur qui sera le gestionnaire des bases de données ou des documents partagés ; et, enfin, dans la mise en place d'un système sécurisé qui va allouer des droits d'accès aux usagers. Bref, *« le dispositif sociotechnique, dont on conçoit qu'il réponde à des préoccupations légitimes de sécurité et de maîtrise de l'information (notamment comptable, financière, etc.) et donc de la prise de décision, imprime des rôles et des limites qui non seulement contraignent l'échange, mais aussi légitiment des acteurs plutôt que d'autres »*.
Dépassant cette analyse classique de sociologie des organisations, V. Lépine propose aussi de s'attarder sur les « significations » d'une technologie qu'elle juge bien particulière puisqu'elle s'inscrit dans une sorte d'utopie communautaire. Alors que certains voient dans l'ordinateur un outil d'individualisation des pratiques, le *groupware*, au contraire, est censé susciter de la communication pour la messagerie, de la collaboration pour la réalisation de tâches communes et de la coordination. On pourrait même aller jusqu'à penser que cette technique générerait de nouvelles communautés de travail autour du partage des mêmes outils de communication.
Dans les faits, il y a loin de la coupe aux lèvres. Comme le montre aussi Brigitte Guyot (4), les utopies communautaires développées à la faveur de ces nouvelles technologies sont souvent balayées par les structures organisationnelles qui se recomposent autour d'elles. Ces analyses sous-entendent que l'organisation est plus structurante que la technique.
Dans le second exemple présenté, ce ne sont pas tant les outils qui sont étudiés que tout un système communicationnel, en l'occurrence celui des voyageurs en gare du Nord.

Paris, gare du Nord, tous les voyageurs descendent

Une étude menée pendant trois ans dans l'enceinte de la gare du Nord par une équipe pluridisciplinaire s'est intéressée aux *« situations ordinaires ou rampantes »*, c'est-à-dire aux situations rencontrées par des voyageurs cherchant leur numéro de quai, l'heure de départ de leur train, etc. Le but de cette étude est d'améliorer la visibilité et l'accessibilité des espaces publics. Les chercheurs ont donc pisté des voyageurs, relevant les chemins pris et enregistrant sur une bande-son leurs faits, gestes et pensées. Anni Borzeix (5) relate : *« Munis d'un micro-cravate, l'appareil enfoui dans leur poche, ils devaient verbaliser (dire à haute voix) ce qu'ils pensaient, faisaient, voyaient, ressentaient durant leur parcours. Un repérage systématique des ressources et des obstacles rencontrés durant ces trajets a pu ensuite être réalisé*

4. Voir l'entretien avec Brigitte Guyot qui suit cet article.
5. A. Borzeix, B. Fraenkel (dirs), *Langage et travail*, CNRS éditions, 2001.

sur un échantillon de parcours. »
Avec les mêmes outils d'enregistrement, la perception de l'information transmise lors des annonces et du télépancartage (panneaux d'affichage) était aussi étudiée. Ces observations ont fait émerger trois catégories d'usagers. L'interlocuteur des agents au guichet ; le voyageur non-habitué, renvoyé le plus souvent au « système D », et l'habitué, toujours sur le qui-vive, à l'affût des incidents (retard, changement de voie).

Aucune de ces trois catégories ne semblait satisfaite de la transmission des informations en gare. Les voyageurs se plaignaient d'une documentation lacunaire, d'une signalétique confuse, voire d'une absence totale d'information pour les banlieusards.

Selon A. Borzeix, cette enquête a permis d'objectiver les lacunes d'une organisation, en l'occurrence la SNCF, qui sait « *produire du kilomètre transporté* » mais qui communique mal auprès des voyageurs. Dans ce cas, les recherches menées ont pu déboucher sur des prescriptions afin d'améliorer « *la qualité du service public, la sécurité et l'information des clients usagers...* »

L'étude de la transmission dans les organisations se décline en diverses problématiques plus ou moins critiques envers les nouvelles technologies et la gestion de l'information. Si, à l'occasion, elle permet une meilleure occupation de l'espace géographique par les individus (dans le cas précédent), généralement, elle fait surtout progresser la connaissance du travail. Car la communication, sur le lieu de travail, participe à la coordination de tâches effectuées par des personnes différentes. Elle peut aussi assurer la composition d'un collectif. Claude Michaud et Jean-Claude Thoening (6) ont récemment mis en avant le rôle clef joué par la communication, plus particulièrement langagière, dans les organisations.

Le langage est important car il donne du sens « *aux comportements, aux décisions, aux politiques. A travers le travail de représentation du monde et celui d'imputation de causalités, les actes prennent une signification.* » Même si tous les employés d'une même « boîte » ne partagent pas le même langage, il y a toujours des zones de recouvrement, à savoir des services où des individus servent de ponts et, dans un certain sens, de traducteurs. Ainsi, ils permettent que les stratégies élaborées dans l'entreprise soient aisément mises en application et que les informations collectées à l'extérieur de l'organisation soient facilement traduites en son sein.

C. Michaud et J.-C. Thoening s'appuient sur une étude de cas tirée d'une entreprise agroalimentaire pour illustrer leur propos. Trois pôles dotés d'une communication propre se détachent clairement (la recherche, la fonction commerciale, les responsables des matières actives) et sont amenés à articuler leurs activités, ce qui n'est pas sans poser de problèmes. « *La discontinuité radicale, notamment cognitive, qui caractérise les liens entre les fonctions dans l'entreprise, affecte ainsi directement et durablement Agro* », relèvent-ils. D'où la nécessité de personnes interfaces dont la fonction n'est pas seulement de coordonner les

6. C. Michaud, J.-C. Thoening, *Stratégie et sociologie de l'entreprise*, Village Mondial, 2001.

activités, mais de gérer les contradictions internes. « *Toute direction générale joue un rôle d'architecte cognitif de l'entreprise dont elle a la charge.* » Et l'organisation pourra limiter ces coûts cognitifs grâce à une forte culture d'entreprise ou à une *common knowledge*. Béatrice Vacher (7) met l'accent, quant à elle, sur l'intelligence collective. Cette dernière dépend beaucoup de la capacité des individus à rester vigilants face aux grandes et aux petites choses qui vont, par exemple, du crash d'un avion pour une entreprise de transport aérien à l'archivage de revues pour une agence d'architectes paysagistes.

7. Voir l'entretien avec Béatrice Vacher parmi les trois entretiens qui suivent cet article.

LA GESTION DE L'INFORMATION, L'ORGANISATION ET LES NOUVELLES TECHNOLOGIES

ENTRETIEN AVEC BRIGITTE GUYOT*

L'utilisation des nouvelles technologies n'est pas le gage d'une meilleure circulation de l'information en interne.

***Sciences Humaines* : Les nouvelles technologies de l'information et de la communication, les NTIC, ont envahi les entreprises ces vingt dernières années. Ont-elles bouleversé la conception de la transmission ?**

Brigitte Guyot : Oui, on est passé de la transmission à l'accès. Avant, le cœur de la transmission dans les grandes entreprises battait au rythme du service de documentation. Il avait la tâche de collecter de l'information à l'extérieur, à des fins de recherche et développement, pour la rendre disponible en interne. La logique était celle de la collecte et de la transmission. En sciences de l'information, on parle de logique du transfert : un émetteur transmet vers des récepteurs. Dans ce cas, c'est l'offre qui prime. Progressivement, les grandes entreprises ont pris conscience que tous les services ont besoin d'information externe, mais aussi de celle que produisent d'autres services. La gestion de l'information s'est donc développée en interne, aidée en cela par des outils : les logiciels de *groupware*, de *workflow* ou encore l'intranet. On constate que dans les grandes entreprises, les services de ressources humaines et de communication se sont emparés de l'intranet. On y trouve aussi bien le décompte des heures travaillées, le journal interne que le menu de la cantine. Certaines informations ont été rendues transparentes et l'accès a bel et bien été décentralisé. Mais lorsqu'il s'agit de mettre en commun des informations qui viennent d'autres services, les choses se compliquent. Par exemple, le service de communication a besoin de données émanant du service marketing pour évaluer l'efficacité de ses campagnes de publicité. Problème : ces données sont confidentielles, tout ne circule pas librement sur l'intranet car on y met une clef d'accès. Conséquence : les intranets sont souvent le calque de l'organigramme et ils reproduisent les cloisonnements de l'organisation. Il y a un décalage entre les discours et les pratiques.

** Maître de conférences en sciences de l'information, Institut national des techniques de la documentation, Cnam. A publié notamment : « Quelques problématiques pour éclairer l'étude de l'information dans les organisations »,* Sciences de la société, *n° 50-51, 2000.*

***SH :* La transmission telle que la conçoivent les informaticiens colle-t-elle avec la réalité organisationnelle ?**

B.G. : Pour les décideurs et les ingénieurs, un système technique constitue en lui-même une innovation, dont l'insertion se ferait plus ou moins naturellement dans le milieu professionnel. Ce point de vue laisse dans l'ombre l'importance des stratégies individuelles ou collectives. Prenons un exemple. Dans un gros institut de recherche que nous avons étudié, il y avait un intranet documentaire. Trois ou quatre axes de recherche animaient, à ce moment-là, ce centre. Nous avons constaté que l'information n'était pas mieux partagée grâce à cet outil. Chacun s'était doté d'un intranet documentaire à accès fermé. Le système d'information illustrait la volonté de chaque directeur de protéger l'information détenue par son département de recherche. Cet exemple montre bien que la cohabitation technique ne signifie absolument pas la communication organisationnelle. Et même lorsqu'il y a une volonté d'unification, les nouveaux outils de communication ne facilitent pas toujours l'accès, parce qu'ils se heurtent aux différents bricolages organisationnels mis en place par les individus ou les services.

Propos recueillis par
Evelyne Jardin
(*Sciences Humaines*, hors série n° 36, mars 2002)

LE TRAVAIL DE COORDINATION

ENTRETIEN AVEC MICHÈLE LACOSTE*

Dans les hôpitaux, la relève est beaucoup plus qu'une simple transmission d'informations : une construction en commun ou encore le partage de savoirs et de sens.

***Sciences Humaines* : Comment la transmission est-elle organisée à l'hôpital ?**

Michèle Lacoste : A l'hôpital, il y a une constante transmission d'informations, qui passe par un foisonnement de communications pas toujours visibles. Dans notre étude, nous avons repéré ces communications dans trois hôpitaux, à Paris, Lyon et Grenoble, en suivant pas à pas des infirmières au cours de leurs journées de travail, en enregistrant leurs paroles et en observant leurs activités. Pourquoi des infirmières ? Parce que leur travail les amène à communiquer avec de nombreux soignants (autres infirmières, surveillantes, diététiciennes...), avec les médecins, les malades et leurs familles. Pour les infirmières, on a longtemps été habitué à ne considérer que la partie technique de leur compétence professionnelle. Plus récemment, on a enfin accordé attention à leur travail relationnel avec le malade et la famille, mais une autre partie de l'iceberg reste cachée : celle qui correspond au travail de coordination au sein de l'équipe soignante. Ce travail de coordination est essentiel pour qu'il y ait une action collective et non pas une juxtaposition d'activités individuelles. Or, il est difficile de cerner ces communications car elles se présentent au fur et à mesure des événements, dans le fil de l'activité, et n'ont pas de statut reconnu.

** Professeur de sciences de la communication à l'université Paris-XIII. A publié notamment : avec M. Grosjean,* Communication et intelligence collective, *Puf, 1999.*

***SH* : Vous avez étudié une transmission propre à l'hôpital : les relèves entre infirmières. Comment cela se passe-t-il ?**

M.L. : Les relèves ont lieu trois fois par jour à chaque changement d'équipe. Elles ont deux facettes : une transmission écrite sur dossiers et fiches, souvent informatisés, de plus en plus codifiée, et une transmission orale. Dans la communication écrite, les posologies attribuées à chaque malade sont inscrites sur un cahier. Les infirmières peuvent donc s'y replonger en cas de doute, à n'importe quel moment. De plus, l'écrit fait foi en cas de contestation. La communication orale a un rôle complémentaire, moins formalisé. Un élément restant immuable lors des réunions de relèves est le « tour » des patients : l'équipe partante fait à l'équipe arrivante le point sur chacun d'eux. Mais les conditions concrètes de réalisation sont très différentes d'un service à l'autre.

***SH :* La communication orale ne laisse-t-elle pas plus de liberté au collectif de travail ?**

M.L. : Nous avons observé une variété de situations. Dans un des services observés, les relèves sont faites dans l'urgence, entre les infirmières, sans que le collectif soit réuni. Leur durée est variable, elle s'adapte aux circonstances quotidiennes. En assistant à ces relèves, nous avons été frappée par les fréquentes interruptions : le téléphone sonne, un brancardier demande un bon de transport pour un malade… Les infirmières ne s'abstraient pas totalement des affaires courantes. Alors, entre ces interruptions, on va à l'« essentiel » : les posologies, les actes médicaux à pratiquer… Le débit est rapide, avec peu d'hésitations. On communique par questions-réponses. Les phrases sont simples, les récits peu développés. Ce mode de transmission est représentatif de ce que nous avons appelé le « modèle fonctionnel ». Son but est l'efficacité : il faut faire « vite et au mieux ». L'oral n'est pas là pour compléter l'écrit mais pour en résumer les points essentiels.

Dans un autre service, l'organisation est tout autre. Les infirmières sont déchargées des appels téléphoniques pendant les relèves. Celles-ci s'effectuent dans le calme et la concentration, « sous protection », tout le personnel soignant (infirmières et aides-soignantes) est présent. Les infirmières partantes dressent un tableau complet des malades : état physiologique, psychologique, environnement familial. Leur présentation est structurée en un monologue non interrompu, suivi de questions et remarques des autres. Le débit est assez rapide. On n'est pas dans le registre de la conversation mais de l'exposé valorisant une « belle présentation des malades ». Nous avons appelé ce modèle « épistémique » car il suppose qu'il est nécessaire de comprendre pour agir.

Enfin, dans un autre service, de pédiatrie, le collectif soignant est tout aussi prégnant, mais différemment. Les infirmières et les puéricultrices sont présentes et même, à l'occasion, une assistance sociale, un kinésithérapeute, une éducatrice... Les prescriptions sont peu évoquées, chacun étant supposé se référer à l'écrit, c'est-à-dire au dossier des patients. La relève orale est une sorte de conversation informelle, qui se noue autour des petits malades pour lesquels on « se met en quatre ». Et c'est surtout un espace qui s'ouvre, où vont s'exprimer les doutes et les difficultés rencontrés face aux enfants, c'est une possibilité offerte au collectif de resserrer ses liens, de se rassurer. Ce modèle a été qualifié de modèle « familial-démocratique » pour souligner le climat de grande famille qui règne dans le service et se traduit par le droit à l'improvisation, à l'interruption et à la délibération collective.

Bref, une relève a bien d'autres fonctions que le simple transfert d'informations d'une personne à une autre. Ce n'est pas seulement de transfert qu'il s'agit mais de construction en commun ; ce n'est pas seulement d'information mais de savoir, de partage, de sens ; ce n'est pas seulement un rapport entre les individus, c'est aussi la création et le maintien d'un collectif de travail.

Propos recueillis par
EVELYNE JARDIN
(*Sciences Humaines*, hors série n° 36, mars 2002)

RANGER, CLASSER, ARCHIVER...

ENTRETIEN AVEC BÉATRICE VACHER*

L'aspect matériel de l'activité d'information est souvent ignoré et dévalorisé, alors qu'il permet de soulever des problèmes et d'agir collectivement.

***Sciences Humaines :* En quoi consiste « la manutention de l'information » ?**

Béatrice Vacher : Il y a toute une partie de l'activité d'information que l'on ignore : c'est son aspect matériel (les papiers à trier, les dossiers à classer, la « farfouille » de documents...). Ces tâches ont tendance à être méprisées car elles ne sont pas nobles. On souhaiterait les faire disparaître mais elles ressurgissent indéfiniment. Donc, on ne peut pas les occulter. Nous avons voulu montrer que le savoir n'est pas seulement dans la tête des individus, il est inscrit dans les objets les plus prosaïques. Prenons l'exemple d'une agence d'architectes paysagistes que nous avons étudiée. Le rangement d'un placard contenant des revues de luminaires, de mobiliers... avait été confié à une stagiaire. Cette activité, anodine au premier abord, a permis de mettre à plat d'autres soucis : la gestion de la banque de photos, l'archivage des dossiers d'affaires, etc. Ce travail de manutention (rangement et classement de revues) a débouché sur une réflexion plus générale sur l'utilisation de l'information dans l'entreprise. Ceci a été rendu possible par l'attitude positive du chef d'agence qui a saisi ce problème en apparence mineur (le rangement de revues dans un placard) pour en faire un sujet de discussion collective. Dans ce cas, petites tâches, petites gens et petites bricoles se sont inscrites dans une perspective plus large de l'action collective. Elles ont offert l'occasion de négocier, de confronter des points de vue, et partant, d'innover. Plus généralement, elles stimulent la vigilance mutuelle, c'est-à-dire qu'elles aident à faire attention aux actions des uns et des autres.

** Chercheur associé au Laboratoire de valorisation de l'information et de la communication (LVIC), université Aix-Marseille-III. A publié notamment :* La Gestion de l'information en entreprises. Enquête sur l'oubli, l'étourderie, la ruse et le bricolage organisés, *Editions de l'ADBS, 1997.*

***SH :* La manutention peut-elle améliorer la transmission de l'information ?**

B.V. : La manutention est importante car elle nous aide à penser collectivement, à soulever des problèmes concrets. Elle stimule une vigilance mutuelle sur des choses d'apparence subalterne et qui s'avèrent stratégiquement capitales pour l'entreprise. Or, ce souci des petites choses ne fait guère partie de notre culture. En France, le clivage entre classeur et penseur est toujours très prégnant. Les tâches de rangement, de classement, d'archivage sont considérées comme viles. L'intelligence du concret (la *mètis*) n'est pas valorisée, ce qui peut conduire à bloquer la transmission. *A contrario*, les activités qui reposent sur la rationalisation (le *logos*) sont nobles. Alors, on cherchera plus volontiers à mettre en place un système informatisé de l'information même si cela n'apporte guère de plus-value à l'entreprise. Dans le cas de l'agence d'architecture, l'un des employés (un paysagiste passionné d'informatique) avait créé un logiciel pour lister toutes les revues, pour faire des recherches multicritères, etc. Ce travail, fastidieux, s'est révélé fort peu productif, en fin de compte. Le rangement des revues dans des boîtes cartonnées correctement étiquetées s'est avéré bien plus opérationnel. Le collectif de paysagistes s'est rendu compte que la fouille dans les cartons possède une vertu que la consultation sur ordinateur n'a pas. La boîte en carton est une boîte à idées. En effet, en feuilletant les revues, en regardant les images, de nouvelles idées d'aménagement surgissent à l'esprit des paysagistes.

***SH :* La transmission est-elle facilitée par l'outil informatique ?**

B.V. : C'est un outil souvent indispensable, mais son efficacité dépend plus de facteurs humains que de facteurs techniques. J'ai constaté qu'il faut être particulièrement vigilant à la manutention de l'information, à l'élaboration collective des outils, à la mobilisation d'acteurs-relais. Par exemple, j'ai suivi le déménagement d'une entreprise. Un logiciel avait été mis en place pour collecter toutes les données émanant du personnel : désir de chacun (taille du bureau, date d'emménagement), mouvement (mission, mutation, départ). La saisie de ces données, fastidieuse, avait été confiée à des intérimaires. Petites tâches, petites mains, nous retombons dans un problème de manutention de l'information. Or, ces tâches de saisie ont été valorisées et le logiciel est devenu un véritable outil de dialogue et ce grâce à un réseau de médiateurs : le chef d'équipe, un technicien et un chargé de mission. Ils ont rassemblé standardistes, intérimaires, informaticiens, téléphonistes et responsables du personnel et des affaires générales. Bref, la transmission des informations peut être facilitée par la technique si l'on veut bien donner de l'importance à des choses que l'on croit souvent insignifiantes.

Propos recueillis par
EVELYNE JARDIN
(*Sciences Humaines*, hors série n° 36, mars 2002)

Michel Augendre*

LES MAUX DE LA COMMUNICATION INTERNE**

La communication constitue un enjeu majeur au sein des organisations. Pour l'améliorer, une approche contingente s'impose au-delà des conceptions « intuitives » de ce qu'est la communication et des interprétations plus scientifiques.

Recette... Prenez une organisation, n'importe laquelle. Choisissez au hasard cinq ou six personnes et posez leur LA question : *« Quels sont les dysfonctionnements majeurs de votre entreprise et quelles en sont les causes ? »* Il ne faut pas être grand clerc pour parier sans risques. Dans les réponses, inévitablement, vous aurez de multiples commentaires sur *« le manque de communication »*. Rendue responsable de bien des maux, la communication est simultanément trop lente à descendre ou à remonter, mal ciblée, mauvaise, inefficace, trop rare ou difficile à suivre, réservée à certains, contradictoire, mal coordonnée, etc.
C'est dire combien le sujet est important pour les gestionnaires et pour les acteurs de l'action collective qui en connaissent tout le poids sur le climat social et le fonctionnement de l'entreprise.

Des regards divergents sur ce qu'est la communication

Mais, réellement, peut-on comprendre quelque chose à la communication interne ? Jamais, sans doute, les cadres n'ont passé autant de temps à tenter de parler, de dialoguer, d'informer. Le résultat ? Souvent loin des espérances. Pourquoi ?
Tentons d'expliquer cet échec. Tout d'abord, le mot « communication » est devenu un « attracteur étrange » (en théorie du chaos, point d'équilibre vers

---

* Directeur des ressources humaines de la Chambre de commerce et d'industrie de Saint-Etienne-Montbrison.
** *Sciences Humaines*, hors série n° 16, mars/avril 1997.

lesquels convergent des systèmes dynamiques). Il partage avec les termes « compétence », « efficacité », « motivation » cette redoutable « vertu » de désigner simplement (avec simplisme ?) des réalités complexes et parfois hétérogènes. Ces réalités ne sont ni isolées, ni définies, ni savamment connues. Chacun pense de bonne foi savoir ce qu'il faudrait faire et ce qu'est la communication. Ces conceptions présentent trois caractéristiques communes :

– elles sont diffuses, implicites et n'apparaissent qu'à travers des propos ou des actes fragmentaires (*« On ne nous dit rien ! »* ; *« Untel n'est pas communiquant ! »* ; *« C'est pourtant simple, la direction pourrait faire ceci ou cela. »*, etc.) ;

– elles postulent implicitement l'existence d'un idéal atteignable de communication ;

– elles ne définissent pas cet idéal.

Par ailleurs, les acteurs des organisations ressentent intérieurement tous les décalages existants entre l'idéal de leurs représentations des relations professionnelles, d'une part, et la réalité concrète d'autre part. Ils ont alors tendance à considérer cette distorsion comme de la mauvaise volonté, du manque de professionnalisme (mais généralement chez les autres !) ou encore de la fatalité. Or, cette séquence que je viens de décrire (représentation implicite de ce qu'est la communication, puis perception du décalage avec la réalité, conduisant à une analyse en termes de responsabilité) fait des salariés d'une organisation de redoutables évaluateurs de la communication interne. Il n'est pas toujours aisé, à la base d'une organisation, d'évaluer une stratégie. Il est, en revanche, très facile, à n'importe quel endroit de l'entreprise, de mesurer ce que l'on sait et ce que l'on devrait savoir au vu d'un modèle idéal de l'appartenance, du management participatif et du partage des informations.

Les exigences de « bonne » communication qui vont peser de toutes parts sur la direction sont donc fortement légitimées par les conceptions managériales de participation qui dominent, et puissamment soutenues par une évaluation critique de la qualité/quantité présumée d'informations que chacun reçoit.

Par conséquent, on peut facilement concevoir que l'action collective soit soumise, dans ce domaine, à certaines difficultés. Elle requiert une qualité d'échanges entre individus et entre groupes, ce qui est, en soi, le véritable enjeu de la communication interne. Les grandes organisations spécialisent donc des acteurs pour prendre en charge cette question spécifique (directeurs de la communication, consultants, etc.). Elles instituent par là même une catégorie nouvelle d'acteurs qui manipulent des modèles plus sophistiqués et les utilisent dans leurs stratégies personnelles pour promouvoir des politiques et des discours sur la communication elle-même. Cela instaure une métacommunication souvent conflictuelle (par concurrence des modèles, par jeux d'acteurs…) qui interfère grandement avec les communications professionnelles de premier niveau.

Il est donc particulièrement important pour le gestionnaire de repérer finement sa propre position vis-à-vis des autres pour tenter d'agir en fonc-

Modèle « intuitif »	Modèle complexe
Une majorité du personnel partage une conception intuitive de ce qu'est la communication, selon laquelle : • le manque de communication est cause de dysfonctionnements dans l'organisation ; • plus on communique, mieux c'est ; • la transmission des informations est au centre des questions de communication ; • quelques personnes sont redevables d'un score global de communication interne ; • elles seules peuvent améliorer la situation.	Certains spécialistes adoptent pour leur part une vision plus sophistiquée de la communication, selon laquelle : • le sentiment de non communication est un effet des dysfonctionnements de l'organisation ; • les causes sont multiples et hétérogènes ; mais « tout communique » et c'est bien là le problème ; • les rapports entre groupes ou individus sont au centre des questions de communication ; • tout le monde influe sur l'état des relations ; • chacun peut améliorer sa situation.

tion de ces décalages et au profit de tous. On peut dire, en simplifiant, que le champ de manœuvre présente deux pôles. D'un côté se trouve le modèle « intuitif », proche des travaux qui rendaient compte dans les années 50 de la transmission de l'information (1). Cette approche est adoptée par la majorité, mais, trop rudimentaire, elle peut conduire à des décisions malheureuses. De l'autre côté se situent des conceptions plus systémiques (2), issues des sciences sociales (sociologie, anthropologie, linguistique). Elles rendent plus finement compte de la réalité mais souffrent d'être peu connues et peu manipulables dans l'action. En effet, les diagnostics qu'elles permettent de formuler ne trouvent pas de solutions immédiates, univoques, faciles d'emploi, vendables en quelques minutes à des comités de direction et ne garantissent aucun miracle.

C'est dire tout le paradoxe des relations entre un « corps social » (l'ensemble des collaborateurs qui ne s'assimilent pas aux instances dirigeantes) convaincu de simplicité communicationnelle et quelques rares dirigeants assurés de l'inverse. C'est précisément cette situation qu'il convient de gérer et que résume le tableau ci-dessus (3).

Les maladies de la communication interne

A l'expérience, le gestionnaire comprend vite la limite opérationnelle des modèles intuitifs et des modèles issus des sciences humaines. Les uns risquent de gauchir le diagnostic, les autres de

1. H.D. Lasswell, C.E. Shannon, et tous les tenants d'un modèle « du télégraphe ».
2. Modèle « de l'orchestre » de l'Ecole de Palo Alto.
3. Parmi une bibliographie pléthorique, citons particulièrement : J. Girin, « Problèmes du langage dans les organisations », dans J.-F. Chanlat (dir.), *L'Individu dans l'organisation, les dimensions oubliées*, Eska, 1990.

ne jamais produire un diagnostic exploitable dans les contraintes de temps imposées par l'action. Il convient donc d'intercaler entre ces deux extrêmes des modèles de gestion compréhensibles et exploitables par tous, proches d'une représentation fine de la réalité. Une bonne manière de s'y prendre consiste à construire une typologie, en l'occurrence une typologie des défaillances de la communication dans les organisations. Tentons cet exercice à partir d'une question simple : dans une organisation, qui communique avec qui ? La réponse, présentée sous forme d'un diagramme rudimentaire, nous donne une topographie permettant de classer les principales maladies de la communication interne en sept catégories.

1. L'absence de dispositifs formalisés

C'est dans les organisations de taille moyenne que la question se pose de la manière la plus aiguë. Trop importante pour que tout le monde sache tout, mais trop petite pour que les acteurs en fassent le deuil, l'entreprise de taille moyenne doit se structurer comme une grande, sans en avoir les moyens. En l'absence de dispositifs formalisés de communication interne (journal interne, réunions régulières du directeur général avec ses subordonnés, etc.), c'est la communication informelle du corps social avec lui-même (autrement dit la rumeur) qui prend le pas sur le reste (*voir schéma 1*).

2. La communication formelle prenant le pas sur les relations humaines

Certains dirigeants, sensibles à la nécessité de la communication interne, développent divers outils, tels que les journaux internes ou les réunions formelles de tout le personnel. Mais ces dispositifs d'information ne constituent pas en soi une culture de communication. Réunions régulières, entretiens, dispositifs collectifs de formation, accompagnement personnalisé des responsables hiérarchiques, groupes d'évaluation, démarches de progrès sont des vecteurs de communication qui doivent s'installer dans le patrimoine collectif (*voir schéma 2*).

3. La faiblesse ou l'absence de communication ascendante

Trop de dirigeants oublient que la communication interne ne doit pas seulement être descendante, mais également ascendante. Il est nécessaire, comme le souligne le sociologue Michel Crozier que l'entreprise soit *« à l'écoute »*. Il est précisément possible d'écouter tout un corps social, ainsi que le montre une opération de communication interne que j'ai conduite, en tant que consultant, au sein d'un conseil général (800 personnes) pour le lancement d'entretiens annuels. L'opération s'est déroulée de la manière suivante. Tous les responsables hiérarchiques ont reçu une formation spécifique, puis ils ont tenu, deux par deux – afin de souligner le caractère global du projet – 55 réunions avec les autres membres du personnel. Lors de ces réunions, les participants étaient invités à formuler oralement et par écrit leurs commentaires et questions.
Des milliers de fiches bristol sont ainsi remontées au comité de direction, et

Les dysfonctionnements de la communication interne

L'entreprise connaît plusieurs modes de communication interne. Chacun a ses maillons faibles ou ses liaisons à sens unique.

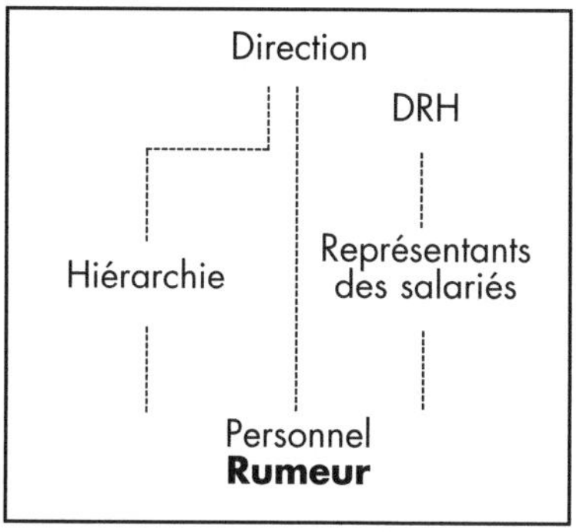

1. L'absence de dispositifs formalisés.

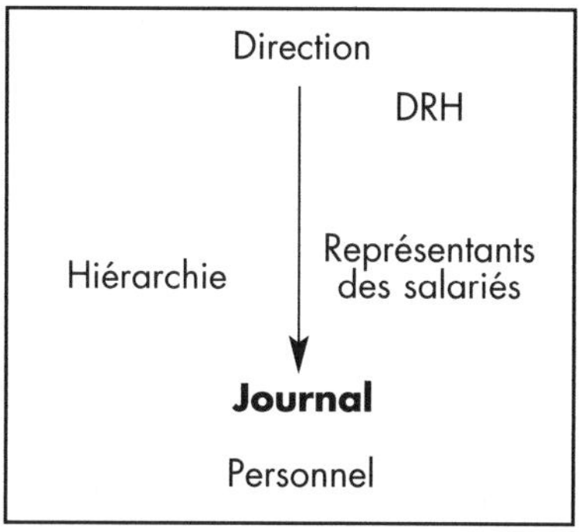

2. La communication formelle prenant le pas sur les relations humaines. Ici, la direction a créé un journal interne, mais n'organise pas de réunions régulières des membres du personnel.

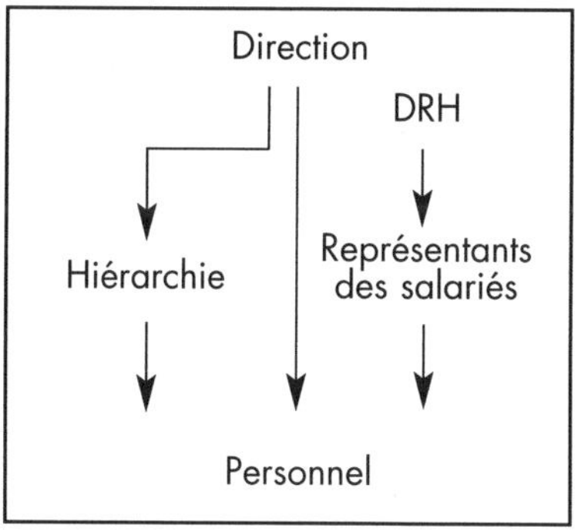

3. La faiblesse ou l'absence de communication ascendante.

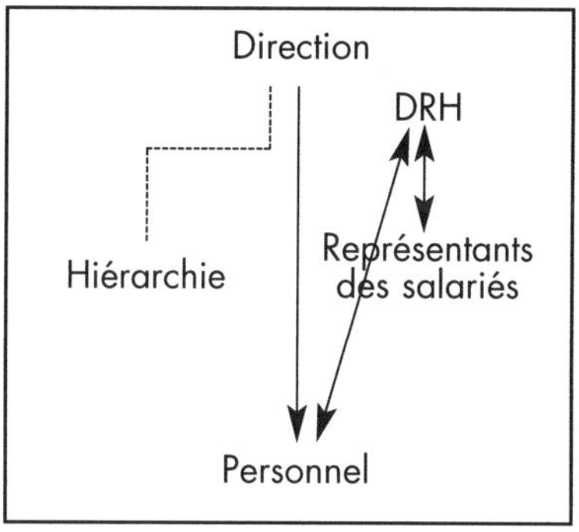

4. La présence de maillons faibles. Dans le cas présenté ci-dessus, il n'existe pas de dispositif spécifique de communication entre la direction et sa hiérarchie intermédiaire.

ont ensuite été analysées, synthétisées et ont donné lieu à un numéro spécial du journal interne. En conséquence, le dispositif a été rectifié sur la base de cet échange (*voir schéma 3*).

4. La présence de maillons faibles

Cette pathologie fréquente se manifeste lorsqu'un des intermédiaires entre la direction et le corps social ne joue pas son rôle. Par exemple, les partenaires sociaux n'assurent pas leur fonction d'alerte avant un conflit. Ce fut, par exemple, longtemps le cas à la RATP qui enregistrait plusieurs centaines de préavis de grève par an. Cette entreprise a finalement négocié un accord afin que l'expression et la prise en compte des problèmes puissent avoir lieu autrement qu'au travers de tels bras de fer. On observe un autre exemple de maillon faible lorsqu'il n'existe pas de dispositif spécifique de communication entre la direction et sa hiérarchie intermédiaire. Ou encore, lorsque les partenaires sociaux sont mieux informés sur le fonctionnement de l'organisation que la hiérarchie elle-même. Cette situation paradoxale survient, par exemple, lorsque la direction des ressources humaines communique fréquemment avec les syndicats sur les questions de budget, de stratégie, de gestion du personnel (*voir schéma 4*).

5. Les décalages de vitesse entre les circuits d'information

La hiérarchie est souvent un circuit long, la rumeur un circuit très court. Et il est plus difficile qu'il n'y paraît de réguler les vitesses de circulation de l'information. Pour des raisons parfois surprenantes, d'ailleurs. J'ai connu un responsable hiérarchique qui, au lieu de photocopier les notes de la direction pour les diffuser, les faisait entièrement retaper par sa secrétaire (nouvelle présentation mais reprise mot à mot du texte original) !

6. La discordance des sources

La multiplication des projets transversaux est bénéfique en soi au développement d'une communication formelle du corps social avec lui-même, puisque les acteurs peuvent croiser les sources d'information (projet qualité par exemple). Mais la hiérarchie intermédiaire est alors souvent malmenée dans cet exercice.

7. L'inflation ou la pénurie des échanges

Les querelles de prérogatives ou les craintes de marginalisation entraînent fréquemment une inflation ou une forte diminution de la communication, au point de rendre impossible la prise d'information. C'est ce qui arrive, par exemple, avec les listes de mise en copie (documents devant être lus par de multiples personnes), qui s'allongent démesurément.

Les messageries informatiques décuplent ce risque. Les dysfonctionnements analysés ci-dessus ne concernent pas seulement les comportements individuels et demandent donc de meilleures formalisations, des rééquilibrages de la structure.

Cette approche se différencie nettement de celles où l'on prépare les managers à la communication (ou au management) en développant d'abord les compétences individuelles et en espérant qu'elles créeront, par simple effet de masse, une organisation plus évoluée. Cette voie, pratiquée seule, est pure chimère car elle ne génère aucun changement.

Quelques pistes d'action

Mais comment agir pour améliorer la communication interne ? Sans doute est-ce ici le point le plus difficile. Car décrire des solutions « hors sol », c'est entonner le chant des sirènes du modèle intuitif. La communication idéale n'existe pas plus que l'action collective idéale. Je me limiterai donc ici à présenter quelques domaines dans lesquels il conviendra de forger des solutions contingentes. Un souci majeur du responsable hiérarchique devrait être d'écouter ses « clients internes ». Si les problématiques de communication interne sont de très loin irréductibles à des pratiques de marketing, il est néanmoins indispensable de se servir de celles-là pour ouvrir les yeux sur le degré de préparation, de perméabilité et d'attente des différents groupes de l'entreprise.

Un deuxième souci du dirigeant doit être d'équilibrer les dispositifs. La formalisation permet de repérer, pathologie par pathologie, quel est le maillon faible (ou trop fort) d'un ensemble communicationnel, donc de mieux structurer cet ensemble ou de le corriger s'il s'est fortement écarté de ce qui était attendu. Le dirigeant doit également s'interroger sur le sens de l'action collective. Le schéma et les pathologies que nous avons présentés peuvent laisser supposer que l'organisation est une structure stable dans le temps. Or, il n'en est rien. Il convient de considérer attentivement la notion d'agenda communicationnel (pourquoi communique-t-on plutôt sur tel thème que sur tel autre ?) et de travailler par campagne autour de projets. Car ce sont les projets qui donnent du sens à l'action.

Une dernière démarche consiste à tordre le cou aux illusions du management participatif. Il ne s'agit pas pour autant de jeter celui-là aux orties. Mais il induit un rêve de participation au « grand tout » qu'est l'entreprise. Hélas, le salarié est déjà bien heureux lorsqu'il participe réellement au « petit bout » qu'est son équipe. Mieux vaudrait préciser ce concept de management participatif que de l'écarter, sous l'effet de la désillusion des plans sociaux et de l'appartenance asymétrique à l'entreprise (vous « êtes » l'entreprise lorsqu'elle vous demande, vous ne « l'êtes plus » lorsqu'elle vous remercie).

Un management simplement contractuel, où seraient périodiquement négociés les éléments non inscrits du contrat de travail (résultats, moyens, modes de relations, modalités de participation et d'information), représenterait le fondement tout à fait honorable de cette communion au travail qu'est la communication.

Philippe Cabin*

COMPÉTENCES ET ORGANISATIONS**

La notion de compétence s'est répandue en quelques années dans le secteur de l'éducation et de la formation, puis dans celui du management. Derrière cette progression se profilent de nouveaux modèles de l'organisation et du professionnel.

« *LES COMPÉTENCES représentent l'une des ressources essentielles de l'entreprise. Elles constituent le moteur de sa performance et de sa compétitivité. Elles doivent donc être considérées comme un capital, et toute action engagée pour les développer comme un investissement.* » Cette recommandation est tirée d'un document de travail du GARF, syndicat professionnel des responsables de formation des entreprises et des administrations. Il illustre la place qu'occupe aujourd'hui la notion de compétence, au point que celle-ci n'est pas loin de se voir attribuer des vertus magiques. Une émergence qui dépasse le strict champ de l'entreprise : les compétences sont aussi au cœur des pratiques et des outils dans le secteur éducatif.

Qu'est-ce qu'une compétence ?

Dans le sens commun, avoir une compétence, c'est posséder un savoir ou un savoir-faire dans un domaine défini (par exemple jouer du piano). Cette définition a connu un élargissement à la suite des travaux de psychologues et de linguistes qui lui ont donné une acception en terme de potentiel : une compétence est ce qu'un individu est capable de faire. Dans cette perspective, la compétence prend d'autres dimensions :

– elle est latente, et ne s'exerce que dans une situation donnée : si je parle couramment le danois, je ne serai véritablement compétent que si je dois communiquer avec des Danois ;

* Journaliste.

** Texte publié dans *Les Organisations. Etat des savoirs*, 1re éd. 1999.

– elle n'est pas un état ou une connaissance possédée, mais un processus dynamique. *« Il n'y a de compétence que de compétence en acte »*, affirme G. Le Boterf (1). Ainsi, la compétence désignera tout autant la capacité à réagir à un imprévu, à improviser (une panne ou un incident par exemple), qu'un ensemble figé (par un diplôme notamment) ;
– ce processus dynamique et « situé » résulte de l'interaction entre plusieurs types de savoirs : des connaissances et des savoir-faire mais aussi des savoir-être (on parlera alors de « compétence sociale »), des fonctionnements cognitifs (par exemple la capacité à prendre une décision, ou l'aptitude à s'autoévaluer).

Pourquoi cette émergence ?

L'explication de cette omniprésence des compétences se trouve au croisement de plusieurs processus. Lucie Tanguy note qu'elle est liée à l'intérêt grandissant accordé, dans notre société, aux phénomènes cognitifs (2). Mais elle suggère que plus fondamentalement, l'usage élargi de la notion de compétence témoigne de changements profonds dans les conceptions de l'apprentissage et dans l'organisation du travail. Sur le plan de l'éducation, elle se manifeste par des pratiques pédagogiques formulées en termes d'« être capable de », qui placent l'individu au point de départ de la réflexion.

Dans le monde des organisations et du travail, la notion de compétence semble tomber à point nommé pour faire face à toute une série d'évolutions (3) :
– la mondialisation et la diversification des formes de produits et de procédés appellent des compétences nouvelles ; on peut en dire tout autant de la révolution des nouvelles technologies de l'information et de la coomunication (NTIC) ;
– le déclin du système de production taylorien et l'évolution vers des modèles fondés sur la flexibilité, la transversalité, etc., induisent également de nouvelles aptitudes des individus ;
– ces capacités s'expriment justement en terme de « potentiel d'action » : les salariés doivent être davantage polyvalents, souples, dynamiques. Il faut donc inscrire l'organisation dans une « logique de compétences ». Les notions d'organisation qualifiante (*voir encadré à la fin de cet article*), d'apprentissage organisationnel, sont intimement liées à cette problématique ;
– cette logique s'inscrit dans une approche « personnalisée » de la situation du salarié. Cette individualisation de la relation salariale satisfait au besoin de souplesse de l'organisation. Mais elle a cette autre vertu de permettre à la personne de construire un « projet individuel » et ainsi, en temps de précarité et de chômage, de mieux garantir son « employabilité ». On parlera de « portefeuille de compétences » ;
– selon certains courants théoriques (la théorie évolutionniste de Richard Nelson et de Sidney Winter (4)), les com-

1. G. Le Boterf, *De la compétence*, Editions d'Organisation, 1994.
2. L. Tanguy, « Les usages sociaux de la notion de compétences », *Sciences Humaines*, hors série n° 12, février/mars 1996.
3. *Cf.* « Les compétences en entreprise », entretien avec Y. Minvielle, *Idem*.
4. Voir l'article de P. Cabin, « Les nouvelles théories économiques de l'entreprise » dans cet ouvrage chapitre I.

pétences constituent la substance même de l'organisation.

Quels usages et quels enjeux

La notion de compétences est aujourd'hui au cœur des politiques d'éducation, de formation technique et professionnelle, comme de gestion des ressources humaines. Dès lors que les compétences sont reconnues comme ressource stratégique, il faut les identifier, les gérer, les évaluer, les cultiver. D'où la mise en place, dans les entreprises et les administrations, de politiques et d'outils visant à rendre visibles et tangibles ces compétences (*voir l'article de G. Trépo et M. Ferrary qui suit*). Des dispositifs de validation, de mesure, de gestion prévisionnelle des compétences, sont testés et mis en place.

La logique d'individualisation des rémunérations et des carrières est au cœur des critiques qui ont été formulées à l'encontre de l'hégémonie de la notion de compétence. Derrière celle-ci se profile en effet une figure nouvelle du professionnel qui relègue au second plan les notions de métier ou de poste et menace l'existence d'identités professionnelles collectives, et qui place la logique de la flexibilité comme principe directeur de la gestion des ressources humaines (5). La transformation de la qualification définie par le diplôme, au profit de processus de validation individuelle des compétences, pose en outre des problèmes d'équité et de fiabilité des instruments de validation. La mise en œuvre sur le terrain d'une véritable « logique de compétences » se heurte à de nombreux obstacles, et de fait, le nombre d'organisations où elle existe semble relativement limité.

5. Même si des voix se sont élevées récemment, pour une flexibilité dans les deux sens, c'est-à-dire qui amènerait l'organisation du travail à tenir compte des besoins personnels des salariés. *Cf.* A. Lebaube, « L'autre flexibilité », *Le Monde*, 22 mars 1999.

Organisation qualifiante et organisation apprenante

L'expression « organisation qualifiante » apparaît pour la première fois en 1987, dans le rapport commandé par Jacques Chirac à Antoine Riboud, et intitulé « Modernisation mode d'emploi ». A cette époque en effet, des chercheurs, des dirigeants de grandes entreprises et des responsables politiques essaient de tirer les leçons des mutations du système productif. Le rythme de l'innovation s'est accéléré, nécessitant de nouvelles capacités d'apprentissage. Les salariés ne peuvent être formés *a priori* à toutes ces situations : il faut que les organisations soient apprenantes. Par ailleurs, la productivité dépend désormais davantage de la qualité des interactions entre les individus : la circulation des informations, les propriétés de réseau prennent une importance croissante. La dimension collective, interactive et cognitive devient stratégique.

Fondées sur ce diagnostic, les notions d'organisation qualifiante et d'organisation apprenante sont des idéal-types, des modèles à atteindre :

– la notion d'organisation qualifiante s'intéresse aux processus par lesquels l'individu et le groupe de travail peuvent faire face à des situations changeantes. Elle peut être définie par quelques principes : elle permet de réélaborer en permanence les objectifs de l'activité ; elle adopte une approche événementielle plutôt qu'une approche en terme d'opération (un « événement » désigne à la fois ce qui est subi et ce qui est provoqué : ce peut être une panne par exemple) ; l'activité est réorganisée sur une base communicationnelle qui remet en cause l'organisation fonctionnelle ;

– le concept d'organisation apprenante est voisin. Mais les analyses se penchent essentiellement sur les processus de création et de transformation des connaissances entre l'individu et le groupe, entre des connaissances tacites et des connaissances explicites.

Ces deux visions débouchent sur quelques outils de gestion des ressources humaines (en terme de recrutement, formation, rémunération). Plus généralement, elles reflètent une conception nouvelle d'une organisation décloisonnée et fluide, fondée sur le savoir et l'innovation (proche en ce sens du terme d'« adhocratie »), par opposition au modèle traditionnel cloisonné et hiérarchique.

Sources : Y.-F. Livian, *Organisation : théories et pratiques*, chapitre XII, Dunod, 1998 ; J.-F. Amadieu, L. Cadin, *Compétence et organisation qualifiante*, chapitre II, Economica, 1996.

Voir aussi J.-C. Tarondeau, *Le Management des savoirs*, chapitre 4, Puf, collection « Que sais-je ? », 1998.

Georges Trépo* et Michel Ferrary**

LA GESTION DES COMPÉTENCES***

UN OUTIL STRATÉGIQUE

Dans les choix stratégiques des entreprises, les ressources humaines passent souvent au second plan derrière les enjeux commerciaux ou financiers. Depuis peu, certains spécialistes proposent d'intégrer les compétences des hommes comme un enjeu stratégique.

Les auteurs d'ouvrages de gestion des ressources humaines insistent souvent sur la nécessaire prise en compte de leur discipline dans les stratégies d'entreprise. Mais dans le quotidien de l'entreprise, ressources humaines et stratégies restent déconnectées. L'analyse stratégique est bien souvent en amont du processus décisionnel. Les stratèges, les dirigeants, font avant tout des choix d'innovation, d'implantation de nouvelles unités de production et de rachat d'entreprise. C'est dans un deuxième temps qu'ils tiennent compte de la dimension des ressources humaines. La gestion des ressources humaines (GRH) intervient alors en aval, pour réguler les dysfonctionnements, pour ajuster le niveau global de qualification par le recrutement et/ou la formation, et pour définir un système de rémunération qui incitera les salariés à atteindre les objectifs fixés par la stratégie.

Les analyses en termes de « compétences », qui apparaissent à la fin des années 80, vont contribuer à inverser cette problématique. C.K. Prahalad et G. Hamel, à partir de la notion de *« core competencies »*, ont renouvelé l'analyse stratégique en affirmant que le développement de l'entreprise n'est pas déterminé par les opportunités offertes par l'environnement concurrentiel, mais par la qualité des compétences détenues par l'entreprise.

---

* Professeur de management et de gestion des ressources humaines à HEC.
** Professeur au Ceram Sophia Antipolis.
*** *Sciences Humaines*, n° 81, mars 1998.

En GRH, la notion de compétence a traditionnellement été subordonnée à celle de poste dans le processus de sélection et de rémunération. Puis, avec la gestion prévisionnelle de l'emploi, elle a contribué à la réduction des sureffectifs dus aux évolutions technologiques, aux mutations industrielles et à l'accroissement de la concurrence internationale. Son principe étant de rechercher les proximités de compétences afin de faciliter la mobilité professionnelle et le reclassement.

Depuis quelques années, la GRH vise à identifier les salariés détenteurs des compétences stratégiques de l'entreprise pour optimiser leur management. A travers cette gestion des ressources humaines, la nécessaire convergence de la stratégie d'entreprise et de la GRH est alors effective.

Une recherche que nous avons menée auprès d'une quarantaine d'entreprises montre que cette articulation entre la GRH et la stratégie reste l'apanage de quelques entreprises, peu nombreuses. Mais le fait que ces dernières soient connues et performantes (Air Liquide, IBM, Danone, Schneider) tend à montrer que cette convergence peut être un facteur de compétitivité des entreprises, tout en fondant un nouveau compromis salarial réconciliant efficience économique et légitimité sociale des pratiques de GRH.

Des organisations qualifiantes

La GRH s'est intéressée à la gestion des compétences pour prendre en compte la dimension humaine des mutations industrielles et technologiques dans des secteurs tels que la sidérurgie, la banque, le textile, la métallurgie et les chantiers navals. Dans la sidérurgie, par exemple, l'accord « A cap 2000 » illustre la mise en œuvre d'une gestion des compétences pour accompagner des mutations industrielles. Les évolutions technologiques de ce secteur d'activité ont rendu obsolètes les compétences acquises par les salariés. Cela a conduit les entreprises sidérurgiques à définir avec les syndicats un accord visant à inciter les salariés à acquérir de nouvelles compétences et à rémunérer cette acquisition sans qu'il y ait nécessairement changement de poste. Pour ce faire, les entreprises ont défini des profils de compétences comme savoir-faire opérationnels validés, c'est-à-dire les connaissances et expériences d'un salarié applicables dans une organisation adaptée, confirmées par le niveau de formation et ensuite par la maîtrise des fonctions exercées. Ces profils de compétences permettent d'organiser les plans de formation pour reconvertir les ouvriers afin qu'ils soient employables au sein d'organisations utilisant de nouvelles technologies de production.

Pour améliorer la flexibilité de leur outil de production, les entreprises ont été conduites à décentraliser le pouvoir de décision. Elles ont responsabilisé les agents de production et développé la polyvalence des individus. La mise en œuvre des « organisations qualifiantes » pour accroître la flexibilité productive s'est manifestée par la définition de répertoires des compétences et par l'articulation entre elles des pratiques d'évaluation, de formation et de rémunération. Ainsi, chez 3M, pour accroître la polyvalence dans les usines de production de Post-it, l'entreprise a identifié les compétences liées à son activité telles que l'évaluation des risques, l'autocontrôle, la prévention, la conduite d'équipement, le diagnostic, la maintenance, le changement de formats et de lames, la gestion des ordres de fabrication, etc. Des procédures de démultiplication de ces compétences ont été mises en œuvre : groupes de résolution de problèmes, tutorat, stages de formation avec des procédures d'évaluation par les responsables d'atelier de l'acquisition réelle des compétences. Enfin, la certification de l'acquisition des compétences par un comité d'experts du site de production donne lieu à une rémunération des compétences acquises. Cette gestion des compétences permet de développer efficacement la polyvalence. Par exemple, sur le site de production de Beauchamps, 90 % des opératrices sont polyvalentes sur deux lignes de conditionnement ou de découpe différentes, et 100 % des opérateurs contrôlent eux-mêmes leur production.

Les portefeuilles de compétences

Pendant longtemps, la stratégie d'entreprise consistait à gérer la rentabilité de différents centres de profit identifiables par des couples produit-marché. Cette logique financière de gestion de portefeuille d'activités a connu son apogée à la fin des années 70, tant sur le plan théorique, avec notamment des matrices aussi célèbres que celles élaborées par le Boston Consulting Group, Arthur D. Little ou McKinsey (trois grandes sociétés de conseil), que dans la gestion des grandes entreprises avec la création de conglomérats tels qu'ITT, RJR Nabisco ou General Electric dont la seule logique était le financement croisé entre activités.

Dans cette perspective, la gestion consiste d'une part à rentabiliser les « vaches à lait » en compressant les coûts, afin de dégager des flux financiers importants permettant de financer les « vedettes ». D'autre part, on abandonne les « poids morts », c'est-à-dire les activités en fin de cycle de vie. La GRH se voit alors attribuer une fonction de réduction de la masse salariale, dans le cadre d'une optimisation des coûts. Les ressources humaines sont appréhendées comme une source de coûts, dès lors, la flexibilisation se traduit souvent par une précarisation de la main-d'œuvre (travail intérimaire, sous-traitance, CDD).

Au cours des années 90, deux courants d'analyse stratégique sont apparus, l'un s'appuyant sur la théorie des ressources d'Edith Penrose et l'autre sur la gestion des compétences clés, pour affirmer que l'avantage concurrentiel durable d'une entreprise ne dépend pas de son adaptation à l'environnement par un positionnement sur des secteurs porteurs mais sur une combinaison spécifique de ressources, difficilement imitable par la concurrence. C'est de la complémentarité des compétences et de la qualité de leur combinaison au regard des opportunités offertes par le marché que dépend la durabilité de l'avantage concurrentiel.

La principale critique faite ici à l'analyse stratégique classique est qu'elle optimise des opportunités de marchés et non des ressources internes. Ainsi, l'effet d'expérience n'est appréhendé que dans la mesure où il réduit les coûts et non comme une accumulation de savoirs pouvant constituer une ressource pour le développement de nouvelles activités. Or, les entreprises qui pratiquent une gestion purement financière de leur portefeuille d'activités risquent, en abandonnant une activité, de perdre une part importante des compétences qui assurent leur compétitivité.

En revanche, les entreprises qui gèrent un portefeuille de compétences auront tendance à privilégier le transfert des équipes et des compétences vers de nouvelles activités, plutôt que de se débarrasser purement et simplement de l'activité et, par là même, des compétences qui l'accompagnent. L'analyse stratégique en termes de combinaison de ressources confère donc implicitement un rôle différent à la GRH. En effet, les compétences humaines constituent l'une de ces ressources qu'il convient d'acquérir et de développer pour acquérir un avantage concurrentiel.

De nombreuses entreprises françaises sont convaincues de la pertinence d'une telle approche et se sont organisées par métiers (Lafarge, Aérospatiale, Bosch, Air Liquide).

Le principe, dans la mise en œuvre de cette stratégie, réside dans la possibilité de traduire les macro-compétences de l'entreprise en des micro-compétences individuelles. L'émergence de la notion de compétences dans l'analyse stratégique pose néanmoins un problème dès lors que ces compétences sont détenues par les salariés et non directement par l'entreprise.

Partage et diffusion des compétences

La gestion des compétences stratégiques nécessite un outil de diagnostic permettant d'identifier les compétences. A partir de là, on peut mettre en œuvre des organisations du travail qui valorisent, développent et favorisent le partage des compétences (cercle de qualité, organisation par projet, centre de ressources...). L'important en effet, ce n'est pas uniquement la somme des compétences élémentaires, mais la façon dont elles sont agrégées. La diffusion des compétences et leur apprentissage sont indispensables au succès de l'entreprise, en particulier dans des organisations à unités multiples. Il peut y avoir des poches de compétences – résultant d'un apprentissage localisé – qui soient sous-exploitées parce qu'elles ne sont pas diffusées au sein de l'organisation. C'est alors qu'une gestion centralisée des individus détenant les compétences stratégiques permet de transcender les clivages de chaque centre de profit pour améliorer la compétitivité globale de l'entreprise.

Le partage des compétences augmente les chances de découvrir de nouvelles opportunités en exposant le personnel aux compétences mutuelles. La nature souvent tacite et très interactive de ces processus d'apprentissage les rend toutefois difficiles à diffuser très largement dans une grande entreprise, sauf de façon très progressive et en général lente, par exemple par la mobilité des individus et la rotation des experts entre unités. Ainsi, la constitution de marchés internes du travail favorise l'accumulation et le partage des compétences.

Dans cette perspective, la finalité de la GRH est de protéger les compétences stratégiques et de les articuler pour favoriser l'innovation. L'appropriation de nouvelles compétences au niveau de l'entreprise plutôt qu'au niveau individuel est facilitée par la spécialisation des savoir-faire individuels. La complémentarité des savoir-faire individuels n'est atteinte qu'au sein de l'entreprise qui les intègre en un ensemble cohérent dont l'architecture n'est connue que de quelques dirigeants. La maîtrise de l'architecture globale par un nombre réduit d'individus permet de préserver la confidentialité de l'avantage concurrentiel. La GRH doit également favoriser la démultiplication des compétences par des actions de formation pour lever le risque d'évaporation des compétences stratégiques induit par le départ des individus qui les détiennent. Enfin, la GRH intervient également en rétribuant les détenteurs de compétences stratégiques par souci d'équité et pour préserver l'avantage concurrentiel de l'entreprise.

Exemple de GRH par les compétences

En 1996, un grand groupe français a conçu et initié une méthodologie originale de gestion de ses compétences stratégiques. L'entreprise a cherché à articuler une approche gestionnaire traditionnelle des compétences (adapter les emplois et les compétences aux évolutions internes et externes induites par la stratégie), une approche opérationnelle qu'elle pratique depuis vingt ans (accompagner les projets d'investissements, les nouvelles technologies et les mutations organisationnelles) et une approche stratégique (ne pas perdre les compétences indispensables au fonctionnement de l'entreprise et s'appuyer sur le capital compétences pour développer des innovations de produits et de process). Cette dernière vient d'être mise au point par un groupe de travail européen. Début 1996, le groupe, en accord avec la direction générale, définissait les conditions de l'émergence, du développement et de la transmission des compétences stratégiques. La compétence est une capacité individuelle et collective à s'adapter et à gérer des situations nouvelles : elle est au cœur des besoins de flexibilité.

A l'automne 1996, cette démarche était formalisée dans des outils définis par secteur (*business units*, grosses sociétés) et par acteur collectif (DG local, DRH, équipe de direction, responsable hiérarchique). Les étapes de la réflexion sont : quelles sont les compétences clés dans le secteur ?, comment les identifier et les évaluer ?, comment en favoriser le développement ?

Des principes d'action sont définis avec des indicateurs et un tableau de bord pour en suivre la mise en œuvre : impliquer la hiérarchie (à travers le management) ; développer une organisation qualifiante ; faire évoluer les métiers ; favoriser la mobilité interne…

Le rôle des différents acteurs est précisé, ainsi la direction de l'entreprise mesure l'importance du facteur compétence dans la performance, repère et communique sur ce qui est stratégique, désigne un porteur de projet « développement des compétences » et fixe les orientations de l'entreprise.

L'encadrement de proximité, quant à lui, fait évoluer concrètement l'organisation du travail, identifie et évalue les compétences d'exploitation, gère les systèmes de développement des compétences, favorise la communication et la coopération constitutives de la compétence collective. Il participe à la gestion des compétences dans les différentes phases de la GRH : recrutement, formation, mutation.
Les personnels en charge des ressources humaines ont pour rôle de mettre à disposition les outils et méthodes, de normaliser les systèmes d'évaluation des compétences, d'animer les plans de développement des personnes et de tenir à jour les inventaires des compétences. La fonction ressources humaines valorise le capital compétences en développant des compétences nouvelles, en les diffusant et en les enrichissant de manière croisée.

Vers un nouveau compromis salarial ?

L'Ecole française de la régulation (1) a mis en évidence, à travers la notion de compromis salarial fordiste, l'adéquation entre les besoins en capital humain déterminés par la politique générale de l'entreprise et la légitimité du mode d'accumulation et de rémunération des compétences. Durant l'expansion économique des Trente Glorieuses, la stabilité des technologies et des produits était à l'origine d'une forte congruence entre l'ancienneté des salariés, leur niveau de qualification (au sens de compétences accumulées), leur productivité et donc leur rémunération.

En revanche, les récentes évolutions en termes de technologies, d'organisation de la production et d'innovation de produits ont remis en cause la justification économique de la rémunération à l'ancienneté car les changements ont rendu obsolètes les compétences accumulées. En respectant les principes de rémunération à l'ancienneté (formalisés dans les conventions collectives), les entreprises se trouvent dans la situation paradoxale où elles attribuent de hauts niveaux de rémunération à des salariés déqualifiés ayant une faible capacité d'apprentissage, sans pouvoir rétribuer les salariés les plus jeunes, les plus compétents ayant une forte capacité d'apprentissage.
Ce paradoxe génère au mieux des situations conflictuelles au sein de l'entreprise et, au pire, accroît les départs des salariés les plus compétents. Lorsqu'une entreprise identifie ses compétences stratégiques, met en place une organisation qualifiante permettant leur diffusion et incite ses salariés à les acquérir en les rémunérant, c'est un nouveau compromis salarial qui s'élabore. Dans ce nouveau cadre contractuel, les entreprises rémunèrent l'acquisition permanente des compétences nécessaires à l'accompagnement des évolutions de la demande et de son outil de production, tout en étant socialement légitimes, puisque les salariés sont incités à acquérir des compétences et sont rétribués pour le faire.
Ainsi, si l'analyse stratégique classique conduit à une gestion des entreprises qui se fait sans les individus, voire contre

1. Voir mots clés en fin d'ouvrage.

eux, et génère de ce fait une culture du conflit, l'approche par les compétences se fait avec les ressources humaines. Un contrat implicite s'élabore dans lequel les entreprises s'engagent à utiliser et à rétribuer les compétences et où les salariés acceptent de développer et de mobiliser leurs compétences individuelles.

Xavier de la Vega*

L'ÉVALUATION DU TRAVAIL EN QUESTION**

L'évaluation du travail fait débat. Simple corollaire de l'autonomie des travailleurs pour les uns, mécanisme de domination pour d'autres, ses fondements sont rarement interrogés.

L'ÉVALUATION du travail ne date pas d'hier. Elle existait au temps des compagnons, avant d'être mise en œuvre de manière systématique à l'âge industriel, sous la forme de la notation ou de l'entretien annuel d'évaluation. Cette pratique semble plutôt routinière. Elle fait pourtant régulièrement parler d'elle.

L'intérêt pour la question a été relancé ces dernières années avec l'engouement pour la « logique compétence ». Entendue au sens large, celle-ci pointe vers une reformulation de l'*« échange salarial »*, selon l'expression de Jean-Daniel Reynaud (1). Pendant plusieurs années, les salaires des grandes entreprises ont été déterminés par des grilles de rémunération. La progression des revenus, de même que les promotions, dépendait essentiellement de l'ancienneté. La « logique compétence » entend faire table rase. Désormais, la position de chaque salarié est censée dépendre de sa disposition à respecter des objectifs de résultats ou d'acquisition de compétence. Dans ce dispositif, l'évaluation du travail occupe une place centrale. Sur elle repose la validation des efforts du salarié. En dépendent les décisions concernant l'évolution de son salaire ou de sa trajectoire professionnelle.

Plusieurs études ont été menées sur la mise en œuvre réelle du « management

---

* Journaliste scientifique au magazine *Sciences Humaines*.

** *Sciences Humaines*, n° 154, novembre 2004.

1. J.-D. Reynaud, « Le management par les compétences : un essai d'analyse », *Sociologie du travail*, vol. XLIII, n° 1, janv.-mars 2001.

par les compétences » (2). Fruit d'un travail pluridisciplinaire, ces recherches montrent souvent que la « logique compétence » se heurte souvent aux principes de fonctionnement des organisations. Ainsi, les grilles de salaire et la progression à l'ancienneté ont la vie dure. Cela se comprend bien : il est peu de systèmes de salaires motivants qui ne reposent pas sur des règles d'ancienneté, observe J.-D. Reynaud. Par ailleurs, les salariés ont beau accepter le pacte que leur proposent leurs employeurs, les promesses de promotion tardent souvent à se réaliser. Les organigrammes ne peuvent être modifiés du jour au lendemain et le fait de remplir ses résultats ne libère pas les postes.

Ces facteurs expliquent en partie pourquoi les salariés estiment en majorité que l'évaluation du travail a peu d'effet direct sur leur vie professionnelle, c'est-à-dire en termes de rémunération et d'avancement. Les entreprises n'en continuent pas moins d'évaluer allégrement leurs salariés. Elles sont même de plus en plus nombreuses à le faire. Selon une enquête réalisée par la CFDT, 95 % des cadres passent aujourd'hui régulièrement un entretien d'évaluation (*voir l'encadré ci-contre*). Ce qui confirme que ces procédures sont devenues un élément essentiel de la gestion des ressources humaines.

L'essor du phénomène réveille les passions. Pour certains, l'évaluation du travail va de pair avec une émancipation des salariés. Elle est le nécessaire contrepoint de modes d'organisation du travail favorisant l'autonomie. Une autonomie qui se paie par la nécessité de rendre des comptes, de ramener des résultats qui doivent être évalués. Pour d'autres, il s'agit d'une forme sophistiquée de domination. Un dispositif permettant aux entreprises de s'assurer la bonne disposition de leurs salariés, en jaugeant leur « savoir être » ou leurs « compétences relationnelles ». Les commentateurs se penchent peu en revanche sur les procédures concrètes d'évaluation du travail. Quelle est la pertinence des outils mobilisés pour sa mise en œuvre ? Sur quelles prémisses reposent-ils ? En quoi permettent-ils de saisir le travail ? En quoi permettent-ils de rendre compte de la contribution productive de chacun ? A quelles finalités l'évaluation du travail répond-elle ? Ce sont ces questions que nous entendons poser ici. Nous nous intéressons donc à ce que Christophe Dejours appelle les *« fondements de l'évaluation du travail »*.

Ces questions apparaissent d'autant plus légitimes que l'on continue de vouloir faire reposer l'efficacité des travailleurs, comme d'institutions entières, sur l'application régulière de procédures d'évaluation. Celles-ci sont là, nous dit-on, pour examiner si l'argent dépensé sert bien à quelque chose, si les salariés ne sont pas des tire-au-flanc, si le « mammouth » a encore besoin d'être dégraissé, ou encore si les chercheurs trouvent, assez vite et à bon escient. Mais sur quoi ces évaluations se fondent-elles ? N'est-il pas

2. D. Brochier (dir.), *La Gestion des compétences*, Economica, 2002 ; A. Dupray, C. Guitton, S. Monchatre (dirs), *Réfléchir la compétence. Approches sociologiques, juridiques, économiques d'une pratique gestionnaire*, Octarès, 2003.

Comment les cadres perçoivent l'évaluation

S'il est une catégorie de salariés soumise à l'évaluation de son activité, c'est bien celle des cadres. Selon une enquête de 1991, ils étaient 73 % à passer un entretien annuel dans les grandes entreprises françaises. Une étude portant sur 700 d'entre elles, publiée en 2002, indique une proportion plus importante encore : ils seraient 95 % à être évalués. Yves-Frédéric Livian et Nathalie Tessier (1) se sont livrés à l'analyse des données recueillies au sein de l'enquête « Travail en question », menée par la CFDT en 2002. Cette étude livre de nombreux enseignements sur les modalités concrètes de l'évaluation et la perception qu'en ont les cadres.

De quoi parle-t-on lors de ces fameux entretiens ? Le principal sujet est la définition des objectifs (72 % des cas), l'expression des besoins individuels (65 %) et des besoins de formation (47 %). Près de la moitié des cadres interrogés (43 %) considèrent néanmoins que l'entretien a peu d'impact sur le déroulement de leur carrière. Cela est confirmé par l'enquête « Cadroscope » de l'Apec de 2001 : 61 % des cadres sondés estiment que l'évaluation n'a pas d'effet sur la mobilité professionnelle. Ce chiffre varie cependant selon la catégorie de cadres concernés, puisque 64 % des « cadres dirigeants » estiment quant à eux que l'entretien annuel influe sur le déroulement de leur carrière. Quels sont les critères mobilisés par les évaluateurs ? L'enquête de la CFDT indique que les principaux paramètres sont la réalisation des objectifs (80 %), la qualité des résultats obtenus (76 %), le comportement au travail et le savoir être (70 %). Ce dernier critère apparaît déterminant surtout pour les cadres ayant une fonction managériale. Plus intéressant, cette variable semble plus compter lorsque la personne évaluée est une femme que lorsqu'il s'agit d'un homme.

Quel est enfin le sentiment des évalués au sujet des critères d'appréciation ? Il apparaît globalement négatif puisque 64 % des cadres dénoncent un manque de transparence et 54 % un manque de pertinence des procédures d'évaluation. Le désaveu est particulièrement net dans les professions de l'éducation et de la santé, où 62 % des cadres estiment que les critères retenus ne sont ni pertinents ni adaptés aux réalités du travail. Comment pallier ces insuffisances ? La réponse des évalués semble claire : ils sont 77 % à souhaiter des indicateurs plus clairs et quantifiables.

XAVIER DE LA VEGA

1. Y.-F. Livian, N. Tessier, « L'évaluation vue par les cadres », dans A. Karvar, L. Rouban (dirs), *Les Cadres au travail. Les nouvelles règles du jeu*, La Découverte, 2004.

temps d'évaluer les évaluations ? Ce sont ces questions que posent certains auteurs, tels que le psychologue du travail C. Dejours et le chercheur en sciences de gestion Ewan Oiry.
C. Dejours a récemment publié un petit livre sur l'évaluation du travail (3). Si l'on devait appliquer à cet ouvrage les critères d'évaluation que l'auteur appelle de ses vœux, on parlerait d'un beau livre. En quelques dizaines de pages, l'auteur mobilise les acquis de l'ergonomie, de la sociologie et de la psychologie du travail pour interroger les méthodes d'évaluation du travail en vigueur. Comment apprécier la contribution effective des salariés alors que celle-ci échappe pour une bonne part au regard des évaluateurs, se joue parfois à l'insu des travailleurs eux-mêmes ? Le réel du travail n'est pas facilement accessible. L'apprécier demande alors autre chose que les outils communément mis en œuvre par les évaluateurs.
E. Oiry, spécialiste de la question, se penche sur les « référentiels de compétences » (4). Ces nomenclatures constituent le fondement de la « logique compétence ». Elles décomposent le travail associé à chaque poste en une série d'éléments simples, censés décrire les différents versants de l'activité du salarié. Se présentant sous le jour de la scientificité, ils prétendent soustraire les entretiens d'évaluation à l'appréciation subjective, voire à l'arbitraire de l'évaluateur. C'est cette prétention qu'E. Oiry met en doute. Il montre que l'on retrouve à propos de la « logique compétence » le long débat que la qualification avait suscité en sociologie du travail. La qualification comme la compétence admettent-elles une définition purement technique, ou bien sont-elles toujours le résultat d'une négociation entre les partenaires sociaux ?
Les deux chercheurs se rejoignent sur un point. L'évaluation du travail ne peut être laissée aux seuls gestionnaires. C'est l'affaire aussi des collectifs de travail, qui ont tout à gagner de procédures d'évaluation attentives au réel de leur activité.

3. C. Dejours, *L'Evaluation du travail à l'épreuve du réel. Critique des fondements de l'évaluation*, Inra édition, 2003.
4. E. Oiry, *La gestion par les qualifications à la gestion par les compétences : rupture ou continuité ?*, L'Harmattan, 2004.

Chapitre VI

L’humain au cœur de l’organisation : de l’individuel au collectif

Sandra Bellier-Michel*

L'INDIVIDU ET LE SYSTÈME**

L'existence de l'entreprise moderne dépend de la qualité des interactions qui existent entre elle et ses acteurs. Quelle que soit la théorie adoptée, trois formes de liens affirment leur présence constante : l'appartenance à l'organisation, l'implication au travail et le libre consentement.

L'ENTREPRISE MODERNE (1) – celle que nous connaissons aujourd'hui – est toujours au départ un rassemblement hétéroclite d'individus destinés à travailler ensemble. Qu'est-ce qui en fait une organisation durable ? Quelles sont les interactions qui président à l'intégration des individus ? Comment caractériser les liens indispensables au fonctionnement des entreprises ? Comment décrire les mécanismes qui tissent, développent et maintiennent la relation individu/organisation ?

Nous en distinguerons trois : le sentiment d'appartenance, l'implication au travail et la soumission « librement consentie ». Ces trois formes de liens permettent de « régler » trois types d'investissements psychiques indispensables à la bonne marche de la production : l'investissement sur le groupe, l'investissement sur le travail et l'investissement sur soi. Mais l'analyse que l'on peut en faire dépend du regard que l'on porte sur l'entreprise et, de manière générale, de la définition que l'on donne de ce qu'est une organisation. Nous retiendrons ici trois approches classiques, largement répandues en sociologie des organisations.

---

* Consultante en gestion des ressources humaines, maître de conférences à l'Institut d'études politiques (IEP). A publié notamment : *Modes et Légendes au pays du management*, Vuibert, 1997 ; *Le Savoir-être dans l'entreprise*, Vuibert, 1998.

** *Sciences Humaines*, hors série n° 20, mars/avril 1998.

1. Cette orientation du sujet nous amènera parfois à employer de manière synonyme les termes d'« organisation » et d'« entreprise », qui recouvrent pour nous aussi bien les administrations, que les PME ou les grandes entreprises.

On les appellera approches « rationaliste », « humaniste » et « politique ».
L'approche rationaliste considère l'organisation comme un lieu d'échanges entre individus rationnels : les intérêts de chacun y sont tournés vers la recherche de buts propres. Structure, règles et procédures sont pensées de manière à garantir une efficacité maximale dans la poursuite de ces buts. Le modèle de référence est l'entreprise taylorienne, l'entreprise de l'ingénieur, l'entreprise mécaniste selon la typologie de Gareth Morgan (2).
La conception humaniste veut redonner à la personne sa place dans l'organisation. C'est une approche consensuelle qui part du principe que le bonheur des individus entraîne la réussite et l'efficacité de l'organisation. Cet idéal de buts partagés, cohérents et convergents, est commun à l'école dite des « relations humaines » et aux pratiques de « gestion des ressources humaines » telles qu'elles se sont développées depuis une dizaine d'années. Seules les méthodes changent : le courant des relations humaines est plus centré sur les comportements individuels, celui de la gestion des ressources humaines sur les processus de prise de décision impliquant les individus.
L'approche politique, enfin, voit dans l'organisation un lieu de tensions internes dues essentiellement à des problèmes d'allocations de ressources rares et aux stratégies individuelles ou collectives qui coexistent et souvent s'opposent. L'organisation est le résultat d'un processus de négociation permanent. Les négociations n'empêchent pas totalement la survenue de conflits entre différents groupes d'intérêts. Un individu est d'abord relié à son entreprise par le sentiment d'en faire partie. Ce sentiment d'appartenance est directement lié aux politiques d'intégration.

Le sentiment d'appartenance

Ces politiques influencent les pratiques de gestion des ressources humaines et de management : recrutement, formation, système de rémunération. Elles se déclinent suivant deux axes : le temps et l'espace. Faut-il intégrer à long, moyen ou court terme ? Faut-il intégrer à l'atelier, à l'agence, à l'usine, au bureau, à l'entreprise, au groupe, à la firme multinationale… ? Les bons choix dans ces matières relèvent d'un processus complexe et non d'une décision officielle ou d'une procédure autoritaire. C'est au terme d'une négociation subtile, informelle et parfois inconsciente, que l'on peut déterminer à quoi et pour combien de temps l'individu doit se sentir appartenir à l'organisation. Les directives autoritaires dans ces domaines provoquent des résistances. Telle entreprise qui déclare qu'elle ne pourra plus garder les salariés à vie, telle PME qui impose à ses salariés l'appartenance au groupe qui vient de la racheter, telle société qui annonce la « fin des baronnies », tout cela sera vécu par les individus comme des ruptures, voire des trahisons vis-à-vis de leur propre investissement dans l'organisation. En outre, la fragilité actuelle – et très nouvelle – du sentiment d'appartenance des salariés à l'entreprise est liée à la situation

2. G. Morgan, *Images de l'organisation*, Presses de l'université de Laval et Eska, 1991.

de chômage. Les travaux de John Atkinson (3) prennent une actualité inattendue : l'entreprise est composée de plusieurs cercles qui vont d'un noyau central de salariés permanents jusqu'aux prestataires extérieurs, irréguliers et précaires

Comment l'école rationaliste analyse-t-elle le sentiment d'appartenance ? Les relations entre l'individu et l'organisation sont en principe fondées sur des échanges équilibrés qui permettent à chacune des parties d'obtenir ce qu'elle cherche. Le sentiment d'appartenance n'est donc pas une nécessité en soi, mais un moyen de garantir de part et d'autre la loyauté minimale indispensable au bon fonctionnement de l'entreprise. D'où, par exemple, la notion de « salaire d'efficience » (4). Elle part de l'idée que si les entreprises se conformaient au prix du marché du travail, elles seraient la plupart du temps amenées à baisser les salaires qu'elles distribuent. C'est encore plus vrai en période de chômage. Or, on constate que les salaires sont nettement au-dessus d'un hypothétique « prix d'équilibre ».

Conclusion : ce qui s'échange au travers du sursalaire n'est pas de nature marchande mais sociale et psychologique. C'est justement cette loyauté dont l'entreprise a besoin qui retiendra les meilleurs et créera un sentiment de reconnaissance. C'est pourquoi l'employeur maintient le niveau des salaires alors même que le marché fluctue, et valorise la plupart du temps l'ancienneté. Ces deux conditions constituent un contrat implicite entre le salarié et l'employeur sur lequel se construit le sentiment d'appartenance. Le prix à payer pour un tel engagement des uns est le licenciement ou la non-embauche des autres, à savoir les jeunes (5) et les chômeurs.

L'approche humaniste décrit le sentiment d'appartenance comme un besoin des individus et lie son objet à la culture d'entreprise. *« Les théories de la motivation vont nous indiquer que la participation à un groupe correspond en outre à un fort besoin d'appartenance, chacun a besoin de se sentir membre d'une collectivité, et le travail est un pourvoyeur d'opportunités en ce sens. »* (6) C'est vrai pour le petit groupe et ce doit être vrai aussi pour l'organisation, pour autant qu'existe une culture commune qui garantisse l'homogénéité et le consensus nécessaires au bon fonctionnement de l'ensemble. Cette notion de culture d'entreprise, souvent décrite, jamais totalement maîtrisée dans les pratiques, s'articule souvent à l'idée de projets : projets individuels, professionnels, d'entreprise, de site, d'usine, d'agence, etc. Ce foisonnement de projets permet de susciter le sentiment d'appartenance. En effet, quand on s'engage sur l'avenir, on se lie psychologiquement au développement de l'organisation.

L'approche politique (7) s'intéresse également à la notion de culture, mais

3. J. Atkinson, « Manpower Strategies for Flexible Organisations », *Personal Management*, n° 16 (8), 1984.
4. Voir R. Salais et L. Thévenot, *Le Travail, marché, règles, conventions*, Economica, 1986 ; « Emploi et Chômage », *Cahiers français*, n° 246, La Documentation française, mai/juin 1990.
5. J.-F. Amadieu, *Organisations et travail*, Vuibert, 1993.
6. M. Thévenet et J.-L. Vachette, *Culture et comportement*, Vuibert, 1992.
7. Voir J.G. March, P. Lawrence et J. Lorsch ou encore H. Mintzberg, et bien sûr M. Crozier.

considère aussi l'existence de sous-cultures et de sous-groupes : les commerciaux dans les usines, les informaticiens dans les banques, les « anciens » par rapport aux « nouveaux », etc. Ces unités de plus petite échelle sont celles où l'individu satisfait son besoin de reconnaissance et d'identité personnelle (8). Dans les travaux de Michel Crozier et d'Erhard Friedberg (9), le sentiment d'appartenance à l'entreprise n'est pas posé comme un objectif en soi. C'est à travers les relations de pouvoir qu'il manifeste son existence. C'est, en particulier, au sein du collectif de travail que s'exprime le pouvoir informel de chacun : le « management clandestin » (10) y prend toute sa dimension. Mais l'investissement dans les jeux de pouvoir suppose, en fait, une forme d'appartenance à l'organisation. Donc, l'appartenance est un présupposé et non un objectif : c'est parce qu'il y a appartenance que les jeux de pouvoir vont se développer.

Faisons le bilan : le sentiment d'appartenance est considéré par l'approche rationaliste comme un moyen, par l'approche humaniste comme un besoin et par l'approche politique comme une condition première. Dans tous les cas, ce sentiment est une des interactions fondamentales sur laquelle repose l'organisation.

L'implication au travail

Définie comme un mode d'investissement dans le travail, l'implication ne doit pas être confondue avec la motivation. La motivation est une notion beaucoup plus large qui intègre l'ensemble des dimensions historiques, familiales, sociales, conscientes et inconscientes, qui jouent sur la personnalité. L'implication ne se confond pas non plus avec la satisfaction au travail, qui est un résultat lié à une expérience. La satisfaction est plus facile à mesurer, mais a peu de valeur explicative, car on ne sait jamais de quoi elle témoigne. Pour notre part (11), il nous semble plus clair de réserver le terme d'implication à ce qui, dans l'investissement au travail, relève de la psychologie individuelle et des traits de personnalité. Cet investissement personnel est sans doute lié à l'importance accordée à la « valeur travail » par les parents – en particulier par le père – et par le groupe social auquel on appartient. A cela s'ajoutent un certain nombre de traits personnels. L'ensemble construit une relation au travail qui va de l'*« ego involvement »* (implication personnelle) au *« job involvement »* (implication au travail). Prenons pour exemple la manière dont Victor Vroom dans son étude de 1962 mesure l'implication : *« Si un problème se pose à votre travail et n'est pas entièrement résolu lorsque vous rentrez chez vous, vous arrive-t-il d'y penser après le travail ? »* (12) Ce type de questions met l'accent sur le comportement individuel, « hors de la vue » de l'organi-

8. R. Sainsaulieu, *L'Identité au travail*, Presses de la Fondation nationale des sciences politiques, 1985.
9. M. Crozier et E. Friedberg, *L'Acteur et le système*, Seuil, 1977.
10. M. Moullet, *Le Management clandestin*, InterEditions, 1992 ; et R.T. Mowday (dir.), *Employee-Organization Linkages*, Academic Press, 1982.
11. S. Michel, *Peut-on gérer les motivations ?*, Puf, 1989.
12. V. Vroom, « Ego Involvement, Job Satisfaction and Job Performance », *Personal Psychology*, n° 15, 1962.

sation, sur la manière dont l'individu intériorise ses « droits et devoirs » en regard de l'image qu'il a de lui-même. L'implication définit un type d'investissement au travail qui est une garantie pour l'organisation : elle est un meilleur prédicteur de la performance que la satisfaction.

D'autre part, il n'y a pas de lien systématique entre l'implication et la satisfaction au travail. On peut être très impliqué et souffrir de cette implication, rêver de travailler moins et de s'investir davantage dans d'autres sphères. C'est sans doute la raison pour laquelle il existe des liens importants entre l'implication et un certain nombre de manifestations, y compris physiques, de ce qu'on appellerait aujourd'hui le stress professionnel (13).

Comment l'approche rationaliste décrit-elle l'implication au travail ? Encore une fois, comme un échange de bons procédés qui font que le salarié impliqué investit ses capacités et son énergie personnelle pour satisfaire aux tâches et aux comportements requis. En échange de quoi, il se verra récompensé par un salaire à la mesure de ses résultats. Ce qui relie et soutient l'investissement au travail, c'est un contrat implicite qui fait que, au-delà d'un descriptif aussi précis que possible des activités requises, le salarié doit s'engager sur un comportement garantissant le sérieux et l'engagement maximaux de ses capacités professionnelles. Ce n'est pas une affaire de sentiments, de valeurs ou de loyauté morale, mais d'intérêts bien compris : l'organisation achète en réalité davantage que le savoir-faire ou le diplôme du salarié.

Du côté de l'approche humaniste, on peut faire des parallèles intéressants entre les discours sur la motivation qui sont au cœur de l'école des relations humaines et le discours actuel sur les compétences. Dans les deux cas, on insiste sur l'importance de l'investissement personnel dans le travail. Bien souvent, derrière les discours sur la motivation, typiques de ce courant, c'est la valorisation de l'investissement personnel dans les projets professionnels qui est traitée. La compétence, quant à elle, concerne la mise en œuvre, la mise en action de ce qui a été « promis » dans un diplôme ou un CV. Vu sous cet angle, elle suppose, comme l'implication, un type d'investissement dans le rôle professionnel. Dans les deux cas, il s'agit de faire, de manière autonome et volontaire, ce qui est le plus efficace pour l'entreprise.

L'approche politique analyse l'implication comme un élément de stratégie individuelle dans l'organisation. Ces stratégies d'acteurs sont liées à la manière dont l'individu investit le champ professionnel et y place des enjeux personnels. Ces acteurs que décrit M. Crozier cherchent à faire reconnaître leur professionnalisme, leur savoir-faire et leur expertise. C'est là que se situe une des sources majeures de leur pouvoir et de leur identité professionnelle. D'où leurs comportements « impliqués ».

La soumission

Il n'existe pas d'organisation sans soumission individuelle, pas de travail dans une entreprise sans liens de

13. V. de Gaulejac et N. Aubert, *Le Coût de l'excellence*, Seuil, 1992.

subordination : c'est ce qui définit l'essence même d'un contrat de travail. Mais quelle est la forme de soumission adaptée aux entreprises modernes ? Pour la décrire, nous emprunterons aux psychosociologues, à Jean-Léon Beauvois et Robert-Vincent Joule (14) en particulier, la notion de « soumission librement consentie ». De très nombreux chercheurs se sont en effet préoccupés de savoir comment on pouvait amener les sujets à émettre une conduite en désaccord avec leurs motivations, leurs goûts ou leurs intérêts. Le libre consentement est apparu comme très important. D. Linder, J. Cooper et E. Jones (15), par exemple, observent que plus les sujets sont déclarés libres, plus leur soumission est, à terme, profonde et durable. Le processus sous-jacent s'explique ainsi : l'écart à combler en termes cognitifs pour rationaliser *a posteriori* ses actes est plus important si l'on est déclaré libre que si on ne l'est pas. L'effet de ce travail cognitif important est donc plus profond. La déclaration de liberté engage l'individu, c'est pourquoi elle a un effet aussi puissant. Pour expliquer un comportement qui pourrait lui paraître absurde, douloureux, pénible ou contraire à ce qu'il pense, l'individu déclaré libre doit trouver une justification à son comportement. Bien sûr, la situation de travail n'est pas celle d'un laboratoire où l'on fait varier des conditions expérimentales. Néanmoins on peut les rapprocher dans la mesure où les organisations cherchent aussi les moyens les plus économiques d'obtenir une soumission sans contraintes et qui aille au-delà du simple conformisme. Or, la déclaration de liberté a ceci d'économique qu'elle fait prendre en charge par l'individu le choix de la soumission.

Dans le cas de l'approche rationaliste, c'est tout simplement le contrat de travail qui joue le rôle de déclaration de liberté : un contrat est censé lier deux parties équivalentes en droit. Il ne peut être question d'aliénation si les termes sont clairement établis. Pour donner consistance au salaire d'efficience et au contrat implicite, il faut qu'existe entre l'organisation et l'individu une formalisation officielle qui garantisse la liberté de chacun. Le contrat explicite joue un rôle essentiel pour que se développent les interactions implicites.

Pour les humanistes, la soumission librement consentie joue un rôle central et sans cesse renouvelé. Actuellement, la soumission se construit dans des discours et des pratiques qui mettent en jeu la sociabilité, l'adaptabilité, l'autonomie des salariés, en deux mots leur « savoir-être » (16). En assimilant celui-ci à une compétence, on invite les individus à engager ce qu'ils ont de plus personnel dans la performance professionnelle. Mais cet engagement ne peut que résulter d'une disposition intime. On peut changer de savoir-faire, de diplôme ou de connaissance, mais peut-on vraiment se détacher de son « savoir-être » ? Si on est jugé « psychologique-

14. J.-L. Beauvois et R.-V. Joule, *Soumission et idéologies*, Puf, 1981 ; J.-L. Beauvois, *Traité de la servitude libérale*, Dunod, 1994.

15. D. Linder, J. Cooper et E. Jones, « Decision Freedom as Determinant of the Role of Incentive Magnitude in Attitude Change », *Journal of Personal Soc. Psychol.*, n° 6, 1967.

16. S. Bellier-Michel, *Le Savoir-être dans l'entreprise*, Vuibert, 1998.

ment compétent », si on adopte les bons comportements, ce ne peut pas être sous la contrainte, mais parce qu'on a des dispositions. En valorisant le savoir-être, on en vient donc indirectement à demander aux individus de s'engager dans l'organisation parce qu'elle est une occasion de développement personnel. On interpelle directement le salarié dans la liberté de sa personne en créant la confusion entre son niveau de savoir-être et celui de son épanouissement individuel.

Dans le cadre de l'approche politique, la soumission librement consentie est analysée en termes de manipulation de l'inconscient : « l'emprise de l'organisation » se manifeste au niveau le plus intime et le moins maîtrisable, au sein même de l'imaginaire individuel. Le terme de « managinaire » (17), ou management de l'imaginaire, illustre bien le courant qui tente de décrire l'organisation comme un lieu de domination, comme une « prison du psychisme ». A l'approche politique s'ajoute alors l'approche psychanalytique qui cherche à expliquer pourquoi l'aliénation, inhérente aux situations de travail, est à ce point occultée par les individus qu'ils en viennent à souhaiter et à valoriser leur propre soumission.

Ainsi, quelle que soit l'approche retenue, dès lors que l'on s'interroge sur les interactions qui relient l'individu à l'organisation, certains thèmes sont constants. Le sentiment d'appartenance, l'implication au travail et la soumission librement consentie ont la même fonction : mettre l'investissement psychique de chacun au service de l'organisation. Aucune organisation ne peut d'ailleurs vivre sans cette énergie ; aucune ne peut éviter que, sans cesse, les individus tentent de la détourner vers d'autres fins. Le sentiment d'appartenance mesure l'investissement dans le collectif, l'implication mesure l'investissement dans le travail, dans la production et dans l'action, et la soumission librement consentie mesure l'investissement en soi-même. Les organisations ne fonctionnent que si ces trois investissements fondamentaux se font en majeure partie en leur sein. Elles répondent ainsi à la fois à la question de leur propre pérennité et à celle du besoin de lien des individus. La véritable question n'est donc pas celle des interactions entre l'individu et l'organisation, mais celle de la clairvoyance et du degré de liberté avec lesquels l'individu peut maîtriser ces liens et exercer des choix.

17. A. Bron et V. de Gaulejac, *La Gourmandise du tapir*, Desclée de Brouwer, 1995.

CLAUDE LÉVY-LEBOYER*

LE CŒUR À L'OUVRAGE : LA MOTIVATION AU TRAVAIL**

La motivation au travail est un processus complexe qui fait intervenir autant les dimensions individuelles (image de soi, ambition...) que les caractéristiques de l'organisation (contenu des tâches, ambiance du travail, etc.). Irréductible à quelques recettes simples, la motivation du personnel se gère et se reconstruit en permanence à partir de multiples stratégies.

GESTIONNAIRES, enseignants, thérapeutes, hiérarchiques... ou mères de famille, tous s'accordent à reconnaître le rôle prépondérant de la motivation. Sans motivation, les talents, les moyens d'action et les ressources de tous ordres restent stériles. Kurt Lewin avait résumé cette vérité première en déclarant que toute performance correspond au produit de la motivation par les aptitudes, ce qui signifie que si la motivation est nulle, le résultat est égal à zéro. Rien d'étonnant donc si susciter la motivation reste une préoccupation centrale pour tous ceux qui gèrent des activités humaines, qu'il s'agisse d'entreprise, de formation, de comportements économiques ou encore de protection de la santé.

Parmi les nombreuses suggestions destinées à stimuler la motivation, il n'est pas facile de distinguer celles qui sont valides de celles qui relèvent de la seule conviction de leurs auteurs. Pourtant, les résultats des recherches permettent de prendre des positions claires, au moins sur les trois points suivants. Premièrement, malgré la multiplication des textes et des méthodes destinés à stimuler la motivation, le concept même de motivation n'est pas toujours clairement défini. Ou plutôt, il est mal défini. Souvent parce que la motivation est

* Professeur émérite de psychologie du travail à l'université René-Descartes Paris-V. A publié notamment : avec M. Huteau, C. Louche, J.-P. Rolland (dirs), *La Psychologie du travail*, Ed. d'organisation, 2003 (2e éd.) ; *La Motivation dans l'entreprise*, Ed. d'organisation, 2001 (2e éd.) ; *La Crise des motivations*, Puf, 1994.

** *Sciences Humaines*, n° 92, mars 1999.

implicitement conçue comme une qualité individuelle. Alors que l'observation montre bien que chacun d'entre nous n'est motivé à faire des efforts que pour un nombre limité d'activités. Par exemple, un enfant sera fortement motivé à surfer sur le Net, mais pas à apprendre les tables de multiplication… Une secrétaire fera de son mieux pour produire un manuscrit élégant, mais négligera les activités de classement qui ne la motivent pas…

Par ailleurs, la motivation n'est pas un état permanent, statique, une caractéristique individuelle sans rapport avec l'environnement. C'est un processus qui met en relation l'individu et le contexte social et matériel dans lequel il se trouve. La motivation n'est donc ni indépendante de la personnalité ni étrangère à l'environnement. Ainsi, les personnes anxieuses sont moins facilement motivées, les énergiques plus faciles à mettre en mouvement. Mais il faut que le contexte offre des stimulants à la motivation. On ne fait pas d'efforts sans objectif précis à atteindre ni sans représentation de ce qu'apportera l'objectif atteint. Une troisième donnée importante à savoir est que les modèles animaux ont longtemps été l'objet principal des études expérimentales de la motivation. Ce qui a conduit à donner beaucoup d'importance au rôle motivant du besoin insatisfait. Le rat affamé fait tout ce qu'il peut pour ouvrir la boîte qui renferme de la nourriture, alors qu'il reste passif devant la même boîte lorsqu'il est rassasié. Mais les hommes ne sont pas des rats et la psychologie humaine est bien plus complexe que la psychologie animale. Certes, les besoins jouent un rôle dans les processus motivationnels, mais la motivation dépend de bien d'autres facteurs, notamment des processus cognitifs qui sont essentiels pour la mettre en œuvre. Et le schéma séduisant de la « pyramide des besoins », défendu par Abraham Maslow, n'a jamais été vérifié par les études expérimentales qui ont suivi. Certes, on peut classer et définir les catégories de besoins que nous cherchons à satisfaire, mais il est faux de croire que la satisfaction d'un de ces besoins ouvre la voie au suivant, qui devient alors source de motivation. En particulier, la réussite professionnelle ne tarit pas l'ambition, bien au contraire. Elle accroît l'estime de soi et relance le désir de réussir et les efforts pour y parvenir.

De l'intention à l'action

Ces remarques montrent la complexité des processus motivationnels. Nous savons définir les traits individuels (l'ambition, l'intelligence, la vigilance…) ainsi que les situations sous leur aspect psychologique (situation stressante, émouvante, comique…). Mais la motivation est un processus qui implique l'intention et l'action, l'individu et la situation, et qui se poursuit dans le temps. Pour rendre compte de cet aspect essentiellement dynamique, il faut introduire la notion d'effort, de ce qui fait passer de l'intention à l'action. On peut alors dire que la motivation est le processus qui fait naître l'effort pour atteindre un objectif et qui relance l'effort jusqu'à ce que l'objectif soit atteint. Processus complexe qui fait appel à de multiples aspects de la psychologie individuelle et des rapports entre l'individu et la situation dans laquelle il se trouve. Quels sont ces aspects ? De quoi dépend la motivation ?

La motivation dépend de plusieurs paramètres. Tout d'abord, elle est étroitement fonction de l'image de soi. En effet, personne n'est prêt à faire des efforts sans avoir la conviction qu'il est capable de réussir. Par exemple, un étudiant ne sera pas motivé à travailler dur pour réussir un examen s'il a la conviction de ne pas posséder les connaissances ou les qualités nécessaires. De même, un vendeur ne fera pas d'efforts pour conclure une opération importante s'il n'est pas convaincu de posséder les arguments et les talents requis. C'est là un aspect important parce que l'image de soi est tributaire des informations que les autres nous renvoient. Les organisations – entreprises, mais aussi établissements d'enseignement – doivent donc être conscientes du fait que toute évaluation est porteuse de motivation, ou de démotivation.

Deuxièmement, la motivation est fonction de l'« instrumentalité », du lien perçu entre les résultats de ses efforts et ce que les « autres » – la société, l'école, l'entreprise… – donnent en échange. Si ce lien n'est pas explicité par ces « autres », l'individu percevra, à l'avance, l'effort comme sans intérêt. Ce lien instrumental entre les résultats de l'effort et la « récompense » doit également être perçu comme équitable. Si ce n'est pas le cas, si on a le sentiment d'être injustement traité ou d'être discriminé par rapport aux autres, pour des raisons qui n'ont rien à voir avec le travail fourni, la motivation s'efface parce que la justification de l'effort disparaît. Ce sentiment d'équité est construit par chacun de nous en fonction de comparaisons avec d'autres personnes dont nous évaluons la contribution et les « récompenses » obtenues. Ce qui signifie que, même si la situation ne change pas, les nouvelles informations reçues peuvent créer un sentiment d'iniquité et, donc, réduire la motivation.

La motivation est également fonction de la valeur personnelle, attribuée par chacun aux « récompenses » que l'activité va procurer. A nouveau, ce paramètre n'est pas aussi simple qu'on pourrait le penser : chacun d'entre nous a des besoins qui varient en fonction du développement de ses activités, de sa situation familiale, etc. Et ce qui a pu le motiver à un moment donné peut très bien perdre tout attrait quelques années plus tard. Ce qui implique la nécessité pour les entreprises d'être informées de ce qui motive son personnel. Ces « récompenses », qui renforcent la motivation, ne se limitent pas aux primes et aux promotions ; il peut s'agir de gratifications abstraites, signes d'estime ou de prestige, preuves de statut ou témoignages de succès.

Les recherches des vingt dernières années, notamment celles menées aux Etats-Unis par le psychologue E.A. Locke et son équipe, ont aussi montré l'importance capitale de la présence d'un but précis. Ces auteurs ont montré, de manière répétée, que le seul fait d'assigner un but entraîne la motivation, à condition que le but soit accepté. Et ceci est vrai indépendamment de toute récompense attendue. Autrement dit, le but, l'objectif, sa clarté et sa précision représentent une condition essentielle et souvent suffisante de la motivation.

Ce n'est pas tout. Pour que la motivation ne retombe pas, il faut pouvoir situer sa performance ou ses résultats par rapport au but accepté. D'où l'importance des informations données sur les progrès accomplis et le chemin qui reste à parcourir avant d'avoir atteint l'objectif.

Enfin, si la motivation n'est pas un trait de personnalité, elle dépend cependant de la personnalité, et en particulier du niveau d'anxiété qui caractérise le sujet et peut déterminer sa confiance en lui. Ainsi que de ce qu'on nomme le « lieu de contrôle », c'est-à-dire le fait de se sentir capable de maîtriser son destin (lieu de contrôle interne) ou, au contraire, la tendance à considérer que les événements qui nous surviennent sont surtout dus à des facteurs extérieurs, tels que l'action d'autrui ou le hasard (lieu de contrôle externe). En d'autres termes, des caractéristiques individuelles modulent la confiance en soi et la perception des obstacles de telle manière qu'elles stimulent ou ralentissent la motivation.

Quelles sont les conséquences pratiques de ces différents points ? Certaines sont négatives, d'autres sont positives. En premier lieu, on ne peut pas prétendre recruter des personnes motivées pour toute activité... La motivation se gère et se construit, ce n'est pas un trait permanent qui assurera l'effort devant tous les objectifs. Par contre, on doit s'informer des « besoins » de son personnel, autrement dit de ce qui est important pour chacun à un moment donné, et qu'ils sont prêts à échanger contre le résultat de leurs efforts. Ensuite, la nécessité pour toutes les organisations d'informer de manière claire sur la nature des objectifs est impérative, de même que celle d'informer chacun sur ses compétences et sur la possibilité d'en développer de nouvelles. Assurer le développement des individus n'est pas un acte de générosité destiné à créer la satisfaction de son personnel, c'est le seul moyen pour que le désir de rendre l'organisation « apprenante » devienne concret. Enfin, toutes les analyses qui précèdent montrent bien que la motivation est un processus complexe, varié, diversifié dans ses déterminants et que, de ce fait, il n'est pas possible de penser qu'il existe une recette universelle pour créer la motivation...

Les trois stratégies propres à stimuler la motivation

On peut regrouper en trois catégories les stratégies susceptibles de stimuler la motivation. Elles concernent le fait de récompenser pour motiver, de changer le travail pour le rendre motivant et, enfin, de choisir des leaders charismatiques dont le style de leadership est motivant en lui-même. Ces différentes interventions ne sont pas incompatibles mais, par contre, elles sont faisables et efficaces dans des situations différentes. Autrement dit, le choix de l'une ou de l'autre dépend de l'analyse approfondie de la situation.

Récompenser est apparemment la solution la plus évidente et la plus facile à mettre en œuvre. Pourtant, c'est celle qui renferme le plus de pièges. En effet, elle suppose les quatre étapes suivantes : évaluer le travail effectué ; communiquer cette information ; attribuer la « récompense » ; faire en sorte que cette récompense soit jugée équitable. Chacune de ces étapes pose des problèmes délicats. Tout d'abord, le travail est de plus en plus souvent fait en groupe et il est donc difficile d'identifier les contributions individuelles. En outre, la qualité et la quantité du travail effectué dépendent, au moins en partie, de paramètres qui sont indépendants de la motivation individuelle : la concurrence, les machines, les matières premières… Les règles qui concernent l'attribution des « récompenses » ne sont pas toujours faciles à comprendre. Et le sentiment d'équité naît d'une comparaison entre sa situation et celle d'autres, qui sont comparables. Cette comparaison est donc forcément subjective dans la mesure où elle inclut des aspects comme les conditions de travail, les horaires, les relations avec les collègues et la hiérarchie, la qualité du travail, son intérêt, les possibilités de promotion… De plus, de nouvelles informations peuvent créer un sentiment d'iniquité qui n'existait pas auparavant, et ceci sans que la situation change. Bref, pour que les récompenses soient motivantes, il est essentiel, mais peu facile, de s'assurer que le lien entre la performance effectuée et la récompense motivante soit clairement compris et que l'attribution soit considérée comme juste.

Le deuxième groupe de stratégies concerne le travail lui-même et l'idée qu'il est possible de le changer pour le rendre plus motivant. C'est d'abord une réaction contre l'aspect déshumanisant du travail découpé selon les principes tayloriens. A l'opposé du travail artisanal qui requiert une diversité de compétences mais donne à chacun l'identité de son travail et la fierté du travail accompli, le fait de découper les tâches en éléments simples à exécuter mais dépourvus de signification rend le travail monotone et détruit la fierté liée au sentiment d'accomplir une tâche utile. Rien d'étonnant donc si on a tenté de restituer au travail sa signification et sa dignité. En fait, ce changement du travail peut se faire sur quatre aspects. Accroître la complexité, pour rendre le travail moins élémentaire, c'est-à-dire déparcellariser les tâches, informer sur le rôle de celles-ci dans l'ensemble des missions de l'entreprise, situer le travail par rapport à la vision globale des objectifs. Redonner, autant que faire se peut, le contrôle de leur travail à ceux qui l'exécutent, en les chargeant de vérifier eux-mêmes la qualité de ce qui est accompli, en leur proposant de suggérer des moyens qui permettent de l'améliorer. Accroître la communication, c'est-à-dire fournir plus d'informations destinées à préciser le rôle de chacun, et faire circuler l'information non seulement de haut en bas de la hiérarchie mais également de bas en haut, en donnant de ce fait la parole à ceux qui ont été trop souvent réduits au rôle d'exécutants.

A ces trois « C », complexité, contrôle,

communication, s'est ajouté plus récemment un quatrième pour compétences : changer non plus le travail, mais les hommes et les femmes qui le font en leur donnant la possibilité de développer leurs capacités. On sait mieux aujourd'hui gérer les carrières de manière à multiplier et diversifier les expériences, donnant ainsi à chacun de multiples possibilités afin d'acquérir de nouvelles compétences.

Changer le travail est une démarche séduisante dans la mesure où elle semble bien correspondre à une volonté de rendre au travail son sens et à ceux qui le font leur dignité. Mais ce n'est pas une démarche toujours possible, ni toujours acceptée. En premier lieu parce qu'il y a toujours des personnes qui ne souhaitent pas voir leur travail devenir plus complexe, ni avoir plus de responsabilités. D'autres ne verraient pas d'inconvénients à ce surcroît de responsabilités, mais à condition que cela se traduise par une augmentation de salaire. Par ailleurs, donner plus d'initiative et de contrôle à un niveau hiérarchique, c'est en priver le niveau au-dessus, d'où l'hostilité fréquente de l'encadrement à ce genre d'initiative.

Reste le troisième type de stratégie : la motivation qui résulte de la présence d'un leader charismatique. Il n'est pas question ici de traiter le problème du leadership, ni celui de la formation des cadres à l'exercice de l'autorité. Mais de mentionner un aspect souvent considéré comme motivant, la participation aux décisions. On sait, depuis les premières recherches de K. Lewin sur le changement des habitudes alimentaires, que le fait de prendre part à la prise de décision facilite l'acceptation, et l'exécution, de la décision prise par la majorité, parce qu'on entend les arguments qui motivent la décision et qu'on est physiquement en présence de la majorité qui décide. Mais ce n'est vrai que si des conditions précises sont respectées, si les collaborateurs que le leader fait participer sont compétents, s'il s'agit d'une situation assez stable, et si le leader sait gérer efficacement des groupes.

Modèles et techniques ne doivent pas faire oublier que le fait de mettre en place un système visant à motiver autrui présuppose que l'objectif à atteindre n'est pas motivant en lui-même. Ce qui nous rappelle que le travail n'est pas une activité naturellement motivante. L'histoire abonde en situations où l'obligation de travailler n'était pas pressante, voire contraire aux impératifs sociaux. C'est le cas des ordres contemplatifs dont le but dans l'existence n'est pas d'avoir une activité productrice. C'est le cas, plus près de nous, du travail des femmes, qui a été longtemps toléré seulement lorsque la survie du groupe familial l'exigeait, alors qu'actuellement il apparaît normal d'assumer à la fois des ambitions professionnelles et des devoirs familiaux, et que ces deux activités tendent à être de plus en plus partagées entre l'homme et la femme. C'est la femme au foyer qui semble devenir une exception à la règle. Par ailleurs, les tâches « nobles », celles dont l'exercice même donnait du prestige et un statut, n'ont pas toujours été les mêmes : chez les Romains, l'enseignement était réservé aux esclaves, car considéré comme une activité dégradante pour les patriciens... Enfin, les analyses qui précèdent ne doivent pas, dans leur sécheresse factuelle, faire oublier l'aspect éthique de la motivation. Celle-ci ne doit pas être une manipulation qui pousse l'individu à adopter un comportement contraire à ses convictions, sans qu'il puisse réellement en juger parce qu'il est mal informé, ou qu'il est entraîné par les autres, ou encore parce que les résultats immédiats qu'il espère en tirer sont séduisants.

Eugène Enriquez*

POUVOIR ET DÉSIR DANS L'ENTREPRISE**

En entreprise, les désirs ou la volonté de pouvoir sont occultés. Eugène Enriquez estime que seule la prise en compte des affects, des désirs et des conflits de pouvoir permet de dépasser positivement l'aliénation produite par les valeurs entrepreneuriales.

L'ENTREPRISE est une organisation créée en vue d'une certaine production de biens ou de services dans laquelle s'exerce l'autorité. Il semble évident, pour tous, d'y voir, quelle que soit la structure adoptée, des personnes occuper des fonctions différentes, coordonner leurs actions et surtout agir suivant une impulsion donnée par un «entrepreneur dynamique» selon le mot de Joseph Schumpeter, que celui-là soit un homme seul, un conseil d'administration ou un collège de managers.

En revanche, on pourra constater aisément que le terme de pouvoir est peu employé dans l'entreprise et qu'il perturbe. Il renvoie, fantasmatiquement, à l'idée de dieu ou à celle du souverain, de la puissance absolue, de la violence et, par voie de conséquence, à la vie et à la mort. Si les gouvernants des Etats ont du pouvoir, c'est qu'ils possèdent, comme le disait Max Weber, *«le monopole de la violence légitime»*. Ils ont la faculté, en déclarant la guerre, d'obliger leurs concitoyens à risquer leur vie. L'entreprise, elle, n'a pas, *a priori*, de liens institutionnels avec ses membres, mais uniquement des liens contractuels. Elle peut les contraindre à s'acquitter des tâches pour lesquelles ils ont été engagés et qu'ils ont accepté d'assumer. Elle ne peut pas les obliger à risquer

* Professeur émérite de sociologie à l'Université Paris-VII-Denis-Diderot et co-rédacteur en chef de la *Revue internationale de la psychosociologie*. A publié notamment : *L'Organisation en analyse*, 2003 (4e éd.) ; *Les Jeux du pouvoir et du désir dans l'entreprise*, Desclée de Brouwer, 1997 ; *Le Goût de l'altérité*, Desclée de Brouwer, 1999.

** *Sciences Humaines*, hors série n° 20, mars-avril 1998.

leur vie pour elle. L'Etat a le droit d'exercer une férule plus ou moins totale sur ceux qui se réclament de lui, l'entreprise n'a normalement pas le droit d'exercer la moindre pression sur ce que pensent ou ressentent les personnes dans leur vie intime ou dans leur vie privée (hors travail).
Ces différences, parmi d'autres, amènent la plupart du temps les praticiens de la conduite des organisations à récuser le terme de pouvoir. Et pourtant, si le mot est occulté, ce qu'il signifie et ce qu'il entraîne est bien présent dans l'entreprise.

La logique des passions

Plus encore que le terme de pouvoir, celui de désir est absent de la vie des entreprises. Parler de désir, c'est en effet se référer à la vie intérieure de chacun, aux flux de passions et de pulsions qui l'animent constamment, car le désir par définition est inextinguible. Chaque fois qu'il rejoint un objet de satisfaction, il rebondit à la recherche d'un autre objet. Tout désir est donjuanesque. Le besoin peut être maîtrisé (et les spécialistes du marketing ou de la vente ne s'en privent pas) et canalisé vers des objets dans lesquels il s'épuise. Le désir, en revanche, renaît de ses cendres. Comment une « chose » non maîtrisable pourrait-elle avoir droit de cité dans un lieu rationnel, où chacun ne doit avoir pour but que de contribuer le mieux possible à atteindre les buts imposés ou proposés. La raison de l'éviction du désir, c'est son côté fondamentalement conflictuel. Le désir de l'un n'est pas le désir de l'autre, et ces désirs peuvent donc entrer en compétition ; ils sont, de toute manière, difficiles à accorder, et ils sont, dans ces conditions, capables de ravages insoupçonnables. Et puis, *last but not least*, l'entreprise n'est pas un endroit où le désir humain est acceptable, et plus encore, serait-on tenté de dire, un lieu… où l'humain est acceptable. Certes, le mot humain est prononcé en son sein, mais lié à celui de ressources qui l'aseptisent. Une entreprise est un ensemble dans lequel si des hommes sont nécessaires (ils le sont de moins en moins compte tenu de l'informatisation des services), ils ne le sont qu'en tant qu'êtres de compétences, dûment vérifiées (diplômes ou expérience antérieure). Ils doivent fonctionner sous l'égide de la stricte rationalité instrumentale et évacuer le cœur et ses passions.
En fin de compte, si l'on suivait la pure rationalité, les organisations (et les entreprises en tout premier lieu) devraient se comporter comme des machines, certes perfectionnées, admettant des régulations dynamiques, mais mettant de côté définitivement ce qui est au centre de l'humain : le pouvoir et le désir. Cependant, tout le monde sait confusément qu'un être sans désir est bien proche de la mort, et que les rapports humains sont toujours des rapports de pouvoir, même s'il est possible de penser des pouvoirs négociés ou partagés.
En fait, ce qui est dénié dans l'organisation peut être considéré comme un de ses principaux éléments moteurs. Le désir et le pouvoir sont occultés parce que les reconnaître explicitement signifierait que l'entreprise ne serait plus le site du travail rationnel, de la volonté consciente ayant pour seul but la création des richesses. Pourtant, l'organisa-

tion constitue un lieu où s'expriment les passions les plus folles, le désir de pouvoir (dont découle une compétition violente, chacun essayant de faire prévaloir son « ego grandiose ») contre celui des autres, le pouvoir du désir (qui amène chacun à faire reconnaître son désir d'affiliation, en particulier son désir de reconnaissance, de considération, de respect – son désir de réalisation de soi comme ses désirs les plus agressifs). L'image d'une entreprise harmonieuse – perturbée uniquement par des conflits d'intérêts, donc des conflits rationnels – où chacun est à sa place et accomplit sa tâche avec vaillance est un mythe. L'entreprise n'est pas cet endroit incolore et sans saveur, dont nous parlent les consultants d'organisations. Elle est pleine de bruits et de fureurs, et dans ce sens elle est à la fois espace de vie et espace de mort.

L'institutionnalisation de l'entreprise

L'entreprise a toujours été une organisation. Comme telle, elle n'a pas pour fin le devenir de la société, elle n'existe que pour construire des « objets » susceptibles d'être vendus sur un marché, et pour permettre la distribution du profit à l'entrepreneur ou aux actionnaires et des salaires à ses membres. Elle n'a que des buts limités (la création et la répartition des richesses), elle n'a pas vocation à intervenir sur les processus sociohistoriques. Mais l'entreprise tente actuellement de s'ériger en institution, voire même en institution *princeps* (originale, première) quasiment « divine » dans notre société.

Or, une institution a pour but d'être un des éléments de la fondation et de la régulation de la vie sociale. La famille, l'Eglise, l'armée, l'Ecole et l'Etat en tant qu'institution suprême définissent et font appliquer des orientations normatives. Les institutions énoncent des interdits et des permissions que leurs membres doivent intérioriser afin de guider leurs actions. A partir du moment où l'entreprise se transforme en institution (vers les années 30, d'après A. Berle Jr et principalement depuis la fin de la Seconde Guerre mondiale), elle devient un ensemble qui ne vise pas seulement à la mise au point « d'objets » mais, d'une part, à celle d'une élaboration d'une culture interne, d'une symbolique et d'un imaginaire devant être partagés par ses membres ; elle vise, d'autre part, à influencer les phénomènes sociopolitiques, et elle devient créatrice de valeurs, de lois et de normes. Celles-ci vont transformer radicalement les conduites des membres de l'organisation, comme celles de ses clients, et avoir un impact sur les autres participants de la vie sociale. On se souvient de l'expression *« quand Renault éternue, la France s'enrhume »*. Si ce qui se passe chez Renault, à l'heure actuelle, comporte moins de retombées sociales, il n'empêche qu'à l'époque où cette entreprise était véritablement motrice du changement social, tous les avantages que les salariés pouvaient acquérir étaient étendus, par la suite, à l'ensemble des autres travailleurs (ainsi les quatrième et cinquième semaines de congés payés). Une grève dans cette entreprise pouvait enclencher un cycle de grèves. Si Renault n'a plus ce même pouvoir, c'est que ce dernier s'est diffusé dans un grand nombre d'entreprises, toutes devenues des éléments importants de la régulation sociale. En témoigne la préoccupation des gouvernants et de l'ensemble du corps social à chaque fois qu'une entreprise élabore un plan social, fait faillite, connaît des pertes, ou encore le triomphe ou la satisfaction des mêmes chaque fois qu'un investisseur étranger vient s'établir en France ou que le pays, représenté par le président de la République ou son Premier ministre, parvient à vendre à l'étranger les meilleurs produits de la technologie française.

De plus, les valeurs prônées par l'entreprise dans sa forme moderne : l'excellence, la performance, la qualité totale, le zéro défaut, etc., se mettent à envahir la plus grande part des institutions. Par exemple, l'école et l'université veulent être performantes, de même que les hôpitaux ou l'ANPE. Le lieu de création des valeurs sociétales devient l'entreprise. Le monde se plie au règne de l'argent et de la rationalité instrumentale. Les citoyens se définissent alors comme de purs agents économiques, c'est-à-dire comme des producteurs-consommateurs. L'entreprise n'exerce, d'ailleurs, pas que ce pouvoir sociétal. En émergeant en tant que lieu de culture (au sens anthropologique du terme) et non seulement en tant que lieu d'exploitation et d'aliénation (comme au XIXe siècle), elle met au point, pour ses membres, des principes éthiques d'action à mettre en œuvre dans la vie de travail, et elle se préoccupe, par la formation et le perfectionnement, de la socialisation de ses acteurs. Personne n'a le droit de s'y opposer. Si quelques déviances sont possibles – aucune institution ne pouvant empêcher un certain degré de transgression de ses normes –, elles restent discrètes et elles sont considérées, la plupart du temps, comme des sources possibles d'innovations sociales indispensables à toute entreprise dynamique. En construisant une symbolique commune, elle se donne une identité forte qui va se concrétiser dans une image de marque interne et externe (drapeau, hymne, logo, slogan…) influençant le comportement des agents, souvent devenus fiers d'appartenir à une entreprise de premier ordre. Ce n'est pas seulement chez Carrefour que le personnel « positive », devient affirmatif : toutes les entreprises rêvent d'avoir comme travailleurs des individus qui troquent leur identité personnelle pour celle de l'organisation.

La domination affective

En développant un imaginaire commun, c'est-à-dire une série de représentations coordonnées et ordonnées, les entreprises font de leurs membres des personnes qui non seulement pensent de la même manière, mais qui sont prêtes à idéaliser leur entreprise, à y apporter leur adhésion, leur affection et plus encore… leur amour. Elles essayent de mobiliser la vie affective de leurs membres, et si possible leur inconscient afin que toutes les pulsions et leurs passions n'aient qu'un objet : l'entreprise à laquelle ils participent.

Depuis de nombreuses années, différents auteurs ont montré à quel point il ne s'agissait plus de promouvoir la seule mobilisation consciente au travail, mais de mettre les affects inconscients au service de l'entité qui les surplombe. Certes, tout le monde ne cède pas à cette canalisation des énergies, certains se rendent compte qu'ils risquent d'avoir affaire à un marché de dupes puisque, même s'ils sont parfaitement identifiés à cette organisation-institution, ils peuvent se voir remerciés chaque fois qu'une restructuration deviendra nécessaire. Mais que tout le monde ne se laisse pas prendre ne signifie pas que la très grande majorité ne jouera pas le jeu.

Ainsi maintenant le pouvoir de l'entreprise sur ses membres est-il devenu total ou, au moins, essaie-t-il de l'être. A l'entreprise qui développait une violence directe sur ses participants au XIXe siècle – ce qui permettait, par voie de retour, que des luttes sociales fortes existent pour minimiser ou contrer cette violence et cette exploitation – a succédé une entreprise, plus subtile, qui développe un contrôle non seulement des corps (comme l'avait bien montré Michel Foucault) mais également un contrôle de la pensée et de la vie psychique. Si l'entreprise n'est pas une prison ou un hôpital psychiatrique, elle se rapproche d'un type de modèle que Erving Goffman (1), avec raison, avait qualifié de totalitaire. Ainsi se met en route un type de totalitarisme démocratique, même si ce terme fait encore hurler nombre de ceux qui l'entendent.

Le désir manipulé

Si le pouvoir, avec ses faces bénéfiques mais aussi (et c'est ce qui a été principalement développé) ses faces maléfiques de toute puissance tutélaire, a pu ainsi, littéralement, s'instituer, c'est qu'il a rencontré sur son passage le désir avec ses contradictions. Il a pu s'alimenter, naturellement, au désir de pouvoir.

Le pouvoir s'étaye également sur le désir de reconnaissance, le désir d'estime de soi-même que tous les membres d'une organisation manifestent peu ou prou. Les êtres humains sont mus par un désir d'identification, d'affiliation à une entité plus grande qui reconnaît leur compétence et leur être propre. En devenant une institution puissante, en développant un *«imaginaire leurrant»* (qui s'exprime dans l'idée : identifiez-vous à moi, travaillez cœur et âme pour moi et je saurai vous récompenser au centuple – leurre parfaitement évident), l'entreprise prend ses membres au piège de leur propre désir de reconnaissance. Les individus ont le désir de construire une identité forte et d'accéder à la jouissance. L'entreprise leur propose comme jouissance celle de l'entreprise. Les hommes sont prêts à se dévouer à une cause lorsqu'ils l'estiment noble et atteignable. L'entreprise, dans sa volonté «divine» (même si elle ne parvient pas toujours à être une institution sacrée), leur propose une cause concrète à laquelle ils peuvent se dévouer. Sans le désir de ses membres de se solidifier, de se rassurer, de se regarder avec plaisir dans la glace, l'entreprise n'aurait jamais pu exercer un tel pouvoir sur eux. Certes, un tel désir est un désir aliéné et manipulé.

D'autres désirs existent et mettent en

1. E. Goffman, *Asiles : études sur la condition sociale des malades mentaux*, Minuit, 1968.

cause le fonctionnement harmonieux auquel l'entreprise aspire. Désir de se fondre dans un collectif dans lequel on se reconnaît et qui a ses valeurs propres (d'où le syndicalisme ou tous les mouvements déclenchés par la base), désir de solidarité et de fraternité, désir, parfois, de destruction. Les désirs sont multiples et contradictoires et ils ne sont pas toujours «bons». Le désir doit toujours s'articuler à la loi, car sans loi le désir ne peut prendre qu'une coloration mortifère. Mais il n'est pas de loi que de l'entreprise. Chaque être humain peut être mû par un désir auquel l'entreprise ne peut ou ne veut pas répondre. Or, certains de ces désirs, non seulement, sont parfaitement louables – désir de création d'une œuvre, désir de liberté ou d'égalité, désir de discussion franche avec les autres, désir de s'interroger en profondeur et de se connaître soi-même – mais ils pourraient être, de plus, parfaitement insérables dans l'entreprise. Il est vraisemblable que si cette dernière avait moins peur de la libre expression, elle serait en mesure d'être un véritable lieu de culture et de création sociale. Elle pourrait ainsi se donner des éléments favorables à son évolution. Si elle était moins axée sur la rationalité instrumentale et si elle laissait sa part aux passions, aux phantasmes et aux pulsions, elle serait, peut-être, un lieu où il serait plaisant de vivre.

Mais, elle tient à se défendre. Car toute organisation hiérarchique, et d'autant plus qu'elle s'est transformée en institution, ne peut que suspecter ce qui ressort de l'ordre de l'autonomie, de la responsabilité et vraisemblablement du conflit. Aussi met-elle en place des mécanismes de défense pour canaliser certains désirs, pour les plier à son profit, et pour refouler et réprimer tous ceux qu'elle perçoit comme appartenant à l'ordre de la folie ou du désordre, et capables de remettre en cause les relations de pouvoir établies. Ce qu'elle ne veut pas voir (car comme toutes les institutions, elle s'aveugle sur ses possibilités), c'est que le désir, comme le furet, fait sa route même si on veut l'arrêter et d'autant plus qu'on veut l'arrêter. Ce qui est refoulé et réprimé revient toujours. Telle est la grande leçon que Sigmund Freud nous a léguée. En voulant occulter le fait qu'elle est un lieu où désirs et donc passions, pulsions non canalisées veulent trouver leur expression, elle leur laisse en fait la possibilité de procéder à un travail de sape.

Ce n'est que le jour où l'entreprise acceptera d'être un endroit où le pouvoir s'exerce (et non la seule autorité) et où par conséquent il peut rencontrer d'autres pouvoirs, où des désirs canalisés, sublimés et non aliénés pourront s'exprimer tout haut ou à voix basse, où donc elle assumera sa réalité définitivement conflictuelle, qu'elle pourra contenir en son sein non des membres mais de véritables sujets. Ceux-ci se définiront comme des êtres pourvus d'un esprit critique, pouvant, en voulant accéder à un haut degré d'autonomie et de responsabilité, œuvrer volontairement et avec leur passion à la création d'une aventure collective susceptible de donner un nouvel essor à l'organisation, dont ils se sentent partie prenante, et à la société globale dans laquelle ils vivent.

VALÉRIE BRUNEL*

LE DÉVELOPPEMENT PERSONNEL AU SERVICE DE L'ENTREPRISE ?**

Le développement personnel fait désormais partie de l'attirail des managers. L'objectif : aider les cadres à mieux se connaître et à maîtriser leurs interactions avec autrui. Poussant ces salariés à se conformer aux comportements attendus par l'organisation, ces pratiques participent d'un nouveau modèle de pouvoir.

DANS NOS ORGANISATIONS, où les logiques hiérarchiques laissent place à des modes de coordination plus souples et plus transversaux, et où la logique de service progresse, les salariés doivent aujourd'hui apprendre à coopérer, à gérer leurs interactions et à être « autonomes », c'est-à-dire à construire en partie le cadre de leur action. En réponse à cet accroissement des compétences subjectives requises, les pratiques de « développement personnel » investissent la littérature managériale et font leur entrée dans les organisations. Ces pratiques visent à permettre à l'individu de mieux comprendre son mode de fonctionnement émotionnel, cognitif et intellectuel, cela pour acquérir un rapport à soi-même, à autrui et à son travail tout à la fois plus harmonieux et plus performant. Ainsi, elles s'inscrivent dans un projet managérial, car elles relient des objectifs individuels (augmenter son bien-être) et des objectifs organisationnels (être plus efficace). Les méthodes de développement personnel sont d'ordre réflexif, dans la mesure où elles invitent l'individu à se prendre lui-même comme objet d'étude. Or il n'y a pas de manière neutre et objective de se considérer soi-même. L'intériorité n'est pas une entité préexistante à laquelle on pourrait avoir accès par un simple regard

* Intervenante-chercheure en sociologie clinique (Laboratoire de changement social ATEMIS). A publié notamment : *Les Managers de l'âme. Le développement personnel en entreprise, nouvelle forme de pouvoir ?*, La Découverte, 2004.

** *Sciences Humaines*, n° 158, mars 2005.

introspectif : c'est une construction sociale. Autrement dit, la manière dont on se regarde soi-même et dont on cherche à « faire usage de soi » est en partie construite par les présupposés sur la psyché que l'on adopte. Ce faisant, le fonctionnement des pratiques de développement personnel comme dispositifs managériaux consiste à proposer à chacun une vision de soi-même qui soit porteuse de valeur tant pour soi (bien-être, sentiment de maîtrise) que pour son entreprise (efficacité, performance).

Des formes de contrôle plus subtiles

Si l'efficacité réelle de ces pratiques reste à questionner (peut-on vraiment apprendre à maîtriser ses émotions ou à gérer son rapport à soi ?), elles contribuent à forger un type de rapport à soi qui n'est pas sans effet sur les comportements. Par ce biais opèrent de nouvelles formes de contrôle organisationnel, plus subtiles et plus « euphémisées », puisque appuyées sur la réalité impalpable du rapport à soi.

L'introduction des pratiques de soi dans le management se constate surtout dans les organisations dites organiques, dans lesquelles le contrôle s'exerce moins par un principe hiérarchique ou par le respect de procédures que par une régulation souple et transverse, où chacun peut et doit construire sa place dans un réseau de relations. Nous nous appuierons ici sur une enquête menée dans une telle organisation, à savoir une multinationale (américaine) du conseil en stratégie : Fair. Ce cabinet s'est doté d'une double vocation : l'excellence dans le service du client et le développement de ses consultants. Celui-ci désigne assez largement le processus de progression professionnelle sur différents domaines très normés, dont celui des capacités relationnelles. La clé de voûte du pouvoir managérial repose sur sa capacité à soutenir simultanément ces deux vocations parfois contradictoires.

Les consultants de ce cabinet suivent, quelques semaines après leur arrivée, une formation comportementale fondée sur le Myers-Briggs Type Indicator, MBTI (*voir l'encadré*). Cette formation doit permettre à chacun de « mieux se connaître » en identifiant les modes de travail et d'interaction qu'il privilégie, les conditions de travail dans lesquelles il donnera le meilleur de lui-même, les meilleures méthodes pour le manager, etc. Ainsi, la connaissance de soi s'acquiert en termes de « forces et faiblesses » par rapport à un rôle professionnel, c'est-à-dire en termes de critères d'utilité dans le système organisationnel.

S'il n'existe officiellement dans le MBTI ni bon ni mauvais type, mais seulement des différences individuelles, l'organisation privilégie clairement certains profils. Les personnalités de type T (*thinking*) et J (*judgmental*) répondent précisément aux critères de professionnalisme attendus d'un consultant « expert », dont la promesse de service relève de la maîtrise des choses, à l'inverse des types F (*feeling*) ou P (*perception*).

Aussi, cette formation doit faire émerger les « besoins de développement » comportementaux sur lesquels chaque

Le MBTI : apprendre à devenir performant…

Typologie comportementale inspirée de Jung, le MBTI identifie les différences fondamentales entre les individus, en se fondant sur quatre dimensions bipolaires décrivant leurs préférences :

• **Extraversion (E) :** préfère puiser son énergie chez les personnes et dans les activités, *versus* **Introversion (I)** : préfère puiser son énergie dans les idées, les pensées et les sentiments.

• **Sensation (S) :** préfère se concentrer sur le présent, la perception sensorielle et les applications pratiques, *versus* **Intuition (N)** : préfère s'orienter vers l'avenir, sur des modèles et les significations derrière les faits.

• **Pensée (T) :** préfère baser les décisions et les actions sur une analyse objective des causes et des conséquences, *versus* **Sentiment (F)** : préfère baser les décisions et les actions sur l'impact que ces choix peuvent avoir sur les personnes.

• **Jugement (J)** : préfère organiser sa vie selon un planning et des structures et aime mener les choses à terme, *versus*

• **Perception (P)** : préfère organiser sa vie de façon flexible et garder les options ouvertes jusqu'au dernier moment.

V.B.

Source : société OPP

consultant devra progresser. Dans le cadre de son parcours de développement, il devra être « staffé » en priorité sur des missions le mettant en situation de tension sur ses points de faiblesse, afin qu'il apprenne à les compenser. Le rapport à soi s'ancre ainsi dans une recherche de la performance : il faut s'adapter au modèle comportemental érigé en idéal. Le moi de chacun devient un objet qu'il convient de gérer et dont il faut maximiser l'utilité (1). Les techniques de soi favorisent l'autocontrôle des salariés.

Les consultants attendent aussi de la formation qu'elle leur apprenne à maîtriser leurs interactions avec leurs interlocuteurs, clients ou collègues. En utilisant la grille d'analyse du MBTI, ils s'attendent à pouvoir repérer le type cognitif de leur interlocuteur et adapter leur comportement pour communiquer avec eux de la manière la plus appropriée. Il s'agit donc d'outiller les consultants de « techniques d'influence ». Si les effets concrets de ces techniques restent à questionner, leur

1. Voir V. de Gaulejac, *La Société malade de la gestion. Idéologie gestionnaire, pouvoir managérial et harcèlement social*, Seuil, 2005.

apprentissage a tout au moins pour effet de pousser chacun à considérer qu'il peut et doit contrôler ses interactions. Ainsi se crée progressivement un mythe de la maîtrise possible de soi, d'autrui et des situations professionnelles, qui tend à agrandir le champ de la responsabilité individuelle de chacun.

« *Feed-back is a gift !* »

Cette maîtrise de soi doit être renforcée au quotidien par la pratique généralisée du *feed-back*. Chacun est incité à fournir à ses collègues, à chaque fois qu'il a besoin, un retour critique sur la manière dont il perçoit leur travail et sur les moyens grâce auxquels ils pourraient s'améliorer. Les consultants sont formés à administrer ces critiques d'une manière constructive qui limite les réactions défensives de celui qui en fait l'objet. « *Feed-back is a gift !* », disent les consultants : ce retour critique par les pairs est vu comme bienveillant, car visant le développement de chacun et non la sanction. Dans leur optique, il ne s'agit pas de les contrôler, mais de les aider à progresser. Cette intériorisation du pouvoir managérial est renforcée par le principe même du *feed-back* : faire de la critique un don, c'est annuler le pouvoir de la remettre en question. Si recevoir un *feed-back*, c'est recevoir un cadeau pour s'améliorer, alors il faut l'accepter avec gratitude et chercher à répondre au mieux aux objectifs d'amélioration proposés. Le *feed-back* constitue en fait une modalité de contrôle par les pairs qui s'appuie sur une valeur forte du développement personnel : l'ouverture à autrui.

Et pourtant, loin d'être totalement gratuites et sans incidence, les actions correctives de *feed-back* viennent nourrir, en fin de mission, l'évaluation faite de chaque consultant. Celle-ci est réalisée par le chef de mission, qui note le consultant sur chacune des qualités standard attendues en s'aidant de l'avis des différentes personnes ayant travaillé avec lui. Ensuite, cette évaluation est transmise au « mentor » du consultant, parrain interne qui joue auprès de son protégé un triple rôle de coach, de conseil de carrière... et d'évaluateur final. Ces deux niveaux d'évaluation reposent en théorie sur des discussions contradictoires qui doivent aboutir au consensus entre évaluateur et évalué. En pratique, le consensus est rapidement atteint : d'une part, celui-ci est d'autant plus facilement obtenu que l'évaluation, comme le *feed-back*, est pensée comme un service rendu à l'individu pour progresser ; d'autre part, c'est un faisceau de témoignages perçus comme factuels, objectifs et neutres qui a permis d'établir le jugement évaluatif : l'évalué peut difficilement le remettre en cause, en tout cas pas sans paraître intolérant à la critique. Or, ce défaut est plutôt rédhibitoire dans un système où il convient d'être collégial et ouvert, à soi comme à autrui. Les rapports de pouvoir tendent à être effacés derrière une conception purement psychologique et relationnelle du conflit. Celui qui est « développé psychologiquement » doit savoir accepter la sanction pour ce qu'elle est : un jugement neutre et juste visant son développement.

Une bienveillante surveillance

Une fois l'évaluation annuelle du consultant ainsi « acceptée de plein gré », le mentor la transmet à un collège de directeurs associés qui examine et consolide annuellement l'ensemble des évaluations. Ce collège, après avoir décidé des besoins de l'organisation en consultants pour l'année qui vient, détermine le niveau de progression qui décide du « *up or out* ». Les consultants situés sous le niveau fixé sont alors « incités à chercher du travail ailleurs ». Le principe du *up or out* permet de ne garder que les « meilleurs » en régulant la quantité de consultants nécessaire au regard du marché. Ce principe est jugé légitime et même essentiel en raison de la commune référence à « l'excellence » du système et au développement personnel de chacun.

Si le système Fair est donc exigeant et potentiellement menaçant pour ses salariés, puisqu'il peut régulièrement aboutir à leur exclusion, ceux-ci le perçoivent pourtant comme essentiellement bienveillant et tourné vers leur développement. Ce paradoxe repose en premier lieu sur le contrat narcissique passé entre les consultants et l'organisation. S'ils ne semblent pas totalement dupes de la coercition normative qui s'exerce sur eux, ils s'y soumettent pourtant en vertu de leur conviction que l'organisation, par son « excellence », est à même d'accélérer leur formation professionnelle et leur carrière.

A partir de ce contrat psychologique, les pratiques managériales viennent renforcer l'emprise du système Fair : présentées comme des services rendus à l'individu, elles sont étroitement reliées entre elles pour former un processus d'adaptation fort efficace aux exigences de l'organisation. Ainsi, ces dispositifs organisationnels favorisent l'intériorisation du pouvoir organisationnel tout comme sa désincarnation : « C'est le système qui veut ça. » La relation de contrôle (entre collègues ou entre évaluateur et évalué) est débarrassée de tout aspect de coercition ou de contrôle de rendement pour se centrer sur un *coaching* (ou ce que l'on appelle ainsi) visant à aider chacun à « se développer » et à « trouver sa voie » – y compris en dehors de l'entreprise. Ce faisant, plus le coach et le coaché jouent leur rôle en toute ouverture et en toute franchise, plus ils occultent les rapports de pouvoir qui fondent leur relation, et plus le pouvoir qui s'exerce sur l'individu est intériorisé et renforcé. La seule manière, pour un individu, d'échapper à la contradiction que représente une « bienveillante surveillance » porteuse d'une épée de Damoclès, c'est de se suradapter à ce qui est attendu de lui. La boucle se reboucle…

De manière générale, la philosophie et les pratiques de développement personnel dans l'organisation favorisent un nouvel exercice du pouvoir, fondé sur la responsabilité individuelle, l'autocontrôle, le contrôle par les pairs et le *coaching managérial*. Ce type de pouvoir, que l'on qualifiera après Michel Foucault de *« pastoral »*, est d'autant plus prégnant que les pratiques réflexives font abstraction de la dimension systémique et sociologique des problématiques humaines pour se centrer sur l'amélioration de soi et l'ouverture à autrui.

Evelyne Jardin*

LA PSYCHOLOGISATION DU POUVOIR**

Des psychosociologues ont levé le voile sur les nouvelles pathologies professionnelles (stress, dépression...). Elles sont à relier avec l'exercice du pouvoir qui change. Il s'agit moins de « plier l'échine » que de discipliner les esprits.

Il était une fois une vieille légende indienne. Une tribu vivait dans la forêt, sous un arbre géant couvert de fruits. Un jour, la foudre tomba sur l'arbre et l'abattit. Un tapir qui passait par là découvrit les fruits, tous tombés à terre. Il se précipita pour tout manger. Mais, sitôt les fruits engloutis, il fut pétrifié par les dieux. Moralité : il ne faut jamais prendre à la forêt plus que le nécessaire. Le sociologue Vincent de Gaulejac applique cette fable, *La Gourmandise du tapir* (1), à l'entreprise. Les entreprises sont des tapirs, elles veulent tout dévorer : les concurrents, bien sûr, mais aussi leur personnel. Elles sont insatiables : toujours plus de parts de marché, toujours plus de profit... et exigent de leurs employés une performance sans faille. Résultat : la pression monte. De nombreuses enquêtes confirment que l'intensification du travail s'accroît chez les cadres comme chez les opérateurs... et la réduction du temps de travail n'est pas la seule en cause. Pour les employés du secteur tertiaire, la pression des clients ou des usagers explique ce phénomène. Plus le contact est direct et plus la pression est ressentie.

Du stress des cadres au stress collectif

Pour les employés du secteur industriel (et tout particulièrement de l'industrie textile), les cadences, on connaît depuis longtemps. Elles continuent de s'accélérer, parallèlement à une exigence

* Journaliste scientifique.

** *Sciences Humaines*, n° 125, mars 2002.

1. Avec A. Bron, Desclée de Brouwer, 1995.

Le côté obscur des organisations : stress, *burn out*...

Stress professionnel, usure mentale, *burn out*, harcèlement moral, personnel... c'est la face noire des organisations qu'entend dévoiler toute une série d'essais et de recherches. Il s'agit de démasquer le discours enchanteur et pernicieux des nouvelles idéologies managériales. Derrière les idées de flexibilité, d'autonomie, de compétence, de mobilité, se cachent des formes nouvelles de domination. Le management par l'urgence, la pression de la concurrence, les nouvelles technologies : tous ces éléments concourent à un compactage du temps et de l'espace et, *in fine*, à une pression sans cesse accrue sur toutes les catégories de personnel, de l'ouvrier au cadre supérieur en passant par l'agent de police ou l'infirmière. Au début des années 90, Nicole Aubert et Vincent de Gaulejac analysent le phénomène du *burn out*, une forme d'épuisement professionnel qui touche les cadres. Ceux-ci, investissant toute leur subjectivité et leur énergie au travail, finissent par craquer. Quelques années plus tard, Marie-France Hirigoyen dénonce les humiliations quotidiennes, l'autoritarisme banal qui s'observe dans nombre d'entreprises. Le succès considérable de son essai *Le Harcèlement moral* témoigne d'une prise de conscience croissante, dans l'opinion, des excès de certaines pratiques managériales.

PHILIPPE CABIN

accrue par rapport à la qualité des produits et à leur diversification. La psychologue du travail Eliane Daujard a listé les causes du stress : productivité, polyvalence, facteurs d'ambiance (bruit, éclairage, exposition aux risques), charge cognitive... Le stress ne peut plus être considéré comme la maladie professionnelle des cadres. Il frappe désormais sans discrimination catégorielle. On peut même parler de *« stress collectif »*, selon elle.

Pour V. de Gaulejac, c'est une *« maladie de l'excellence »* car il faut être *« à la hauteur »* en haut comme en bas de l'organigramme. « Tous des *winners* » : cette imposition de la performance, du défi permanent, a des conséquences psychologiques lourdes. On parle de *burn out* aux Etats-Unis, de *karoshi* au Japon, et en France de stress. L'angoisse de ne pas y arriver s'exprime par des troubles psychologiques et psychosomatiques (dépression, insomnie, ulcère, etc.). Comment en est-on arrivé là ?

De la violence sur le corps à la violence sur l'esprit

V. de Gaulejac, qui fait partie du courant de la sociologie clinique, emprunte une problématique psychanalytique pour éclairer le phénomène (2). Le management est conçu comme un système *« sociomental »* qui a connu des transformations majeures ces dernières décennies. *« En passant de l'entreprise patronale à l'entreprise managériale, on change profondément les registres sur lesquels s'exerce le pouvoir. »* Dans l'entreprise de type taylorien (3), la contrainte s'exerçait sur les corps, le temps et l'espace. *« Dans l'entreprise hypermoderne, l'objet du contrôle tend à se déplacer du corps à la psyché, de l'activité physique à l'activité mentale : plutôt que d'encadrer les corps, on cherche à canaliser les pulsions et contrôler les esprits »*, explique V. de Gaulejac. Diverses méthodes du management *new look* participent à cette *« violence sur les esprits »*. On n'ordonne plus : on discute, on anime, on négocie. A la surveillance hiérarchique succède l'autonomie contrôlée. La discipline, le respect des procédures sont remplacés par l'atteinte des objectifs, la motivation. Et cela se paie en souffrances psychologiques, car si l'organisation donne beaucoup d'avantages (plus d'autonomie, plus de responsabilités), elle crée en même temps de nouvelles contraintes. Conséquence : *« L'individu éprouve beaucoup de satisfaction et beaucoup d'angoisse. »*

À LIRE

- N. Aubert, V. de Gaulejac, *Le Coût de l'excellence*, Seuil, 1991.
- R. Beaujolin, *Les Vertiges de l'emploi*, Grasset/Le Monde, 1999.
- I. Brunstein (dir.), *L'Homme à l'échine pliée. Réflexions sur le stress professionnel*, Desclée de Brouwer, 1999.
- T. Coutrot, *L'Entreprise néolibérale. Nouvelle utopie capitaliste ?*, La Découverte, 1998.
- C. Dejours, *Travail. Usure mentale*, Bayard, 2000 [1993].
- V. de Gaulejac, « L'abstraction et la psychologisation du pouvoir », *Les Cahiers du changement*, n° 6, juin 2001.
- M.-F. Hirigoyen, *Le Harcèlement moral : la violence perverse au quotidien*, La Découverte, 2003 [1998].
- M.-F. Hirigoyen, *Malaise dans le travail. Harcèlement moral : démêler le vrai du faux*, La Découverte, 2004 [2001].
- « Stress professionnel », *Performances*, n° 1, novembre-décembre 2001.

2. Voir la partie « Le pouvoir sur les esprits » dans les Points de repère sur le pouvoir au début du chapitre III.
3. Voir « Taylorisme » dans les mots clés en fin d'ouvrage.

Evelyne Jardin*

L'AUTONOMIE DANS LE TRAVAIL, UNE FAUSSE BONNE IDEÉ ?**

Mobilisation, motivation, responsabilisation, du haut en bas de l'organigramme, les employés ont gagné en indépendance, mais les exigences et les contraintes se sont aussi parallèlement accrues.

« *PLUS PERSONNE ne sait où donner de la tête, c'est très difficile de travailler sereinement depuis deux ou trois ans, car on n'a plus de rattachement clair. Je ne sais plus à qui rapporter vraiment, qui m'évalue...* » Ainsi s'exprimait un cadre commercial – interviewé par David Courpasson (1) –, déboussolé par les changements intervenus dans son entreprise. Son entreprise ? A vrai dire, l'emploi du pluriel s'imposerait davantage, car selon Christine Gavini (2), au cours des années 90, les processus de réorganisation ont concerné plus de 4 entreprises sur 5.

Certification, qualité totale, livraison et production en juste-à-temps sont devenues les maîtres mots des organisations. Pour satisfaire le client, il faut lui proposer des produits de bonne qualité dans des délais très courts. Et pour y parvenir, les méthodes de production ont été bouleversées.

Déjà, en 1984, Georges Archier et Hervé Sérieyx parlaient d'une « *entreprise du 3e type* » qui aurait banni le taylorisme et ses ouvriers spécialisés dans le vissage des boulons, son cloisonnement entre les exécutants (les ouvriers) et les concepteurs (les ingénieurs), sa communication descendant le long d'une longue ligne hiérarchique... Donc « exit » Frederick W. Taylor ! Bienvenu à Taïchi Ohno, au modèle japonais de

---

* Journaliste scientifique.

** *Sciences Humaines*, n° 125, mars 2002.

1. D. Courpasson, *L'Action contrainte*, Puf, 2000.
2. C. Gavini, *La Métamorphose du travail*, Liaisons, 2001.

production et à ses formules chocs : flux tendus, cinq zéro (3), cercles de qualité… L'esprit Toyota vanté par son plus brillant ingénieur (T. Ohno lui-même) allait souffler sur les entreprises des pays occidentaux. Dans les ouvrages de management, il n'était question que d'adaptation, de mobilisation, d'intégration, de motivation, de responsabilisation, le tout saupoudré d'un recours plus intense à la formation… On promettait au management participatif de beaux jours devant lui. Les ouvriers allaient être consultés, l'arbitraire des petits chefs mis au pas, les cadres gagneraient en liberté d'action. Le *« nouvel esprit de capitalisme »*, selon l'expression des sociologues Luc Boltanski et Eve Chiapello, s'imposait peu à peu aux entreprises avec sa principale innovation : l'exigence d'autonomie. Pour ces auteurs la *« valeur centrale du nouvel ordre industriel »*, l'autonomie réclamée par les ingénieurs et les cadres diplômés allait être octroyée aussi aux ouvriers.

Ce qui arriva bel et bien car, selon les enquêtes sur les conditions de travail, les salariés sans marge de manœuvre dans leur activité étaient moins nombreux en 1998 qu'en 1991. *« Les salariés peuvent plus souvent choisir l'ordre des opérations, adopter la position la moins dangereuse pour effectuer un geste, supprimer une étape superflue ou prendre un peu plus de temps pour un autre »*, souligne C. Gavini.

Mieux, cette autonomie des personnels se double d'une autonomie des organisations elles-mêmes. Elles sont déconcentrées en unités indépendantes (centres de profit) et reliées entre elles en réseau (structure en étoile). Pierre Veltz (4) constate qu'on ne sait plus situer clairement les frontières des entreprises, elles se sont dissoutes, d'où le désarroi de certains employés (comme le cadre commercial interviewé au début de cet article). Qui dirige ces nouvelles entreprises en réseau ? Où se terre le pouvoir dans ces organisations aux organigrammes aplatis ? Se serait-il équitablement redistribué entre les employés et serait-il alors raisonnable d'*« emboîter le pas aux nouveaux gourous du management en considérant que les réseaux ouvrent une sorte de paradis du travail enfin libre et créateur »*, s'interroge P. Veltz ?

Des recherches menées par des sociologues ont pointé du doigt une reconfiguration de l'exercice du pouvoir et de l'autorité. Moins visible, ce dernier n'en a pas pour autant disparu. D. Courpasson (5), avec le management par projet, et Thomas Perilleux (6), avec la flexibilité productive, nous donnent deux exemples de ces transformations vécues par des cadres comme par des ouvriers.

Le management par projet

Selon D. Courpasson, le management par projet (technique créée à la fin des années 60 aux Etats-Unis) se diffuse en France sous les auspices de l'Association française des ingénieurs et techniciens d'estimation de planification et de

3. Zéro défaut, zéro panne, zéro stock, zéro papier, zéro délai.
4. G. Jeannot, P. Veltz (dirs), *Le Travail. Entre l'entreprise et la cité*, L'Aube, 2001.
5. D. Courpasson, *op. cit.*
6. T. Perilleux, *Les Tensions de la flexibilité. L'épreuve du travail contemporain*, Desclée de Brouwer, 2001.

projet (Afitep). Dans les années 80, cette association développe un corpus méthodologique du gestionnaire de projet. Une formation est mise en place et une profession se constitue.

Gérer des projets renvoie généralement à deux aspects dans les entreprises. Tout d'abord, il s'agit de flexibiliser la main-d'œuvre en enrichissant la qualification des travailleurs. Et ensuite, il convient de coordonner leurs tâches. Mais la coordination va souvent de pair avec le contrôle. Comme le montre l'économiste Pierre Dockès (7), si la coordination est inhérente à toute production quelle qu'elle soit (automobile, télévision, etc.), elle se double, dans les entreprises, d'un rôle de contrôle. Par conséquent, les chefs de projet vont acquérir un pouvoir croissant, car *« appartenir au projet, et plus encore en être le "patron" c'est se situer à des carrefours d'intérêts qui mettent à l'épreuve les qualités demandées aux futurs dirigeants »*, selon D. Courpasson.

Tant et si bien que dans les années 90, les chefs de projet viennent à former une nouvelle « élite organisationnelle », dont le métier ressemble à un numéro d'équilibriste. Car il faut régler les conflits, coordonner des personnes qui peuvent être fort éloignées géographiquement, motiver et mobiliser les troupes, etc. Il faut savoir être ferme et en même temps assurer une cohésion d'ensemble. *« Je suis souvent pris entre des choix impossibles, décider de remplacer quelqu'un qui pose problème tout en faisant accepter l'arrivée d'une nouvelle compétence, c'est tordu et en même temps, c'est un peu ces problèmes qui font l'attrait et le côté formateur du job »*, confesse un chef de projet. Or, selon D. Courpasson, cette gestion par projet est un modèle qui augure une nouvelle forme de domination, plus subtile que la domination hiérarchique d'avant, qui s'exerçait entre les cadres et les exécutants. Ce chercheur parle de *« contrainte souple »*. Les petits chefs ont disparu, les ordres sont rarement formulés sous la forme « il faut que... ». Tout le monde est convié à se mobiliser autour d'un projet et tous vont se « serrer les coudes » pour qu'il réussisse. Certes, vous avez le choix de ne pas vous impliquer. Néanmoins, un comportement de retrait sera interprété comme une désobéissance. *« Je peux vous dire que refuser ou ne pas faire preuve de volontarisme dans le projet, peut vous coûter des casseroles ; c'est arrivé à un collègue (...), il est aujourd'hui dans un placard »*, témoigne un ingénieur. Par une sorte de sélectivité qui ne s'exprime pas sur le mode du « tout le monde sait bien que pour réussir ici il faut faire ceci ou cela », la contrainte est intégrée par les individus. Il n'est plus nécessaire qu'un système de sanction clair et net soit en place et opérationnel. Or, cette organisation par projet se répand dans les entreprises, car c'est un moyen d'une grande efficacité qui favorise la créativité, l'innovation, la réactivité des personnels... avec des coûts de contrôle réduits (absence d'une longue ligne hiérarchique). Ce type de management génère des politiques d'obéissance plus souples.

7. P. Dockès, *Pouvoir et autorité en économie*, Economica, 1999.

Dans ce nouveau carcan doré, quel pouvoir reste-t-il aux individus ? Les employés élaborent-ils des stratégies pour ne pas être complètement instrumentalisés ? Toujours selon D. Courpasson, le constat est plutôt pessimiste. Nous ne sommes plus à l'époque des jeux « offensifs », où l'on pouvait voir des techniciens de maintenance bloquer l'ensemble d'une organisation, en l'occurrence la Seita (8). Nous avons basculé, depuis les années 70, à la faveur de la crise économique et de la montée du chômage, à une époque où *« la menace est la première ressource de la domination libérale »*.

Les employés vivent sous la menace. Menace de perdre leur emploi, au premier chef… et de ne pas en retrouver un autre, bien sûr. Celle-ci est la plus dangereuse, mais elle n'est pas la seule. Absence de promotion, oubli, isolement, marginalisation avec un même dénominateur : le risque d'être rendu inutile. Les employés seraient tous potentiellement « jetables ». Cette conscience des risques, particulièrement aiguisée par le climat économique instable, forge de nouveaux comportements qui, sans aller jusqu'au fatalisme, s'en tiennent à la plus grande prudence. De toute façon, « on n'a pas vraiment le choix ».

Pire, la menace peut être alimentée en interne, au sein même de l'organisation. Par exemple, la sociologue Isabelle Berrebi-Hoffman a repéré des mécanismes mis en place dans une entreprise de conseil informatique pour instituer de la concurrence entre les employés et entre les équipes. On est alors dans une configuration décrite par D. Courpasson : l'organisation comme *« communauté de sujets en concurrence »*. Les cadres sont-ils aujourd'hui les seuls à faire les frais d'une autonomie tant réclamée trente ans plus tôt ?

La flexibilité productive

L'enquête menée par T. Perilleux dans une entreprise belge est riche d'enseignement sur la situation des ouvriers. Ce sociologue a suivi les transformations générées par l'introduction de machines-outils à commande numérique (MOCN). Comment, dans les ateliers, le travail s'est-il réorganisé autour de ces machines polyvalentes, capables de réaliser plusieurs opérations d'usinage sur une seule pièce ? La rupture est « complète », selon T. Perilleux : *« A une forêt de 900 à 1 000 machines, chacune consacrée à une seule opération, toutes vétustes et couvertes d'huile, succède un atelier composé d'une trentaine de centres d'usinage polyvalents, d'une autonomicité élevée (…) et conduits non plus par des ouvriers et des régleurs mais par des conducteurs et des metteurs au point polyvalents. »*

Autrement dit, l'ouvrier spécialisé de F.W. Taylor a bel et bien disparu, remplacé par des opérateurs *new look* qui ne fabriquent pas. Plus précisément, ils fabriquent des pièces… et ils les contrôlent ; ils réparent les pannes mineures des MOCN ; ils communiquent les résultats de leur production et ils doivent sans cesse l'améliorer. Leur objectif n'est plus le maximum de pièces pro-

8. M. Crozier, *Le Phénomène bureaucratique*, Seuil, 1963.

duites (le fameux rendement taylorien) mais l'utilisation maximale de la MOCN (7 jours/7). C'est l'économie des temps productifs qui est complètement repensée. Par exemple, le temps de contrôle est pris en charge en amont, par chaque opérateur. Du coup, *« la "hantise" du nombre de pièces à produire ne suffit plus, témoigne un ouvrier, il s'agit d'être concerné par le produit (sa qualité, son coût) et par la production tout entière (sa régularité, sa fluidité) »*.
Plus de responsabilités, plus d'autonomie, les opérateurs ont plus de pouvoir dans l'exécution de leurs tâches, d'autant plus que les niveaux hiérarchiques ont fondu avec la réorganisation du travail. Des huit niveaux de l'ancienne organisation dans les ateliers, il n'en reste plus que quatre. L'échelle a perdu des barreaux et le rôle du contremaître, figure de l'entreprise taylorienne, s'est transformé. Sa fonction, pour l'essentiel de contrôle (de la présence à l'usine, des absences, du travail effectué, des rebus, des marchandises, etc.), a été redistribuée aux opérateurs devenus leurs propres contrôleurs. Selon Serge Airaudi (9), *« le contrôle des résultats intègre le contrôle des processus au système opérationnel, transférant ainsi la responsabilité des résultats opérationnels eux-mêmes »* ! En bref, les exécutants sont devenus des décideurs. On serait passé à une logique de l'autocontrôle, ce qui ne signifie pas que le contrôle hiérarchique ait disparu pour autant. Grâce à l'informatique, un contrôle beaucoup moins apparent est rendu possible. Tous les systèmes informatiques des MOCN sont dotés de « mouchards ». Un contremaître constate : *« Pour tout, ils (les opérateurs) sont sous contrôle. Il y a un journal dans la machine, on peut aller voir à n'importe quel moment si la broche a tourné, n'a pas tourné, etc. Donc il y a une contrainte supplémentaire ici. »*
Cela n'est pas propre à l'activité industrielle. Dans les services, l'informatique est aussi un puissant outil de surveillance des employés. A La Poste, le « chiffre d'affaires » de chaque guichetier est enregistré et la direction commerciale possède les moyens de savoir si les objectifs de vente (promotionnelle, notamment) ont été atteints ou non.

Malaise dans les organisations

Bref, l'autonomie s'est accrue, chez les cadres comme chez les ouvriers. Leur pouvoir dans l'exécution de leur travail, parallèlement. Mais cette autonomisation grandissante s'est accompagnée de la mise en place de *« nouveaux modèles d'autorité »*. Selon T. Perilleux, la surveillance, la coercition directe et la sanction disciplinaire doivent laisser place à des attitudes mobilisatrices, appuyées sur des dispositifs de *« gouvernement à distance »* – mais aussi de *« mise sous tensions »*.
Ce phénomène a tout d'abord été étudié chez les cadres supérieurs par le courant dit de sociologie clinique, composé de Max Pagès, Eugène Enriquez, Vincent de Gaulejac... (10) Le stress, l'épuisement professionnel (le *burn-out* des Anglo-Saxons), le harcèlement moral... sont l'expression d'un nouveau

9. S. Airaudi, « La logique du pouvoir dans les organisations », *Revue française de gestion*, n° 111, nov.-déc. 1996.
10. I. Brunstein (dir.), *L'Homme à l'échine pliée*, Desclée de Brouwer, 1999.

mal-être au travail qui serait le revers de la médaille de l'autonomie et de la responsabilisation croissante des employés, quelle que soit leur place dans la hiérarchie. Selon le sociologue Jean-Pierre Le Goff (11), l'individu est devenu la clef de la réussite de l'entreprise. Le discours managérial lui demande d'être performant et autonome. L'individu au travail se doit d'être motivé en permanence, et il est primordial qu'il communique en toute confiance avec ses collègues et ses supérieurs. Il doit mettre ses compétences au service de l'entreprise, et ses compétences ne sont pas seulement professionnelles. Des qualités relevant de la sphère privée sont aussi mobilisées : il faut être créatif, avoir un bon « relationnel », être « solide » ou énergique, dévoué ou optimiste, etc. Ce n'est plus seulement le savoir-faire qui importe, c'est aussi le « savoir-être ».

Or, ce glissement vers le subjectif ouvre la porte à un système d'évaluation « à la tête de l'employé », qui va peser sur le psychisme de chacun. Car l'injonction « soyez autonomes ! », leitmotiv du discours managérial, introduit un paradoxe de taille. En effet, par cet impératif, on ôte une partie de l'autonomie des employés, puisqu'ils sont sommés d'être autonomes… donc, ils ne le sont plus vraiment ! De plus, devenus autonomes, ils doivent gérer leur « développement personnel ». Effectuer des bilans de compétences (comme l'on fait des bilans de santé), se former tout au long de la vie professionnelle, savoir saisir de nouvelles opportunités d'emploi… En résumé, il faut gérer efficacement son « capital humain » de façon à le rendre le plus attractif possible.

Pour J.-P. Le Goff, *« les plus faibles sont les premières victimes de cette logique qui aboutit à une inversion des rôles et des responsabilités : les salariés devraient désormais se considérer responsables de leur propre apprentissage et des performances de leur entreprise »*. De cette individualisation des rapports sociaux, certains tireraient mieux leur épingle du jeu, mais personne n'échapperait à cette nouvelle chape psychologique. A la violence sur les corps succéderait la violence sur les esprits.

M. Pagès (12), fondateur du courant de sociologie clinique, utilise les outils de la psychanalyse pour étudier cette mutation. Selon ce chercheur, on serait passé d'un système basé sur le pouvoir des chefs, vecteurs de l'identification au père, dans lequel les rapports interpersonnels étaient fondés sur l'obéissance, à un système basé sur l'identification à la mère. Les employés assimileraient l'organisation à la mère. Ils entretiendraient un rapport fusionnel avec elle, comme le nourrisson dans les premiers temps de son existence. Du coup, *« la puissance de l'organisation permet de croire à une toute-puissance individuelle, celle d'un Moi en incessante expansion… »*. Autrement dit, il faut être performant parce que l'entreprise est un espace de performance. Néanmoins, on ne pourra jamais combler *« les exigences de l'organisation-mère »*, d'où la souffrance psychique des individus au travail. Et si la figure classique de l'autorité (incar-

11. J.-P. Le Goff, *Les Illusions du management*, La Découverte, 2000.
12. M. Pagès, *L'Emprise de l'organisation*, Desclée de Brouwer, 1998.

née par le père) a partiellement disparu, ce n'est pas le cas du pouvoir *« qui investit l'ensemble de l'organisation »*. Bref, il est partout et on ne sait plus où il se terre. « Mais au fait… c'est qui mon patron ? » titrait un récent dossier du journal *Le Monde*. On deviendrait tous nos propres patrons, non pas du point de vue de notre statut (le salariat a encore de beau jour devant lui) mais du point de vue de l'exécution des tâches.

Comme le souligne Christophe Everaere (13), *« dans le modèle de l'autonomie donc, le pouvoir se fond dans l'exercice du travail grâce à la mobilisation locale de savoirs : celui qui exécute est en même temps celui qui réfléchit, qui trouve par lui-même la meilleure façon de procéder de manière individuelle ou collective, et qui assume la responsabilité de son travail »*. Dans cette nouvelle configuration de l'entreprise, il ne s'agit plus de *« surveiller et punir »* (selon la formule chère à Michel Foucault) en quadrillant l'espace et le temps collectif des employés avec des contrôleurs physiquement présents, souvent installés en hauteur sur un mirador surplombant les ateliers. Aujourd'hui, selon le sociologue Philippe Zarifian, on surveillerait de plus en plus à distance aidé par des outils informatiques et des indicateurs de gestion.

L'autonomie, une bonne amie

Bref, l'arbre « autonomie » tant vénéré dans les années 60 cacherait-il maintenant une inquiétante forêt quasi totalitaire où, comme dans le film de Terry Gillian, *Brazil* (1985), nul n'échappe à la surveillance du bureau de l'Information ? Avec un regard beaucoup moins sombre, on peut replacer cette quête de l'autonomie, et sa conquête, dans des transformations sociales somme toute favorables.

Ainsi, pour Frédéric de Coninck (14), les aspects positifs de l'autonomie sont nombreux. Tout d'abord, les contacts directs se multiplient. Par exemple, un opérateur sur une machine-outil va dialoguer avec le cariste qui approvisionne la chaîne, le technicien qualité qui supervise les contrôles, l'agent de planning qui programme la machine, voire même l'ingénieur. Le cercle d'interlocuteurs s'élargissant, le niveau de contrôle du chef d'équipe baissera. On ne dépendrait plus du seul bon vouloir de son « chef », alors que dans l'atelier de naguère, *« les contacts avec l'extérieur passaient par l'agent de maîtrise »*. Ceci ouvre des horizons qui peuvent être l'occasion d'émancipation.

F. de Coninck constate que *« la communication se développe en étoile autour de l'individu plus qu'en bloc à partir d'une équipe »*. On rejoint ici la figure du réseau évoquée plus haut. Les équipes se font et se défont au gré des projets. Les échanges sont plus nombreux mais ils sont aussi plus volatils. Les communautés de travail tendent à disparaître et, avec elles, leur contrôle de

13. C. Everaere, « L'autonomie dans le travail : portée et limites », *Revue française de gestion*, n° 134, juin-juillet-août 2001.

14. F. de Coninck, « Rationalisation des rapports de travail et autonomie des salariés dans les organisations industrielles », dans K. Chatzis, C. Mounier, P. Veltz, P. Zarifian (dirs), *L'Autonomie dans les organisations. Quoi de neuf ?*, L'Harmattan, 1999.

L'autonomie dans la subordination

Selon le juriste Alain Supiot, *« le pouvoir ne décline pas, mais s'exerce sous des formes plus complexes, plus diffuses, que le droit justement a de plus en plus de mal à saisir et à encadrer »*. L'entreprise taylorienne, emblématique d'une organisation hiérarchique et normalisatrice des méthodes de travail, a cédé le pas au management participatif, décliné dans la politique de rémunération (individualisation des salaires, participation aux résultats) et l'évaluation des employés (entretiens individuels, conventions d'objectifs). Dans cette nouvelle génération d'entreprise, il va s'agir *« de donner le meilleur de soi-même pour maximiser ses revenus »*.

Qu'en est-il du pouvoir? Le pouvoir patronal est plus diffus, car dans des structures organisées en réseau, la caractérisation des rapports de domination et l'identification d'un centre sont difficiles. Donc, depuis la fin des années 60, parallèlement au mouvement de déconcentration des entreprises, *« le recul du pouvoir patronal discrétionnaire au profit d'un pouvoir fonctionnel est une constante »*.

Du point de vue du droit du travail, les conséquences sont visibles. D'une part, la multiplication de droits spéciaux – congés sabbatiques, congés parentaux, etc. – rapproche le statut du salarié de celui du travailleur indépendant. D'autre part, le salarié est de plus en plus responsabilisé quant aux résultats de son travail : *« Le contrôle du travailleur ne disparaît pas, mais son objet se déplace. Au lieu de porter sur la manière d'effectuer une tâche déterminée, il portera davantage sur le résultat de cette tâche. »* L'initiative lui revient aussi par rapport à l'exercice de son activité dans des conditions particulières. Par exemple, les journalistes, en cas de changement d'orientation de leur journal, ont une clause de conscience, comme les médecins face à l'avortement. Ces éléments sont illustratifs, selon Alain Supiot, de l'*« autonomie dans la subordination »*.

E.J.

A. Supiot, « Les nouveaux visages de la subordination », *Droit social*, février 2000.

type normatif c'est-à-dire par l'adhésion à une culture, ou à des représentations communes. Jadis, on travaillait, on votait et on pensait « ouvrier ». Aujourd'hui, parallèlement à l'individualisation des rapports sociaux, les processus de socialisation sont devenus moins communautaires. *« L'individu dépend, aujourd'hui, d'une multitude de cercles. Il est, donc, moins attaché à chacun. Le travail est un cercle parmi d'autres»*, poursuit F. de Coninck. Au XIXe siècle, le sociologue allemand Georg Simmel avait déjà décrit ce phénomène comme un passage d'une société traditionnelle construite autour de petits cercles fermés à une société moderne où les cercles s'ouvrent et où les occasions d'échanges interindividuels croissent. Au niveau de l'entreprise, cette multiplication des lieux de dialogue entre les opérateurs et les services fonctionnels ainsi que cet engagement personnel permettraient à tous de faire entendre sa voix. Tant et si bien que le pouvoir paraît se diffuser, et, dans le même temps, se diluer. Si tout le monde décide, qui décide en fin de compte ? Les choix émanent-ils de l'extérieur ? Les *« détenteurs d'influence extérieure »* (selon la terminologie de Henri Mintzberg), c'est-à-dire les propriétaires des entreprises (les actionnaires), seraient-ils les nouveaux maîtres à bord ?

Mais, devant ce que certains ont appelé «la dictature des marchés financiers» ou «la tyrannie des actionnaires», un autre acteur ne pouvait être occulté : le client. Des études sociologiques récentes ont été menées sur les modes de détention de ces pouvoirs externes (15).

Des clients et des actionnaires exigeants, dotés d'un pouvoir qui paraît croissant, ceci reflèterait-il l'apparente évanescence du pouvoir à l'intérieur même des organisations ? Pour Denis Segrestin (16), si le pouvoir hiérarchique *«perd de son acuité»*, c'est parce que le marché et ses *«vrais acteurs»* (les actionnaires et les clients) lui disputent la première place.

15. Voir notamment A. Jeantet, « Le temps des guichetiers », dans C. Durand, A. Pichon (dirs), *Temps de travail et Temps libre*, De Bœck, 2001.

16. D. Segrestin, « Entreprises et organisations. Un état des lieux », dans A. Porchet, *Sociologie du travail. Quarante ans*, Elsevier, 2001.

Renaud Sainsaulieu*

LA CONSTRUCTION DES IDENTITÉS AU TRAVAIL**

Aujourd'hui, la socialisation par le travail ne va plus de soi. Les salariés construisent leur identité professionnelle dans et hors de l'entreprise.

Les entreprises se trouvent aujourd'hui confrontées à un étrange défi. D'une part, elles doivent, pour répondre aux pressions accrues de la concurrence, réaliser leur production de biens et de services au moyen d'une mobilisation extrême de leurs salariés. D'autre part, elles se trouvent propulsées au rang d'institutions dispensatrices d'une socialisation secondaire des individus salariés, dans un contexte de régression relative des institutions de socialisation primaire (1) : éducation, famille et religion.

Héritières d'une période encore récente de plein emploi lié à la croissance, les entreprises sont désirées, comme des lieux considérables d'accès à l'identité par le métier, le grade et toute forme d'appartenance à des milieux de reconnaissance et d'investissement collectifs par le travail. C'est bien par l'entreprise et le travail que se construit une part importante de l'identité sociale et des réseaux de relation des individus. Mais les entreprises sont aujourd'hui également perçues comme de véritables machines à exclure de la société quand elles se trouvent obligées de diminuer l'emploi, puisqu'elles condamnent les jeunes, les adultes et les plus âgés à perdre leur travail et, donc, leur identité

* Sociologue, était professeur des universités à l'Institut d'études politiques de Paris. Parmi ses dernières publications : *Les Mondes sociaux de l'entreprise* (avec I. Francfort, F. Osty et M. Uhalde), Desclée de Brouwer, 1995; *Sociologie de l'association* (ouvrage co-dirigé avec J.-L. Laville), Desclée de Brouwer, 1997.

** *Sciences Humaines*, hors série n° 20, mars/avril 1998.

1. Voir mots clés en fin d'ouvrage.

sociale. Il résulte de cette situation contradictoire une attitude paradoxale des salariés à l'égard des entreprises. On les désire, et particulièrement les jeunes en quête d'emploi, parce qu'on y voit le moyen incontournable de la socialisation adulte ; on les craint parce qu'on a peur de leurs plans sociaux et de leurs politiques de flexibilité.

Tant d'inquiétudes et d'espoirs inextricablement mêlés conduisent les salariés à des formes d'implication contradictoires, en fin de compte démotivantes. Trois modèles sociaux d'attachement à l'entreprise ont ainsi globalement perdu leur crédibilité : le modèle rhénan de la cogestion communautaire de l'emploi à vie, le modèle anglo-saxon de la flexibilité vertueuse qui débouche sur trop de précarité, et enfin le modèle d'économie solidaire et associative qui ne peut compenser les avatars de l'entreprise classique.

Pour réussir dans leurs objectifs, les entreprises doivent donc considérer concrètement ces missions de socialisation secondaire. Il est donc nécessaire, pour les entreprises, d'identifier les nouvelles formes d'implication collective et d'activer les dynamiques sociales qui leur permettront de faire face à ce contexte. Plus que jamais, la performance économique dépend d'une qualité de performance sociale entre acteurs directs de la production.

Tel est le défi auquel sont confrontées les entreprises, et que les sciences sociales doivent aider à relever en apportant des résultats de recherches actualisés sur les dynamiques sociales de l'identification des salariés à leur travail.

La reconnaissance par le travail

Une tradition originale de la sociologie du travail française a toujours porté sur les conditions physiques et organisationnelles de la définition sociale des individus par leurs activités professionnelles. En offrant l'emploi, les entreprises ont produit davantage que du résultat économique, pour les salariés de notre siècle.

Les figures du professionnel, du technicien, du cadre ont toujours signifié une forme de réussite sociale face aux conditions dévalorisées du manœuvre ou de « l'OS », gens sans métier et malheureusement sans avenir.

La relecture de tous ces travaux de sociologie, auxquels j'ai personnellement contribué, sur une trentaine d'années d'observation en entreprises françaises permet de faire le point sur les dynamiques sociales de reconnaissance des individus au travail (2) : c'est-à-dire qui les conduit à se définir positivement aux yeux de leurs collègues et proches.

On peut reconstituer quatre modalités principales d'accès à la reconnaissance de soi et des autres dans l'expérience contemporaine des salariés. La plus ancienne forme d'identité collective est celle de « l'appartenance » à la maison, à l'entreprise, voire à l'établissement. La fierté annoncée relève ici de l'image collective, on se dit « Volvo », « Renault »,

2. Pour ne citer que des travaux français : N. Alter, *Sociologie de l'entreprise et de l'innovation*, Puf, 1996 ; P. Bernoux, *Un travail à soi*, Privat, 1981 ; C. Dubar, *Socialisation professionnelle*, Armand Colin, 1993 ; F. Piotet et R. Sainsaulieu, *Méthodes pour une sociologie de l'entreprise*, FNSP/ANACT, 1977 ; D. Segrestin, *Sociologie de l'entreprise*, Armand Colin, 1992 ; J.-P. Terrail, *Destins ouvriers*, Puf, 1990 ; A. Touraine, *La Conscience ouvrière*, Seuil, 1985.

« Creusot », « Danone », « Apple »... Longtemps illustrée par l'esprit maison, cette identité collective d'appartenance tend de nos jours à resurgir avec l'insécurité de l'emploi. A la limite, peu importe le grade ou la durée du travail, il faut pouvoir dire que l'on est chez « un tel » et, si possible, s'affirmer par la qualité de son entreprise, son dynamisme, sa rapidité de croissance. Ceux qui ont perdu l'emploi savent bien toute l'importance de cette identification, car ils ne peuvent plus dire qu'ils sont « quelque part ». L'individu se définit, ici, par l'identification à une sorte de communauté d'appartenance, peut-être fermée pour les « étrangers », mais fortement intégratrice pour ses membres.

Une deuxième modalité identitaire, tout aussi ancienne et valorisée, repose sur la réalisation d'une « œuvre » individuelle ou collective. L'individu est ici socialement désigné et reconnu par le résultat de son action créatrice en entreprise. De nos jours, la construction d'une turbine, d'un moteur électrique pour une centrale, une campagne de marketing réussie, une réorganisation achevée, un programme de formation pour adulte, une recherche, et même la réussite d'un grand chantier, celle d'un forage... représentent autant d'œuvres qui désignent le plus souvent des professionnels reconnus pour la compétence et la valeur de leurs performances. On retrouve, certes, les archétypes de l'ébéniste, de l'imprimeur, de l'architecte, du médecin... tous porteurs à leur manière d'un métier dans les mains, mais cette fois-ci mis en œuvre au sein même de la vie en entreprise.

La troisième expérience identitaire correspond à une réalité sans doute plus directement liée à la dynamique des grandes organisations de la croissance, celle de la « trajectoire ». La définition de l'individu porte ici moins sur ce que l'on fait « dans la vie », mais sur ce que l'on fait « de sa vie ». On s'identifie à un parcours passé et à venir, en matière de promotion hiérarchique, mais peut-être surtout maintenant en termes de mobilité géographique ou fonctionnelle. On pourra ici admirer le parcours d'insertion d'un handicapé, la réussite d'un cadre autodidacte, ou encore l'histoire d'un expatrié sur une plate-forme de forage pétrolier.

La quatrième voie de définition identitaire, depuis longtemps affirmée dans l'expérience ouvrière, renvoie à « la résistance » contre toute forme de domination imposée dans le travail. L'individu est ici reconnu pour sa capacité et son courage à « dire non » ou « pas d'accord » dans une situation dangereuse. Le leader syndical est, *a priori,* reconnu par cette capacité de lutte, mais aussi le responsable d'un groupe de projet, voire le directeur d'usine ou le DRH confronté aux impératifs de plans sociaux.

De l'esprit « maison » à la flexibilité

Mais comme l'explique le tableau récapitulatif en page suivante, réalisé à partir d'une lecture synthétique des travaux précités, ces quatre modalités d'accès à la reconnaissance (l'appartenance, l'œuvre, la trajectoire, l'affrontement) ont produit des dynamiques sociales différentes à chaque étape de l'histoire des entreprises.

Construction des identités sociales par le travail				
	Appartenance	**Œuvre**	**Trajectoire**	**Affrontement**
Epoque industrielle	Maison (le patron)	Métier (le compagnon)	Apprentissage (l'apprenti)	Lutte sociale (le militant)
Croissance organisationnelle	Bureaucratie (le fonctionnaire)	Expertise (l'expert)	Promotion (le cadre)	Action collective (le partenaire social)
Crise et modernisation	Entreprise (l'entrepreneur)	Profession (l'innovateur)	Mobilité (l'expatrié)	Communauté défensive (les collectifs)
Mondialisation et réduction du temps de travail Gestion de l'emploi	Société locale	Compétences et employabilité	Projets dans et hors le temps de travail	Confrontation de logiques
	L'appartenance maison restreint son emprise sur l'individu	*L'œuvre reste un principe identitaire constant*	*L'expérience du trajet s'accroît et se diversifie*	*La lutte s'intériorise en entreprise*

Au cours de la première période industrielle, qui s'achève avec la reconstruction d'après la Seconde Guerre mondiale, ce sont les modalités de la maison, du métier, de l'apprentissage et de la lutte sociale qui articulent une dynamique sociale élitiste et triplement intégratrice autour de figures symboliques, dans un même contexte paternaliste : le patron, le compagnon et le militant. Très valorisées par plus d'un siècle d'affirmation identitaire, ces figures restent présentes dans la culture de nombreuses entreprises contemporaines.

Au cours des Trente Glorieuses (1950-1980), la croissance organisationnelle des entreprises privées et publiques modifie le contexte de définition par le travail, en ouvrant davantage de perspectives de jeux d'acteurs autour de la règle, en complexifiant les opportunités d'intervention sur le changement technique, et en développant les possibilités de promotion hiérarchique. L'aventure identitaire se cristallise alors autour des figures stratégiques de l'expert, du cadre symbole de la promotion sociale liée à la carrière, et aussi du titulaire d'une fonction et d'un statut dans les grandes bureaucraties d'Etat, sources de nouvelles formes d'appartenance. Du côté de l'affrontement, ce sont les partenaires sociaux qui s'efforcent d'imposer un contrôle social sur le partage des bénéfices de l'entreprise. Alors que dans la période industrielle antérieure, les figures de la réussite identitaire désignaient surtout les aristocraties du métier, du capital et de la lutte ouvrière, avec les Trente

Glorieuses, on assiste à l'émergence de réussites sociales par le travail, ouvertes à un nombre plus grand d'individus, dont néanmoins « les OS » et employés sans qualification restent exclus.

Avec la période de modernisation structurelle des années 80, le développement des entreprises fait ressortir d'autres figures identitaires : celles des professionnels indispensables dans les innovations informatiques, commerciales, gestionnaires, autant que dans le domaine des transports, des services et des entreprises à risque. Apparaissent aussi les figures du mobile liées à des trajectoires de formation ou de délocalisation des établissements. Enfin, l'entreprise devient un milieu valorisé par sa culture et son expansion au point de rendre quasiment emblématique la figure du chef d'entreprise. En revanche, les identités de la lutte ont tendance à ne plus se matérialiser que par le combat défensif de collectifs d'emplois menacés.

Mais il faut bien reconnaître que cette glorification communautaire de l'entreprise de marché vient de se trouver brutalement remise en question par l'ampleur de la crise de l'emploi. Pour des chômeurs, il n'y a plus d'appartenance, on parle des exclus. L'œuvre de l'entreprise en crise se traduit par le stress et la figure du *« burn out »* de l'individu épuisé et « jeté » quand il ne tient plus le choc des contraintes issues de la concurrence. Les trajectoires se transforment en mobilité dangereuse de la précarité ; et la lutte s'avère impossible pour des individus en perte d'identité par le travail. L'entreprise traverse une véritable période de double injonction contradictoire, dont on sait les dégâts identitaires sur la psychologie des individus, en imposant à ses membres tout à la fois l'implication dans la qualité et la mobilisation productive, mais aussi la menace sur leur emploi et la souffrance de la précarité (3).

Aujourd'hui, avec l'ère nouvelle de mondialisation et de politiques de flexibilité, on assiste à l'émergence de logiques d'affirmation divergentes autour de l'employabilité pour supporter les menaces sur l'emploi, et de logiques de projets personnels plus indépendants et ouverts sur l'extérieur de l'entreprise. D'une certaine façon, ce serait la capacité à faire se confronter des logiques identitaires variées, voire contradictoires, qui définiraient la force d'intégration de l'entreprise sur un espace local débordant les frontières naturelles du salariat, pour tenter de contrer la peur de perdre l'emploi. C'est ainsi que la question du débat entre cadres responsables de projets industriels, mais également entre salariés confrontés au passage aux trente-cinq heures, ou encore les débats autour de l'insertion des jeunes en CES, devient cruciale pour le climat des ateliers et des services administratifs.

En fin de compte, la fonction socialisatrice de l'entreprise, toujours ancrée sur la réalisation d'une œuvre par le travail, doit composer de plus en plus avec des dynamiques d'orientation personnelle et sociale qui, débordant les limites de l'organisation, conduisent en fait à une nécessaire combinaison de logiques collectives.

Aussi, l'aménagement du temps de

3. C. Dejours, *Travail, usure mentale,* Bayard, 1993.

Cartographie des mondes sociaux de l'entreprise

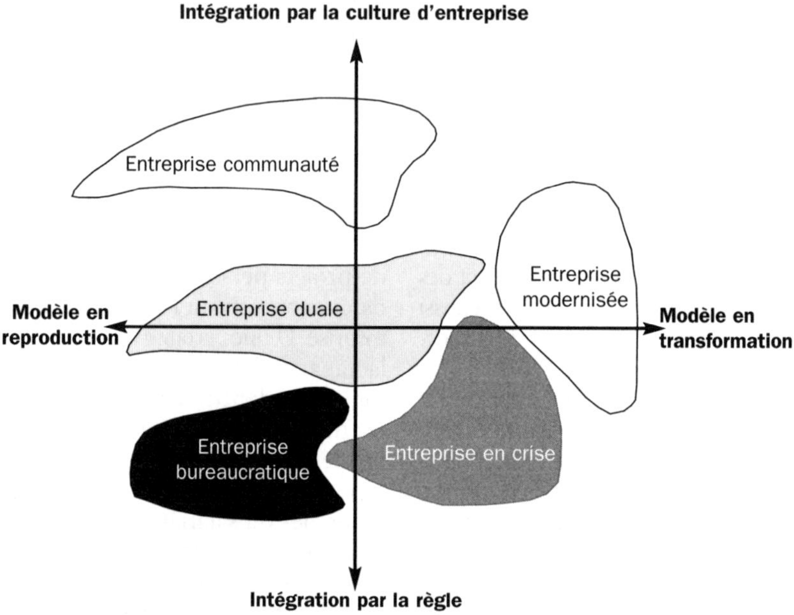

Axe horizontal : transformation.
Axe vertical : mode d'intégration collective.
Les aires représentent la dispersion de chaque classe sur le plan factoriel.

Source : I. Francfort, F. Osty, R. Sainsaulieu, M. Uhalde, *Les Mondes sociaux de l'entreprise*, Desclée de Brouwer, 1995.

travail pour conserver ou créer de l'emploi mobilise en fait des positions souvent contradictoires entre les exigences de l'organisation portées par les chefs, les volontés d'investissements extérieurs de jeunes diplômés, les soucis familiaux de certains, les espoirs de carrière d'autres. L'entreprise pour survivre et s'imposer devient poreuse aux divers contextes d'environnement familiaux, associatifs, citoyens et éducatifs de leurs personnels. L'identité au travail se définit désormais au carrefour d'investissements internes et externes à l'entreprise. Et c'est bien à cet endroit que l'acteur prend figure sociale d'un sujet responsable de ses investissements pluriels au travail et hors travail.

Cinq modèles d'intégration sociale

Le bref tableau chronologique de la page offre une vision des évolutions des configurations organisationnelles et sociales qui se sont succédé. La situation actuelle témoigne d'une part de la diversité des logiques identitaires mises en œuvre par les individus, et d'autre part d'une pluralité des systèmes sociaux et des modes d'implication que l'on peut observer dans les entreprises. Ainsi, une recherche récente (4) intégrant de façon statistique les données qualitatives recueillies par entretiens auprès de plus de 4000 personnes de tous grades, a dégagé, parmi les entreprises françaises contemporaines, cinq « mondes sociaux », c'est-à-dire cinq modèles de configuration et de dynamique sociales. Elle montre que les entreprises disposent en fait de trois modalités légitimes, aux yeux de leur personnel, pour articuler toutes ces différences de logiques identitaires.

L'entreprise communauté correspond plutôt à un contexte de PME et d'établissements centrés sur la performance commerciale dans une situation de forte concurrence (notamment dans les secteurs du bâtiment, du commerce, ou de l'industrie légère). Son fonctionnement repose davantage sur des normes collectives intériorisées que sur des règles formalisées. La culture collective d'entreprise est fondée sur de très forts ajustements interpersonnels autour d'une double dynamique identitaire professionnelle et entrepreneuriale. La culture d'entreprise, essentielle dans ce modèle, repose sur trois piliers : la figure omniprésente du client, le métier, et le sentiment d'appartenance (voire l'attachement affectif) à l'entreprise. L'identité d'entreprise est ici centrale et caractérise une capacité d'effort collectif autour du développement économique. Les salariés se reconnaissent acteurs de l'entreprise. Non pas comme membres d'un collectif grégaire, mais au contraire en négociant leur place au travers d'un contrat tacite, par lequel s'échangent l'accès à la reconnaissance individuelle et le respect des normes professionnelles de l'entreprise.

L'entreprise modernisée se rencontre dans les établissements de grandes industries (chimie, métallurgie, automobiles...) ou de services. Menacées de disparition, ces entreprises ont dû s'atteler à de lourdes modernisations techniques, organisationnelles et gestionnaires. La dynamique légitime sur le plan social s'appuie surtout sur la recomposition professionnelle de tous les métiers émergents, pivots et menacés. Un fort investissement professionnel construit la cohésion sociale du changement. On mise sur les hommes et leur capacité à s'adapter, en s'appuyant sur la formation, l'introduction de nouvelles pratiques plus participatives et sur la recomposition des métiers.

Ce contexte produit une dynamique sociale très particulière, où les relations de pouvoir se transforment, où les communautés traditionnelles se dissolvent et où une sorte de collégialité contingente pour la maîtrise de l'avenir s'installe.

L'entreprise bureaucratique caractérise le monde des administrations publiques

4. I. Francfort, F. Osty, R. Sainsaulieu et M. Uhalde, *Les Mondes sociaux de l'entreprise*, Desclée de Brouwer, 1995.

et privées. Les dynamiques sociales trouvent ici leur légitimité dans la confrontation, pas toujours facile, que l'on observe chez les salariés de ces organisations : ceux-ci sont souvent tiraillés entre leur identité de fonctionnaire et leurs projets personnels extérieurs. Pour certains d'entre eux (ceux qui travaillent en relation directe avec des clients, comme les guichetiers à La Poste ou à la Sécurité sociale par exemple) se pose en outre la question de la reconnaissance de ces professions ouvertes sur le traitement des problèmes économiques et sociaux de clients et d'usagers du service public. On peut voir ainsi, en observant le travail au guichet dans certaines administrations, l'émergence d'une culture collective qui s'appuie sur une morale de l'action et du service public, des relations d'entraide entre collègues, et qui vise une reconnaissance institutionnelle des compétences mises en œuvre. Ainsi, le modèle de la bureaucratie à la française a fortement évolué au cours des dernières années : d'une part par une pacification des relations de travail, d'autre part par l'ouverture vers l'usager.

A côté de ces trois mondes sociaux légitimés par leur capacité de confrontation entre identités sociales et leurs performances économiques jugées satisfaisantes, on trouve deux autres mondes sociaux profondément incapables de produire une légitimité collective.

L'entreprise en crise représente le cas d'une modernisation partielle ou bloquée. Cette situation débouche sur un affrontement entre métiers en pointe (correspondant à une population jeune, diplômée, et désignée comme le fer de lance de la modernisation) et métiers menacés par les changements (les anciens acteurs forts, professionnels ou syndicaux, qui développent une stratégie de maintien de leur suprématie symbolique). On la rencontre plutôt dans des secteurs traditionnels : mécanique, automobile, sidérurgie, transports, textiles industriels...

L'entreprise duale, enfin, est elle aussi une configuration directement issue du durcissement de la concurrence et du marché. La recherche conjointe d'une meilleure productivité et d'une plus grande flexibilité aboutit à une segmentation nette des activités et du personnel : on a d'un côté des services avec un personnel qualifié et valorisé au sein d'une organisation flexible, de l'autre une main-d'œuvre peu qualifiée et au statut souvent précaire, affectée à un travail répétitif et parcellisé de type taylorien. Si la performance économique peut se maintenir; ce sera alors au prix d'une extrême pression et perte d'identité des salariés dominés et précarisés. On rencontre ces entreprises notamment dans le secteur tertiaire : formation et conseil, nettoyage industriel, restauration...

En définitive, on peut conclure que les entreprises ne peuvent reproduire leurs anciens modèles sociaux d'intégration identitaire des périodes précédentes : organisationnelles et modernisatrices. Trop de diversifications identitaires liées au travail sont à prendre en compte pour obtenir un effet d'intégration et de socialisation des personnels. Aujourd'hui, un nouveau modèle social d'entreprise se cherche, autour d'une triple capacité sociale de reconnaissance identitaire, d'ouverture aux trajectoires personnelles de mobilité, et de réalisation d'accords entre acteurs concrètement partenaires d'une véritable élaboration collective d'objectifs de développement.

COMMENT LA CULTURE AFFECTE LES FAÇONS DE TRAVAILLER ENSEMBLE

ENTRETIEN AVEC PHILIPPE D'IRIBARNE*

La gestion des entreprises est profondément marquée par les cultures politiques locales. Philippe d'Iribarne a mis en évidence l'existence de modèles nationaux de management, qui reposent sur des conceptions spécifiques quant à l'ordre du social, de la liberté, la dignité, l'égalité, etc.

***Sciences Humaines :* L'ouvrage qui vous a fait connaître, *La Logique de l'honneur*, montrait l'existence de modèles nationaux de management, à une époque où l'on ne parlait pas encore de mondialisation ou d'interculturel. Qu'est-ce qui vous a amené à analyser ce phénomène ?**

Philippe d'Iribarne : Je suis parti d'une interrogation de nature économique : la vieille question, illustrée par Max Weber (1), des effets de la culture sur le développement économique. Dans les années 60, des travaux centrés sur l'esprit d'entreprise ont continué dans cette voie. Mon idée a été d'aller voir comment la culture affectait dans les pratiques quotidiennes les façons de travailler ensemble, et pas simplement le dynamisme des entrepreneurs. Ce qui est apparu, c'est qu'il n'y a pas d'effet d'une culture sur l'efficacité indépendant de la façon dont la gestion tire parti de ses singularités. En revanche, l'adaptation au contexte qui est ainsi nécessaire fait que, selon les pays, on observe de fortes différences dans le management : les pratiques de gestion entrent en cohérence avec un certain nombre de représentations relatives à ce qu'est une bonne manière de vivre ensemble (au pouvoir, à la liberté, à la dignité, etc.).

* *Directeur de recherche au CNRS, laboratoire Gestion et société. A publié notamment : (dir.)* Cultures et mondialisation. Gérer par-delà les frontières, *Seuil, 1998 (rééd. 2002);* La Logique de l'honneur, *Seuil, 1989 (rééd. 1998).*

***SH :* Quelles ont été les principales conclusions de ce travail ?**

P.d'I. : J'ai observé trois sites d'un même groupe industriel (Péchiney) dans trois pays : les Etats-Unis, les Pays-Bas et la France. Et j'ai étudié la façon dont les gens travaillaient, coopéraient. Or, chaque établissement avait sa façon propre d'organiser le travail, qui reflétait la culture politique du pays.
L'usine américaine fonctionnait en référence à la règle et au contrat, en attachant une forte dimension morale au respect des contrats. L'établissement néerlandais était régi par la recherche de l'accord qui exige que l'on fasse tout pour

trouver un compromis, même si chaque individu est libre de penser ce qu'il veut. La vie de l'usine française accordait une place centrale à ce que j'appellerais le « devoir de son état », chacun étant très attaché aux privilèges, aux devoirs, au «rang» que l'usage associe à sa fonction, et défendant l'idée qu'il se fait de la noblesse de son métier.

***SH :* Pourquoi raisonnez-vous dans le cadre national, plutôt qu'en référence à des ensembles plus vastes ? On pourrait par exemple opposer un espace anglo-saxon à un espace latin, un monde protestant à un monde catholique.**

P.d'I. : Il est vrai que l'on peut faire des regroupements en termes de « civilisations ». Mais l'on perçoit très vite des différences significatives : au sein du monde anglo-saxon par exemple, les Américains sont plus attachés aux règles explicites que les Britanniques, qui admettent davantage l'informel, le *gentlemen agreement*. Il existe par ailleurs des spécificités régionales : les Corses, les Basques et les Alsaciens ne travaillent pas exactement de la même manière.

Fondamentalement, c'est parce qu'elles renvoient à des cultures politiques que les formes de gestion s'inscrivent dans un cadre national. Le management consiste à faire vivre des hommes autour d'un projet commun : c'est une activité politique. Pour que des gens arrivent à travailler ensemble au quotidien, il faut qu'ils partagent certaines conceptions fondamentales de ce qu'est la justice, la dignité humaine, l'égalité, la liberté, l'ordre social, etc. Or, c'est le plus souvent dans le cadre de l'Etat-nation que ces visions fondatrices se sont construites de façon durable. Ainsi, lors d'une enquête dans une entreprise belge, nous avons pu voir comment, si Wallons et Flamands avaient des identités différentes, ils partageaient une conception identique de la vie en commun et de l'organisation sociale.

***SH :* On est frappé, à la lecture de vos travaux, par la multiplicité des pratiques et des représentations en termes de gestion. Un tel constat ne va-t-il pas contre de l'idée de globalisation et d'uniformisation du monde économique ?**

P.d'I. : Pour comprendre les effets de la mondialisation, il faut distinguer trois acceptions du terme de culture. Il peut d'abord désigner tout ce qui relève du « folklore » : la musique, l'art, la cuisine… Dans ce cas, la mondialisation a un effet uniformisateur, même s'il y a des résistances dans certains pays. Dans un deuxième sens, la culture renvoie à la notion d'identité. La mondialisation a ici pour conséquence une exacerbation, que l'on perçoit à travers les conflits identitaires et les revendications régionalistes qui se multiplient. Enfin, si on considère la culture comme l'expression d'une vision commune des règles du vivre ensemble, il me semble que la mondialisation a peu d'effets, et que la disparité des cultures politiques persiste.

***SH :* La mondialisation de l'activité des entreprises a cependant une conséquence : la rencontre des cultures. Dans vos recherches de terrain, vous montrez que dans les situations interculturelles, ce sont des conceptions de la vie en société qui s'affrontent, bien plus que des difficultés linguistiques ou des règles de politesse. Pourriez-vous nous en donner un exemple ?**

P.d'I. : J'ai étudié la coopération lors du projet de fusion avorté entre deux groupes industriels, l'un français, l'autre suédois (2). Une part importante des problèmes rencontrés résidait dans le fait que les Français et les Suédois n'avaient pas la même idée de ce qu'est une décision. Pour les Français, décider c'est faire une pause dans une joute oratoire, dans laquelle chacun doit affirmer avec force ses positions ; c'est conclure une sorte d'armistice. Les Suédois percevaient comme agressive cette attitude. En Suède en effet, décider, c'est exprimer la volonté de chacun d'arriver à une solution après de multiples efforts de conciliation au sein d'une communauté. Ces visions renvoient à deux conceptions de ce qu'est un homme libre. Dans la « tradition » suédoise, l'homme libre est celui qui, avec ses pairs, va participer à l'élaboration de la vie collective et qui, ensuite, se soumettra à la communauté. Cette sujétion au groupe dont l'individu est partie prenante est une condition et un instrument de sa liberté. Dans la tradition française, en revanche, l'homme libre est plutôt celui qui, y compris seul, n'aura à se soumettre qu'à ce qu'il tient pour grand. Un ingénieur français en étant fidèle à la rationalité technique aura l'impression de s'être grandi ; en revanche, l'idée de compromis sera pour lui associée à celle de compromission. Un des sujets de discorde au sein du projet était la tendance des Français à remettre en cause les décisions prises. Si, pour les Suédois, la décision exprime le sacré de la communauté, pour les Français, ce qui est sacré, c'est la raison. Il est légitime de revenir, au nom de cette dernière, sur des décisions fruit d'un long processus de délibération. On a ici la confrontation de deux sacrés. Et comme les acteurs n'en ont pas conscience, il est beaucoup plus difficile de surmonter les problèmes qui en résultent que d'apprendre des formules de politesse.

***SH :* Existe-t-il des entreprises multinationales qui parviennent à surmonter la « résistance » des cultures locales ?**

P.d'I. : Il y a en effet des cas où des entreprises réussissent à produire un style de fonctionnement très différent des formes locales de management. Mais ce n'est pas parce qu'elles ont surmonté ou contourné la culture locale, c'est parce qu'elles ont su s'appuyer de manière créative sur des structures profondes de cette culture.

L'usine Sgs-Thomson de Casablanca, que j'ai étudiée, illustre bien cette stratégie (3). Cet établissement a connu un changement organisationnel radical, sous la forme de la mise en place d'une démarche de qualité totale inspirée des méthodes japonaises : groupes de résolution de problèmes, autocontrôle, etc. ; une transformation réussie, en terme de performance comme en terme de satisfaction du personnel. On pourrait être surpris par le succès d'une telle greffe. Le discours moral omniprésent qui sous-tend la démarche-qualité (transparence, écoute, entraide) a été crédible parce que le responsable de l'entreprise a agi à la manière de grandes figures de « saints conquérants » qui marquent la culture marocaine. Le changement organisationnel a été bien reçu parce que le personnel a pu l'interpréter, dans les catégories de la culture locale, comme quelque chose de respectable.

Il ne faut pas se tromper sur ce qu'est la culture. Si on l'assimile à des habitudes, on tombe vite dans les stéréotypes (ici les gens sont paresseux, là ils sont honnêtes...) et on voit mal les démarches de changement possibles. Si, au contraire, on voit bien la culture comme un ensemble de repères et de manières de donner sens, on peut agir lucidement.

Propos recueillis par
PHILIPPE CABIN
(*Sciences Humaines*, n° 110, novembre 2000)

---

1. M. Weber, *L'Ethique protestante et l'esprit du capitalisme*, Press Pocket, 1985 [1905].
2. Voir P. d'Iribarne, « Comment s'accorder : une rencontre franco-suédoise », dans P. d'Iribarne (dir.), *Cultures et mondialisation*, Seuil, 1998 (rééd. 2002).
3. « Les ressources imprévues d'une culture : une entreprise "excellente" à Casablanca », dans *Cultures et mondialisation, idem*.

Chapitre VII

Les sciences humaines dans l'entreprise

POINTS DE REPÈRE

L'application des sciences humaines en entreprise

Du marketing au recrutement, les sciences de l'homme sont appliquées dans tous les domaines de la vie de l'entreprise. Une présence qui passe par des techniques et des experts, mais aussi par une utilisation diffuse des concepts et des connaissances issus de la sociologie, la psychologie, l'économie, la linguistique…

Marketing

• *Objectif* : étude des caractéristiques d'un marché ou connaissance des attentes des consommateurs vis-à-vis d'un produit.
• *Exemple* : études de marché sur un produit alimentaire, sur la base des méthodes psychosociologiques (entretiens qualitatifs, etc.) ; mise en place ou utilisation d'observatoires de la consommation et de ses tendances sur le segment de marché concerné.

Production et organisation du travail

• *Objectif* : améliorer la coopération et le rendement au sein d'un service, ou aider à la mise en place d'un changement d'organisation.
• *Exemple* : un consultant sociologue conduit et évalue la mise en place d'une nouvelle forme d'organisation : qualité totale, organisation qualifiante.

Formation

• *Objectif* : assurer la formation professionnelle des salariés.
• *Exemple* : utilisation de techniques pédagogiques issues de la recherche en sciences de l'éducation (méthodes cognitives par exemple), dans le cadre de remise à niveau de personnes peu qualifiées.

Communication interne

• *Objectif* : comprendre les logiques de la circulation de l'information au sein de l'entreprise, afin de l'améliorer.
• *Exemple* : une analyse des supports de communication interne de l'entreprise (journaux d'entreprise, plaquettes…) est confiée à un cabinet d'experts en communication.

Publicité

• *Objectif* : améliorer ou évaluer l'impact d'un message publicitaire.
• *Exemple* : un sémiologue ou un linguiste travaillent sur un slogan publicitaire ou sur le mode d'emploi d'un magnétoscope, afin d'en améliorer la lisibilité.

Stratégie et direction

- *Objectif* : disposer d'une aide à la décision et de conseil pour la définition de la stratégie.
- *Exemple* : le recours à un cabinet de conseil en stratégie pour la mise en place d'une opération d'acquisition ; la consultation d'économistes et de géographes pour évaluer les risques politiques et économiques d'une implantation en Russie.

Internationalisation

- *Objectif* : maintenir la cohésion d'une entreprise qui tend à s'internationaliser, en apprenant à mieux connaître les cultures des pays des différentes filiales.
- *Exemple* : la mise en place de séminaires de sensibilisation pour les cadres expatriés dans la filiale chinoise de l'entreprise, par des spécialistes de la civilisation chinoise.

Gestion des ressources humaines

- *Objectif* : soutenir l'animation et l'organisation du collectif de travail, assurer la gestion et le suivi des carrières individuelles.
- *Exemple* : la mise en place de la réduction du temps de travail se fait avec la participation d'un cabinet de conseil spécialisé en sociologie des organisations ; un dispositif de gestion prévisionnelle des compétences est élaboré avec un professeur d'école de commerce spécialiste des compétences.

Recrutement

- *Objectif* : adapter le recrutement en fonction des besoins de l'entreprise, en définissant des critères de sélection et en utilisant des outils de mesure précis et valides.
- *Exemple* : utilisation de batteries de tests psychométriques.

Conception du produit

- *Objectif* : prendre en compte les paramètres humains et sociaux dans la conception d'un produit.
- *Exemple* : des ergonomes contribuent à l'agencement de l'équipement intérieur d'une automobile.

Michel Villette*

COMMENT ABORDER LIBREMENT L'ÉTUDE D'UNE ENTREPRISE ?**

Chercheur consultant, professeur de management... qui est le plus accrédité pour étudier une entreprise ? Chaque regard apporte sa lumière et ses propres mirages. Le meilleur itinéraire serait de prendre successivement les différentes casquettes...

Les chercheurs en sciences sociales spécialisés dans l'étude des entreprises résistent mal à la tentation de compléter les profits incertains et à long terme de l'investissement scientifique par les profits immédiats de l'expertise. Il leur est d'autant plus facile de jouer ce double jeu que les techniques managériales sont historiquement liées aux sciences sociales et partagent avec elles des concepts et des techniques. Cependant, pour ne pas se trouver complètement réduits au rôle indigène « d'experts en management », les chercheurs ont tendance à cultiver les formes extérieures de la scientificité. Leur attachement irraisonné aux canons de la méthode les enferme trop souvent dans un académisme fade qui lasse les collègues et que le milieu managérial trouve commode d'exhiber pour ce qu'il tait plus que pour ce qu'il dit. Qui veut trouver les voies d'une investigation sur l'objet « entreprise » me semble devoir se détourner à la fois des bénéfices de l'expertise et des formes extérieures de la scientificité. Il faut savoir endosser le rôle d'expert indigène pour les besoins de l'enquête, et renoncer ensuite aux profits afférents pour mettre l'information collectée au service d'une production savante détachée des

* Professeur à l'ENSIA, il a publié *L'Homme qui croyait au management*, Seuil, 1988 ; *Portrait de l'homme d'affaires en prédateur*, La Découverte, 2005, et *Le Manager jetable*, La Découverte, 1996.

** Ce texte est initialement paru sous le titre : « Qui veut publier la description ethnographique d'une entreprise ? », dans M. Segalen (dir.), *Anthropologie sociale et ethnologie de la France*, Peeters, 1989 ; il a été repris sous le titre « Qui peut ausculter une entreprise ? » dans *Sciences Humaines*, n° 5, avril 1991.

enjeux et des croyances propres au milieu managérial.

Réaliser une ethnographie en entreprise suppose, me semble-t-il, de satisfaire à quelques conditions élémentaires. Premièrement, le chercheur connaît la tradition des sciences sociales et a été initié à la pratique des techniques ethnographiques. Deuxièmement, il peut s'intégrer à l'entreprise parce qu'il a appris le langage managérial et une des spécialités techniques en usage dans ce milieu : mécanique, électronique, informatique, comptabilité, vente, marketing, publicité, gestion du personnel... Troisièmement, il reste longtemps dans l'entreprise (1) et s'identifie à un rôle social acceptable pour les membres de l'entreprise, défini dans leurs propres termes. Quatrièmement, il collecte systématiquement et minutieusement des documents ethnographiques destinés à constituer le « matériel » des réflexions ultérieures. Cinquièmement, le chercheur dispose, hors de l'entreprise, du temps nécessaire pour analyser le matériel et procéder à une longue chaîne d'interprétations de plus en plus « distanciées » par rapport à l'expérience originelle et sixièmement, il confronte ses interprétations aux critiques et suggestions d'autres spécialités des sciences sociales.

Septièmement, le chercheur publie tout ce qu'il a cru comprendre et rien que ce qu'il a cru comprendre. Cela implique qu'il n'ait pas d'autorisation préalable à demander aux membres de l'entreprise étudiée : ni au délégué syndical, ni au président-directeur général, ni au responsable des relations publiques. Enfin et huitièmement, il ne se sent pas tenu à une autocensure qui aurait pour ressort le souci de ménager ses propres intérêts de carrière dans le champ des entreprises, comme ce malheureux chercheur qui devait choisir entre l'envie de publier son texte et la nécessité de se faire embaucher par l'entreprise étudiée pour échapper au chômage.

Lorsque les huit conditions minimales et élémentaires que je viens d'énoncer sont remplies, il reste à avoir de la chance et du talent...

Considérez maintenant les gens que vous entendez autour de vous parler d'ethnographie de l'entreprise. Cherchez à combien des huit conditions ci-dessus chacun a satisfait. Vérifiez vos données. Le cercle des ethnographies d'entreprise se trouve maintenant réduit à une dimension modeste mais, me semble-t-il, raisonnable. Je vais présenter brièvement quelques dispositifs de recherche qui ne permettent pas de satisfaire aux huit conditions à la fois. Je conclurai en présentant la pratique de « scientifique amateur » à laquelle je m'adonne depuis une quinzaine d'années.

1. De quelques formes d'ethnographie très courues (2)

L'amateur : c'est un normalien devenu conseiller personnel du président direc-

1. Ainsi, par exemple, pour suivre en détail les étapes de l'établissement et de l'exécution d'un budget (ou d'un plan d'entreprise), il est nécessaire d'étendre les observations sur plus d'une année. Pour suivre le lancement d'un nouveau produit de la conception à la commercialisation ou pour observer directement des stratégies d'évolution de carrière des cadres, la durée minimale d'observation est de l'ordre de cinq années. L'étude d'un processus de succession (changement d'équipe de direction) ou d'une opération de fusion ou d'absorption d'une entreprise par une autre suppose une présence d'au moins deux ans permettant de comparer l'état initial et l'état final.

2. Toute ressemblance entre les portraits qui suivent et des ethnographes réels ne saurait être que fortuite.

teur général plus spécialement chargé des problèmes de communication. C'est un homme charmant, cultivé. Il rédige les discours de son ami et patron et veille sur les relations avec la presse et les hommes politiques. Il aime l'anthropologie et peut en parler des soirées entières. Un jour, sans doute, il écrira une étonnante ethnographie de l'entreprise (à moins que ce ne soit un traité de philosophie du management ou un essai sur le bouddhisme Zen).

Le conseil en management : depuis que le grand cabinet américain Mac Kinsey a réussi l'extraordinaire opération de relations publiques qui devait déboucher sur la vente à des millions d'exemplaires, dans le monde entier, du *Prix de l'excellence*, depuis qu'on soupçonne que les entreprises les plus « performantes » économiquement sont aussi celles qui ont la culture la plus forte et la plus homogène, il y a un marché. Malheureusement, à huit mille francs par jour hors taxes plus les frais, il faut faire vite. Le « diagnostic de la culture d'entreprise » est réalisé selon une méthode rigoureuse et efficace (dont notre cabinet a naturellement l'exclusivité). Trois groupes de travail de douze cadres, réunis chacun pendant une demi-journée établissent un *check-up* complet des valeurs dominantes de votre entreprise, cher client. Il vous incombera ensuite de préciser votre projet et nous déterminerons alors ensemble les axes de l'évolution culturelle souhaitable, et les moyens à mettre en œuvre pour rapprocher la culture observée de la culture qu'il faudra nécessairement développer pour aborder le virage du troisième millénaire avec tous les atouts d'une entreprise performante et évolutive…

L'étudiant en « magistère de science sociale » et le chef du personnel : à vingt-trois ans, il a été sélectionné sur dossier et après de sévères entretiens. On lui a dit qu'il appartenait à l'élite de l'Université. Après sa licence d'anglais, il a suivi des centaines d'heures de conférences sur les sciences sociales. Il a lu les « meilleurs sociologues » du moment : Alvin Toffler, *Le Choc du futur*; Alain Peyrefitte, *Le Mal français*, etc. Il a été très gêné qu'un chercheur professionnel, qu'il consultait, lui fasse remarquer qu'il avait acquis un diplôme de « sciences sociales » sans avoir jamais fait la moindre interview et sans avoir jamais eu à décrire la moindre situation sociale par lui directement observée. Il est enthousiaste et anxieux de trouver un premier emploi. Il doute sérieusement de la crédibilité du diplôme qui va lui être délivré. Heureusement, sa tante, secrétaire de direction dans une grande entreprise, a arrangé une entrevue avec le directeur du personnel d'une filiale. Cet homme est toujours heureux de pouvoir aider un jeune qui débute. Justement, il vient de lire *Le Prix de l'excellence* et pense qu'un délicat problème de « culture d'entreprise » se pose dans la filiale dont il a la charge. Hélas, il n'y a pas de rubrique « culture » dans son budget !

Voici le problème : des établissements autrefois indépendants ont été réunis au sein d'une même filiale. Les cadres ont formé deux factions rivales. La lutte est devenue trop âpre pour servir d'utile stimulant. Plutôt que de diviser pour régner, il convient de rechercher les voies d'une alliance et de constituer une «identité collective». Dans un premier temps, pourquoi ne pas confier une étude des deux cultures rivales à ce jeune stagiaire… Nous lui donnerons trois mois et cinq mille francs par mois, il fera des interviews… et nous verrons bien.

L'amoureux des sciences sociales, le directeur du CNRS et le petit chercheur : il a fait une belle carrière dans l'industrie, il a la pleine confiance de son président et siège en tant que «personnalité extérieure» dans des instances du CNRS. Il a déjà beaucoup contribué à faciliter les rapprochements entre des chercheurs en sciences exactes et les entreprises. Il voudrait faire quelque chose pour les sciences humaines et pourquoi pas pour l'ethnologie des entreprises ? On lui indique un jeune chercheur qu'il présente à son président. Il insiste sur les problèmes déontologiques, multiplie les précautions, garantit la totale autonomie de la démarche scientifique et même, se refuse à payer quoi que ce soit pour éviter tout malentendu. Les chercheurs accéderont librement au terrain, y feront ce qu'ils voudront, il les aidera.

Un protocole d'accord est signé entre l'entreprise et le CNRS. On trouve un financement public pour rémunérer le chercheur hors statut. L'expérience est vantée, elle fera date, c'est une première. Les chercheurs, qui sont des gens courtois, s'engagent à ne rien publier qui n'ait été relu et approuvé par la direction et, plus généralement, à ne rien dire qui puisse nuire aux gens de l'entreprise. Dans le cercle fermé des séminaires de recherche, ils racontent des choses passionnantes mais fort embarrassantes. Chut ! il ne faut rien dire. Faisons d'abord une thèse académique, on verra après pour la publication d'un livre… Mais voilà, le CNRS n'embauche pas. il n'y a pas de poste en ce moment. Comment gagner sa vie ? Coucou, entreprise, es-tu là ?

Le chercheur en gestion : il ne fait pas d'ethnographie pour le plaisir mais pour faire comprendre des choses aux dirigeants (issus de la même grande école). Il sait que les responsables sont pris dans des situations professionnelles complexes et «mis en demeure d'agir». Souvent «honnêtes, courageux, intelligents», les dirigeants ne demandent qu'à comprendre. Il faut les aider, faire pour eux les investigations qu'ils n'ont pas le temps de conduire, leur fournir les outils intellectuels qui leur permettront de faire mieux. Pour eux, avec eux, nous ferons les investigations fines, longues, coûteuses qui s'imposent. Peu importe l'argent, peu importe la peine, peu importe les risques : ce qui compte c'est de servir, d'être utile. Nous dirons aux gens de l'entreprise ce que nous avons vu, sans rien omettre ni ajouter, à eux seuls. Ensuite, lorsque le temps sera passé, lorsque ça n'aura plus d'importance. une diffusion plus large des résultats pourra être envisagée sous une forme plaisante et romancée. Mais ce n'est pas l'essentiel. Pour être un bon gestionnaire, ne faut-il pas savoir renoncer aussi au désir de célébrité du chercheur ?

Le professeur de Business School : il fait plus de trois cents heures d'enseignement par an. C'est un homme débordé. Il est consultant de plusieurs grandes sociétés. Bien que jeune encore, il est membre de dix comités de sages. Il a malgré tout réussi à conduire une brillante recherche, financée successivement par une grande multinationale, le Bureau international du travail, l'OCDE, les Communautés européennes. C'est un spécialiste international des comparaisons internationales entre cultures d'entreprises nationales. Grâce à une méthode rigoureuse et à un travail acharné, il a réussi à étudier la culture des hommes au travail dans dix pays différents. Il passe huit jours dans chaque établissement où il réalise, avec une équipe de collaborateurs et d'interprètes, un programme intensif d'interviews. Dans ses brillantes synthèses, conflit et coopération, individualisme et holisme, hiérarchie et égalitarisme, transparence et secret, respect des règles formelles et fraude systématique s'opposent pour composer un tableau général des sociétés industrielles modernes qu'il a déjà présenté dans cinq livres, vingt-cinq congrès et trois cent soixante articles dans les plus prestigieuses revues internationales. L'année prochaine, en année sabbatique, il enseignera au MIT.

L'établi (*in memoriam*) : il était normalien, il voulait se dévouer à la cause révolutionnaire, partager le sort des prolétaires, trouver sur le terrain les voies de la révolution. Il a lutté, rien ne s'est passé et il est revenu, un peu déprimé, à ses chères études. Il a écrit un beau livre. Comme Jean-Paul Sartre, il s'est mis dans la peau des ouvriers, sondant le tréfonds de sa propre conscience comme si c'était la leur.

Le contremaître qui a écrit un livre : c'est un témoignage précis, fidèle, émouvant. Le style manque malheureusement «un peu de sobriété», il y a «des maladresses». De toute façon, aucun éditeur n'en a voulu et personne ne l'a lu.

2. Une façon simple et économique de regarder ce qui se passe dans les entreprises et de dire ce qu'on a vu

Comme bien des montagnes, l'entreprise peut être conquise par plusieurs voies d'accès. Il n'y a pas de méthode et je n'ai pas l'intention d'en proposer, mais simplement de présenter une démarche qui me paraît particulièrement simple et très sous-employée.

Il n'a jamais été obligatoire d'être membre du CNRS ou de l'Université pour réaliser des investigations savantes. Si l'on n'est ni l'un, ni l'autre, on peut avoir un métier. Par exemple, un métier directement utile à l'entreprise (je veux dire ni sociologue, ni ethnologue, ni psychologue, ni historien, ni économiste). Alors, on travaille dans une entreprise et l'on y rend les services que rendent très ordinairement les membres de la profession à laquelle on appartient.

Sachant qu'il n'est pas interdit, pendant ses études, de suivre une double formation, on ne voit pas pourquoi on ne pourrait être à la fois, expert-comptable et docteur en ethnologie, par exemple.

Le travail en entreprise ne dure que trente-neuf heures par semaine, ce qui est fort peu. Le droit du travail n'a jamais interdit d'avoir d'autres activités (ni même deux métiers ou deux employeurs en même temps à condition qu'il ne s'agisse pas de la fonction publique). Dans beaucoup de métiers (mais pas dans tous, j'en conviens), il y a des temps morts. De plus, il n'est pas

interdit de collecter des documents, de prendre des notes ni même, et bien plus souvent qu'on ne croit, d'enregistrer des conversations de travail ou de filmer au magnétoscope des réunions !
Dans notre société, il n'est pas interdit de changer d'employeur ou de fonction, pour voir autre chose, acquérir de nouvelles expériences… (voilà notre terrain d'enquête qui s'élargit et les comparaisons qui commencent).
Enfin, il n'a jamais été interdit de changer de métier en cours de carrière. Pourquoi, par exemple, ne pas devenir chargé de recherche au CNRS, en ethnologie précisément, après dix ans passés dans les entreprises dans des services de comptabilité ? Bon, voilà que nous avons tout le loisir nécessaire pour dépouiller enfin ces trois armoires de notes et de documents qui s'entassent dans notre cave ! (3)
Dans le droit du travail français, les obligations du salarié vis-à-vis de son employeur (et réciproquement) cessent lorsque le contrat de travail est rompu (sauf clauses très particulières, dans certaines professions). Légalement, il n'y a plus de secret à préserver. Il est temps de passer à ses obligations de chercheur, c'est-à-dire d'informer aussi précisément et fidèlement que possible sur un métier ou un type d'entreprise tous ceux que cela intéresse et qui sont ordinairement bercés d'approximations vagues. Après avoir servi loyalement la profession, n'est-il pas concevable de se mettre au service d'un autre idéal et de contribuer ainsi à la lente évolution des représentations (et peut-être, indirectement, des pratiques) ? (4)
Reste à ne pas faire de peine ni de tort à ceux avec lesquels on a travaillé. On peut laisser vieillir un peu, masquer les noms de lieux, d'institutions et de personnes et, pourquoi pas, son propre nom, mais sans altérer la description des processus sociaux : c'est le trésor commun ! Il me semble qu'une des façons les plus commodes de faire de l'ethnographie en entreprise (pendant la phase d'enquête sur le terrain) est de ne pas se prétendre ethnologue, de ne pas prétendre faire de recherche, de ne pas appartenir à un organisme de recherche, de ne pas se faire payer pour chercher, mais pour autre chose. Ainsi, le chercheur peut-il « être pris » dans le réseau contraignant des relations professionnelles qu'il étudie. Mais ensuite, ne convient-il pas qu'il ait une chance réelle de s'affranchir de ces liens pour les penser et en parler ? Ne faut-il pas que, sur la base de ses premiers résultats, il puisse accéder à un lieu où l'on peut légitimement prétendre faire œuvre savante et se faire entendre ?
Une longue recherche ethnographique en entreprise d'abord, le statut de chercheur ensuite, voilà en quelques mots, les éléments du dispositif qui me semble le mieux à même de maintenir notre curiosité sur les choses de l'entreprise à la hauteur du rêve démocratique et du mythe de la connaissance raisonnable.

3. Je suppose ici un CNRS apte à procéder à de tels recrutements, avec une certaine prévisibilité, au moment où il le faut et avec un salaire qui soit une punition juste suffisante pour ceux qui ont poussé trop loin l'amour de la science.
4. J'ai tenté d'accomplir ce programme dans une série d'articles publiés dans la revue *Actes de la recherche en sciences sociales* et dans un livre intitulé : *L'Homme qui croyait au management*, Seuil, 1988.

LE SOCIOLOGUE ET L'ORGANISATION

Entretien avec Erhard Friedberg*

Pour Erhard Friedberg, c'est l'enquête de terrain qui caractérise principalement le travail du sociologue dans les organisations. Cependant, il existe des différences entre le chercheur et le consultant, notamment en ce qui concerne la rapidité et la durée d'intervention.

***Sciences Humaines :* Vous définissez le sociologue qui intervient dans une organisation comme le « *porte-parole du terrain* ». Qu'entendez-vous par là ?**

Erhard Friedberg : Le métier du sociologue, c'est l'enquête de terrain, afin de mettre en évidence les pratiques des acteurs et leurs effets. C'est aussi de montrer ce que devient la volonté du management quand elle rencontre le terrain, et d'établir l'écart entre ce que prescrit la direction et ce que font les gens. Le sociologue reconstruit les pratiques des acteurs : c'est en ce sens qu'il est le porte-parole du terrain.

***SH :* Quelles sont les principales différences entre un sociologue chercheur et un sociologue consultant ?**

E.F. : La première différence, c'est que le premier a plus de temps que le second. Alors que les consultants doivent travailler dans des délais très serrés, nous ne travaillons qu'à condition de disposer du temps nécessaire à la démarche sociologique, pour comprendre en profondeur les logiques et les pratiques des acteurs. Cela dit, certains consultants parviennent à faire d'excellentes analyses sociologiques en très peu de temps. Autre différence : les entreprises de conseil ont une disponibilité, une capacité de mobilisation immédiate, qu'un laboratoire du CNRS n'a pas. Enfin, dans la phase de la mise en œuvre, une société de conseil apportera de l'énergie. Les consultants sont aussi des dynamiseurs.

** Directeur du Centre de sociologie des organisations, responsable du cycle de sociologie de l'Institut d'études politiques de Paris. A publié notamment :* Le Pouvoir et la Règle, *Seuil, 1993.*

***SH :* Les cabinets de conseil en management recrutent-ils plus de sociologues aujourd'hui ?**

E.F. : Il y a en effet de plus en plus de sociologues des organisations dans le conseil. Ceci vient du fait que les entreprises et les consultants ont compris que les sociologues apportaient une véritable valeur ajoutée. Mais cela vient aussi du travail accompli depuis plusieurs années par des institutions universitaires, notamment à Sciences Po (le DEA de sociologie, le DESS de développement social, la formation permanente). Cette filière a contribué à former la vision d'un sociologue professionnalisé.

***SH* : Se servent-ils des concepts et des outils issus de la sociologie ?**

E.F. : Je le crois. Il existe aujourd'hui de vraies tentatives dans de grands cabinets américains d'implanter un mode de raisonnement sociologique au cœur de leur démarche, intégrant travail sur la stratégie et sa mise en œuvre sur le terrain.

Propos recueillis par
PHILIPPE CABIN
(*Sciences Humaines*, hors série n° 25, juillet 1999)

Rémi Hess*

L'ANALYSE INSTITUTIONNELLE**

A la fois une théorie des groupes, des organisations et des institutions, l'analyse institutionnelle est aussi une méthode d'intervention et d'analyse à l'intérieur des établissements (éducation, travail social, entreprise...).

L'ANALYSE INSTITUTIONNELLE (AI) est issue d'un mouvement à la fois théorique et pratique, né en France sur le terrain de la psychothérapie et de la psychiatrie.

Dans les années 50, des psychiatres ou et des psychologues (François Toquelles, Jean Oury et Félix Guattari) réfléchissent sur le groupe et l'établissement, comme instances essentielles à travailler, pour aider les malades mentaux à se reconstruire une transversalité, c'est-à-dire l'ensemble des appartenances institutionnelles d'un sujet ou d'un groupe.

Dans les années 60, ce mouvement de psychothérapie institutionnelle s'étend à la pédagogie en rencontrant le courant Freinet (Raymond Fonvieille et Fernand Oury) et donne naissance à la pédagogie institutionnelle. L'AI s'étend aussi à la philosophie avec Sartre et Castoriadis, puis à l'intervention psychosociologique et sociologique (René Lourau, Georges Lapassade).

Mais qu'est-ce qu'une institution ? Ce concept est polysémique et équivoque. On peut cependant constater que le terme recouvre deux familles de significations qui débouchent sur deux conceptions de l'institution.

La première entend l'institution comme «forme sociale établie» : c'est l'«institué». La seconde renvoie aux processus par lesquels un mouvement social, une association ou un groupe tend à s'organiser : c'est l'«instituant».

---

* Professeur à l'université Paris-VIII.

** *Sciences Humaines*, n° 43, octobre 1994.

L'institué et l'instituant

La première approche se réclame d'une double tradition, juridique et sociologique. Les institutions sont définies comme *« des phénomènes sociaux, impersonnels et collectifs, présentant permanence, continuité, stabilité »* (1). Dans cette perspective, les institutions constituent un ordre, supérieur aux individus et aux groupes, qui assure la cohésion sociale, réalise l'intégration et fonde la pérennité de la société. Les institutions sont l'expression et la garantie de l'ordre social. Elles englobent, dans cette logique, les normes et les obligations de comportement (les normes juridiques) et les groupes organisés.

Une seconde tradition de recherche s'intéresse à l'instituant, c'est-à-dire à l'institution comme processus : comment naissent, comment évoluent les institutions ? Ce courant voit l'institution comme une force, une énergie sociale produit d'un contrat social. C'est à Cornélius Castoriadis que l'on doit d'avoir formulé une définition de l'institution qui intègre la critique en actes des institutions : *« L'institution de la société par la société instituante s'étaye sur la première strate naturelle du donné – et se trouve toujours dans une relation de réception/altération avec ce qui avait été institué… En tant qu'instituante comme en tant qu'instituée, la société est intrinsèquement histoire – à savoir auto-altération… »* (2)

Dans *L'Analyse institutionnelle*, R. Lourau (3) reprend cette dialectique du concept d'institution et la définit comme le produit d'une confrontation permanente entre l'institué (ce qui est déjà là, ce qui cherche à se maintenir) et l'instituant (forces de subversion, de changement). Plus récemment (4), on a pu définir l'institution à partir de son moment fondateur. La naissance de l'institution suppose en effet une « communion fondative » (Hauriou), forgée autour des fondateurs et de l'idée d'œuvre à accomplir. Comment se produisent et se reproduisent les institutions ? Elles ne naissent jamais de rien.

Dans sa *Critique de la raison dialectique* (1960), Sartre avait décrit le passage du groupe en fusion à l'institution. R. Lourau observe qu'elles naissent des mouvements sociaux. Du mouvement (comme moment prophétique) découle un processus d'institutionnalisation qui fait passer du groupe à l'organisation puis à l'institution. Elle est alors un amalgame d'affectivité, d'idéologie et d'organisation. Sa base matérielle la constitue définitivement. C'est ainsi que le mouvement prophétique devient une Eglise, le mouvement social un parti ou un syndicat.

Autre mode de production institutionnelle : les institutions sont souvent issues de la rencontre de plusieurs institutions qui découvrent qu'il existe une béance dans le tissu institutionnel par rapport aux besoins sociaux. Les institutions sont en effet reliées entre elles (un établissement de travail social, par exemple, est traversé par de multiples institutions : le département qui lui assure son financement, le syndicalisme, le statut de ses personnels, les conventions pas-

1. J. Chevallier, *L'Institution*, Puf, 1981.
2. C. Castoriadis, *L'Institution imaginaire de la société*, Seuil, 1985.
3. R. Lourau, *L'Analyse institutionnelle*, Editions de Minuit, 1969.
4. R. Hess et M. Authier, *L'Analyse institutionnelle*, Puf, 1994.

sées avec son environnement, etc.). Lorsqu'un besoin social apparaît et qu'il ne peut se trouver satisfait, alors on prend l'initiative de fonder un nouvel espace institutionnel. Le fait que les institutions s'interpénètrent et forment des réseaux a pour effet que le processus d'institutionnalisation (vieillissement des formes institutionnelles) touche tout le système social.

L'analyse institutionnelle ne concerne pas que les groupes et établissements. Elle peut aussi porter son regard sur une discipline académique. C'est ainsi qu'en 1994 Antoine Savoye a développé une recherche approfondie de l'institutionnalisation de la sociologie. Comment s'est instituée cette discipline ? A travers quels terrains, quelles questions, quelles associations ? Quels types de rapports se sont construits entre les premiers sociologues et l'Etat, l'entreprise, l'enseignement, etc. ? On démontre ainsi que la sociologie, ses concepts, ses champs de recherches, ses méthodes… ne sont pas seulement tributaires d'une seule logique théorique mais qu'interviennent des facteurs institutionnels qui vont orienter ou étouffer certains champs de recherches ou modes d'analyse. Il s'inscrit là dans le prolongement des recherches de Henri Lefebvre pour *« faire de l'histoire une connaissance utile »*.

L'AI en pratique

Voyons, maintenant comment travaille le chercheur qui pratique l'AI. Pour effectuer son analyse, il s'appuie sur des « analyseurs » : révolutions, mouvements sociaux, petits incidents. L'intervenant peut aussi réaliser une socianalyse, c'est-à-dire l'analyse institutionnelle en situation d'intervention. Le travail d'analyse consiste alors à expliciter ce qu'expriment les analyseurs en dévoilant les logiques cachées des acteurs, le poids des habitudes, des non-dits… qui structurent une situation.

Une des caractéristiques de l'AI concerne l'implication du chercheur. Celui-ci se conçoit comme partie prenante du dispositif d'analyse. Les liens entre les chercheurs interviennent à plusieurs niveaux : le chercheur peut être impliqué affectivement, personnellement, idéologiquement, comme acteur… dans le domaine de recherche. Pour analyser la manière dont le chercheur est pris dans son objet, R. Lourau montre l'intérêt de tenir un journal de recherche (5). Ce journal a pour but de décrire par le menu les conditions de travail, les hésitations, des résistances, les hypothèses en cours… dont tout chercheur en sciences sociales est tributaire. Ce travail est la condition pour élucider les « non-dits » de la recherche.

L'AI a été en relation très étroite avec la réflexion sur l'autogestion. *« Peut-on concevoir des formes de vie sociale dans lesquelles fonctionne une transparence des processus de pouvoir ? »* : telle a été une question centrale de l'élaboration théorique de l'AI. Les résistances à l'autogestion (de la classe, au sein d'un collège ou d'un lycée, par exemple) font l'objet d'un travail d'élaboration théorique.

Le travail institutionnaliste, s'il peut porter sur l'histoire, préfère de beaucoup

5. R. Lourau, *Le Journal de recherche, matériau pour une théorie de l'implication*, Méridiens Klincksieck, 1988.

l'intervention directe dans les institutions. Lorsqu'il est invité à aider un établissement ou un collectif à analyser les conflits ou problèmes qui le traversent, l'institutionnaliste pratique la socianalyse. Lorsqu'il conduit son travail d'analyse sur le terrain des institutions dont il est membre, l'institutionnaliste fait de l'analyse interne.

Il existe de nombreux modes de travail sur le terrain de l'intervention (6) qui dépendent de la position que le chercheur occupe sur le terrain qu'il travaille. L'une des techniques le plus souvent pratiquées dans le cas de l'intervention interne : le journal institutionnel, outil qui permet de suivre au jour le jour le développement d'un processus d'analyse (7).

A lire sur le sujet

- J. Ardoino et R. Lourau, *Les Pédagogies institutionnelles*, Puf, 1994, « Pédagogues et pédagogies ». Après 50 pages de présentation, les auteurs ont choisi 14 textes courts permettant de se faire une idée de la diversité de ces mouvements de la PI.
- P. Boumard et J.-F. Marchat, *Chahuts, ordre et désordre dans l'institution éducative*, Armand Colin, 1994. Un des objets préférés de l'AI (l'anomie ou la résistance sociale) est ici présenté pour un public de jeunes enseignants.
- R. Hess et M. Authier, *L'Analyse institutionnelle*, Puf, coll. « L'éducateur », 1994. Ouvrage qui tente de montrer les fondements philosophiques de l'AI.
- G. Lapassade, *Guerre et paix dans la classe, la déviance scolaire*, Armand Colin, 1993. L'auteur étudie dans un livre malheureusement trop court, les causes de la difficulté de construire la situation de classe.
- R. Lourau, *Les Actes manqués de la recherche*, Puf, coll. « Politique éclatée », 1994. Livre important qui prolonge la réflexion amorcée dans *Le Journal de recherche, matériaux pour une théorie de l'implication*, Méridiens Klincksieck, 1988. Le chercheur est aveuglé par ses implications. Celles-ci lui font commettre des « actes manqués ».
- J. Pain, *La Pédagogie institutionnelle d'intervention*, Matrice, 1993. Ouvrage qui articule PI, intervention, recherche, formation dans des dispositifs de terrains (essentiellement dans le milieu du travail social). La PI y apparaît comme une forme de recherche-action. Il questionne les métiers d'éducateur et d'enseignant.
- A. Savoye, *Les Débuts de la sociologie empirique*, Méridiens Klincksieck, coll. « Analyse institutionnelle », 1994. Ce livre montre que l'AI peut être un outil de sociologie de la connaissance.

Pour les ouvrages datant d'avant 1993, se reporter à la bibliographie de R. Hess et A. Savoye dans *Perspectives de l'analyse institutionnelle*, Méridiens Klincksieck, 1988 et à M. Authier et R. Hess, *L'Analyse institutionnelle*, Puf, 1994.

La recherche sur l'analyse interne

Le travail de théorisation de l'analyse interne est resté une des caractéristiques de toute une équipe du département des sciences de l'éducation de l'université de Paris-VIII qui a travaillé autour de Georges Lapassade. Ce groupe émerge en janvier 1980 et l'on retrouve des chercheurs comme Alain Coulon qui s'orientera sur la voie de l'ethnométhodologie puis de l'interactionnisme (8), Patrick Boumard qui théorisera les liens entre analyse interne et analyse institutionnelle (9) dans le cadre de l'école.

La parution de la nouvelle édition du « Que sais-je ? » sur *L'Analyse institutionnelle* enregistre ce travail de l'analyse interne. On voit comment l'analyse interne est un champ de recherche particulièrement vivant de l'analyse institutionnelle.

La crise généralisée du système institutionnel que nous vivons aujourd'hui pourrait en amener de nouveaux développements.

---

6. R. Hess et A. Savoye, *L'Analyse institutionnelle*, Puf, « Que sais-je ? », 1993 ; J. Pain, *La Pédagogie institutionnelle d'intervention*, Matrice, 1993.
7. R. Hess, *Le Lycée au jour le jour*, Méridiens Klincksieck, 1989.
8. *L'Ethnométhodologie*, Puf, « Que sais-je ? », 1987, et *Ethnométhodologie et Education*, Puf, « L'éducateur », 1993.
9. P. Boumard, *Les Savants de l'intérieur, l'analyse de la société scolaire par ses acteurs*, Armand Colin, 1989.

Analyse interne de la police argentine

ENTRETIEN AVEC CRISTIAN VARELA

Un sociologue argentin de l'analyse institutionnelle, Cristian Varela, enseignant à l'université de Buenos Aires, se trouve nommé directeur de l'école de la police de Buenos Aires avec, pour mission, de changer le métier de policier. Rémi Hess, un socianalyste français, s'entretient avec lui sur cette intervention, qui prend la forme d'une analyse interne.

Rémi Hess : Il me semble que tu vis actuellement, sur le plan professionnel, une expérience nouvelle pour un institutionnaliste. Peux-tu décrire le contexte argentin dans lequel tu es conduit à t'engager fortement ?

Cristian Varela : Pour préciser le contexte politique, il faudrait remonter aux années 70, c'est-à-dire à une époque d'agitation politique où nous, la jeunesse universitaire (une jeunesse bourgeoise), nous nous sommes engagés dans le mouvement révolutionnaire. A ce moment-là, pour nous, la police, les militaires étaient des ennemis. Pour nous, ils étaient le bras armé de l'ennemi.

Après le coup d'état militaire de 1976, la police et les militaires ont fait disparaître 30 000 personnes. Moi et mes amis, nous étions dans les groupes persécutés. Mais nous n'avions pas un esprit de « victimes ». Nous étions dans une perspective de lutte.

Pendant la période militaire, je me suis exilé à l'intérieur du pays (Cordillère). J'ai eu beaucoup de temps pour lire et pour réfléchir. Surtout, j'ai voulu comprendre comment nous avions pu sombrer dans une telle situation. (...) Après l'échec, j'ai dû reconsidérer mes perspectives. J'ai dû accepter que nous n'étions pas des anges, et que, nécessairement, il devait y avoir une autre dimension (qui m'échappait alors) pour expliquer la situation. J'ai fait la découverte de la liaison entre les dimensions externes et internes de ce que vous nommez « normes et déviances » (...).

Je dis cela pour montrer la manière dont la psychologie sociale et l'analyse institutionnelle sont, pour moi, la continuation de la guerre, par d'autres moyens. Je dis cela de façon ironique pour dire qu'au fond, pour moi, il s'agit toujours de la même question : le lien entre une normalité indésirable, et une déviance créative, qui tente de changer les choses.
Je me suis constitué tout doucement comme spécialiste professionnel autour des problèmes institutionnels…

Et maintenant ?

Vingt années plus tard, on me convoque pour une consultation, pour dessiner un nouveau contour de ce que pourrait devenir la police à Buenos Aires !
Cette police, malgré les quinze ou vingt ans de démocratie en Argentine, est toujours restée isolée, dans un schéma militarisé, autoritaire, anti-démocratique, nostalgique de l'époque de la dictature. Mais, pis que cela, la police a passé la ligne, cette ligne qui fait la frontière entre la légalité et l'illégalité. Ces dernières années, c'est la police qui gérait le crime, de façon directe ou indirecte, dans la cité, mais aussi dans l'Argentine tout entière. Finalement, les excès de la police ont convaincu la classe politique qu'il fallait lancer une vraie réforme.
Vingt ans après les années 70, j'ai retrouvé d'anciens camarades à l'intérieur de la Préfecture de police, la plus terrible d'Argentine. On me proposa une tâche : réformer la police.

Comment t'y es-tu pris ?

C'était d'abord une situation émouvante. Pour nous, c'était une sorte de continuation des années passées, évidemment dans un schéma différent.

Quelle méthode as-tu conçue pour répondre à la commande ?

Pour être concis, je dirais que j'ai reçu une commande spécifique pour former les agents d'un nouveau corps de police, dans le cadre de l'université. (…)
Pour nous, il était tellement nécessaire de former la police

en dehors de l'Institution policière que cette territorialisation à l'université permettait une extra-territorialisation institutionnelle. A côté du *curriculum* traditionnel, j'ai créé un dispositif psychosociologique pour discuter avec les futurs officiers de police. Le contenu profond du changement de la police y a été réfléchi : la relation aux armes, la relation à l'Autre, la relation entre citoyens, et non la relation entre policiers et suspects, etc. Ces questions sont au centre du travail.

Vous travaillez sur l'imaginaire ?

Il s'agit de changer l'institution imaginaire de la police qui nous habite. Lorsqu'on sélectionne des gens qui veulent devenir policiers, on s'aperçoit qu'ils ont déjà des idées préconçues de la profession, parce que c'est l'idée qui existe dans le sens commun. Il ne suffit pas de changer les relations entre police et université, il faut encore changer la notion de norme. L'idée normalisée de la police doit changer. Ce qui est « normal » doit apparaître « anormal ». Le poids des idées que l'on se fait de la normalité est plus lourd et plus efficace que le poids effectif de la norme écrite.

Peux-tu donner un exemple ?

C'est «normal» qu'être policier implique d'avoir un air d'autorité.

Donc pour conclure sur ce point, je dirai que ce que j'essaie de faire, c'est de chercher des modes d'action qui interviennent sur le psychisme, pour que puisse s'installer une autre représentation intériorisée de ce que doit être la police. Pour cela, il faut mettre en question tous les présupposés implicites qui soutiennent les concepts déjà là, et l'image que nous nous faisons de la police. (…)

Lorsque je suis entré dans ce problème, la première fois, je me suis plongé dans une réalité que je ne connaissais que du dehors, et avec une posture d'opposition ! J'étais donc profondément ébranlé par ce contexte qui intervenait sur moi avec la même force que celle qui s'exercerait sur l'autre, quand j'allais dire ou faire quelque

chose avec les policiers. Mais cette remarque sur la réciprocité des forces est valable pour toute intervention institutionnelle. Quand je ressens la violence de l'autre, lui ressent la mienne. J'ai pris assez rapidement conscience des aspects internes de moi-même, par le fait de ce travail des implications dans la situation.
Mes présupposés ont changé. Mes implications affectives ont été bouleversées. Par exemple, dans la première expérience avec la police, j'ai beaucoup voyagé en voiture, avec un chauffeur qui était policier. On faisait des voyages à l'intérieur du pays. On bavardait ainsi 5, 6 ou 7 heures sans discontinuité. Ainsi, on connaît les gens. On découvre leurs perspectives. J'ai donc appris à connaître de l'intérieur ce qu'allait impliquer, pour les professeurs, le fait d'être convoqué pour habiter les dispositifs que j'avais créés. J'ai invité des personnes qui étaient des anciens élèves à moi, ou des collègues qui me connaissaient et me respectaient, dans ma condition d'universitaire. Je ne me suis adressé qu'à des collègues qui avaient confiance en moi. C'est ma conviction sur la nécessité, et sur la pertinence du dispositif, qui a convaincu mes collègues, pour se lancer dans ce chantier, « pour m'accompagner sur le bateau » !

Tes collègues ont-ils réagi comme tu l'imaginais ?

Cette demande qui leur était adressée a provoqué des effets assez intéressants. Je les ai notés. D'abord, une résistance s'est exprimée sous forme de blagues. « Il va falloir que l'on apprenne à torturer ! », etc. Dans un second temps, mes collaborateurs sont entrés dans une sorte de phase euphorique. Ils ont été pris par une sorte de compulsion à guérir. Mais en même temps, le côté autoritaire de chacun a émergé. Imaginant un sujet dans l'autre, ils se sont mis à construire leur propre autoritarisme, pour être prêt à la confrontation avec l'Autre. La découverte de l'autre, c'est aussi la découverte de l'autre comme sujet qui se trouve au cœur de nous-même !

Buenos Aires, le 24 février 2005.

Alex Mucchielli*

SOIGNER L'HÔPITAL**

UNE APPROCHE SYSTÉMIQUE ET COMMUNICATIONNELLE

L'analyse des relations de travail dans les hôpitaux révèle des dysfonctionnements caractéristiques comme le « management hyperaffectif » ou le « dévouement paradoxal ». A l'image de l'action médicale, ces dysfonctionnements peuvent faire l'objet d'une intervention du psychosociologue en deux temps : diagnostic et traitement.

L'HÔPITAL est une organisation caractérisée d'abord par l'extrême spécialisation de ses unités de production, par ailleurs indépendantes entre elles, et en même temps dépendantes d'une coordination et d'une coopération. Ensuite, il y a coexistence conflictuelle de cultures et de logiques professionnelles différentes ; des résultats d'actions multiples très peu mesurables, et la présence du « client » dans l'organisation. Enfin, il faut remarquer le climat émotionnel des relations avec le patient et avec les collègues ou partenaires de travail (dû aux sentiments d'insécurité et de culpabilité devant la maladie et la mort).

Trois types de personnels (les médecins ; les administratifs et techniciens ; les infirmiers et aides-soignants) se côtoient avec chacun sa culture, sa déontologie et son attitude professionnelle propres. Le corps médical est traditionnellement dominant, mais en même temps, les médecins ont actuellement l'impression que leur pouvoir est mis en cause et les conflits divers s'en trouvent fréquemment exacerbés.

Les cellules de travail fonctionnent encore souvent en vase clos et de manière juxtaposée. En conséquence, les membres de l'hôpital ont une très faible représentation de l'ensemble de l'organisation et sont relativement isolés dans leurs tâches. L'hôpital est ainsi

* Professeur de sciences de la communication à l'université de Montpellier-III. Parmi ses publications : *Les Sciences de l'information et de la communication*, 1998 ; *Approche systémique et communicationnelle des organisations*, Armand Colin, 1998.

** *Sciences Humaines*, n° 44, novembre 1994.

le lieu de relations interpersonnelles et professionnelles distendues, fondées sur la méconnaissance mutuelle et le repli de chacun sur sa cellule de travail. Au total, les différences culturelles des trois groupes d'acteurs identifiés, la forte décentralisation des services médicaux, la faiblesse du sentiment d'appartenance à l'hôpital d'une grande partie des acteurs, rendent difficile le « management » d'une telle structure. Ce rôle est dévolu au directeur, qui appartient au corps administratif. La faiblesse du pouvoir de la direction étant encore accentuée par les interventions des diverses tutelles qui l'encadrent et par la force de résistance passive ou active du corps médical. L'hôpital vit donc souvent sous le régime de la crise larvée (1). Par ailleurs, son fonctionnement est remis en cause actuellement, et c'est précisément cette remise en cause et les problèmes de management qu'elle entraîne qui motivent les interventions qui nous sont demandées.

Analyse erronée : la logique « cause à effet »

Dans un hôpital, les médecins, comme les administratifs et les soignants raisonnent d'abord en termes de cause/effet (*voir l'encadré « On a les cadres que l'on mérite », à la fin de cet article*). C'est ainsi que pour analyser les problèmes organisationnels et humains qui se posent, ces acteurs en restent trop souvent à une description des signes immédiats (éléments de dysfonctionnement visibles) qui sont analysés indépendamment les uns des autres. Puis, pour traiter les problèmes, ils agissent donc sur ces signes, sans traiter leurs véritables origines. L'hôpital fait ainsi de grands efforts pour très peu de résultats, car les maux réapparaîtront ailleurs, identiques ou sous une autre forme.

Les analyses des dysfonctionnements hospitaliers que Josette Hart et moi-même avons faites reposent d'abord sur une approche systémique (2) et interactionniste des phénomènes. Elles se fondent ensuite sur un ensemble de constats effectués dans différents établissements à l'aide des méthodes qualitatives (interviews individuelles, interviews de groupe, observation participante…) (3). On sait que la validation de pareilles recherches qualitatives repose sur des critères précis de rigueur que nous avons pris soin de respecter (4).

Nous avons présenté les principaux dysfonctionnements de l'hôpital que nous avons repérés sous forme de « diagnostics ». Dans ces diagnostics, et plus particulièrement dans les étiologies (5) proposées, nous remontons aux causes profondes et nous rompons donc, avec cette habitude d'en rester aux signes extérieurs. Notons, au passage, que le concept de « diagnostic », avec ses notions de sémiologie, d'étiologie et de traitement, était à même d'être bien compris par les cultures hospitalières.

1. *Communication interne et management de crise*, Editions d'organisation, 1993. Et « La crise interne des hôpitaux : un outil d'évaluation de son importance », A. Mucchielli, *Gestions hospitalières*, n° 324, mars 1993.
2. Voir mots clés en fin d'ouvrage.
3. *Les Méthodes qualitatives*, A. Mucchielli, Puf, 1992.
4. J. Hart, A. Mucchielli, *Soigner l'hôpital. Diagnostics de crise et traitements de choc*, Lamarre, 1994.
5. Voir mots clés en fin d'ouvrage.

Organigramme de principe d'un hôpital

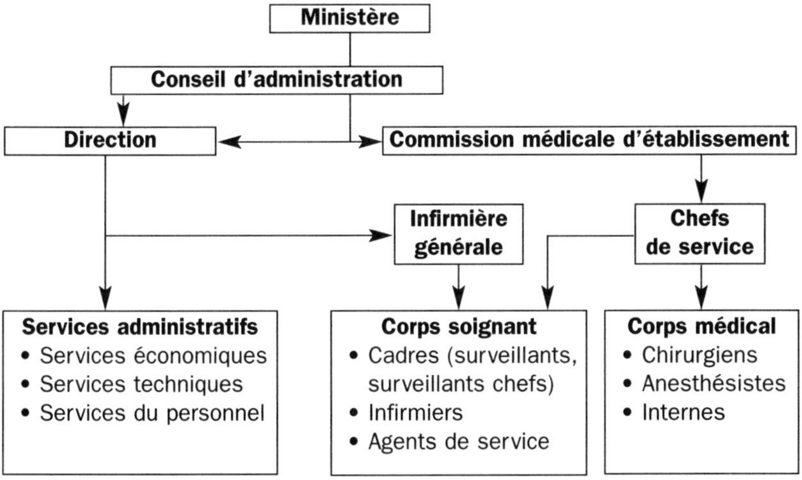

Note : il est évident que les seules liaisons formelles de cet organigramme ne suffisent pas à rendre compte de la complexité des relations réelles.

Les traitements proposés essayent de s'attaquer, en même temps, à un ensemble de « causes » puisqu'elles se développent elles-mêmes en système.

Nos études ont mis en lumière quatre pathologies principales essentiellement liées à l'encadrement :

– le management hyper-affectif ;
– la défaillance des cadres soignants ;
– le dévouement paradoxal ;
– le dysfonctionnement du service.

Les faiblesses du système de management sont liées à la culture affective (qui fait négliger tout ce qui est rationnel), aux défaillances des cadres (qui ne savent pas décider), aux faiblesses du système de gestion des personnels (qui ne propose aucune évaluation ou gratification appropriée) et enfin, aux conditions de travail (émotion et stress permanents dans le travail), qui font que personne ne prend le recul nécessaire pour réfléchir aux diverses améliorations à apporter.

Inversement, ces défaillances nourrissent les faiblesses des cadres, leur manque de confiance en eux et les poussent au management hyper-affectif qui, lui-même, retentit sur la direction en freinant toutes les initiatives d'amélioration du système de gestion des personnels et d'organisation du travail, tout cela se répercutant sur la fatigue des personnels…

Le traitement systémique

Le système que constituent ces causalités circulaires et imbriquées nous a logiquement amenés à prescrire des traitements eux-mêmes « systémiques », c'est-

à-dire qui s'attaquent en même temps à plusieurs causes :
– culturelles (nous insistons beaucoup sur la refonte des formations initiales) ;
– managériales et organisationnelles (notamment au niveau de la cohésion des équipes de direction et de la gestion des ressources humaines) ;
– psychologiques et individuelles.

Un certain nombre de traitements préconisés sont communs à plusieurs « maladies ». Les traitements que nous proposons procèdent, d'une part, des observations de terrain et, d'autre part, des déductions logiques faites à partir des étiologies. En ce qui concerne les observations de terrain, nous avons rencontré des hôpitaux qui ont mis en place des actions dont nous nous sommes inspirés pour proposer des traitements.

Le management considéré comme un sacerdoce

Ce sont les analyses du « management hyper-affectif » et du « dévouement paradoxal » qui ont rencontré le plus de succès auprès des équipes hospitalières. Nous rapportons ici les grandes lignes de la première analyse.

Le « management hyper-affectif » est le système d'autorité et de commandement d'un responsable qui cherche avant tout à être aimé par ses subordonnés. Ce lien affectif dirige toutes ses décisions et actions de management. Le management hyper-affectif est une des principales « plaies » des établissements de santé. Il repose sur de profondes racines culturelles entretenues par une organisation éclatée des pouvoirs et par les intérêts spécifiques des médecins et des autres acteurs. Le manager hyper-affectif considère sa fonction comme un sacerdoce, il privilégie les données psychologiques et les relations affectives. Il ne sait pas résoudre les tensions de groupe et les conflits interpersonnels.

Dans sa forme « paternaliste », le manager hyper-affectif joue le rôle d'un parent protecteur à l'égard de subordonnés, vus comme des enfants. Dans cette famille, il ne donne jamais d'ordre ou d'instruction. Il « demande », il « fait comprendre » ou à l'inverse, il menace, il « engueule », il « gronde ». Les demandes et exigences sont d'ailleurs implicites, comprises à demi-mot, tout comme les « faire semblants de ne pas comprendre ». On est sur le registre du « service demandé et rendu ».

Dans sa forme séductrice, le manager affectif dirige en cherchant à plaire, à séduire, à être admiré. Il utilise toute la gamme des comportements classiques de séduction : humour, jeux, attention prévenante, distribution de compliments, mise en connivence, flatterie… *« Allez, tu seras vraiment la plus chic si tu fais cela pour moi ! »*, lance ce chef de service à une infirmière.

En face, ses subordonnés sont satisfaits d'être protégés tout en ressentant un malaise latent lié à leurs insatisfactions concernant le fonctionnement du service. Ils s'expriment par des explosions émotionnelles soudaines. Les supérieurs de ces responsables ne leur font pas confiance, car leur service marche mal et leurs analyses « affectives » des situations ne sont pas fiables et créent des conflits.

Nous avons regroupé les éléments de l'étiologie du management hyper-affectif en deux grandes catégories : l'enracinement de la culture «affective» et l'impossibilité de remise en question de cette culture.

La «culture affective», des établissements de santé s'enracine dans une série de caractéristiques propres aux formations des personnels et à la situation spécifique de travail. Cette situation de travail est elle-même caractérisée par cinq éléments qui «induisent» les conduites du management hyper-affectif :

– une forte demande d'implication du travail de soin ;

– une forte distinction des rôles masculins et féminins ;

– une tradition de soumission au pouvoir médical ;

– une forte vulnérabilité (entretenue) des subordonnées que sont les infirmières ;

– l'absence de tradition de management rationnel.

L'absence de remise en question de la «culture affective» est, quant à elle, fonction de trois éléments très importants qui sont : les conflits latents de pouvoir dus à la divergence des enjeux professionnels ; l'absence de système rationnel d'évaluation de sélection et de promotion et les insuffisances des formations universitaires ou professionnelles.

On comprend, après ce rapide exposé de l'étiologie, que le modèle du management «affectif» soit très prégnant dans les établissements de santé. Beaucoup d'éléments concourent en effet à pousser les dirigeants en place (directeurs, chefs de service, cadres soignants, responsables de tout niveau...) à adopter ce modèle qui se conforme si bien aux exigences de la situation de travail à l'hôpital.

Pour réduire le management hyper-affectif nous préconisons un ensemble d'actions dont certaines doivent être mises en œuvre en même temps si l'on veut atteindre une réelle efficacité. Ces actions vont de la clarification des attributions des responsabilités dans les équipes de direction et dans toutes les lignes hiérarchiques à l'amélioration des programmes des écoles de cadres (moins de psychologie individuelle, plus de sociologie et d'analyse institutionnelle), en passant par une réforme du recrutement des cadres et des formations à l'exercice de l'autorité professionnelle, à l'animation des équipes et à la résolution des tensions de groupe.

L'hôpital mérite assurément l'attention des chercheurs en sciences humaines. C'est une organisation complexe où les dernières avancées des sciences humaines (analyse de la complexité, analyse systémique, interactionnisme, approche compréhensive et études qualitatives) trouvent un large champ d'application. Par ailleurs, l'hôpital qui veut et doit évoluer a besoin des sciences humaines pour ce faire.

On a les cadres que l'on mérite

Dans ce centre hospitalier de province de 200 lits, l'équipe de direction est fort mécontente des cadres soignants. Je suis appelé en tant que spécialiste de la communication « pour leur apprendre à communiquer ». Pour mettre au point le programme de formation, la direction accepte que je rencontre différents acteurs concernés : les membres de l'équipe de direction, les cadres soignants eux-mêmes et quelques infirmières et chefs de service.

Mes entretiens avec les membres de l'équipe de direction montrent que tous pensent que les cadres « sont inefficaces, inexistants, et que l'on ne peut pas compter sur eux ». Le directeur et le directeur financier expliquent que cela vient du fait qu'ils ne sont pas passés par une école de cadres. Ils ont été promus sur place, à l'ancienneté, et ne sont donc pas compétents. Pour le directeur des ressources humaines, ces cadres sont, pour la plupart, en fin de carrière. Ils ne sont pas motivés car ils sont en quelque sorte « épuisés » par le système et attendent de partir à la retraite. Pour l'infirmière générale, ces cadres ont tous des problèmes psychologiques importants (qu'elle connaît parfaitement et prend plaisir à raconter). La formation demandée est alors une véritable rééducation psychologique de ces personnes...

La suite des interviews permit d'élargir le champ de l'analyse en replaçant les cadres infirmiers dans le contexte général de l'hôpital, et ainsi de faire apparaître une tout autre réalité.

Si ces cadres apparaissaient comme « incompétents, défaillants, peu sûrs... », c'est effectivement parce qu'ils faisaient le minimum, se gardant le plus possible d'agir, et qu'ils attendaient toujours le lendemain pour voir si les choses avaient changé. Cette conduite collective n'était pas due à leur incapacité ou à leurs problèmes personnels. Elle s'expliquait par leur réaction collective face au système de commandement instauré par l'équipe de direction.

L'un des problèmes majeurs de cet hôpital était que l'équipe de direction vivait un grand flottement dans la distribution des responsabilités. Le directeur empiétait sur les responsabilités du directeur financier, celui-ci sur les responsabilités du DRH, lequel se battait avec l'infirmière générale... Les cadres étaient au milieu d'un système d'instructions qui leur arrivaient sans cesse de tous les directeurs et qui étaient parfaitement contradictoires entre elles. Ils étaient les otages de chaque directeur contre les autres. S'ils exécutaient une directive de l'un des membres de l'équipe de direction, ils étaient sûrs de se faire réprimander et sanctionner par un autre directeur. Face au combat pour la définition de leur pouvoir que se livraient les membres de l'équipe de direction, le mieux pour ces cadres soignants était de « faire le gros dos » et d'attendre le lendemain que la situation se présente sous un autre jour.

Les conduites des cadres soignants de cet hôpital ne pouvaient se comprendre vraiment que si on les replaçait dans le contexte organisationnel, et que si l'on examinait le système global des interactions dans lequel ils étaient pris.

A.M.

CULTURES NATIONALES ET ORGANISATIONS : UN REGARD D'ETHNOSOCIOLOGUE

ENTRETIEN AVEC PHILIPPE d'IRIBARNE*

Quelle place donner aux contextes culturels nationaux et aux traditions politiques dans l'analyse des organisations ? Cette question est devenue centrale dans les travaux de Philippe d'Iribarne. En s'appuyant sur des recherches réalisées dans de nombreux pays, il propose une démarche originale pour comprendre la diversité des formes organisationnelles et des modes de gestion.

***Sciences Humaines :* Dans une conférence donnée en 1996, Sylvie Chevrier, membre de votre centre de recherche Gestion et Société, faisait état d'un débat qui a eu lieu en 1994 à l'Ecole de management de Paris, auquel vous avez participé et qui aurait donné lieu à la naissance de deux grandes écoles en matière de gestion : une école culturaliste et une école universaliste. En quoi cela consiste-t-il exactement ?**

Philippe d'Iribarne : Il existe effectivement un vieux débat. Je ne sais pas exactement de quand on peut le dater, mais il est certainement plus ancien que cela. Il oppose deux visions. Selon la première, on est dans un phénomène de mondialisation dans lequel toutes les différences que l'on constate entre divers pays dans les manières de gérer sont le résidu d'archaïsmes en train de disparaître sous l'influence du développement des « meilleures pratiques » (« *best practices* »). Il y aurait donc des bonnes manières de gérer, que l'on soit chez les Zoulous, les Chinois ou les Américains. La gestion serait quelque chose d'universel, lié aux propriétés objectives des situations. Cette approche universaliste est, de manière implicite, très dominante. En Inde ou en Chine par exemple, les livres de contrôle de gestion américains sont traduits directement sans être adaptés au contexte, voire ne sont pas traduits du tout.

Il y a une vision plus minoritaire qui considère au contraire que la gestion est inséparable d'une manière de vivre en société, de gouverner les hommes, de légitimer l'autorité et de créer l'adhésion de personnes à un projet commun. Elle a donc une dimension inévitablement culturelle. Le terme

** Directeur de recherche au CNRS, laboratoire Gestion et Société. A publié notamment :* La Logique de l'honneur, *Seuil, 1998 [1989] ; avec T. Globokar, J.-P. Segal, S. Chevrier, A. Henry (dirs),* Culture et mondialisation. Gérer par-delà les frontières, *Seuil, 2002 [1998].*

« culturaliste » n'est cependant pas tout à fait satisfaisant. Il est en effet largement rattaché à une école essentiellement américaine de la fin de la première moitié du XXe siècle, qui voyait la culture comme une sorte de potion magique : quand on provenait de telle culture, on agissait de telle manière, on avait tel type d'attitude. Cette vision a été très critiquée : on lui a reproché à juste titre ce qu'on a appelé son essentialisme, qui consiste à voir les gens issus d'une certaine culture en quelque sorte comme des petits automates, des petits soldats… L'approche de Gestion et Société est moins déterministe. Elle regarde plutôt la culture comme ce à travers quoi les situations et les événements prennent sens. On peut par exemple avoir dans une même culture des situations où les acteurs se montrent extrêmement coopératifs et d'autres où ils sont beaucoup plus méfiants et où la réalisation de projets communs sera très difficile.

***SH :* Que signifie être un ethnosociologue ? En quoi cela vous donne-t-il un regard original sur la vie de l'entreprise ?**

P. d'I. : Les sociologues, en tout cas les sociologues français, sont très largement universalistes. Ils vont s'intéresser au pouvoir, aux conflits, à la domination, aux stratégies, aux intérêts, etc., mais pas à la façon dont ces phénomènes prennent forme dans un contexte culturel ou dans un autre. Quand la sociologie s'intéresse à la culture, c'est à la culture d'un atelier, d'un groupe social (les ouvriers professionnels par exemple), ou encore, dans le cas américain, à celle d'une minorité ethnique, mais il ne s'agit pas d'une approche en terme de « grande culture », j'entends de culture propre à un pays dans son ensemble, voire à une grande région du monde.

Ce qui diffère dans notre approche par rapport à celle des sociologues, ce n'est pas notre objet d'étude puisque nous nous intéressons aux mêmes phénomènes qu'eux (le pouvoir, les conflits, la régulation des conflits, la coopération, etc.). En revanche, la perspective que nous adoptons replace les événements dans l'univers de signification d'un contexte culturel bien particulier. Pour prendre un sujet que les sociologues aiment bien, regardons les relations entre dirigeants d'entreprise et organisations syndicales. On constate qu'elles ne se déroulent pas du tout de la même façon aux Etats-Unis qu'en Allemagne ou en France. Or, on ne peut pas expliquer ces différences si on ne rentre pas dans les formes spécifiques de hiérarchie ou de coopération que l'on va trouver dans ces divers pays.

***SH :* Vous reprenez un mode d'analyse propre à beaucoup d'anthropologues en postulant l'existence de continuités culturelles sur de très longues périodes. Vous dégagez ainsi des systèmes d'oppositions fondamentales qui survivent aux transformations profondes des sociétés. Quel apport cela représente-t-il pour la sociologie, et plus précisément pour la sociologie des organisations ?**

P. d'I. : La sociologie aujourd'hui peine à trouver une articulation correcte entre, d'une part, ce qui relève de l'action des individus capables de transformer le cadre institutionnel de la société où ils vivent et, d'autre part, les continuités que l'on constate à travers l'histoire dans les diverses sociétés. Quelques auteurs ont essayé de concilier ces deux aspects, et au premier chef Anthony Giddens. Cependant, la théorie d'A. Giddens a tendance à ne pas distinguer ce qui est le plus permanent de ce qui change le plus vite. Or, il y a des aspects de la société qui restent stables, et d'autres qui se transforment rapidement. L'objet de notre démarche est donc de saisir comment se combinent ce qui demeure (je pense par exemple aux différentes conceptions de la liberté que l'on trouve dans les pays européens) et ce qui change (1). La sociologie des organisations est très liée à une perspective d'action, et il est important pour agir de savoir ce qu'on va réellement arriver à changer avec des actions appropriées et ce qui, au contraire, est hors de portée des acteurs.

***SH :* Vous mettez en cause l'idée de modernité, considérée comme source d'illusions et d'erreurs d'analyse. Pourquoi ?**

P. d'I. : Ce que je remets en cause – et je ne suis pas le seul puisque d'autres comme Mary Douglas ont déjà défendu ce point de vue – c'est l'opposition qui est souvent faite entre, d'un côté, les sociétés modernes qui seraient constituées d'individus totalement libérés du poids des traditions et des pesanteurs du passé et, d'un autre, les sociétés traditionnelles où les individus seraient au contraire complètement engoncés dans le poids des traditions et des coutumes. Cette vision nie les aspects hérités de la culture dans les sociétés contemporaines. Certes, certaines sociétés insistent plus dans leurs discours sur la continuité et d'autres plus sur le changement, mais, en fait, on trouve dans toutes un mélange intime de continuité et de changement et, pour les comprendre, il est nécessaire d'analyser ce mélange intime.

***SH* : Dans votre dernier ouvrage, *Le Tiers-monde qui réussit* (2), vous vous en prenez aux politiques de développement mises en œuvre dans le tiers-monde par des institutions internationales telles que le FMI et la Banque mondiale. Vous dénoncez *« une sorte de fondamentalisme modernisateur, drapé dans ses certitudes »* et fondé sur un déni de différences culturelles. Que reprochez-vous exactement à ces institutions ?**

P. d'I. : On ne peut pas nier qu'il existe dans ces pays en développement des problèmes de corruption, de népotisme, de manque de transparence et de démocratie, et que le FMI ou la Banque mondiale ont raison de lutter contre ces phénomènes. Je ne défends bien sûr pas du tout ces pratiques. Je crois cependant qu'il ne faut pas confondre l'objectif, qui est de lutter contre ce type de phénomènes, et les moyens qui sont utilisés pour cela, et c'est là que je prends quelque distance par rapport à la démarche de ces institutions – même si je pense qu'elle peut tout à fait évoluer : j'ai des contacts à la Banque mondiale avec des personnes très ouvertes sur ces questions. Les moyens préconisés par ces organisations internationales sont largement des moyens à l'américaine, qui consistent à développer un système contractuel, privatisé, avec un type d'objectifs à l'américaine, une forme d'évaluation et de transparence à l'américaine, etc. Ce que j'essaie de montrer dans mon livre en prenant des exemples d'entreprises du tiers-monde qui vont dans le sens des objectifs fixés par le FMI et qui sont efficaces en ayant à certains égards des pratiques très modernes, c'est la nécessité de prendre en compte le contexte culturel dans lequel s'enracinent les pratiques de gestion. Nous avons en effet constaté que c'est en appliquant des procédures qui prennent sens dans la culture locale que les entreprises du tiers-monde analysées réussissaient.

***SH* : Le fonctionnement des entreprises du tiers-monde que vous avez analysées est-il très différent de ce qu'on peut trouver dans les pays occidentaux ?**

P. d'I. : Il y a deux plans en quelque sorte. Si on se situe à un niveau très abstrait, on peut dire à juste titre qu'une entreprise, quelle qu'elle soit, doit pour bien fonctionner développer le pouvoir de la base, diminuer le nombre de niveaux hiérarchiques, instaurer une certaine transparence, développer des relations de confiance, contrôler assez strictement par des procédures convenables l'action des dirigeants, etc. Tout cela est vrai dans toutes les entreprises. En revanche, nous avons constaté, en nous intéressant à la mise en œuvre de ces principes et à la façon dont ceux-ci prennent sens pour les différents acteurs, l'existence de spécificités propres à chacun des pays où nous avons travaillé. Nous avons vu par exemple que le rôle du dirigeant mexicain chez Danone et celui du dirigeant marocain chez ST Microelectronics étaient extrêmement différents. Le premier dirigeant était conçu comme un membre d'une communauté d'égaux animée par un esprit de solidarité et d'entraide où tous participaient aux processus de décision. Au contraire, le second apparaissait comme une sorte de saint homme capable d'être un arbitre au-dessus des parties, dont la hauteur morale permettait de trancher les conflits et de faire appliquer une sorte de code moral régissant les comportements dans l'entreprise. Dans les deux cas, on voyait que les mêmes grands principes étaient mis en œuvre à travers des procédures différentes, chacune étant liée à des modèles spécifiques de bonne coopération.

***SH :* Quinze ans après la première publication de *La Logique de l'honneur*, avez-vous constaté une meilleure prise en compte par les entreprises des spécificités culturelles des pays où elles s'implantent ?**

P. d'I. : Oui, tout à fait. Les entreprises commencent à se poser vraiment la question, en particulier celles qui ont racheté en Asie et dans les pays d'Europe de l'Est – les deux principaux domaines qui les amènent, me semble-t-il, à évoluer. Elles se disent que, dans les vieux pays industriels, elles ont empiriquement développé des ajustements qui somme toute tiennent la route, mais, quand elles se développent en Asie, elles se rendent compte que ce n'est pas évident, qu'on se heurte à des problèmes profonds de compréhension.

Propos recueillis par
DOMINIQUE VELLIN
(*Sciences Humaines*, n° 153, octobre 2004)

1. Voir P. d'Iribarne, « Trois figures de la liberté », *Annales*, vol. LVIII, n° 5, sept.-oct. 2003.
2. P. d'Iribarne, *Le Tiers-Monde qui réussit. Nouveaux modèles*, Odile Jacob, 2003.

MANAGEMENT ET PSYCHANALYSE

Entretien avec Eugène Enriquez*

La psychanalyse des organisations a été introduite en France dans les années 60. Il s'agit d'une « analyse ouverte » qui se nourrit de différentes approches.

***Sciences Humaines :* Comment la psychanalyse en est-elle venue à s'intéresser à l'entreprise ?**

Eugène Enriquez : La psychanalyse s'est intéressée depuis très longtemps aux organisations. Les origines sont anglaises. Les travaux du Tavistock Institute, en particulier ceux d'Eliott Jaques, qui était en même temps consultant à la Glacier Metal Company depuis les années 45 et psychanalyste, ont eu une importance capitale. Il essayait d'utiliser la psychanalyse pour interpréter un certain nombre de phénomènes d'organisation. Il analysait les structures d'entreprise comme des systèmes de défense collectifs contre les anxiétés, et comme les réceptacles des aspects psychotiques et névrotiques des individus dans ces organisations. Autrement dit, il voulait analyser la manière dont les individus pouvaient projeter à l'intérieur des organisations leurs peurs, leurs pulsions, leurs objets internes, leur anxiété. En retour il cherchait à observer comment l'organisation tout entière pouvait fonctionner sous des modes de défense collectifs sans que les individus en aient conscience. Il a étudié par exemple comment fonctionnait la marine britannique et certaines structures syndicales : c'est-à-dire comment les acteurs agissaient non pas en fonction de critères strictement rationnels, mais en fonction de leurs craintes et de leurs angoisses. Eliott Jaques était à l'époque très lié à Wilfried Ruprecht Bion qui a décrit les hypothèses de base auxquelles est soumis tout groupe : l'hypothèse de dépendance, l'hypothèse « fuite et combat », l'hypothèse de couplage.

* *Professeur émérite de sociologie à Paris-VII, intervenant et consultant en organisation. Il a publié :* L'Organisation en analyse, *Puf, 2003 (4e éd.) ;* Les Jeux du pouvoir et du désir dans l'entreprise, *Desclée de Brouwer, 1997.*

***SH :* Quand et comment le courant de psychanalyse des organisations a-t-il été introduit en France ?**

E.E. : Son influence s'est exercée rapidement en France. L'Arip (Association pour la recherche et l'intervention psychosociologique) que nous avons fondée avec Max Pagès, Guy Palmade, André de Perreti, André Lévy, Jean-Claude Rouchy et moi dès 1959 a été fortement marquée par le Tavistock Institute.

A cette même époque, les premiers groupes qui fonctionnèrent furent l'Arip, l'Andsha (Association nationale pour le développement des sciences humaines) de Jacques Ardoino et le Groupe français de sociométrie (influencé par Jacob L. Moreno) de Anne Ancelin-Schutzenberger. Puis Didier Anzieu fonda avec Jean Bertrand Pontalis, le Ceffrap (partition de l'Andsha). René Kaës a apporté une contribution notable au développement de ce groupe.
Ce mouvement d'intérêt pour l'analyse des phénomènes de groupe était par ailleurs mélangé avec d'autres courants : il y eut l'influence américaine de Kurt Lewin et de Carl Rogers. Ces auteurs prenaient en compte une logique des sentiments négatifs ou positifs dans l'organisation, même s'ils refusaient l'idée d'inconscient.
L'Arip n'a jamais formé une école, elle comporte des intervenants-chercheurs venus d'horizons différents : sociologie, psychosociologie clinique ou expérimentale, sémiotique... Il existe une approche et un intérêt communs pour les processus inconscients qui sont à l'œuvre dans l'organisation. On ne peut donc pas parler d'une psychanalyse de l'entreprise au sens précis du terme. Il s'agit plutôt d'une « analyse » globale qui fait intervenir des modes d'approche divers. En France nos premiers clients ont d'abord été des entreprises, ce furent ensuite les établissements scolaires et les établissements sanitaires et sociaux qui furent les plus nombreux à faire appel à nous. Il y a maintenant un renouveau de l'intérêt des entreprises.

***SH* : Quelle sorte d'analyse est mise en œuvre ?**

E.E. : Cette analyse débouche parfois sur la psychanalyse des dirigeants eux-mêmes. Cette pratique a surtout cours aux Etats-Unis. Il s'agit alors, dans le cadre des nouvelles méthodes managériales de lever les inhibitions pour développer un moi fort, plus dynamique, pour être capable de supporter le stress interne, pour faire des dirigeants plus performants, etc. En France, le plus souvent l'analyse porte sur la façon de se conduire dans les organisations et non seulement sur les méthodes de direction : comment les cadres se situent dans l'imaginaire de l'organisation, quels sont les processus d'identification des ouvriers...
On observe par exemple les clivages qui peuvent exister entre services, les « attaques contre les liens » de W.R. Bion : alors que les gens déclarent vouloir travailler ensemble, ils se

débrouillent pour casser ces liens et rester seuls. On peut s'apercevoir également que dans les organisations ce sont dans certains cas les plus «bizarres» qui prennent la direction, et dans d'autres ceux que l'on peut appeler les «surnormaux», qui se disent sans états d'âme et qui bloquent leur capacité de vie fantasmatique. On peut se demander si ce ne sont pas ces types d'individus qui suscitent le plus l'admiration. Il existe aussi des personnalités *as if* («comme si») qui s'épuisent dans l'apparence, dans la performance et qui se vident progressivement de leur propre vie intérieure, parce qu'ils n'ont comme vie interne que l'idéal de l'organisation.

Les phénomènes de clivage, de désaveu, d'idéalisation, de sublimation, d'hostilité, d'agressivité font encore l'objet de l'analyse et de l'intervention. On peut étudier enfin les mythes fondateurs, les histoires refoulées ou les investissements névrotiques que crée toute organisation, tout groupe.

***SH :* Quel type d'entreprise fait appel à des consultants pour se faire «analyser»?**

E.E. : A ma connaissance, il n'y a en France aucune entreprise qui ait fait une demande explicite d'analyse. Il existe en revanche depuis cinq ans aux Etats-Unis une association (l'International Society for Psychanalytic Study of Organization) dont je suis un des membres fondateurs. Il y a eu des entreprises qui ont accepté que se déroulent à l'intérieur de l'organisation des psychodrames analytiques, du *training group*. Le plus fréquemment, elles accueillaient favorablement une analyse interne des problèmes d'organisation. Ainsi, certaines entreprises acceptent une «psychanalyse à chaud» des problèmes. Je le répète, on ne peut appliquer tels quels les concepts de la psychanalyse à l'entreprise : on ne peut pas dire que tel service représente le «mauvais objet» au sens de Melanie Klein ou au contraire la «bonne mère»... Nous avons toujours cherché à intégrer également les enjeux historiques et économiques pour ne pas faire émerger que les dimensions psychiques de l'organisation.

***SH :* Comment se passe une intervention? Peut-on mettre une entreprise sur le divan?**

E.E. : Il n'y a pas de modèles, de règles systématiques ou de méthodologie codifiée. Il y a des praticiens qui interviennent sur des groupes de dirigeants, d'autres sur des services qui en font la demande. D'autres encore interviennent comme formateurs pour sensibiliser les participants aux processus inconscients dans les groupes. Dans certains cas on participe à la formation des intervenants et des agents de changement. On ne travaille en réalité qu'avec des segments de l'organisation. Le principe premier est le volontariat. La plupart du temps, c'est au cours d'une intervention que l'on parvient, petit à petit, à faire prendre en compte par les acteurs des facteurs inconscients, affectifs qui agissent au sein de l'entreprise. On va alors découvrir des peurs collectives, des émotions de groupe, l'existence de clans autour de leaders. Il ne s'agit donc pas de sonder les reins et les cœurs à la demande, mais de conduire certaines entreprises à accepter d'explorer progressivement la vie psychique de leur organisation tout entière.

***SH :* Pourriez-vous donner un exemple de ce que signifie une analyse de groupe ou d'organisation ?**

E.E. : Dans certaines organisations, on observe des gens qui se comportent comme des morts vivants. Ils préfèrent, malgré tous les dysfonctionnements qui assaillent l'organisation, se cacher la réalité et refusent d'affronter les difficultés. On peut voir des organisations qui préfèrent, parce que cela les rassure, maintenir une répétition mortifère de ce qui se fait plutôt que d'envisager autre chose (par peur que tout ne s'écroule). Il y a aussi des organisations qui développent un stress professionnel tendant à briser, à casser les individus.
A l'inverse, on observe des institutions où prévaut le consensus, où l'on refuse le conflit et donc le dévoilement de certains problèmes par peur de la confrontation ou par peur de briser l'harmonie interne. Il y aura alors refoulement de la parole libre, refoulement de l'agressivité...

***SH :* En matière de management participatif, l'analyste constate-t-il de réelles modifications de pouvoir dans l'entreprise depuis vingt ans ?**

E.E. : L'idée du management participatif est en réalité une très vieille idée : elle date d'après-guerre. Elle a mis du temps à s'imposer. En 1956, lorsque je parlais de participation, de consultation, je me suis entendu reprocher de vouloir installer des soviets ! Maintenant, on peut dire qu'il y a des soviets partout ! Ils s'appellent cercles de qualité, groupes d'expression, groupes de projet, groupes *ad hoc*... Il y a un changement en ce sens que l'on commence à mettre en place des idées proposées par les psychosociologues dès les années 40.

Personnellement, je ne pense pas beaucoup de bien de ces méthodes dans la mesure où la participation est exigée. Michel Crozier avait bien dit dans *Le Phénomène bureaucratique* que les gens voulaient des compensations à l'investissement en termes d'argent, de prestige. Dans une certaine mesure, il est vrai que la personnalité des cadres ou des ouvriers est plus prise en compte ; ceux-ci se sentent plus valorisés lorsqu'ils ont de nouvelles responsabilités. Mais en même temps, jamais il n'y a eu un tel contrôle sur la pensée et la psyché des individus. Jamais ne s'est autant manifestée la volonté d'emprise de l'organisation sur l'individu. L'organisation tend à prendre l'individu au piège de ses propres désirs.

Propos recueillis par
JEAN-FRANÇOIS DORTIER
(*Sciences Humaines*, n° 5, avril 1991)

ANNEXES

MOTS CLÉS

Activity base management **(ABM)**
Il s'agit de méthodes consistant à appliquer les principes énoncés par Peter Drucker en 1954, à savoir : déterminer les activités nécessaires pour atteindre les buts de l'entreprise. Des systèmes d'information sur les coûts des activités transversales à l'entreprise sont mis en place afin de minimiser les coûts de production et organisationnels.

Analyse systémique
Approche des phénomènes humains et sociaux qui considère les logiques globales qui émergent des relations entre phénomènes ou individus, au lieu de partir des caractéristiques propres à chaque élément pris isolément.

Back Office
Le « bureau derrière » est la partie qui, dans une entreprise de service, n'est ni décisionnaire ni en contact avec les clients ; le plus souvent en charge des tâches routinières.

Benchmarking
Méthode de management consistant à introduire la comparaison de sa propre performance avec celle de ses concurrents dans le même métier. Le détour par la comparaison est considéré comme un facteur d'émulation.

Burn out
Ce terme (traduit en français par « brûlure interne ») est apparu au cours des années 80 pour caractériser une pathologie observée chez les cadres de certaines entreprises. Il s'agit d'une forme d'épuisement physique et psychique, lié à un investissement (mental et affectif) extrême au travail, et aux difficultés à atteindre les buts, le plus souvent irréalisables, que l'individu s'est fixés.

Compétence
A travers ce terme de « compétence », on met l'accent sur la personne au travail (plus que sur le poste de travail) car elle est jugée le mieux à même de répondre aux nouvelles exigences des gestionnaires. En parlant des compétences et non plus de la qualification*, des sociologues et économistes ont voulu introduire une rupture conceptuelle radicale. Cette rupture semble loin d'être convaincante quand on s'intéresse aussi bien aux réalités des entreprises françaises qu'aux résultats des comparaisons internationales, dans la mesure où on sait que, par exemple, les qualifications allemandes sont largement construites sur les logiques professionnelles de métiers et les qualifications japonaises sur les capacités des personnes.

Contingence (théorie de la)
Selon la théorie de la contingence, les organisations sont des systèmes ouverts, dont la structure interne et le mode de gestion ne sont pas universels mais dépendants des caractéristiques de leur environnement (technologie, stabilité de l'environnement...). Principaux représentants : T. Burns et G.M. Stalker, J. Lorsch et P. Lawrence, J. Woodwoard.

Culture d'entreprise
Popularisé dans les années 80, le management par la culture consiste à produire l'adhésion du personnel autour d'un projet mobilisateur servant de repère pour les membres de l'entreprise.

Cybernétique
Terme forgé en 1947 par Norbert Wiener, il vient du grec *kubernêtikê*, qui signifie « pilote ». La cybernétique est l'étude de la régulation des systèmes complexes (organismes vivants ou dispositifs mécaniques). La notion d'information est considérée comme la moelle épinière de ces systèmes, et liés à elle, les principes de rétroaction et d'autoadaptation.

Direction par objectif (DPO)
Version française de *Management by objectives** (MBO). Mise au point dans les années 60 par Octave Gélinier, elle y ajoute la dimension participative (DPPO).

Downsizing
Un des maîtres mots des pratiques managériales des années 80 consistait à réduire de manière drastique les effectifs d'ouvriers et d'employés. Objectif : « débureaucratiser » l'organisation en la rendant « *lean and mean* » (maigre et méchante) et par là même plus compétitive. Depuis, ces pratiques ont fini par toucher les cadres intermédiaires. Equivalent en français : dégraissage ; ne pas confondre avec le *reengineering**.

Ecole de Palo Alto
Du nom d'une petite ville californienne proche de l'université de Stanford, l'Ecole de Palo Alto désigne un courant de pensée né dans les années 50 sous l'impulsion de G. Bateson, D. Jackson, P. Watzlawick, E.T. Hall, qui s'intéresse aux phénomènes de communication interpersonnelle. Il a notamment mis l'accent sur les propriétés systémiques (rétroaction, rôle du contexte...) de la communication interpersonnelle, et connaît des applications en thérapie familiale et en diagnostic organisationnel.

Empowerment
Technique ou énoncé qui consiste à permettre à chacun de s'approprier son travail, de prendre des décisions à son niveau, d'être évalué sur ses résultats. L'*empowerment* permet d'affronter l'évolution de l'entreprise en donnant à chacun le pouvoir d'agir pour aider l'entreprise dans l'attente de ses résultats. Equivalent possible en français : subsidiarité ; ne pas confondre avec management participatif*.

Enrichissement des tâches
Méthode élaborée dans les années 70 et reposant sur l'idée que l'organisation d'un groupe de travail ne dépend

ni de la technologie ni des attitudes individuelles dans le groupe mais des deux à la fois. Des aménagements de poste se feront sous forme d'élargissement puis d'enrichissement du travail (intégrant conception et exécution du travail). Ce mouvement aboutira à des expériences consistant à mettre en place des groupes semi-autonomes ou autonomes.

Fordisme

Le fordisme désigne tout d'abord un mode d'organisation du travail impulsé par l'industriel Henry Ford (1863-1947) au début du XXe siècle. Pour construire ses automobiles (dont le fameux modèle T, créé en 1908) dans ses usines de Detroit, H. Ford introduit trois innovations fondamentales : la standardisation des produits, la chaîne d'assemblage et une politique de hauts salaires. La standardisation est une grande nouveauté à une époque où la plupart des automobiles sont produites sur commande par de petits ateliers autonomes. H. Ford se plaisait à dire : « *Je peux fournir une voiture de n'importe quelle couleur, pourvu qu'elle soit noire.* » La standardisation va permettre l'invention d'un nouveau mode d'organisation du travail : les chaînes de montage où les automobiles sont montées en série.

L'instabilité des ouvriers étant extrêmement importante à l'époque (de nombreux ouvriers immigrés ne faisaient que passer quelques mois dans ses usines), H. Ford, pour fixer un noyau de travailleurs stables, indispensables à une production régulièrement croissante, double les salaires (« *Five dollars a day* ») des « *ouvriers mâles de plus de vingt et un ans et de bonnes mœurs* ». La conséquence en fut le considérable accroissement du pouvoir d'achat des ouvriers, puis de tous les salariés.

Par extension, le terme « fordisme » a été proposé par les « économistes de la régulation » (dont Michel Aglietta et surtout Robert Boyer sont les chefs de file) pour désigner un mode de production et de consommation qui a prévalu dans les grands pays industrialisés depuis la fin de la Seconde Guerre mondiale. Ce « mode de régulation » est fondé sur le couple production de masse/consommation de masse. La production de masse repose sur les techniques nouvelles (machines-outils, transports, mécanisation du travail), l'organisation du travail (parcellarisation des tâches et lignes de montage) et la standardisation des produits. La consommation de masse est permise par une politique de revenu stable due à l'Etat providence (*welfare state*) qui redistribue les revenus, et un rapport salarial où les négociations collectives tiennent une grande place.

A partir des années 70, les théoriciens de la régulation vont diagnostiquer la crise du modèle fordiste, dont la crise économique qui débute en 1973 n'est qu'un des effets. La recherche de nouveaux modes d'organisation du travail et de régulation économique va alimenter la littérature socio-économique importante sur le thème du « postfordisme ».

Gouvernement d'entreprise (*ou Corporate governance*)

Corporate governance, gouvernement d'entreprise, gouvernance d'entreprise... De quoi parle-t-on exactement ?

Le débat porte ici sur la relation entre les actionnaires et les dirigeants d'entreprises, faut-il le préciser, cotées sur le marché financier. Selon cette analyse, après l'ère des managers, on serait passé à l'ère des actionnaires. Ces derniers agents économiques sont dans un rapport d'incertitude, d'information incomplète vis-à-vis des dirigeants. Tout ceci remplit les actionnaires de suspicion, comme peuvent l'être les assureurs vis-à-vis de leurs assurés. N'y a-t-il pas des dissimulations dans les rapports financiers distribués aux actionnaires ? Les dirigeants servent-ils les intérêts de leurs actionnaires en recherchant une rentabilité maximale des capitaux investis ? Cette première approche de la gouvernance a connu un franc succès suite aux divers scandales financiers qui ont secoué des entreprises comme Enron ou Vivendi. Dans une version plus extensive, la *corporate governance* questionne l'exercice du pouvoir dans l'entreprise au-delà des relations entre ses actionnaires et ses dirigeants. Ceux que l'on appelle les *stakeholders* – les salariés et leurs représentants, les clients, les fournisseurs et les créanciers – sont intégrés dans le processus de gouvernance aux côtés des actionnaires. C'est cette définition que l'OCDE a retenue en 1999 pour édicter ces principes de « bonne gouvernance » et inciter les pays développés à élaborer *« un cadre juridique et réglementaire qui doit régir l'organisation du pouvoir dans l'entreprise »*.

Intrapreneuriat

Dans les grandes structures décentralisées, il s'agit de transformer des responsables de centre de profits (des années 70) en véritables patrons d'unité capables d'impulser des projets.

Knowledge management

Tous les cadres connaissent bien ce problème de la surcharge d'informations. Chaque jour, il faut traiter une foule considérable de données : email, coups de téléphone, courriers, lectures de journaux professionnels, notes d'information. Et cette information est sans fin du fait de la multiplication des sources et des domaines possibles d'information (sur la clientèle, l'évolution des produits, l'innovation technique, etc.). Dans une première approche, le *knowledge management* (ou KM) relève des techniques et méthodes de gestion de l'information (tout comme il existe des outils et méthodes de gestion du temps).

L'expression a été popularisée par l'Américain Thomas Davenport dans les années 90. Centrée au départ sur l'usage des NTIC (nouvelles technologies de l'information et de la communication) dans l'entreprise, la notion de *knowledge management* est devenue un concept global pour désigner toutes les formes de gestion de la connaissance en organisation. Assurer la formation continue du personnel, gérer en parallèle les données informatiques sur la clientèle, mettre en place un dispositif de veille technologique, créer un centre documentaire, mettre en ligne un agenda collectif informatisé... *A priori*, tout cela peut relever du *knowledge management* ou « gestion des connaissances ».

***Management by Objectives* (MBO)**
Exposée et développée par Peter Drucker dans les années 50, cette méthode est destinée à structurer la relation supérieur/subordonné. Des objectifs sont définis, les résultats à attendre aussi, les performances sont mesurables selon les niveaux hiérarchiques.

Managerial Grid
Grille d'analyse mise au point dans les années 60 par R. Blake et J. Mouton (université du Texas). Cette grille évalue le style de management selon deux dimensions : la dimension « intérêt pour que le travail soit fait » et la dimension « intérêt pour communiquer avec les autres ». Chaque dimension est évaluée sur une échelle de 9 points. Le croisement des deux donne un style de management. Cette grille a été ensuite introduite et réaménagée en France par Dominique Chalvin sous forme de stage « autodiagnostic des dirigeants ».

Management participatif
Méthode de management apparue dans les années 80 aux Etats-Unis et diffusée rapidement en Europe. Elle est basée sur la participation du personnel, la mobilisation des ressources humaines en faisant appel à l'initiative, l'autonomie, la responsabilité et l'esprit d'équipe, et s'oppose à une vision hiérarchique et disciplinaire de l'organisation. L'intérêt pour les groupes de qualité, de projet, de culture d'entreprise... participe de ce courant managérial.

Prospective
C'est aux Etats-Unis que la prospective d'entreprise (appelée Future Studies) s'est développée à partir des années 60, dans le cadre de la planification par objectifs. Dès les années 70, plus de la moitié des 500 plus grandes entreprises américaines sont dotées de cellules de prévision et de prospective. En France, elles sont beaucoup moins nombreuses : seuls quelques grands groupes privés (L'Oréal, Péchiney, Axa, Total-Fina-Elf) ou publics (Edf, la Sncf, La Poste) en sont dotés.
Il reste que, dans les grandes entreprises cotées en bourse, la projection sur le long terme entre en contradiction avec la logique du court terme des actionnaires. Aussi, ces dernières années, certaines ont eu tendance à se replier sur des moyens ou des méthodes simplifiés comme l'animation de groupe, consistant à confronter les points de vue d'experts, ou la veille informationnelle, technologique ou commerciale, pour capter les signaux annonciateurs des évolutions de leur environnement.

Qualification
Dans son acception dominante, la qualification était associée, jusqu'aux années 80, au poste de travail, à la difficulté à réaliser le travail qui lui correspondait : était qualifié un travail difficile à réaliser ; être qualifié signifiait qu'on avait les capacités à faire un travail qualifié. La qualification représentait en quelque sorte une reconnaissance des caractéristiques du travail à travers une place collectivement reconnue dans des échelles de classification. Ces échelles donnaient elles-mêmes une place dans des hiérarchies professionnelles et sociales.

Qualité

Si la qualité du produit est de tout temps un impératif des organisations, le terme de qualité a pris, à partir de la fin des années 70, une importance considérable et va se manifester à travers un ensemble de pratiques managériales.

L'extension du mouvement de recherche de qualité s'est déroulée en quelques grandes étapes : en premier lieu, la recherche d'une « assurance qualité » (les entreprises créent des procédures pour garantir la qualité à leurs clients) ; ensuite, l'idée japonaise selon laquelle la qualité se fait avec la participation des salariés est à l'origine de la mode des « cercles de qualité » ; la logique de l'assurance qualité débouche sur la construction de normes internationales (ISO) visant à certifier la qualité du processus et du produit ; enfin le mouvement managérial de la « qualité totale », apparu au milieu des années 80, cherche en quelque sorte à réorganiser l'ensemble de l'entreprise sur la base de la préoccupation de qualité.

Rationalité limitée

Le concept de rationalité limitée est dû à Herbert A. Simon, prix Nobel d'économie en 1978, théoricien majeur des organisations, mais aussi un des pères des sciences cognitives et de l'intelligence artificielle.

Le modèle canonique du comportement humain, en analyse économique et organisationnelle, suppose un individu rationnel qui maximise son utilité. Quand il doit prendre une décision, il choisira l'option optimum, en fonction de ses intérêts. A cette vision idéale, H. Simon oppose une conception plus réaliste du comportement humain. Selon lui, notre rationalité est limitée (dans la plupart des situations, l'homme n'est pas en mesure de se former une idée complète et exacte de toutes les possibilités de choix) et procédurale (on procède par essai et erreur, on imagine des solutions les unes après les autres...). Au bout du compte, quand nous avons une décision à prendre, la solution adoptée est satisfaisante pour celui qui la prend, et non pas optimale. Cette analyse va profondément influencer l'ensemble des théories de l'organisation et du comportement humain.

Reengineering

Conçue dans les années 90, par Michael Hammer, cette méthode s'inscrit dans l'esprit des démarches qualité ; elle vise à repenser l'organisation d'une entreprise en fonction de ses activités de base et des processus que ces activités recouvrent et non de la hiérarchie ou de la division du travail existantes.

Relations humaines (école des)

L'école des relations humaines dont le fondateur est Elton Mayo (1880-1949) met l'accent sur l'importance du facteur humain dans l'entreprise. L'expérience des usines d'Hawthorne de la Western Electric dirigée par E. Mayo est la référence fondatrice de l'école des relations humaines. A une époque où les pratiques du taylorisme* étaient dominantes dans la grande industrie, E. Mayo a montré que les ouvriers ne sont pas mus par le seul appât du gain, mais qu'ils revendi-

quent de la considération et de la reconnaissance.
Après E. Mayo, le courant des relations humaines se prolongea autour de deux axes :
– les contributions d'Abraham Maslow (1908-1970), de Frederick Herzberg (1923-2000) et de Douglas MacGregor (1906-1964), pour qui l'homme au travail n'est pas motivé pas le seul intérêt économique mais par un système complexe de besoins (reconnaissance, sécurité, auto-accomplissement, etc.) ;
– la dynamique de groupe, dont Kurt Lewin (1890-1947) et Jacob L. Moreno (1892-1974) sont les principaux représentants, insiste sur les relations dynamiques et les liens affectifs qui se nouent au sein de petits groupes.

Stratégie
Dans le domaine de l'entreprise, la notion de stratégie relève d'abord du management. Elle concerne la façon dont les managers dirigent leur entreprise : définition des buts, des moyens et des formes d'intervention.
La stratégie implique un projet délibéré engageant l'entreprise sur le long terme. Elle suppose donc à la fois un but fixé et un plan d'action. Mais nombre de sociologues des organisations (James G. March, Herbert A. Simon, Henry Mintzberg) ont fait valoir que le pilotage d'entreprise n'est pas toujours aussi conscient et défini à l'avance. La stratégie se construit pour partie par une succession de modifications, d'ajouts, de renoncements, en fonction d'événements et d'opportunités. Dans ce cas, on parle de « stratégie émergente* » pour souligner combien cette stratégie se forme donc au cours de l'action.
Les salariés adoptent eux aussi des stratégies dans l'entreprise. Elles sont définies par les formes d'implication dans le travail, les jeux de pouvoir, la préservation de leur territoire personnel, etc. L'analyse stratégique de Michel Crozier et Erhard Friedberg se consacre justement à l'exploration de ces stratégies d'acteurs en organisation.

Stratégie émergente
La stratégie d'une entreprise n'est jamais la simple traduction d'un projet familial ; elle se construit par de multiples changements selon le contexte et les circonstances ; elle se forme donc au cours de l'action ; cependant, une stratégie purement émergente ne mériterait plus le nom de stratégie.

Taylorisme
L'organisation scientifique du travail a été imaginée par l'ingénieur américain F.W. Taylor au tournant du siècle dernier (1856-1915). Afin d'accroître l'efficacité du travail dans les grandes fabriques, F.W. Taylor propose une organisation « rationnelle » de la production fondée sur les principes de séparation radicale entre la conception et l'exécution, le découpage des activités en tâches élémentaires et non qualifiées, le salaire au rendement. L'OS (ouvrier spécialisé) condamné à une tâche infiniment répétitive (serrer toujours les mêmes boulons, souder toujours la même pièce, etc.) sera la figure emblématique de l'organisation scientifique du travail. Le taylorisme se répandra surtout dans les

secteurs de la production de masse, automobile, textile, emballage. Bien qu'il fût un facteur extraordinaire d'essor de la productivité, le taylorisme a généré beaucoup d'effets pervers : démotivation, absentéisme, freinage, taux de défauts importants.

Toyotisme
Organisation du travail conçue par un ingénieur japonais de l'entreprise Toyota, Taiichi Ohno. Le toyotisme a été mis en œuvre au Japon dès les années 50, puis abondamment imité dans les années 80 par les entreprises occidentales. Il repose sur quelques principes essentiels : la production en flux tendus (pas de stock), l'autonomie des acteurs et l'interactivité des postes de travail, la flexibilité et la transversalité de l'organisation du travail et la polyvalence des opérateurs.

***Training group* (ou *T. group*)**
Mis au point par Kurt Lewin ; méthode de dynamique de groupe dont le principe repose sur la discussion guidée par un animateur (*trainer*) et visant à révéler puis réguler les relations au sein de ce groupe.

BIBLIOGRAPHIE GÉNÉRALE

Manuels et ouvrages de synthèse

T. Alberto, P. Combemale, *Comprendre l'entreprise. Théorie, gestion, relations sociales*, Armand Colin, 2005 (4e éd.).

J. Allouche (dir.), *Encyclopédie des ressources humaines*, Vuibert, 2003.

N. Aubert, J.-P. Gruère, J. Jabes, H. Laroche, S. Michel, *Management. Aspects humains et organisationnels*, Puf, 1997 (5e éd.).

P. Bernoux, H. Amblard, G. Herreros, Y.-F. Livian. *Les Nouvelles Approches sociologiques de l'organisation*, Seuil, 2005 (3e éd.).

B. Coriat, O. Weinstein, *Les Nouvelles Théories de l'entreprise*, Le Livre de poche, 1995.

E. Friedberg (dir.), *La Recherche de l'organisation*, CD-Rom, Banlieues Média, 2002.

C. Lévy-Leboyer, M. Huteau, C. Louche, J.-P. Rolland (dirs), *La Psychologie du travail*, Ed. d'Organisation, 2003 (2e éd.).

Y.-F. Livian, *Introduction à l'analyse des organisations*, Economica, « Gestion Poche », 2000 (2e éd.).

Y.-F. Livian, *Organisation. Théories et pratiques*, Dunod, 2005 (3e éd.).

G. Morgan, *Images de l'organisation*, De Boeck, 1999 (2e éd.).

J. Rojot, *Théorie des organisations*, Eska, 2003.

J.-C. Scheid, *Les Grands Auteurs en organisation*, Dunod, 1999.

R.-A. Thiétart (dir.), *Méthodes de recherche en management*, Dunod, 2003 (2e éd.).

Quelques classiques des sciences des organisations et du management

C. Argyris, D.A. Schön, *Apprentissage organisationnel : théorie, méthode, pratique*, De Boeck université, 2002 [1996].

A.D. Chandler, *La Main invisible des managers*, Economica, 1988 [1975].

M. Crozier, *Le Phénomène bureaucratique*, Seuil, 1971 [1963].

M. Crozier, E. Friedberg, *L'Acteur et le Système*, Seuil, 1992 [1977].

P. DRUCKER, *Du management*, Village mondial, 2004.

A. ETZIONI, *Les Organisations modernes*, Duculot, 1971.

J.G. MARCH, H.A. SIMON, *Les Organisations. Problèmes psychosociologiques*, Dunod, 1999 [1958].

H. MINTZBERG, *Le Management : voyage au centre des organisations*, Ed. d'Organisation, 2004 (2e ed.) [1989].

J.-D. REYNAUD, *Les Règles du jeu. L'action collective et la régulation sociale*, Armand Colin, réédition, 1998 (3e éd.).

O.E. WILLIAMSON, *Les Institutions de l'économie*, InterEditions, 1994.

Le management et ses outils

J. ALLOUCHE, G. SCHMIDT, *Les Outils de la décision stratégique*, 2 tomes, La Découverte, 1995.

P. CABIN, J.-C. RUANO-BORBALAN (dirs), *Le Management aujourd'hui. Théories et pratiques*, DEMOS, 1999.

A. DAVID, A. HATCHUEL, R. LAUFER (dirs), *Les Nouvelles Fondations des sciences de gestion. Eléments d'épistémologie de la recherche en management*, Vuibert, 2001.

P. JOFFRE, Y. SIMON, *Encyclopédie de gestion*, Economica, 1997 (2e éd.).

K. LE JOLY, B. MOINGEON (dirs), *Gouvernement d'entreprise. Débats théoriques et pratiques*, Ellipses, 2001.

H. MINTZBERG, B. AHLSTRAND, J. LAMPEL, *Safari en pays stratégie. L'exploration des grands courants de la pensée stratégique*, Village mondial, 1999.

J.-C. MOISDON (dir.), *Du mode d'existence des outils de gestion. Les instruments de gestion à l'épreuve de l'organisation*, Seli Arslan, 1997.

J.-P. SCHMITT, *Manuel d'organisation de l'entreprise*, Puf, 2002 (4e éd.).

R.-A. THIÉTART, *Le Management*, Puf, « Que sais-je ? », 2003 [1988].

Le pouvoir et la décision

V. BOUSSARD, S. MAUGERI (dirs), *Du politique dans les organisations*, L'Harmattan, 2003.

D. COURPASSON, *L'Action contrainte. Organisations libérales et domination*, Puf, 2000.

R. CYERT, J.G. MARCH, *A Behavioral Theory of the Firm*, Blackwell Business, 1992 [1963].

E. ENRIQUEZ, *Les Jeux du pouvoir et du désir dans l'entreprise*, Desclée de Brouwer, 1999.

E. FRIEDBERG, *Le Pouvoir et la Règle*, Seuil, 1993.

R. KAST, *La Théorie de la décision*, La Découverte, « Repères », 2002.

J.-P. LE GOFF, *Les Illusions du management*, La Découverte, 2003 [1996].

J.G. MARCH (dir.), *Décisions et organisations*, Ed. d'Organisation, 1991.

H. MINTZBERG, *Le Pouvoir dans les organisations*, Ed. d'Organisation, 2003 (nouvelle éd.).

H. MINTZBERG, *Le Manager au quotidien*, Ed. d'Organisation, 2002 (10e éd.).

Comprendre et gérer le changement

N. ALTER, *L'Innovation ordinaire*, Puf, 2003.

C. ARGYRIS, *Savoir pour agir. Surmonter les obstacles à l'apprentissage organisationnel*, Dunod, 2003 [1993].

P. BERNOUX, *Sociologie du changement dans les entreprises et les organisations*, Seuil, 2004.

F. GINSBOURGER, *La Gestion contre l'entreprise*, La Découverte, 1998.

D. LINHART, *La Modernisation des entreprises*, La Découverte, « Repères », 2004.

J.-M. PLANE, *La Gestion des ressources humaines*, Economica, « Gestion Poche » 2003.

D. SEGRESTIN, *Les Chantiers du manager*, Armand Colin, 2004.

Communication, savoirs et compétences

J.-F. AMADIEU, L. CADIN, *Compétence et organisation qualifiante*, Economica, « Gestion Poche », 1996.

D. BROCHIER (dir.), *La Gestion des compétences : acteurs et pratiques*, Economica, 2002.

F. CHARUE-DUBOC (dir.), *Des savoirs en action. Contribution de la recherche en gestion*, L'Harmattan, 2003 [1995].

P. DELCAMBRE (coord.), *Communications organisationnelles : objets, pratiques, dispositifs*, Presses universitaires de Rennes, 2000.

A. Dupray, C. Guitton, S. Monchatre (dirs), *Réfléchir la compétence. Approches sociologiques, juridiques, économiques d'une pratique gestionnaire*, Octarès, 2003.

A. Mucchielli, *La Communication interne. Les clés d'un renouvellement*, Armand Colin, 2001.

I. Nonaka, H. Takeuchi, *La Connaissance créatrice. La dynamique de l'entreprise apprenante*, De Boeck université, 1997.

E. Oiry, *De la qualification à la compétence : rupture ou continuité ?*, L'Harmattan, 2004.

P. Rozenblatt (dir.), *Le Mirage de la compétence*, Syllepse, 2000.

J.-C. Tarondeau, *Le Management des savoirs*, Puf, « Que sais-je ? », 2002 (2e éd.).

P. Zarifian, *Travail et communication*, Puf, 1996.

L'humain au cœur de l'organisation : de l'individuel au collectif

I. Brunstein (dir.), *L'Homme à l'échine pliée. Réflexions sur le stress professionnel*, Desclée de Brouwer, 1999.

C. Dejours, *Travail. Usure mentale*, Bayard, 2000 (3e éd.).

I. Francfort, F. Osty, R. Sainsaulieu, M. Uhalde, *Les Mondes sociaux de l'entreprise*, Desclée de Brouwer, 1995.

V. de Gaulejac, N. Aubert, *Le Coût de l'excellence*, Seuil, 1991.

E.T. Hall, *La Dimension cachée*, Seuil, 1978.

M.-F. Hirigoyen, *Le Harcèlement moral : la violence perverse au quotidien*, La Découverte, 2003 [1998].

P. d'Iribarne, A. Henry, J.-P. Segal, S. Chevrier, T. Globokar, *Cultures et mondialisation. Gérer par-delà les frontières*, Seuil, 1998.

T. Périlleux, *Les Tensions de la flexibilité. L'épreuve du travail contemporain*, Desclée de Brouwer, 2001.

R. Sainsaulieu, *L'Identité au travail*, Presses de la FNSP, 1993 [1977].

M. Thévenet, *La Culture d'entreprise*, Puf, « Que sais-je ? », 2003.

Les sciences humaines dans l'entreprise

P. Bernoux, *La Sociologie des organisations*, Seuil, 2002 (4e éd.).

CAHIERS DE CARGÈSE (Collectif), *Sciences sociales et entreprises. Histoires de partenariats*, L'Harmattan, 1997.

E. ENRIQUEZ, *L'Organisation en analyse*, Puf, 2003 (4e éd.).

R. HESS, A. SAVOYE, *L'Analyse institutionnelle*, Puf, « Que sais-je ? », 2001.

A. MUCCHIELLI, *Approche systémique et communicationnelle des organisations*, Armand Colin, 1998.

J. NOZET, F. PICHAULT, *Introduction à la théorie des configurations*, De Boeck, 2001.

F. PIOTET, R. SAINSAULIEU, *Méthodes pour une sociologie de l'entreprise*, Presses de la FNSP/ANACT, 1994.

J. TORRENTE, *Le Psychiatre et le Travailleur. Cheminement de la psychopathologie du travail d'hier à demain*, Doin, 2004.

M. UHALDE (dir.), *L'Intervention sociologique en entreprise*, Desclée de Brouwer, 2001.

M. VILLETTE, *Sociologie du conseil en management*, La Découverte, « Repères », 2003.

Quelques revues spécialisées :

Communication et Organisation, GREC/O.

Entreprises et Histoire, Editions Eska.

Réalités industrielles, Editions Eska.

Gérer et Comprendre, Annales des Mines, Editions Eska.

Revue de gestion des ressources humaines, Editions Eska.

Le Journal de l'Ecole de Paris du management, Association des amis de l'Ecole de Paris.

Revue française de gestion, avec le concours de la FNEGE (Fondation nationale pour l'enseignement de la gestion des entreprises), Hermès Science Publication.

Sociologie du travail, publiée par l'Association pour le développement de la sociologie du travail, IRESCO (Institut de recherche sur les société contemporaines), Editions Elsevier.

INDEX THÉMATIQUE

INDEX DES NOMS DE PERSONNES

LISTE DES AUTEURS

Norbert Alter
Sociologue, professeur à l'université Paris-Dauphine.

Michel Augendre
Directeur des ressources humaines de la Chambre de commerce et d'industrie de Saint-Etienne-Montbrison.

Michel Bauer
Directeur de recherche au CNRS, cofondateur de l'Observatoire des dirigeants.

Rachel Beaujolin
Professeure de gestion des ressources humaines à Reims Management School.

Sandra Bellier-Michel
Consultante en gestion des ressources humaines, maître de conférences à l'Institut d'études politiques de Paris.

Isabelle Berebbi-Hoffmann
Sociologue, chargée de recherche au Lise (Laboratoire interdisciplinaire pour la sociologie économique) CNRS-CNAM.

Philippe Bernoux
Directeur de recherche honoraire, Groupe lyonnais de sociologie industrielle, Glysi. CNRS université Lyon-II.

Valérie Brunel
Intervenante-chercheure en sociologie clinique, Laboratoire de changement social ATEMIS.

Philippe Cabin
Journaliste.

David Courpasson
Professeur de sociologie à EM-Lyon (Ecole de management-Lyon) où il dirige la recherche et coéditeur de la revue américaine *Organization Studies*.

Michel Crozier
Sociologue, directeur de recherche émérite au CNRS, fondateur du centre de sociologie des organisations.

Jean-François Dortier
Rédacteur en chef du magazine *Sciences Humaines*.

Eugène Enriquez
Professeur émérite de sociologie à Paris-VII, intervenant et consultant en organisation.

Michel Ferrary
Professeur au Ceram Sophia Antipolis.

Erhard Friedberg
Directeur du Centre de sociologie des

organisations et professeur à l'Institut d'études politiques de Paris.

Brigitte Guyot
Maître de conférences en sciences de l'information, Institut national des techniques de la documentation, Cnam.

Rémi Hess
Professeur à l'université de Paris-VIII.

Philippe d'Iribarne
Directeur de recherche au CNRS, laboratoire Gestion et Société.

Evelyne Jardin
Journaliste scientifique.

Michèle Lacoste
Professeur de sciences de la communication à l'université Paris-XIII.

Hervé Laroche
Professeur à l'ESCP-EAP.

François Lautier
Sociologue, professeur à l'Ecole d'architecture de Paris-la-Villette, Laboratoire espaces de travail.

Claude Lévy-Leboyer
Professeur émérite de psychologie du travail à l'université René-Descartes Paris-V.

James G. March
Professeur émérite de management international à l'université de Stanford (Etats-Unis).

Henry Mintzberg
Professeur de management à l'université McGill de Montréal et à l'Insead (Fontainebleau).

Jean-Claude Moisdon
Professeur à l'Ecole des mines de Paris.

Alex Mucchielli
Professeur de sciences de la communication à l'université de Montpellier-III.

Guy Pelletier
Professeur à l'Université de Sherbrooke, Département de gestion de l'éducation et de la formation.

Jean-Daniel Reynaud
Professeur honoraire de sociologie au CNAM (Conservatoire national des arts et métiers).

Jacques Rojot
Professeur en sciences de gestion à l'université Paris-II.

Pierre Romelaer
Professeur à l'université Paris IX Dauphine (laboratoire Crepa).

† Renaud Sainsaulieu
Professeur des universités à l'Institut d'études politiques de Paris.

Jean-Michel Saussois
Professeur à l'Ecole supérieure de commerce de Paris (ESCP).

Jean-Claude Thoenig
Directeur de recherche au CNRS, Dauphine-Recherches en management (DMSP), professeur à l'Insead (Institut européen d'administration des affaires).

Georges Trépo
Professeur de management et de gestion des ressources humaines à HEC (Hautes études commerciales).

Béatrice Vacher
Chercheure associée au Laboratoire de valorisation de l'information et de la communication (LVIC), université Aix-Marseille-III.

Xavier de la Vega
Journaliste scientifique au magazine *Sciences Humaines*.

Michel Villette
Professeur à l'ENSIA.

Benoît Weil
Professeur à l'Ecole des mines de Paris.

Oliver E. Williamson
professeur de management, d'économie et de droit à Berkeley, université de Californie.

Martha Zuber
Ingénieur, Centre de sociologie des organisations.

TABLE DES MATIÈRES

CHAPITRE II – Le management et ses outils

CHAPITRE III – Le pouvoir et la décision

CHAPITRE VII – Les sciences humaines dans l'entreprise

ANNEXES

Achevé d'imprimer en septembre 2005
Imprimé en Belgique par Walleyn Graphics
Dépot légal 4e trimestre 2005